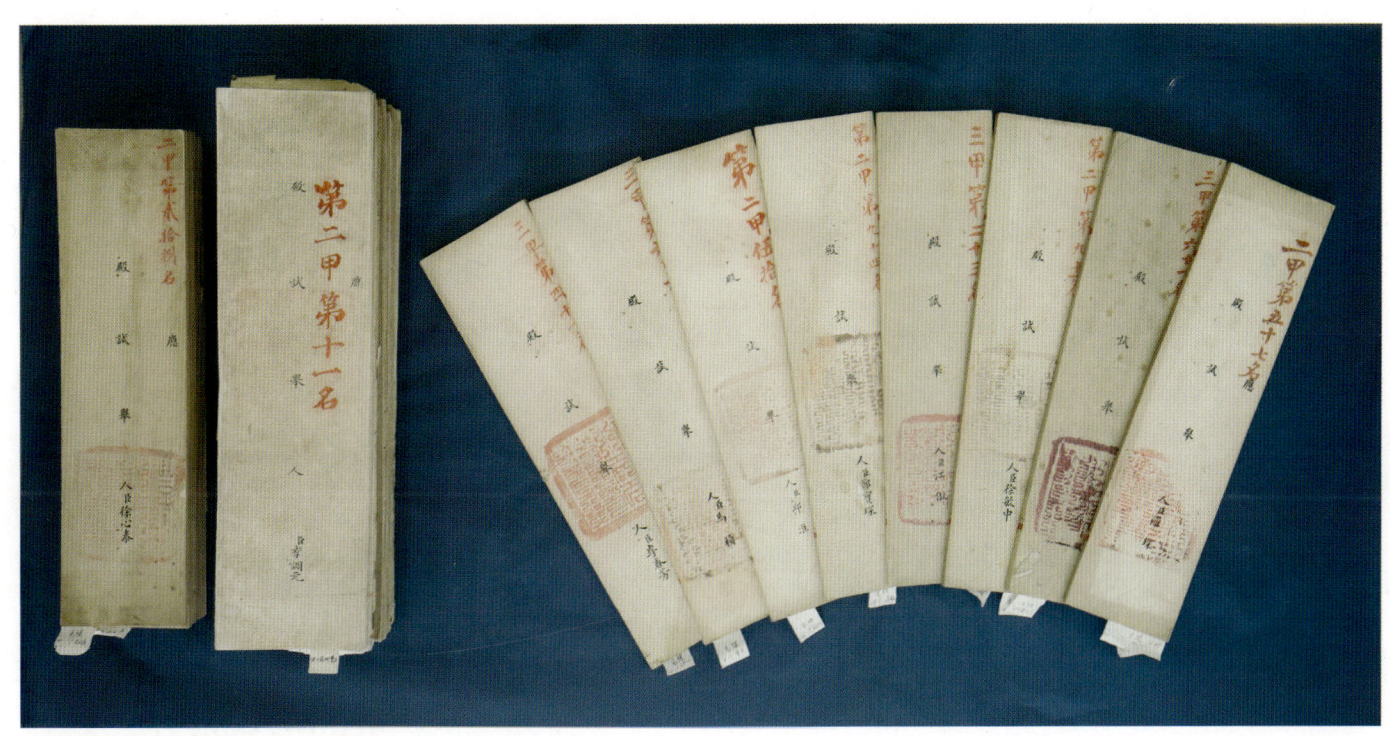

重庆图书馆藏清代巴蜀籍考生殿试卷概貌。

外頌聲作而瑞應臻也夫天德平分春夏之氣各異聖功
丕顯文武之用攸殊而要其憂勤惕厲至誠無息千聖之
心源如一轍焉是以德底生安尚凜危微之懿訓心存炯
鑒審訂歷代之遺編民食已裕而補捄彌詳俗旱已周而
疏導猶切凡此皆所由以適於治之具而雖逸勿逸雖休
勿休命不基命於宥密也漢臣鼂錯曰五帝神聖其臣莫
能及故自親事寫惟上古聖人首出庶物其臣如夔龍咎繇
端拱垂裳可以坐理及考尚書所載欽吳天以授人時秩
山川以覲羣后亮采恵疇以及上下草木鳥獸蜚不畸
咨而允廸然後知禹贊舜所謂后克艱厥后者非虛語
不可偏廢而亦不容相混者也我
皇上以聰明天亶之資生知安行於千古聖王心法之相傳夙
夜單心緝熙敬止書曰勅天之命惟時惟幾易曰終日乾
乾夕惕若以蘉
聖學之高深乎
制策又以史有二體紀傳法尚書編年法春秋而因及乎資治
通鑑與夫各家纂要之得失臣竊考司馬光作通鑑自謂
盡力此書然其時如劉恕陳桱袁樞輩已有通鑑補遺續
編紀事本末之書所以救其失補其闕也朱子約為綱目
大書以提要而分注以記言表年統扶明正教較光原
本頗多故正春秋而後乃有此書辭㫖簡略之續所謂
禆官野史不足俗一朝之典故者也
疏洩之要術臣考周禮遂人治野之法制其地域而溝封
之故泄有時旱澇無患自井田運而溝洫廢水利所由
興馬直隸之水可引以溉田畸者莫如滹沱河宋臣何承
矩營屯田溉順安沿海數千里水桀其明微也滹沱
自山西渾原山經雜晉州紫城口東濫而深州東鹿等慮受其害
盖儲水之滙有壑無源風沙易集誠用虞集圩曲之法以
沒道之則無汛漲之虞然水半由直沽從天津三岔口
入海下流淺梗則上流諸小水必兼治運河北運河一
時決盡又易為乾涸故必兼治運河一南流一西流入白
河而司方歸於海戒川晝川導方復減水開壩一
而永定河自丹口分兩道一南流入衛河一西流入白
可

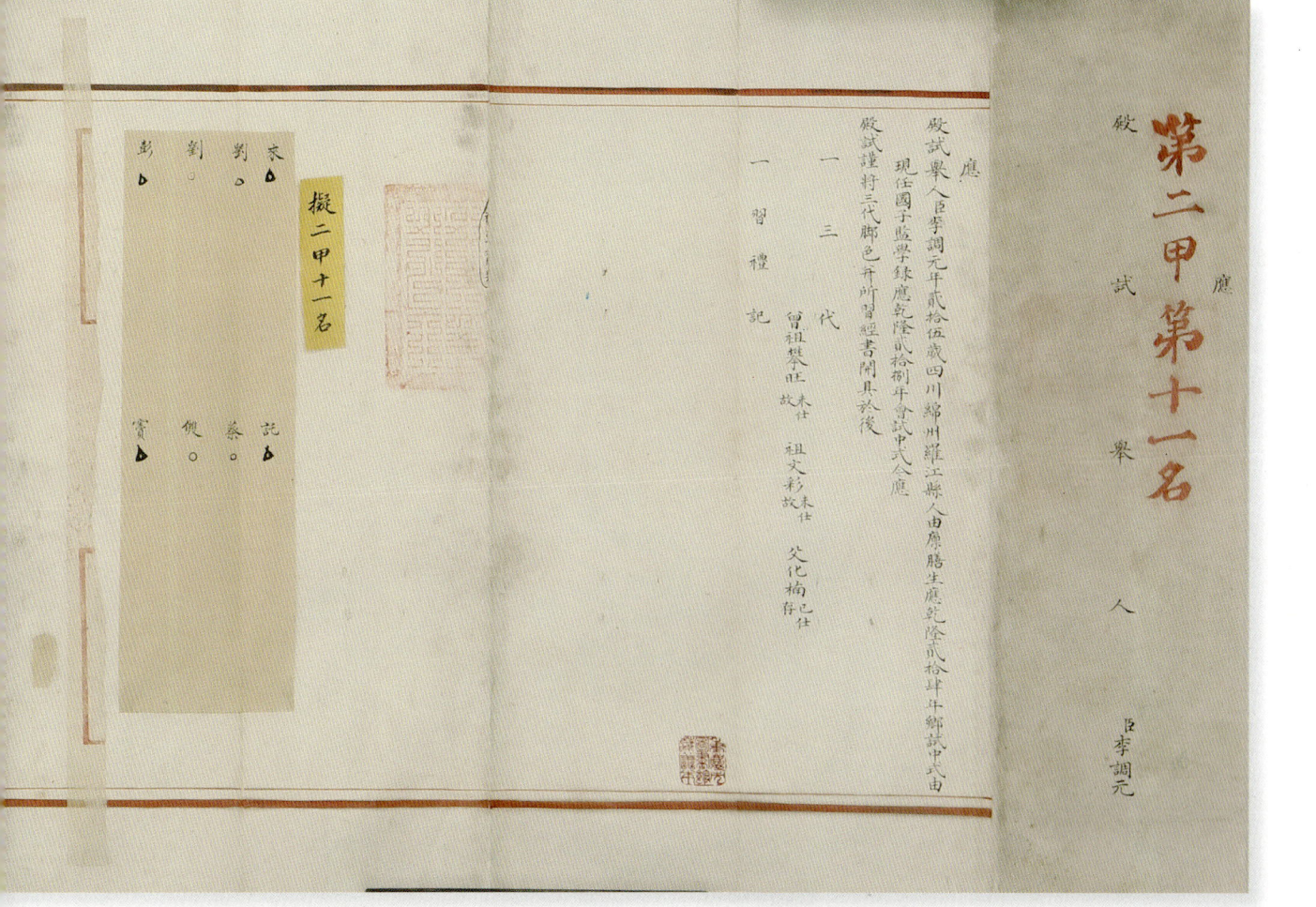

第二甲第十一名 應
殿試 舉 人
臣李調元

應
殿試舉人臣李調元年貳拾伍歲四川綿州羅江縣人由廩膳生應乾隆貳拾肆年鄉試中式由現任國子監學錄應乾隆貳拾柒年會試中式今應
殿試謹將三代腳色并所習經書開具於後
一三代
　曾祖榮旺　故未仕　祖文彩　故未仕　父化楠　已仕
一習禮記

擬二甲十一名

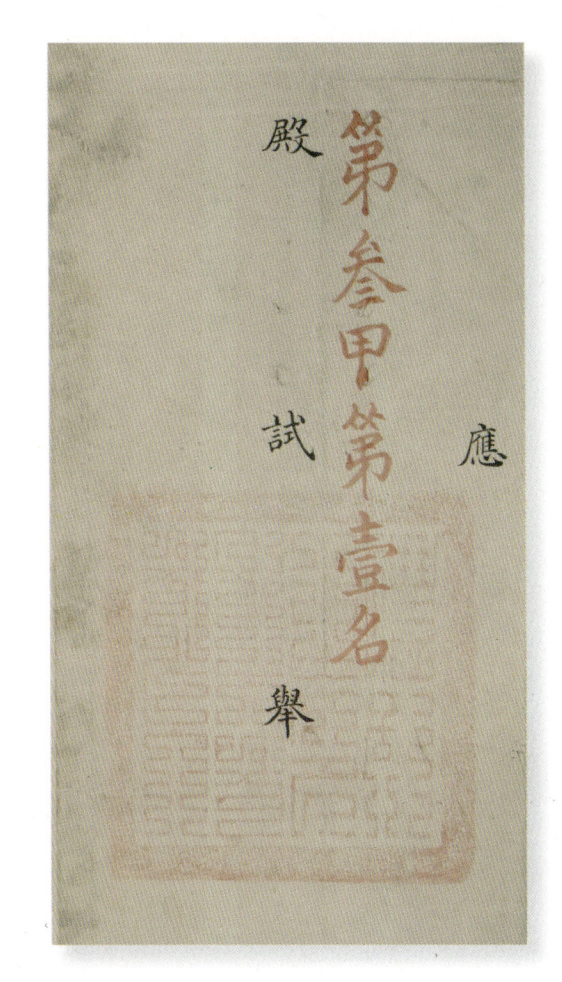

末△　記△
劉○　蔡。
彭△　倪。
　　　賓△

第參甲第壹名
殿試 舉

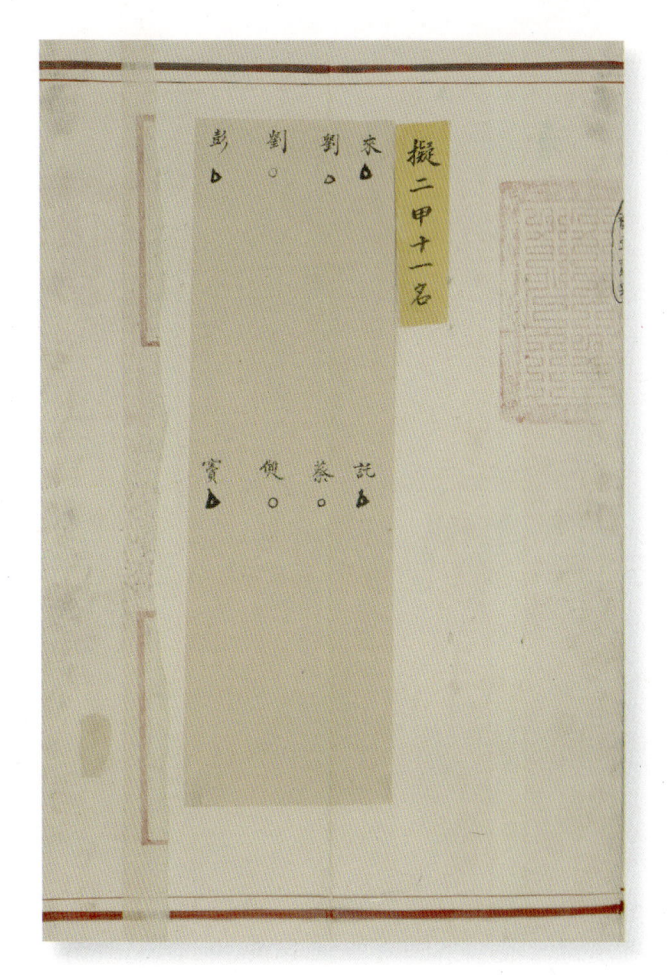

擬二甲十一名

末△　記△
劉○　蔡。
彭△　倪。
　　　賓△

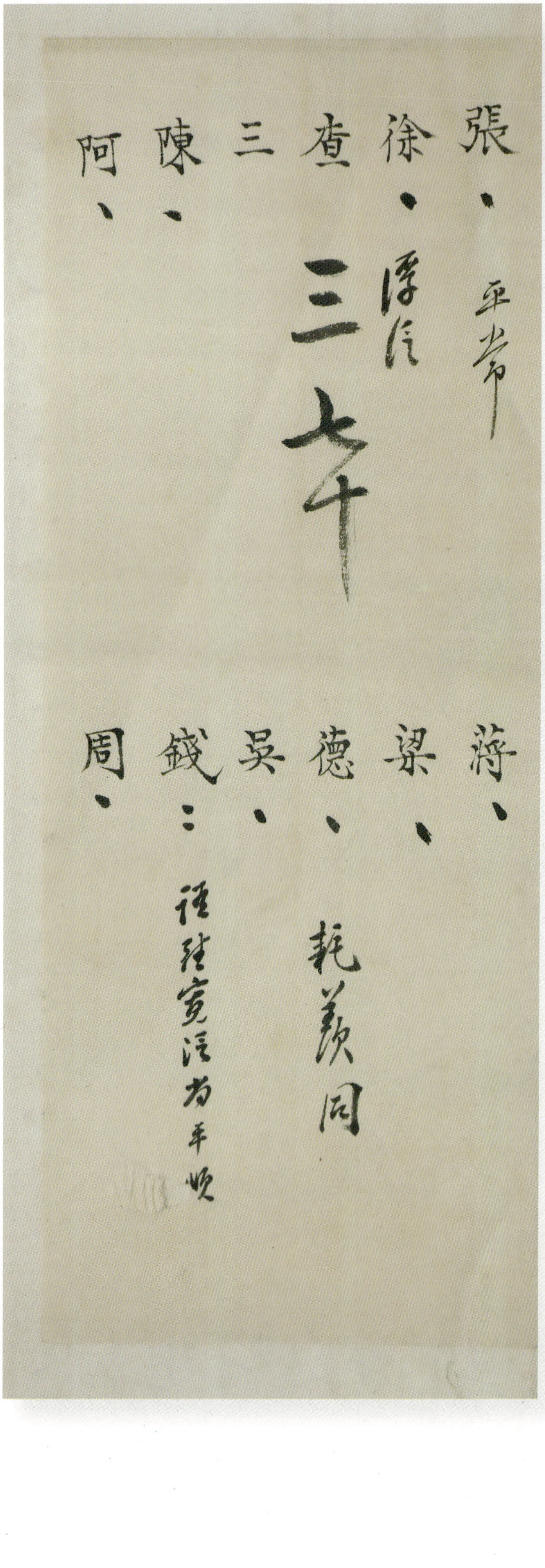

張、平少卿　蔣、
徐、澤臣　梁、
查、三七千　德、耗蕨同
三　吳、
陳、　錢二
阿、　周、
祖建寬泩为平順

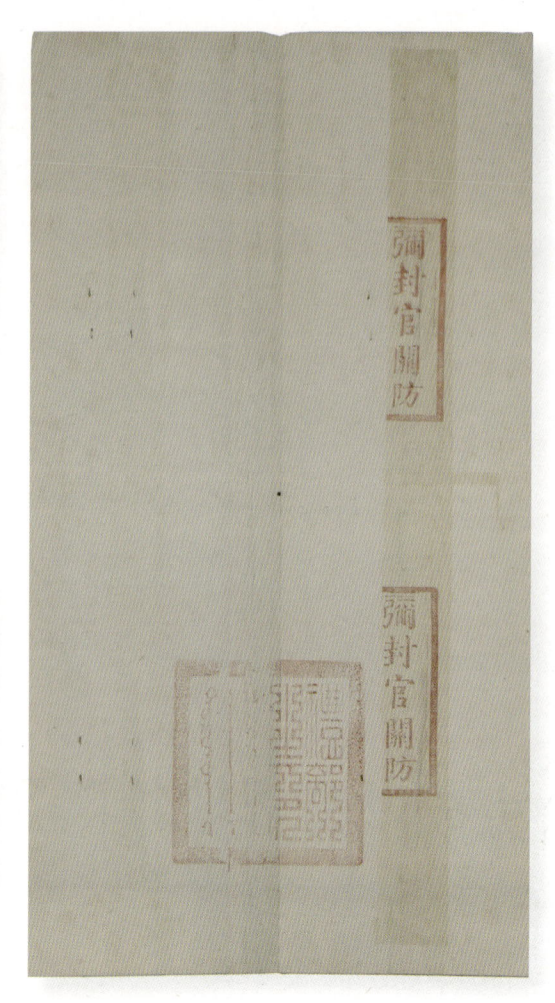

彌封官關防
彌封官關防

第三甲第一百五十九名

應

殿試舉人臣李作梅年貳拾玖歲係四川重慶府長壽縣人由學生應雍正柒年鄉試中式

由舉人應雍正捌年會試中式今應

殿試謹將三代腳色并所習經書開具於後

一、三代

　　曾祖益泰 故不仕　　祖學貴 故不仕　　父瓆 存不仕

一、習書經

清乾隆七年（1742）壬戌科李化楠殿試卷上十二位阅卷官的姓氏及等次评语。

清代殿试卷采用糊名和弥封制度，背面钤有"弥封官关防"朱文方印及满汉合璧"礼部之印"。

清代殿试卷糊名时，要用纸钉钉固卷前考生个人信息。

清雍正八年（1730）庚戌科李作梅，殿试卷正文之前写有其科考履历、三代脚色及所习经书。

殿試舉人臣李春芳年拾陸歲四川瀘州人由廩生應
光緒貳年鄉試中式由舉人應光緒叁年會試中式今應
殿試謹將三代腳色開具於後

一 三代
曽祖相貫　祖國伸　父恩聰

臣對臣聞制科之設肪於西漢文帝十五年詔舉賢良對
策者百餘人武帝元光五年對策者亦百人皆天子道其
所欲問而親策之使言時政之得失而非徒以試其詞章
也顧善言天者必有驗於人善言今者必有證於古誠以
神聖代興之朝天人交應中外禔福而求其所恃以經世
宰物者不外救荒之政阜財之方與夫防邊裕民之道要
其事皆前代已行之事其理皆昔人已言之理變而通之
化而裁之斯因時制宜而百王之大法具備於此矣欽惟
皇帝陛下宣聰作后重道親師先天下而課其功乃後天而
收其效固已裕文武之資炳烺咸之治而化昭上理矣邇
親裁大政猶切咨詢思執兩而用中期抱一以為式進臣等於
廷而策以備荒理財足兵養蠶諸大政如臣愚昧何足以承

有父母斯責者所當留心也至煮粥煑藜議野菜譜野
菜博錄諸書雖略不同要皆易辦足濟荒政之
窮也三國當漢北朝拓跋移粟不勞勢江左涔鐵未害於
徧災固救荒者前事之師也元明以來尤重運日河運海
運海運初行之時最易失事故明自永樂十二年會通河
為桂陽太守教民植桑養蠶宋史稱張詠令崇陽教民拔
茶植桑備良之績班班可考矣詔有云錦繡纂組隋書稱江
者也然考御覽引吳錄稱南陽郡一歲蠶八績隋書稱江
湖之南一歲蠶四五熟則不惟不害女紅而反助女紅
夫繭盆有典而分萠稱絲之必詳典植維時而果柘果蠶
之必備不獨蠶書及農桑輯要農桑衣食撮要足以徵也
聖朝耕桑並重棠本所以廣小民之生計者至周且密矣
抑又開法令者治之具而非制治清濁之源也蓋必基之
宵旴者本正而源清斯指之廟堂者法良而意美其幾至
微其效至速為治不在多言古人宣虛語哉臣愚無伏願
皇上治益求治新又日新讀經則師其意不徒以記誦佔畢為
功讀史則師其迹不徒以彈見治間為務詩日敬之敬之
書日兢兢業業一日二日萬幾誠能本此意以出治則源
既清而流自潔本既正而末自端明德新民止於至善我
國家億萬年有道之長基此矣臣末學進圄讃思譚干冒
宸嚴不勝戰慄隕越之至臣謹對

印卷官
禮　部　員　外　郎　臣篆　厚
禮　部　主　事　臣劉　果

清光绪三年（1877）丁丑科李春芳殿试卷。其年仅十六岁即考中进士，可谓"神童"。

清光绪十二年（1886）丙戌科进士谢临春，四川夔州府开县人。其馆阁体书法可谓炉火纯青。

谢临春殿试卷全貌。

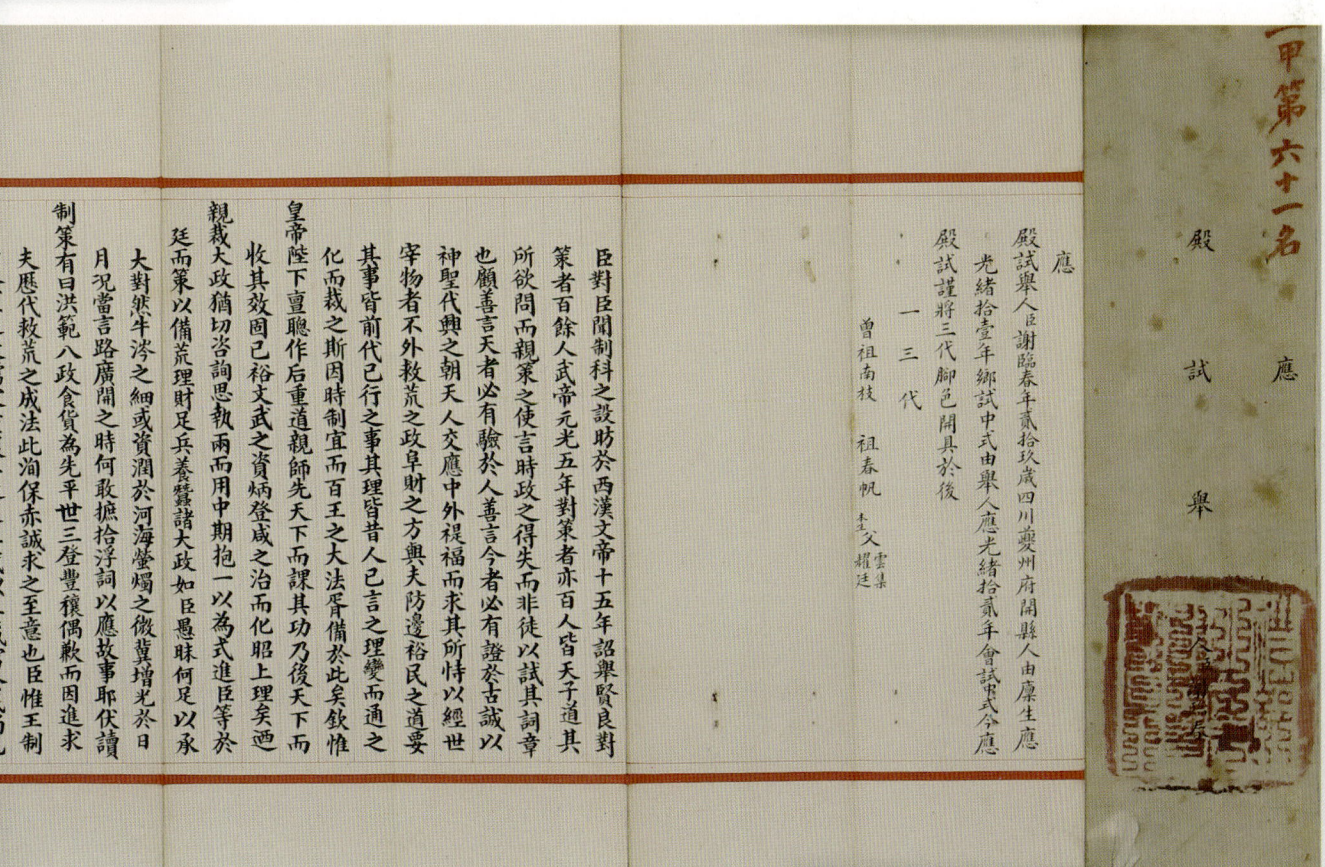

重庆市出版专项资金资助

清代巴蜀籍考生殿试卷选粹

主编 ◎ 任竞

重庆出版集团
重庆出版社

图书在版编目(CIP)数据

清代巴蜀籍考生殿试卷选粹 / 任竞主编. —重庆:重庆出版社,
2017.10
ISBN 978-7-229-12786-2

Ⅰ.①清… Ⅱ.①任… Ⅲ.①殿试—试卷—四川—清代
Ⅳ.①D691.46

中国版本图书馆CIP数据核字(2017)第252788号

清代巴蜀籍考生殿试卷选粹
QINGDAI BASHU JI KAOSHENG DIANSHI JUAN XUANCUI
任 竞 主编

责任编辑:康聪斌
责任校对:杨 婧
装帧设计:胡 越

重庆出版集团 出版
重庆出版社
重庆市南岸区南滨路162号1幢 邮编:400061 http://www.cqph.com
重庆出版社艺术设计有限公司制版
重庆天旭印务有限责任公司印刷
重庆出版集团图书发行有限公司发行
E-MAIL:fxchu@cqph.com 邮购电话:023-61520646
全国新华书店经销

开本:890mm×1240mm 1/16 印张:18.5 字数:380千
2017年10月第1版 2017年10月第1次印刷
ISBN 978-7-229-12786-2
定价:88.00元

如有印装质量问题,请向本集团图书发行公司调换:023-61520678

版权所有 侵权必究

《清代巴蜀籍考生殿试卷选粹》编委会

主　编：任　竞
副主编：张冰梅　张　波　王宁远　王志昆
编　委：曹　建　阮爱东　袁佳红　曾　妍　袁志鹏
　　　　谭小华　周兴伟　李忠兴　朱　昊

目录

科举制度与殿试

科举制度及试策 /3

三级四次考试的殿试 /8

巴蜀清代殿试卷

巴蜀历代进士概观 /13

巴蜀珍稀殿试卷欣赏 /18

巴蜀籍考生殿试卷点校 /66

（一）清雍正八年（1730）庚戌科殿试策问 /70
李作梅小传/李作梅殿试卷

（二）清雍正十一年（1733）癸丑科殿试策问 /74
叶荣贤小传/叶荣贤殿试卷

（三）清乾隆元年（1736）丙辰科殿试策问 /78
李为栋小传/李为栋殿试卷

（四）清乾隆四年（1739）己未科殿试策问 /82
罗惜小传/罗惜殿试卷 万方小传/万方殿试卷

（五）清乾隆七年（1742）壬戌科殿试策问 /89
蔡时田小传/蔡时田殿试卷 顾汝修小传/顾汝修殿试卷 李化楠小传/李化楠殿试卷 林中麟小传/林中麟殿试卷

（六）清乾隆十三年（1748）戊辰科殿试策问 /105
李芝小传/李芝殿试卷

（七）清乾隆十六年（1751）辛未科殿试策问 /110
王旭龄小传/王旭龄殿试卷

（八）清乾隆十九年（1754）甲戌科殿试策问 /114
王以宽小传/王以宽殿试卷 陈钧小传/陈钧殿试卷

（九）清乾隆二十六年（1761）辛巳恩科殿试策问 /122
王凤鸣小传/王凤鸣殿试卷

（十）清乾隆二十八年（1763）癸未科殿试策问 /127
李调元小传/李调元殿试卷

（十一）清乾隆四十三年（1778）戊戌科殿试策问 /133
李鼎元小传/李鼎元殿试卷

（十二）清道光十五年（1835）乙未科殿试策问 /138
高溥小传/高溥殿试卷

（十三）清道光十六年（1836）丙申恩科殿试策问 /144
樊肇新小传/樊肇新殿试卷 韦杰生小传/韦杰生殿试卷 萧秀棠小传/萧秀棠殿试卷

（十四）清道光十八年（1838）戊戌科殿试策问 /155
孙治小传/孙治殿试卷

（十五）清道光二十七年（1847）丁未科殿试策问 /160
朱兔小传/朱兔殿试卷

目录

(十六) 清道光三十年 (1850) 庚戌科殿试策问 / 165
　　赵树吉小传/赵树吉殿试卷

(十七) 清同治二年 (1863) 癸未恩科殿试策问 / 171
　　萧世本小传/萧世本殿试卷

(十八) 清光绪三年 (1877) 丁丑科殿试策问 / 176
　　李春芳小传/李春芳殿试卷
　　陈昌言小传/陈昌言殿试卷

(十九) 清光绪十二年 (1886) 丙戌科殿试策问 / 184
　　邱淮小传/邱淮殿试卷
　　徐敏中小传/徐敏中殿试卷
　　郑宝琛小传/郑宝琛殿试卷
　　屈光烛小传/屈光烛殿试卷

(二十) 清光绪十五年 (1889) 己丑科殿试策问 / 198
　　徐心泰小传/徐心泰殿试卷
　　江俶小传/江俶殿试卷
　　谢临春小传/谢临春殿试卷

(二十一) 清光绪二十年 (1894) 甲午恩科殿试策问 / 209
　　周宝清小传/周宝清殿试卷

(二十二) 清光绪二十一年 (1895) 乙未科殿试策问 / 214
　　邹增祐小传/邹增祐殿试卷

(二十三) 清光绪二十四年 (1898) 戊戌科殿试策问 / 219
　　罗琛小传/罗琛殿试卷
　　马桢小传/马桢殿试卷

巴蜀籍考生殿试卷赏析

重庆图书馆藏清代殿试卷试诠 / 229

重庆图书馆藏殿试卷的书法风格及其渊源 / 238

延伸阅读

科举逸闻趣事 / 249

(一) 选才用人 / 249

(二) 科举考试之制 / 252
【贡举】【御试黜落】【殿举】【进士得人】【大臣子弟】【北卷】【搜索】【出身授官】【恩科】【三舍】

(三) 科举之名衔称谓 / 258
【状元】【榜眼】【探花】【三元】【席吉士】【侍卫】【进士、举人、贡生】【武举】【监生、生员】【白身】【座主门生】【同年】【先辈】【年齿】【鼎甲】

(四) 科举时代轶事汇记 / 266
　科举人物逸闻 / 266
【胡渶】【陈选】【唐寅】【南乐】【武状元】【『皇父』摄政王】【刘华东】【王氏兄弟大魁天下】【陈继昌力疾应殿试】【秦小岘】【木解元】【富家子应殿试】【崇文山殿试第一】【翁曾源殿试第一】【张文襄殿试对策】【王可庄】【文道希殿试有笔误】【赛金花】

　科场轶事 / 273
【清科场场规】【三甲唱第】【钦定次第】【乡试会试殿试原卷】【殿试卷有重字】【殿试各卷名次】【殿试卷作颜试不宜专重字体】【殿

目录

八股趣谈 / 277
【敲门砖】【晚清选文】【潘金枚戏仿八股】【戏仿八股文】【悼八股文】

明清科举案 / 279
【明代科场舞弊】【江陵潜通大珰】【万历己丑科场覆试案】【咸丰戊午顺天科场案】【状元"不应为而为"私罪案】【江西全榜中式墨卷案】

杂录 / 283
【南人北人】【苏人殿试多鼎甲】【湖南贡院】【潇泷石】【杭州丰乐楼】【诗歌四章"诚实勤朴"】【状元策】

后记 / 287

字】【试录文字之体】【京师之二好二丑】

科举制度与殿试

◎ 科举制度及试策

中国古代的选官制度历经夏商周时代的世卿世禄制、秦汉的军功授爵及察举制征辟制、魏晋南北朝的九品中正制，发展至隋代，形成了开科取士的科举制。科举制唯才是举，除少部分罪犯、贱民等不能参加外，大部分人都可以参加。由于其以文取士，且具有较为客观、公平的特点，故隋唐以降，各朝代均以开科取士作为其重要的选官制度。科举制发展至明清，各项制度措施都得以完善、成熟。清承明制，科举考试同样分为三级考试制度，通过县试、府试、院试成为秀才，通过本省乡试成为举人，参加京师举行的会试、殿试成为进士。

科举制有积极的一面。其在发展过程中，形成了一套完备的制度。考试有一定的内容；考试分级进行；考试科目不同，考试方法则不同；建立了一系列的防范措施，确保考试的公正合理；重视考生的学识和才干而非出身和门第，容许平民子弟参加。科举制对以后考试制度的发展产生了积极的影响，其用人制度较之以前的世袭、举荐等选材、选士制度，无疑是一种更公平、公开及公正的方法。

事实上，科举制度的弊病也是显而易见的。《剑桥中国晚清史》[1]认为，知识分子读的还是四书五经那一套，科举考试依然是主要的晋升之路。教育方面的故步自封，是造成1840年至1911年这七十多年中国积贫积弱、落后挨打的主要原因之一。教育和考试制度也维系着同样的庇护人与被庇护人的关系，即所谓的"师生"关系。这种趋势不仅在行政中对效率发挥产生障碍，而且也是腐化的重要途径。

中日甲午战争后，由于民族危机空前严重和中国民族资本主义的初步发展，民族资产阶级开始作为新的政治力量登上历史舞台。以康有为、梁启超为首的资产阶级维新派，为了挽救民族危亡和发展资本主义，掀起维新变法运动。以慈禧太后为代表的封建顽固守旧势力发动政变，使维新变法归于失败。这场资产阶级性质的改良运动，在社会上起到了思想启蒙的作用，有利于资产阶级思想文化的传播。它的失败，说明资产阶级改良道路在中国行不通。

义和团运动粉碎了帝国主义列强瓜分中国的狂妄计划，沉重打击了清政府的反动统治，加速了它的灭亡。1900年夏，英、俄、日、法、德、美、意、奥八国联军侵略中国。1901年，清政府被迫同八国及比利时、荷兰、西班牙等十一国签订了丧权辱国的《辛丑条约》。这标志着中国半殖民地半封建社会的形成。

在内忧外患的严重形势下，不少人士把自鸦片战争以来一系列丧权辱国的失败归咎于僵化的科举选官制度。1901年，清政府正式宣布废除武举，但迟迟未能实施。1905年，在日俄战争的重大刺激下，国人要求立即废除科举的呼声大为高涨。在这种

---

[1] 费正清：《剑桥中国晚清史》(上)，中国社会科学出版社2007年版，第120页。

形势下，袁世凯会同张之洞、周馥、岑春煊、赵尔巽、端方等地方督抚大员一起上奏朝廷，请立停科举，推广学堂。慈禧接受了立刻停止科举的意见。清廷随后发布谕旨，"自丙午科为始，所有乡会试一律停止，各省岁、科考试，亦即停止"，宣布从光绪三十二年（1905）开始，停止各级科举考试。中外媒体一致夸赞。中国历史上延续了一千三百年的科举制度，就这样结束。

诏令既出，举国上下，有喜有忧。五天以后，上海维新派《时报》发文，盛赞："革千年沉痼之积弊，新四海臣民之视听，驱天下人士使各奋其精神才力，咸出于有用之途，所以作人才而兴中国者，其在斯乎！"

但是在舆论普遍赞扬的同时，大多数人并未真正认识到废除科举制度对当时乃至现在的中国产生的深刻影响。

诚然，科举制度有很多弊病，但它毕竟是广大士子读书做官的主要途径。废科举等于绝了士子向上发展的唯一通道。《国闻备乘》中说："然新政倡自湖北，废科举，专办学堂，事极孟浪。"①何刚德亦感慨："谁知国未亡而科举先废，亦可怪也。"②

科举制度在中国实行了整整一千三百年，对中国以至东亚、世界都产生了深远的影响。《大英百科全书》就曾指出："在历史上，最早的考试制度出现于中国。它用考试来选拔行政官员（据公元前1115年的记载），并对已经进入仕途的官员实行定期考核（据公元前2200年的记载）。"③

相传，民国以后，国民党元老胡汉民在一次聚会中说了一句话非常具有代表意义——"如果科举不废，谁还来革命！"所以，在一定意义上说，辛亥革命就是知识分子包括士绅叛离和反对清王朝的一场政治运动。

废除科举一百多年后的今天，由于一边倒的声讨，致使绝大多数普通人完全不了解科举制度的真相，对科举制度产生了很深的误解。其中，最多的是对八股文和官吏选拔的误解。

科举选拔的官吏并非是纯粹只懂诗词歌赋的文官。北宋初年政治家和文学家田锡就对科举考试的作用进行了总括性的概述。

清代学者顾炎武详细论述过应试文章的格式：

> 经义之文，流俗谓之八股，盖始于成化以后。股者，对偶之名也。天顺以前，经义之文不过敷演传注，或对或散，初无定式，其单句题亦甚少。成化二十三年，会试《乐天者保天下》文，起讲先提三句，即讲乐天，四股。中间过接四句，复讲保天下，四股。复收四句，再作大结。弘治九年，会试《责难于君谓之恭》文，起讲先提三句，即讲责难于君，四股。中间过接二句，复讲谓之恭，四股。复收二句，再作大结。每四股之中，一反一正，一

① （清）胡思敬：《国闻备乘》卷四，近代稗海本。
② （清）何刚德：《春明梦录》卷下，平斋家言本。

③ 转引自胡晓明、傅杰主编：《释中国》第1卷，上海文艺出版社1998年版，第545页。

虚一实，一浅一深，其两扇立格，则每扇之中各有四股，其次第文法亦复如之。故今人相传谓之八股。若长题则不拘此。嘉靖以后，文体日变，而问之儒生，皆不知八股之何谓矣。《孟子》曰："大匠诲人必以规矩。"今之为时文者，岂必裂规僵矩矣乎？

发端二句，或三四句，谓之破题，大抵对句为多，此宋人相传之格。下申其意，作四五句，谓之承题。然后提出夫子为何而发此言，谓之原起。至万历中，破止二句，承止三句，不用原起。篇末敷演圣人言毕，自摅所见，或数十字，或百余字，谓之大结。明初之制，可及本朝时事。以后功令益密，恐有藉以自炫者，但许言前代，不及本朝。至万历中，大结止三四句。于是国家之事罔始罔终，在位之臣畏首畏尾，其象已见于应举之文矣。①

顾炎武《日知录·十八房》又曰："八股盛而六经微，十八房兴而廿一史废。"意思是说八股盛行后，知识分子为图取功名忙于应考，结果史学不再被人关注，没人再去钻研经史。

八股文700余字，先破题，再承题；接着"代圣人立言"，也就是模仿圣人的口气写文章，这叫起讲；正文就是四段，每段又要分文字相互的对仗，入题、起股、后股、束股，成为八股文。

八股文只考经书，评判优劣又只根据作文的技巧，并不允许考生在内容和形式上有个人的发挥和见解。"《四书》主朱子《集注》，《易》主程《传》、朱子《本义》，《书》主蔡氏《传》及古注疏，《诗》主朱子《集传》，《春秋》主左氏、公羊、谷梁三传及胡安国、张洽《传》，《礼记》主古注疏"②，此是明朝廷明确规定的科举考试内容，把读书人的智力思维刻板化。作文本来没有定法，一旦将技巧格式化，而且又杜绝了考生发挥个性的任何可能，考生只要预先在肚子里装下各种题目的八股几十篇，即使没有什么经史学问，也完全能够金榜题名。相反，老老实实读书，读白了头也未必能写出考官看中的文章。

可是，传统社会士农工商，士为第一。"万般皆下品，惟有读书高"，科举制度深入人心。举凡稍有见识的家长，无论穷富，都竭尽全力送孩童上学。所以，在外国人眼中，中国的文化普及简直是世界第一。亨利·查尔斯在他的《中国与中国人》一书中写道：就男性人口而言，世界上已知的国家内没有一个国家的教育普及程度有中国那样广泛。在这里，文学被置于一个最尊崇的位置，文学知识成为通往国家高官之阶的敲门砖。③

八股取士制度是明清统治集团为选拔人才，经过长期摸索，总结经验教训，最后确定下来的。从考试内容上说，继承发展的是北宋以来所肯定的一种指导思想，即通

① (清)顾炎武：《日知录》卷十六《试文格式》。

② 《明史》卷七十《选举志二》。

③ 转引自李世愉：《中国科举生活漫话》，万卷出版公司2012年版，第18页。

过阐述经义,最有利于督促士人阅读四书五经,体会圣贤心意,以培养、选拔合乎规格的统治人才。

八股文最初是写文章的一种格式,本身并无好坏之分。但后来由于科举考试规定必须采用这个格式,就成了古代科举制度弊端的替罪羊。我们今天对待它应当持一种客观的态度。蔡元培先生在《我在教育界的经验》①中写道:"八股文的做法,由简而繁,乃是一种学文的方法。"钱基博先生在《现代中国文学史》②中写道:"然就耳目所暗记,语言文章之工,合于逻辑者,无有逾八股文者也。"

实际上,科举考试的内容,并非全部考四书五经。《谷山笔麈》记载:"宋时临轩策士,本用诗赋。熙宁三年,用吕公著之请,殿请进士专用制策,至今遂为定制。"③真正选拔官员,最后还在"制策"应对的高低优劣。

清代福格在《听雨丛谈》中详细记录了当时的试策:

> 第一场书艺二篇,经艺一篇,如未通经者,作书义三篇。第二场论一篇。第三场策一道。顺治十一二年乡会试,改为第一场书义三篇,经义二篇。第二场论一篇,判五条。第三场策三道。顺治十四五年乡会试,又改第一场书义三篇,经义四篇。第二场论表各一篇,判五条。第三场策五道。康熙二年,停止八比书艺经艺,改乡会试为两场,头场策五道。二场四书论一篇,经论一篇,表一道,判五条。八年,仍复旧制。乾隆二十二年,易表以时,而去论判,且移经文于二场。二十三年,复于第一场增性理论一篇。四十七年,始改今制,头场四书八比文三篇,五言八韵诗一首,题目皆由钦定。二场五经八比文五篇。三场策五道。愚按五策果能条对切实,亦可征其学问。所惜主司去取,皆以第一场四书文为鹄,他艺概置之不论。策论将原题所问,窜为所答,改欤字为也字而已。盖中式后进呈者,惟四书首艺。闱墨之刊刻者,亦只首艺。其余文字,皆束置如弃,虽有磨勘,亦属具文。合场士子万人,纵有一二条对策问,主司辄恐征引出于臆造,惮于考定。又恐断章取义,全文或涉忌讳,转致弃之不录。是以士子相戒悉以空文敷衍而已。④

《明史》云:

> 弘治四年给事中涂旦,以累科不选庶吉士,请循祖例行之。

> 大学士徐溥言:"……请自今以后,立为定制,一次开科,一次选用。令新进士录平日所作论策、诗赋、序记等文字,限十五篇以上,呈之礼部,送翰林考订。少年有新作五篇,亦许投试。翰林院择其词藻文理可取者,按号行取。礼部以糊名试卷,偕阁臣出题考试于东阁,试卷与所投之文相称,即

① 蔡元培:《我在教育界的经验》,《宇宙风》,1937年第56期。
② 钱基博:《现代中国文学史》,世界书局1935年版。
③ (明)于慎行:《谷山笔麈》卷八。

④ (清)福格:《听雨丛谈》卷四,国家图书馆藏本。

收预选。每科所选不过二十人，每选所留不过三五辈，将来成就，必有足赖者。"[1]

巴蜀大地，文化遗产丰富，其价值内涵可以让我们从更高更新的角度认识自己、认识生养我们的这片土地、认识我们的民族和民族优秀的传统文化，让我们的生活更有意义，让我们更自信、自豪。文化遗产是一个民族心底的精神力量，它传承着一个民族久远的历史，是人类社会发展与进步最重要的精神支撑。时下，我们通过巴蜀籍考生殿试卷的分析研究，客观地总结经验教训，增进我们的文化自觉和自信，继往开来，为建设好我们自己的家园增砖添瓦。

---

[1]《明史》卷七十《选举志二》。

◎ 三级四次考试的殿试

古代的选官制度到了隋代，形成了开科取士的科举制。历经唐宋元各朝代，已经成为重要的选官制度。发展至明清，各项制度措施都得以完善、成熟。

明清两代，科举需要经过四次以上的考试，分别是童试、乡试、会试、殿试。

童试

清陈恒庆《谏书稀庵笔记》中记载："盖清代科名难得，儒者自童试、科试至春闱，层累曲折，乃博一第，计年必当逾二三十岁矣。"童试是科举考试的第一部分，类似于"资格考试"，是必须经过的第一步。唐、宋时称州县试，明、清称郡试，包括县试、府试和院试三个阶段的考试。县试一般由知县主持，本县童生要有同考者五人互结，并且有本县廪生作保，才能参加考试。试期多在二月，考四到五场，内容有八股文、诗赋、策论等，考试合格后才可应府试。府试由知府或直隶州知州、直隶厅同知主持，考试内容和场次与县试相同，试期多在四月。府试合格方可参加院试。院试又叫道试，由主管一省诸儒生事务的学政主持。院试合格后称"秀才"，秀才是传统功名的起点。获得秀才身份，才能进入官学和参加正式的科举考试。

乡试

乡试是明、清时在各省省城和京城举行的科举考试。照例每三年举行一次，逢子午卯酉年为正科，遇皇家有喜庆之事加科称为恩科，由皇帝钦命正副主考官主持，凡具有秀才身份的府、州、县学生员、监生、贡生均可参加。考试通常安排在八月举行，因此叫"秋试"。按四书五经、策问和诗赋分三场进行考试，每场考三天。举人一词，在元代以前，是指各地举荐进京参加会试的秀才；到明代，成了乡试合格秀才的专称。乡试第一名称解元。读书人成了举人才有资格进入下一个更高层次的会试。

会试

通过乡试的举人，可于次年三月参加在京师举行的会试和殿试。会试由礼部在贡院举行，亦称"春闱"，同样是连考三场，每场三天，由翰林或内阁大学士主考。会试发的榜称为"杏榜"，取中者称为"贡士"，贡士首名称"会元"。得到贡士资格者可以参加同年四月的殿试。

殿试

殿试由皇帝亲自主持，相当于对贡生的复试。殿试由皇帝出题，亦由皇帝钦定前十名的次序。殿试只考一题，考的是对策，为期一天。况周颐《眉庐丛话》记载："每科会试，由内阁举人中书中式者，殿试日领题后，得携卷回直房填写。"殿试录取名单称为"甲榜"，又称"金榜"，分为三甲：一甲只有三人，第一名状元、第二名榜眼、第三名探花，赐"进士及第"；二甲多人，赐"进士出身"；三甲则赐"同进士出身"。二、三甲第一名一般称为"传胪"。殿试只用来定出名次，能参加的贡士通常都能成为进士，不会再有落第的情况。能中进士便是功名的尽头，不能重考以求获得更高的名次。

史籍记载，晋武帝曾亲自诏问阮种，亲审其试卷并提名第一。这是殿试雏形。学界有人认为，殿试是由武则天恢复完善的，至宋朝正式成制，称为御试、廷试，自此确立了封建社会的三级考试制度。此后，金、元、明、清沿用。

会试中选者始得参与殿试，目的是对会试合格者区别等第。

金代及第者分上、中、下三甲。元分一、二、三甲，两榜，蒙古、色目为一榜，汉人、南人为一榜。三甲前三人赐进士及第，为一甲；余赐进士出身、同进士出身，为二、三甲。明清沿元制分三甲，但不分两榜。

北宋初年的科举，为一年一度的两级考试，一级是各州举行的"取解试"；二级是由礼部在开宝寺内贡院举行的"省试"。后改为每隔一年或两年举行一次，最后改为三年举行一次。

能够一身兼解元、会元、状元的，就是"连中三元"。我国科举考试中三元及第的仅有十五位，有唐朝的崔元翰、张又新、武翊黄，宋朝的孙何、王曾、宋庠、杨寘、王岩叟、冯京，金代的孟宗献，元朝的王宗哲，明朝的黄观①、商辂，清朝的钱棨、陈继昌。其中，黄观和钱棨连中六元②。除了以上十五位文三元，在武考中也出现过四位武三元，他们分别是明朝的尹凤、王名世，清朝的王玉璧、顾麟。

---

① 黄观，洪武二十三年(1390)状元，后来成为了建文帝的老师。燕王朱棣篡位后，黄观投河尽忠。朱棣上台后取消了他的"三元"资格。

② 因明清时科考制度细化，科考分为县试、府试、院试、乡试、会试、殿试。

巴蜀清代殿试卷

◎ 巴蜀历代进士概观

唐朝时期分天下为十道。在今天的川渝地区，就有剑南、山南和黔中三道。唐贞观元年（627），渝州属山南道。开元二十一年（733），山南道又分为东西两道，渝州属山南西道。至德元年（756）以后，渝州属剑南道东川节度使。到唐末，渝州属剑南东川昌渝泸合都指挥使。

自古以来，中国文化中心由北向南迁移，这是一个非常复杂的文化运动现象，它是经济中心转移的牵引力和政治中心转移的推动力共同作用下逐步迁移的[①]。从魏晋到南北朝时期，拉开了江南经济开发的序幕。两宋是我国古代历史上经济急速发展的时代，那时出现了开封、洛阳、成都、杭州这样的国际性的大都市，同时两宋也是古代整体经济格局转变的历史时期，多地域繁华程度与隋唐时期达到顶峰的长安与洛阳相比，有过之而无不及。[②]

自宋元以来的千余年间，由于黄河流域环境不断恶化，长江流域条件优越，致使中国的经济中心始终稳定在江南地区，而且从未出现过再度回复到黄河流域的现象。这种南盛北衰的格局一直持续到今天。

据统计，中国古代历朝科举状元总人数为356人，其中南方236人，北方120人：

唐朝时期57人，其中南方17人，北方40人。

五代十国时期16人，其中南方10人，北方6人。

北宋时期51人，其中南方23人，北方28人。

南宋时期38人，其中南方38人，北方0人。

辽朝时期6人，其中南方0人，北方6人。

金朝时期14人，其中南方0人，北方14人。

元朝时期7人，其中南方2人，北方5人。

明朝时期89人，其中南方78人，北方11人。

清朝时期78人，其中南方68人，北方10人。[③]

宋室南迁标志着中国文化"江浙时代"的开始。王蕾在《宋辽金元时期文学家地理分布研究》中指出："宋辽金元时期文化地域的变迁是唐朝以来总趋势的继续和发展，北宋时期奠定了此后我国文化地域的基本格局，南宋时期使这一格局得到了进一步的强化。宋辽金元时期，文学家分布广泛，总体来看呈现出集聚性和不平衡性，江南区、赣中区、鲁豫区、燕赵区是主要的分布地区，其中又以江南区为甚。以行省、均衡程度、主要文学家的分布区和主要文化区来看，江浙行省文学家分布最为均衡，主要文学家人数最多，江南地区已经跃居全国文化最发达之地。说明文化中心从北方

[①] 王会昌：《中国文化中心的南移与东南沿海的机遇》，《广西民族学院学报》（哲学社会科学版），1995年第1期。

[②] 杨国利：《两宋时期经济中心南移的思考》，《兰台世界》，2014年第30期。

[③] 邓洪波、龚抗云：《中国状元殿试卷大全》，上海教育出版社2006年版。

移向了南方地区。"①

南宋时代学风的分布，在我国南方自西而东形成所谓五大学风盛地，即蜀学、湘学、陆学、浙学和闽学。

元建都于大都（北京），然而中国学风南盛于北的总趋势仍未改变，其中以江、浙、赣和皖南学风尤盛。

明代学术以理学为盛。就《明儒学案》及明史记载，明代学风分布情形大致如下：在南方以江、浙、赣三地学风最盛。北方的学风以北平为盛。

西蜀之地，钟灵毓秀，物华天宝，人杰地灵，孕育了无数才硕俊彦、志士仁人，学风之盛，比于齐鲁，魁儒硕学，历代继踵，汉、唐、宋、明，在我国文化史上放射出了璀璨的光华，也在四川文化史上留下了宝贵的篇章。

文学史有"西蜀四大家"及"嘉靖八才子"之说。"八才子"中，熊过（1506—1565），四川富顺县人，与新都杨慎（1488—1560）、内江赵贞吉（1509—1576）、南充任瀚（1502—1592）并称"西蜀四大家"。

但清代，由于明末张献忠入川，随即清政府铁骑荡蜀，"张献忠灭后，旗兵在川……彼时川人不甘旗人权下者，逃亡地方，聚集人马抵抗旗兵，如此约有十载，迨至1660年间，川省稍定……又值云南吴三桂之乱，川人聚兵抵抗旗兵，连年刀兵不息，自1667年至1681年，一连十五载……之后，地广人稀"。②四川文化遭遇灭顶之灾，国史、儒林文苑几乎没有四川人。直至晚清，四川出了个廖平，"长于《春秋》，善说礼制"，情况才得以改变。虽然清代四川经学总体上来讲不及江、浙、皖等学术文化中心地区，但也并不是毫无成就可言。清初的费密、唐甄、胡世安、李开先，中期的李调元、刘沅，晚清的廖平、吴之英、宋育仁等，在学术史上也有一席之地。

表1③　明代各省进士的地理分布

名次	省份	进士（名）
1	浙江	3697
2	江西	3114
3	江苏	2977
4	福建	2374
5	山东	1763
6	河南	1729
7	河北	1621
8	四川	1369

① 王蕾:《宋辽金元时期文学家地理分布研究》，宁波大学2013年硕士学位论文。

② （法）古洛东（Gourdon）:《圣教入川记》，四川人民出版社1981年版。

③ 表1—表4引自邓洪波、龚抗云:《中国状元殿试卷大全》，上海教育出版社2006年版。

续表

名次	省份	进士（名）
9	山西	1194
10	安徽	1169
11	湖北	1009
12	陕西	870
13	广东	857
14	湖南	481
15	广西	207
16	云南	122
17	甘肃	119
18	贵州	32
19	辽东	23

表2　明代状元分布表（前五位）

名次	省份	状元（名）
1	浙江	20
2	江西	18
3	江苏	17
4	福建	10
5	安徽	6

表3　清代各省进士的地理分布

名次	省份	进士（名）
1	江苏	2949
2	浙江	2808
3	河北	2674
4	山东	2270
5	江西	1919
6	河南	1721
7	山西	1420
8	福建	1371

续表

名次	省份	进士（名）
9	湖北	1247
10	安徽	1119
11	陕西	1043
12	广东	1011
13	四川	753
14	湖南	714
15	云南	694
16	贵州	607
17	广西	568
18	甘肃	289
19	辽东	186

表4　清代状元分布表（前五位）

名次	省份	状元（名）
1	江苏	27
2	浙江	20
3	安徽	7
4	山东	5
5	河北/福建	3

据《四川通志》[①]、重庆各地地方志及胡昌健《恭州集·唐宋巴渝散记》[②]考证，两宋时期，巴蜀地区共有进士4477人，其中巴渝籍进士230人，仅占全巴蜀进士人数的百分之五。两宋进士合州有86人，大足34人，綦江20人，荣昌15人，永川10人，江津11人，云阳6人，武隆6人，璧山5人，奉节4人，丰都1人，忠州1人，垫江1人，但仅西蜀眉州就有800余人。蜀之东西文化教育之差距有如此之甚。然《四川通志》之统计不完整，未计入夔州、涪州进士。但即使加上夔、涪二州进士人数，也与西蜀差距甚大。

元代重庆府考取的进士：江津5人，夔州4人，大足2人，铜梁、璧山各1人，总计13人。

据朱保炯、谢沛霖合编的《明清进士题名碑录索引》和江庆柏编的《清朝进士题

---

①（清）张晋生：《四川通志》卷四十七。
②胡昌健：《恭州集》，重庆出版社2008年版，第505页。

名录》二书记载，明朝全国文科进士总数24595人，四川全川总数1394人（嘉庆《四川通志》记载为1440人，略有出入），占比5.6%；到了清朝，全国进士总人数28849人，而全川进士仅仅748人（李朝正的《清代四川进士征略》记为780人，差别不大），占比仅2.8%。

明朝重庆地区进士共322人，清朝，重庆地区进士共212人。[1]

[1] 吴洪成:《重庆的科举》，西南师范大学出版社2008年版，第39、62页。

◎ 巴蜀珍稀殿试卷欣赏

（一）李作梅殿试卷

阅卷官评语：阙。

行款及开本大小：半叶6行，行24字；开本小，13.5cm×48cm。

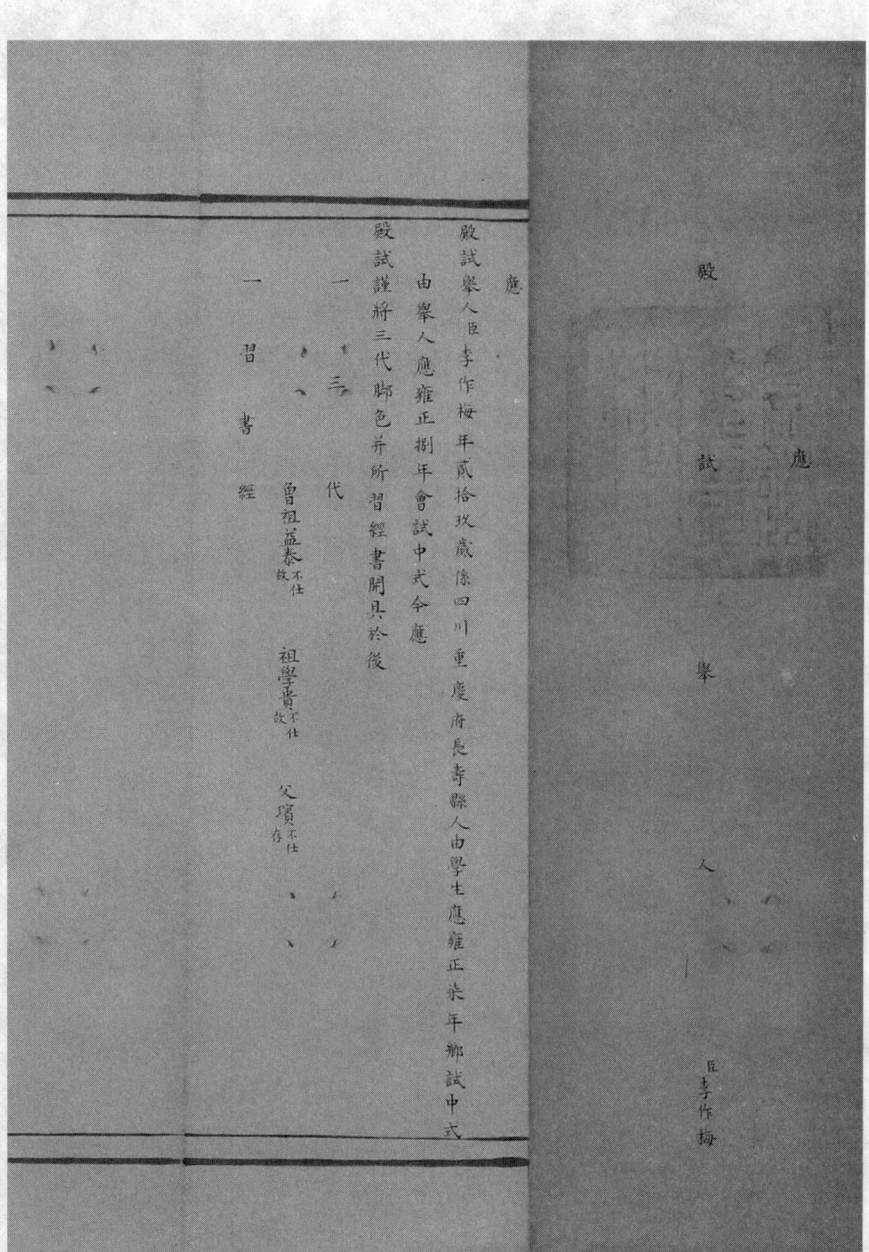

殿試舉人臣李作梅年貳拾玖歲係四川重慶府長壽縣人由學生應雍正柒年鄉試中式由舉人應雍正捌年會試中式今應

殿試謹將三代腳色并所習經書開具於後

一三代
　　曾祖益恭 故不仕　　祖學貴 故不仕　　父項存 不仕

一習書經

第三甲第一百五十九名

臣對臣聞帝王之膺圖御宇而享萬年有道之長也必有以作臣工之志氣使廊廟黼黻之佐共彰喜起之休風必有以屬百爾之惆忱使亮采分散之僑咸殫公忠之至誼且必有以餙守令之奇而使為民牧者周弗庝樹其勛猷

(二) 叶荣贤殿试卷

阅卷官评语：杨(、、)、吴(、、)、俞(、)、张(、、)、彭(、|)、尹。

行款及开本大小：半叶6行，行24字；开本小，13.5cm×48cm。

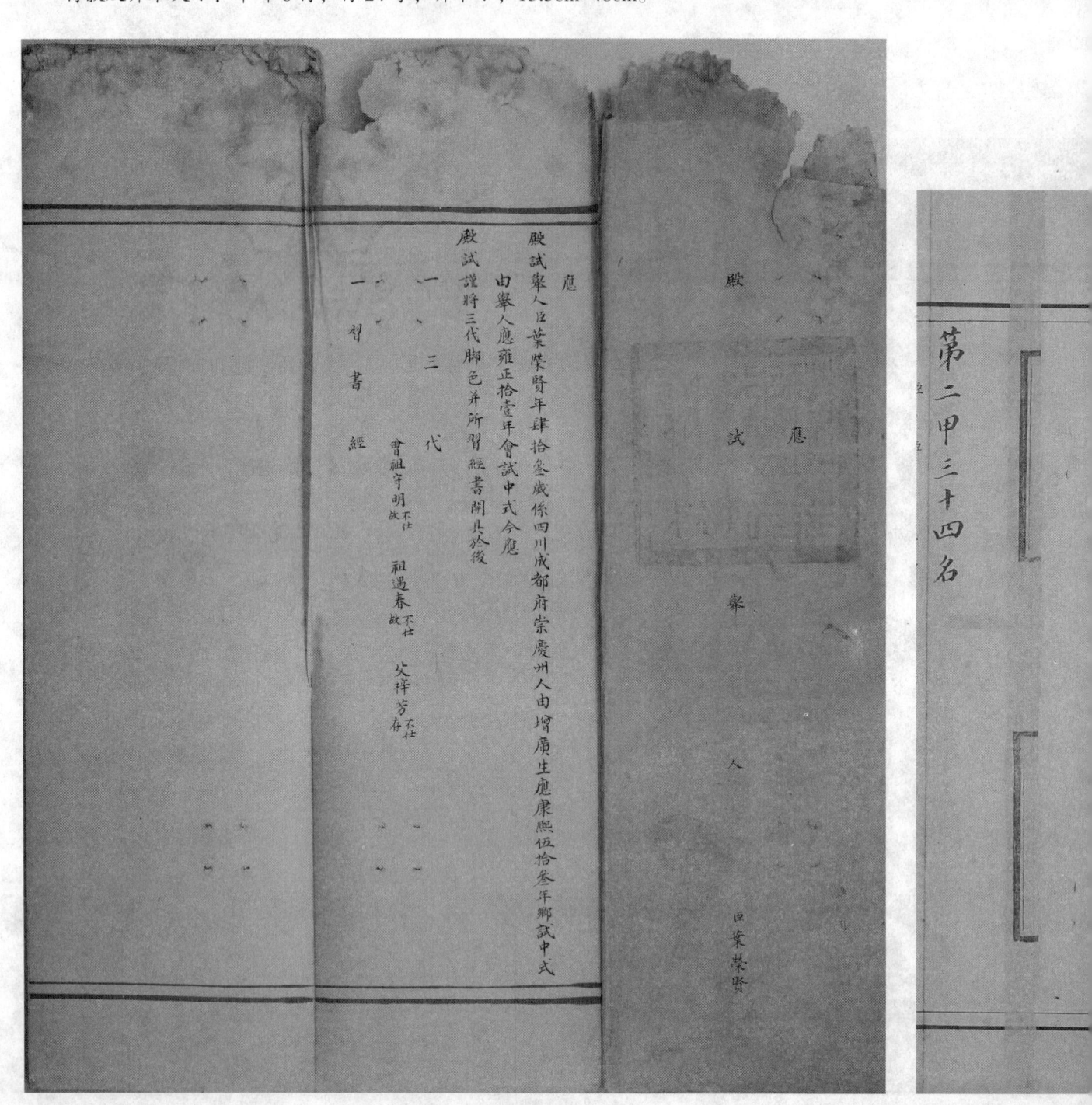

殿试

應

殿試舉人臣葉榮賢年肆拾叁歲係四川成都府崇慶州人由增廣生應康熙伍拾叁年鄉試中式由舉人應雍正拾壹年會試中式今應殿試謹將三代腳色并所習經書開具於後

一、三代
　曾祖守明 不仕 故
　祖過春 不仕 故
　父祥芳 不仕 存

一、習書經

應
殿試舉人
臣葉榮賢

第二甲三十四名

（三）李为栋殿试卷

阅卷官评语：阙。

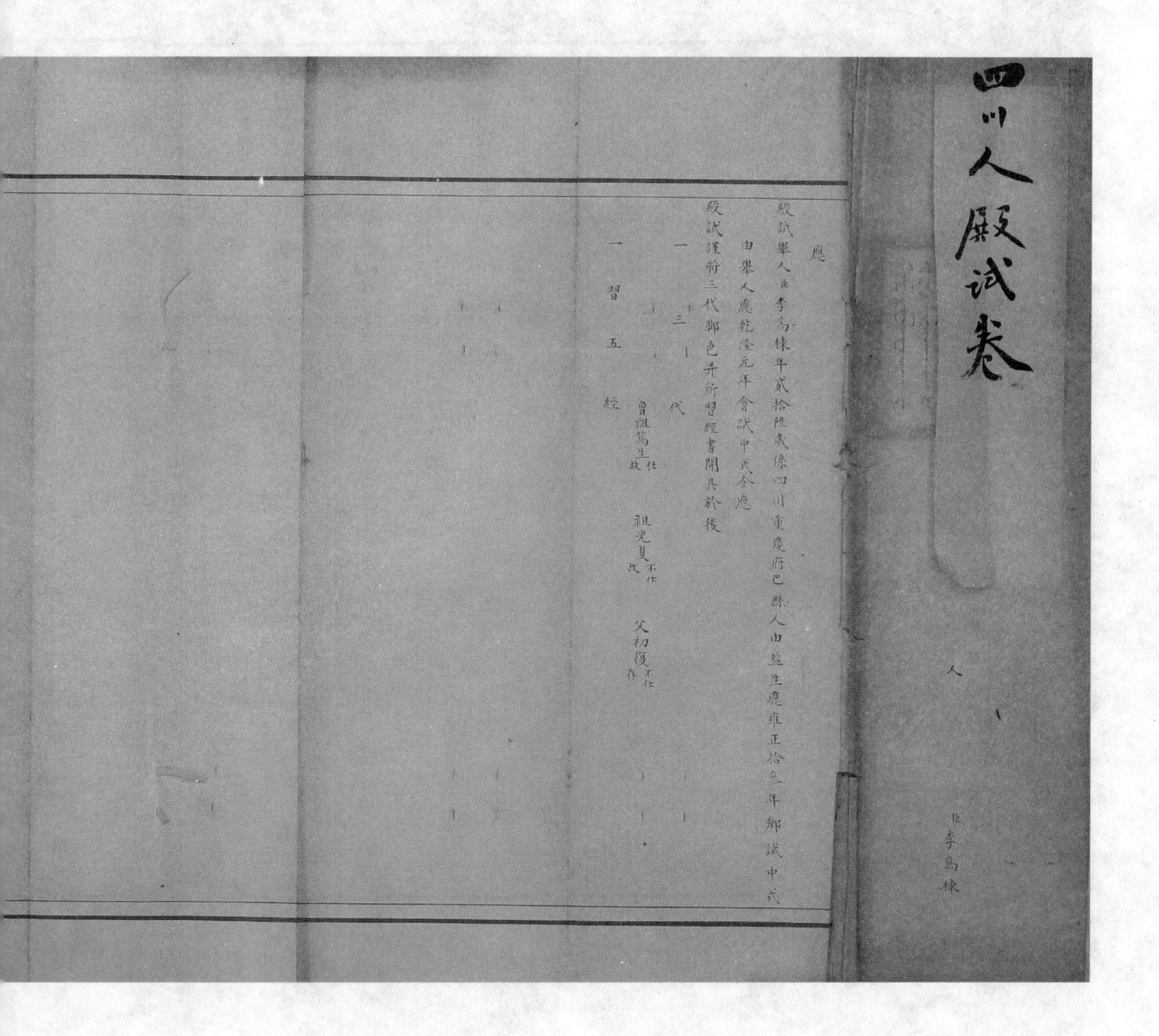

行款及开本大小：半叶6行，行24字，13cm×48cm。

育以資遜達斯文章經濟之真儒蔚起也惟井體徭賦本
休息以資愛養斯山海販運之化日倍長也唐虞之常德
厝運三代之王猷兄塞於以平章百姓諴和萬民上足以

皇上幹合元元有孚惠心宜其辟壤奇登仁壽矣其或有游惰
之民未盡无課者敕是在承流宣化者之勸相勞民以興
含哺鼓腹共盛世熙皞之風而已要之以兄執厥中繼天
立極而上出之為政者下應之即為風士得之而道一風
同者民破之而飲和食德昏是道也抑臣吏有進焉中之
為用極繁變而不窮而所以善其用者賁神明之有主則
民之福非一時散養之謀也臣草茅新進囿識忌諱干冒

宸嚴不勝戰慄隕越之至臣謹對

給人為之計其勢有所不能戎

印卷官禮部主客清吏司郎中臣郭石渠
堂 主 事臣 特克新
桐袼清吏司主事臣塔坦

（四）罗憎殿试卷

阅卷官评语：阙。

行款及开本大小：半叶6行，行24字，13.5cm×47.5cm。

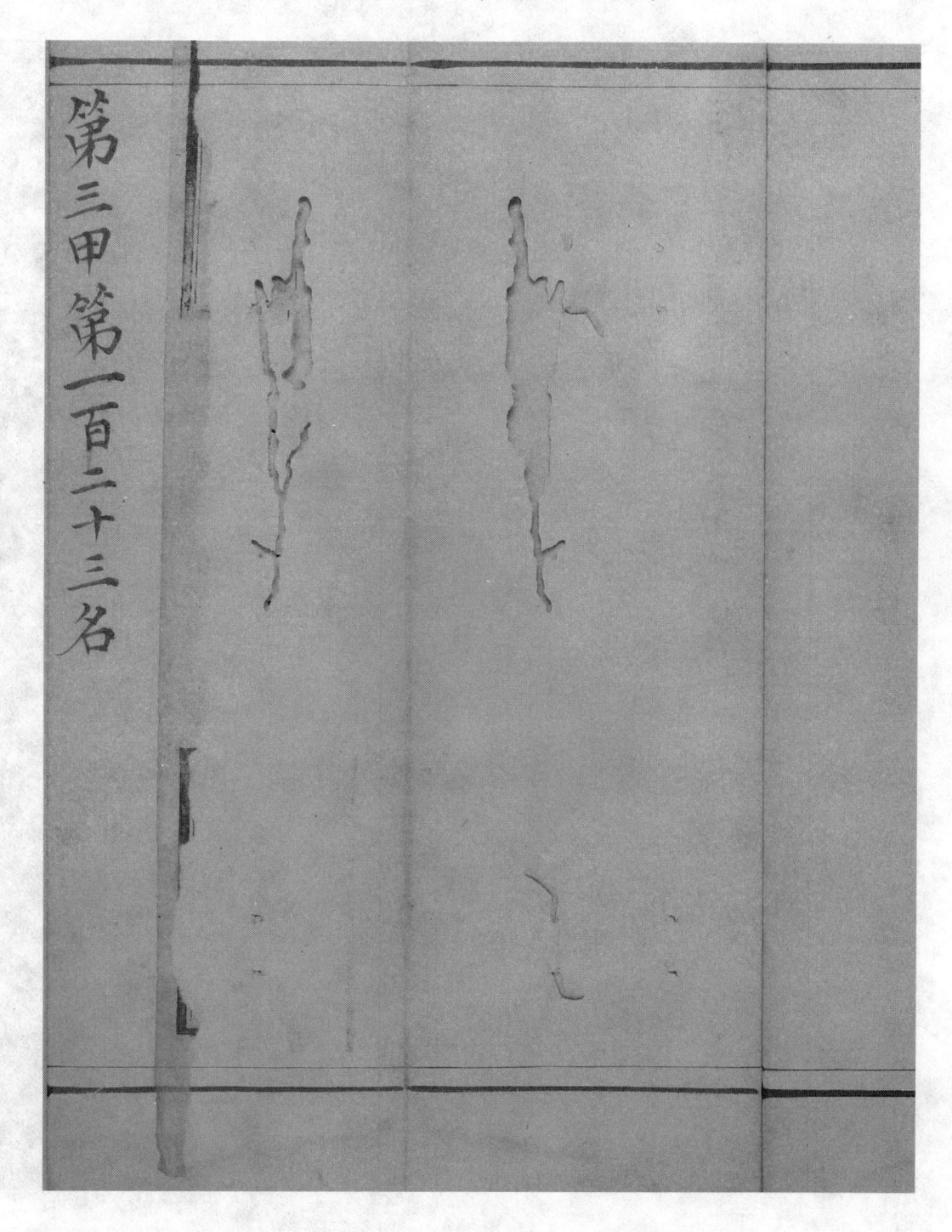

殿試應

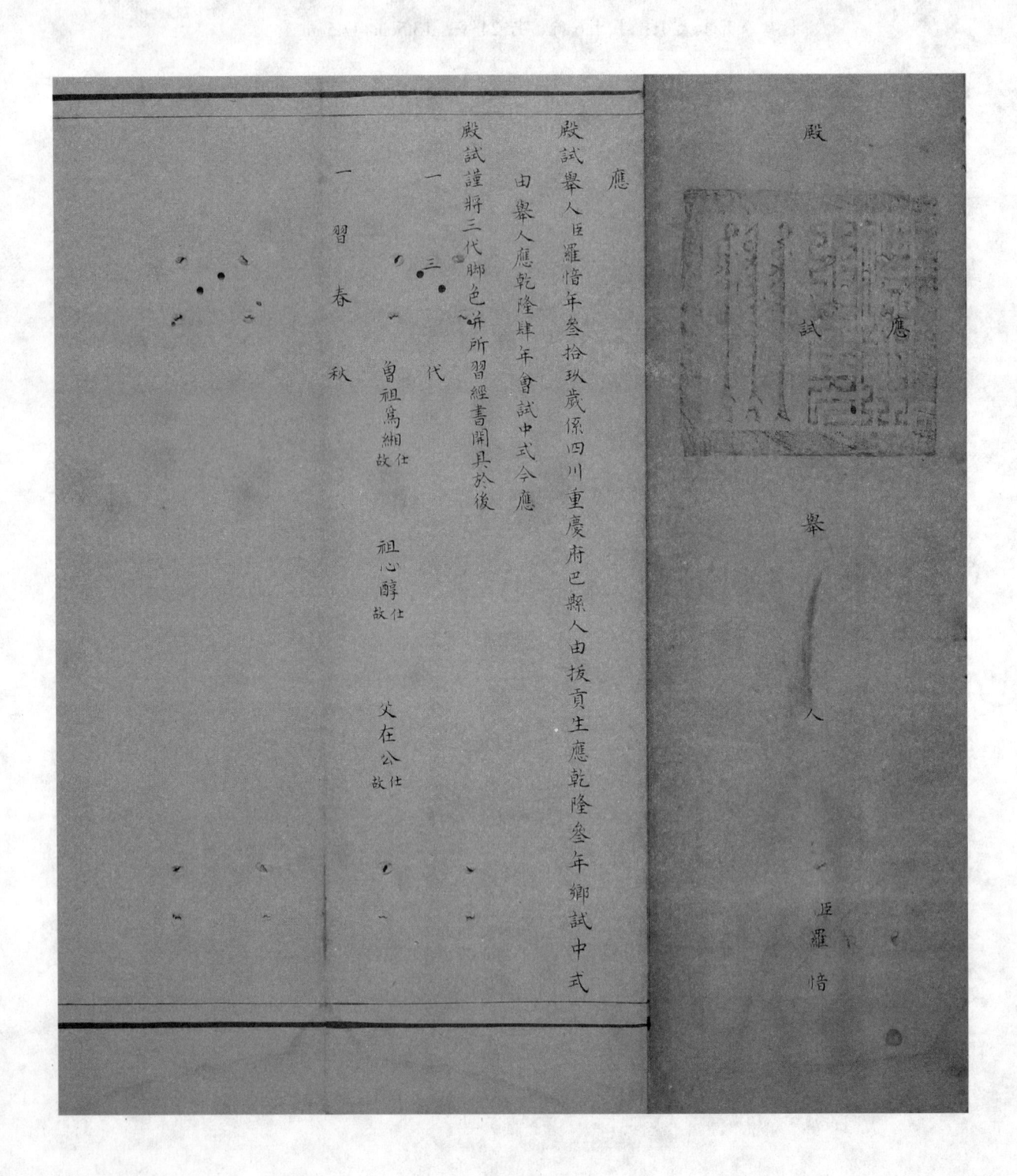

舉人

臣羅愔

應

殿試舉人臣羅愔年叁拾玖歲係四川重慶府巴縣人由拔貢生應乾隆叁年鄉試中式由舉人應乾隆肆年會試中式今應

殿試謹將三代腳色並所習經書開具於後

一三代
　曾祖寫綱 仕故
　祖心醇 仕故
　父在公 仕故

一習春秋

(五) 万方殿试卷

阅卷官评语：阙。

行款及开本大小：半叶6行，行24字，13.5cm×47.5cm。

第三甲第二百五名

臣對臣聞帝王之建極綏猷而致協和於變以隆參贊位

育之功也非別有轉移之術與夫權宜之計也惟以大公

至正之心運天下於在握而已然以神周者或未必繼之

以政而繼之以政者又恐其神之有遺也要惟智與仁並

行於臣工而周施於天下則用以理財而生時食禮著恆

足之休用以聽而設鐸懸韜致嘉謨之告他如河以及吏

治之考成皆以至明者察其幾於毫忽之間而無之不照

無幽之不燭又以至仁者藏天下於愷澤之中而無之不

意之旁流無非仁恩之廣被唐虞之世明良著於一德而

師師濟濟庶績咸熙所以要其本中而建為極者非執

滯之謂圍隨時變化因地制宜而後民生以厚民性以復

也且忠言讜論日陳於前而不諱天下之是非故民情無

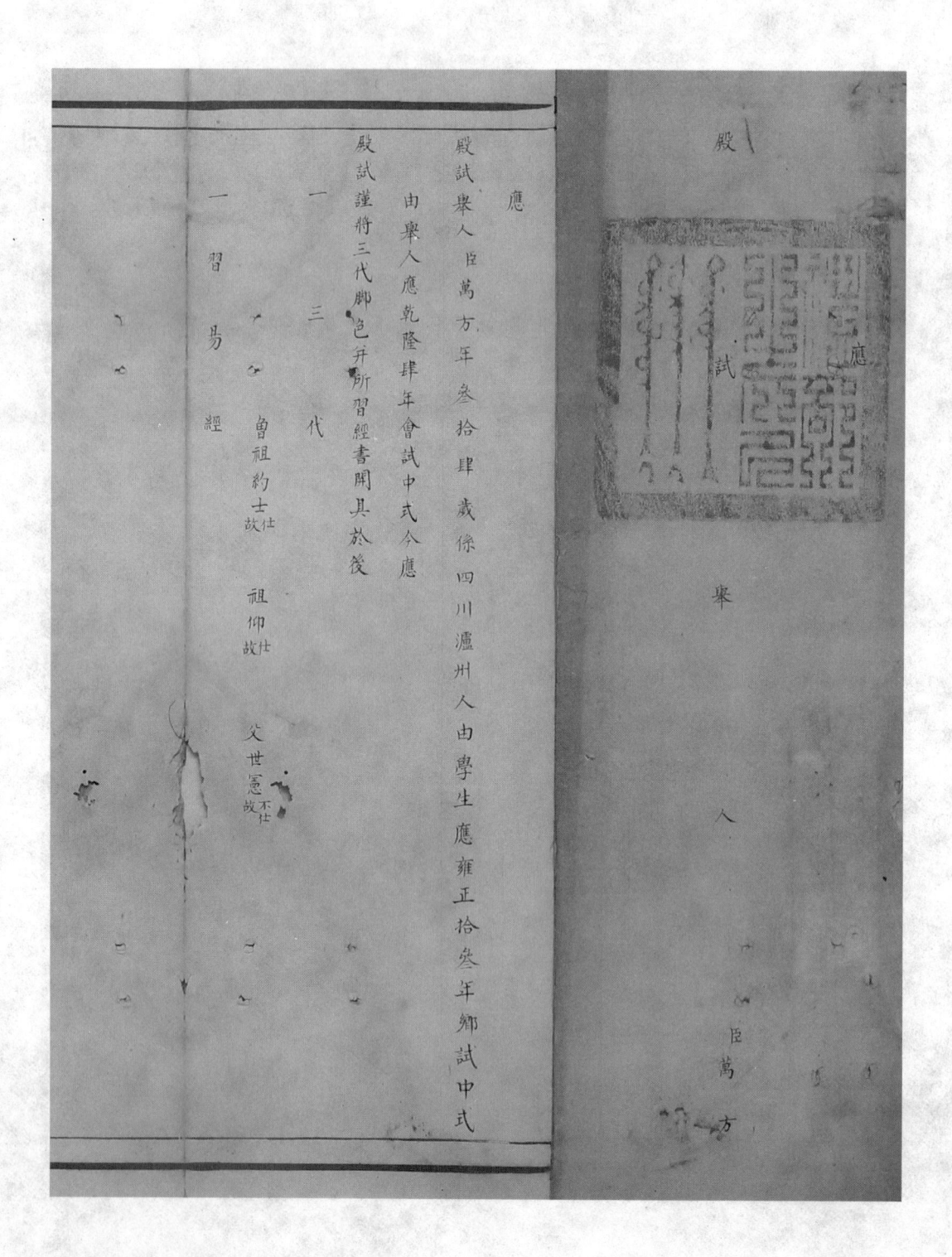

應

殿試舉人臣萬方年叁拾肆歲係四川瀘州人由學生應雍正拾叁年鄉試中式由舉人應乾隆肆年會試中式今應

殿試謹將三代腳色并所習經書開具於後

一三代

曾祖約士仕故 祖仰仕故 父世恩故不仕

一習易經

殿試舉人 臣萬方

(六) 蔡时田殿试卷

阅卷官评语：张（、、、语杂）、徐（、、、）、查、三、陈（、、）、阿（△自有所见）、蒋（、）、梁（、、、）、德（、、、文与字俱多不谨饬）、吴（、、、）、钱（、、、语欠醇）、周（、□心□□单□头错□）。

行款及开本大小：半叶6行，行24字，13.5cm×47.5cm。

第二甲第三十六名

应

殿试举人臣蔡时田年叁拾岁系四川成都府学崇宁县人由拔贡生应雍正拾叁年乡试中式
由举人应乾隆柒年会试中式今应
殿试谨将三代脚色并所习经书开具于后

一三代
　曾祖大徽　故不仕
　祖文琦　故不仕
　父永春　故不仕

一习易经

殿 應
試 舉
人
臣 蔡時田

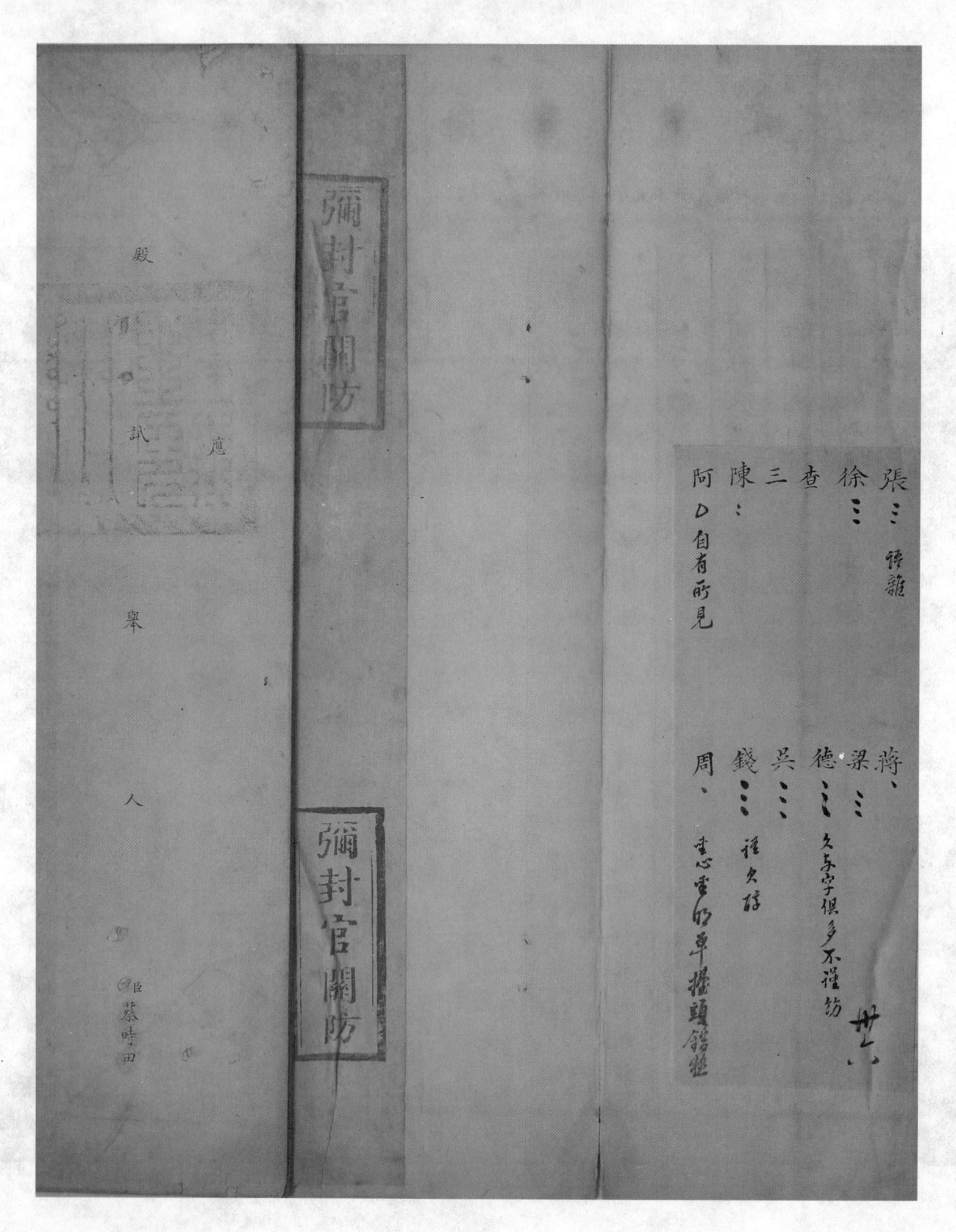

彌封官關防
彌封官關防

張三 語雜
徐三
查三
陳三
阿□自有所見

蔣、
梁三
德三 久与字宁俱多不謹筋
吳三
錢三 祥久辞
周、 志重叩草搖頭館牲

(七)顾汝修殿试卷

阅卷官评语：张（、、）、徐（、、舜必不能为朱 极□耗羡 成王必不能为纣归□之效）、查、三、陈（、、）阿（、、）、蒋（、、）、梁（、、）、德（△）、吴（△）、钱（△）、周（、、）。

行款及开本大小：半叶6行，行24字，13.5cm×47.5cm。

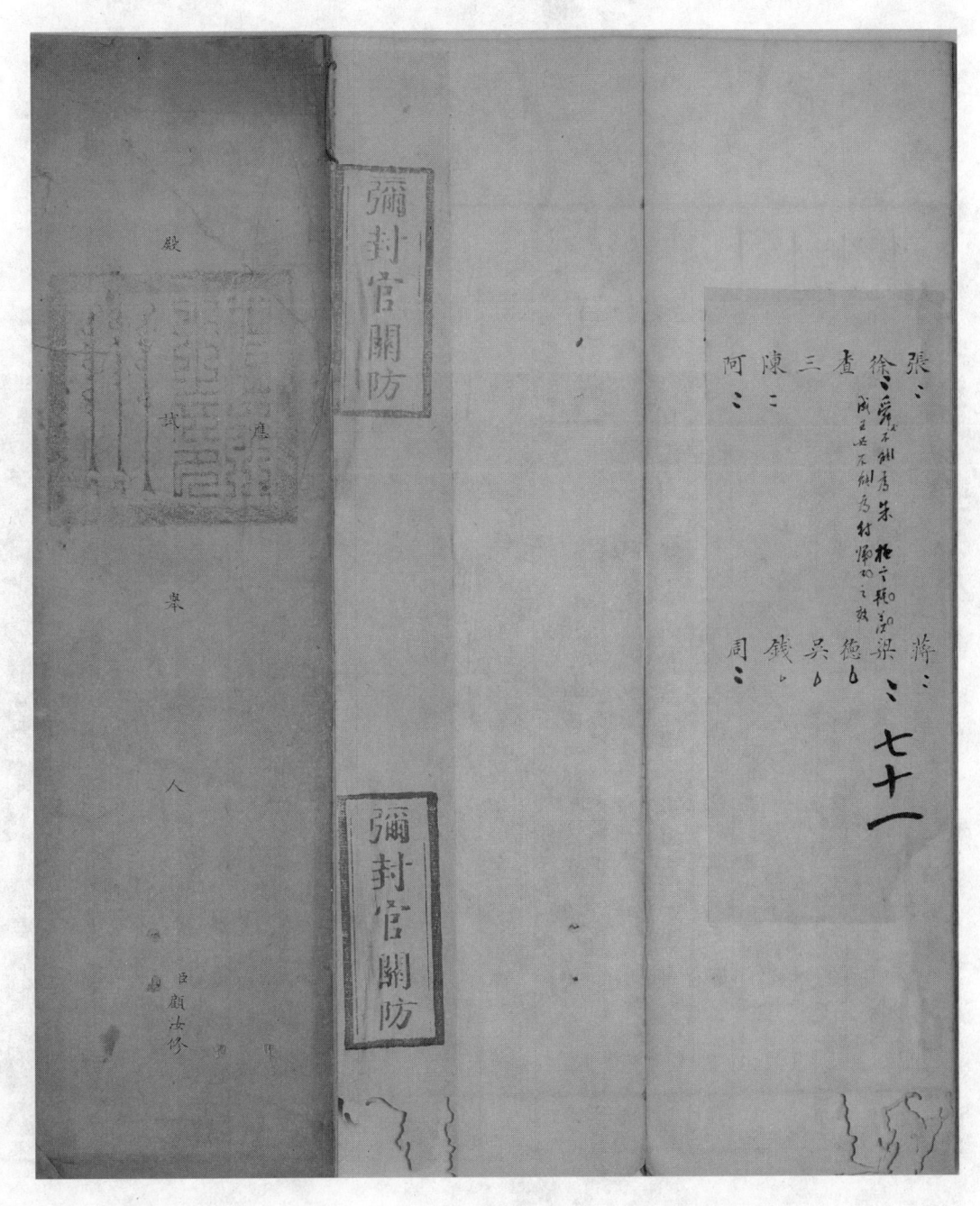

(八) 李化楠殿试卷

阅卷官评语：张（、平常）、徐（、浮泛）、查、三、陈（、）、阿（、）、蒋（、）、梁（、）、德（、耗美同）、吴（、）、钱（、、诗经宽泛当平顺）、周（、）。

行款及开本大小：半叶6行，行24字，13.5cm×47.5cm。

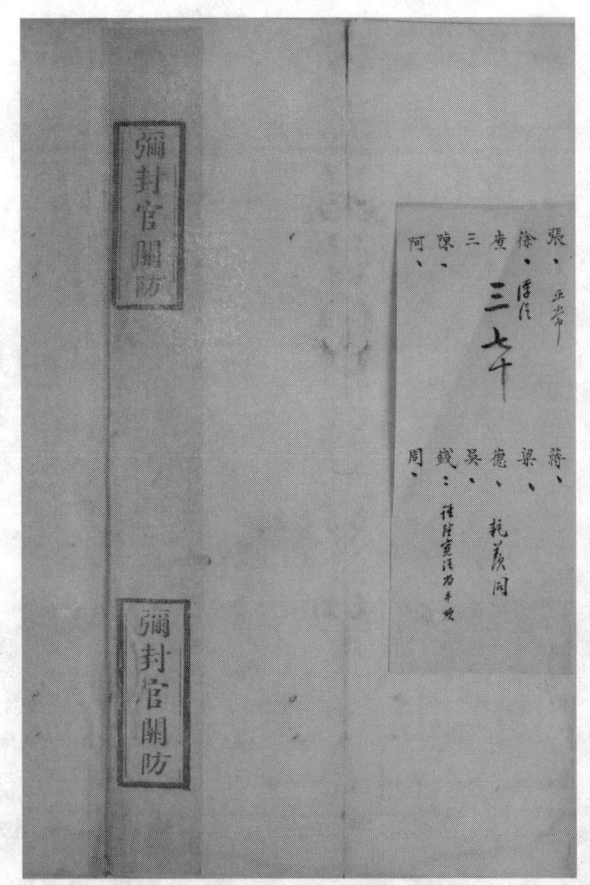

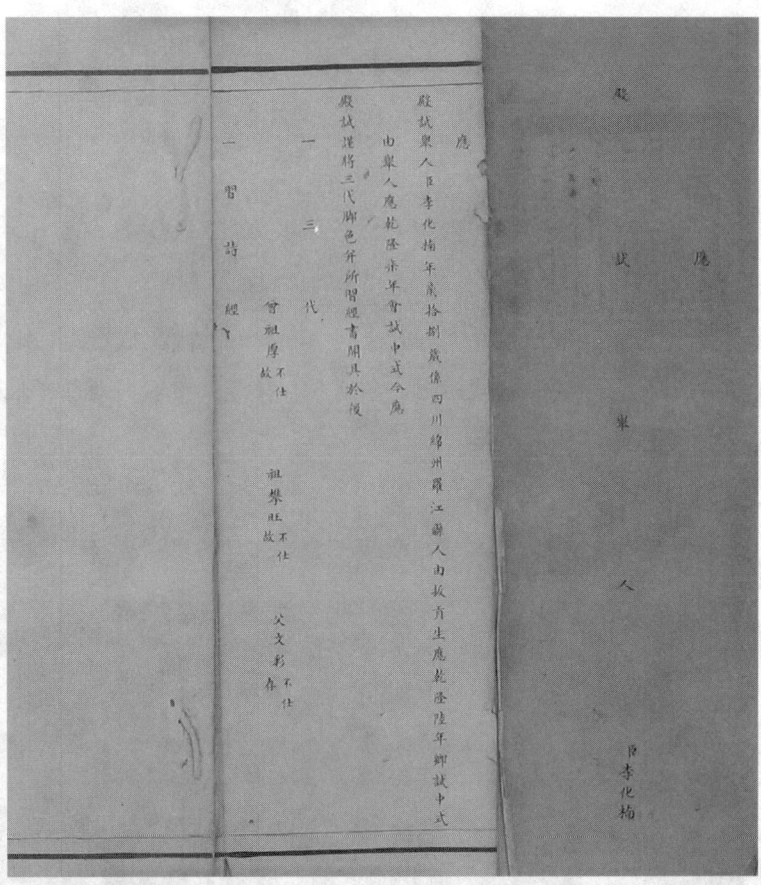

應
殿試卷
東人
臣李化楠

應
殿試舉人臣李化楠年歲叁拾伍歲係四川綿州羅江縣人由拔貢生應乾隆陸年鄉試中式
由舉人應乾隆柒年會試中式
殿試謹將三代腳色幷所習經書開具於後
一三代
曾祖厚故不仕 祖譽旺故不仕 父文彩不仕
一習詩經

彌封官關防

張、正光年
徐、陸　　　蔣、
黃、三七十　　梁、乾隆肆
　　　　　　　虞、乾隆同
陳、三　　　　吳、
阿、　　　　　錢三、
周、　　　　　　　擢陞寶泉局大使

彌封官關防

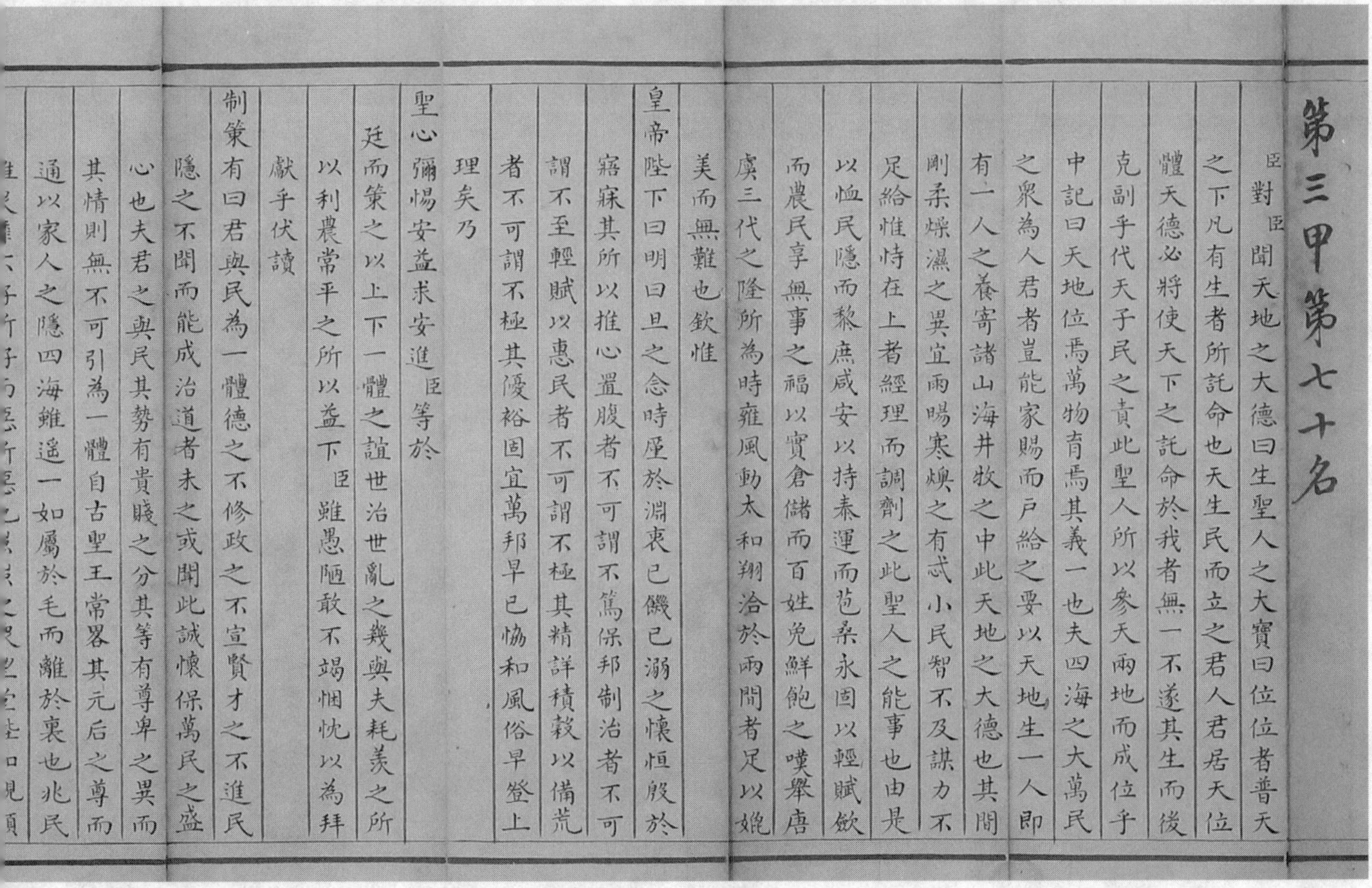

第三甲第七十名

臣對臣聞天地之大德曰生聖人之大寶曰位位者普天
之下凡有生者所託命也天生民而立之君人君居天位
體天德必將使天下之託命於我者無一不遂其生而後
克副手代天子民之責此聖人所以參天兩地而成位乎
中記曰天地位焉萬物育焉其義一也夫四海之大萬民
之眾為人君者豈能家賜而戶給之要以天地生一人即
有一人之養寄諸山海井牧之中此天地之大德也其間
剛柔燥濕之異宜雨暘寒燠之有貳聖人之能事不及謀力不
足給民隱特在上者經理而調劑之此小民智不及謀力不
以恆民隱而黎庶咸安以持泰運而范圍以實固以輕賦歛
而農民享無事之福以實倉儲而百姓免鮮飽之嘆舉唐
虞三代之隆所為時雍風動太和翔洽於兩間者足以媲
美而無難也欽惟
皇帝陛下曰明旦之念時廑於淵衷已溺之懷恆殷於
窮寐其所以推心置腹者不可謂不至輕賦以惠民者不可
謂不至輕賦以惠民者不可謂不篤詳積穀以備荒
者不可謂不極其優裕固宜萬邦早已協和風俗早登上
理矣乃
聖心彌暘安益求安進道等於
廷而策之以上下一體之誼世治亂之幾與夫耗羨之所
以利農常平之所以益下臣雖愚陋敢不竭慨以為拜
獻手伏讀
制策有曰君與民為一體德之不宣賢才之不進民
隱之不聞而能成治道之不修政之不舉此誠懷保萬民之盛
心也夫君之與民其勢有貴賤之分其情有尊卑之異而
其情則無不可引為一體自古聖王常堂堂於高高在上見頁
通以家人之隱四海雖遙一如屬於毛而離於裏也兆民
雖眾六子行子若女處處之臨巨室口見頁

（九）林中麟殿试卷

阅卷官评语：张（、文太短）、徐（、）、查、三、陈（、）、阿（、）、蒋（、通首空疏无警策□□）、梁（、窘短）、德（、耗羡见与人同题立限民名田之法）、吴（、）、钱（、）、周（、耗羡无丛□）。

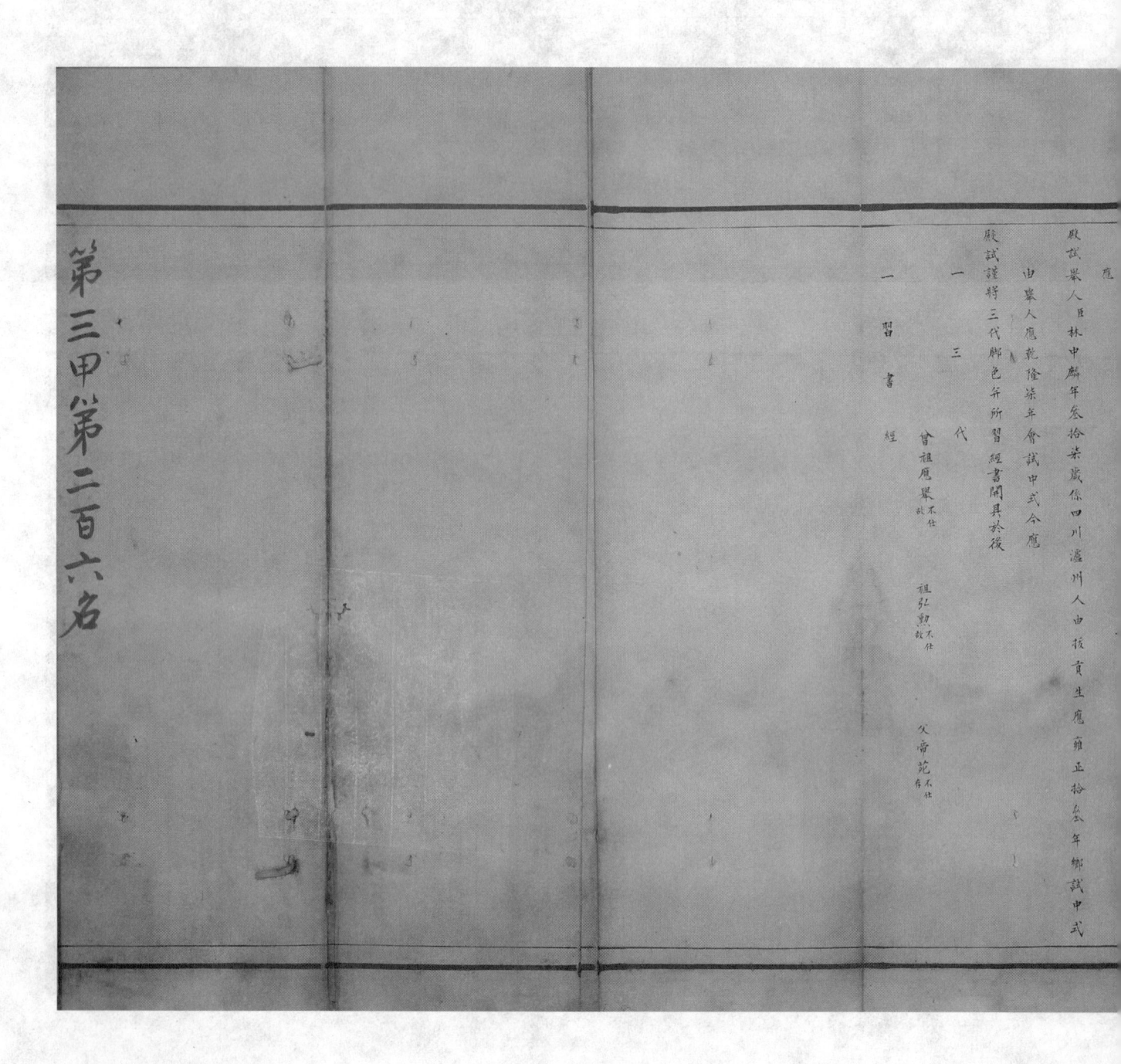

行款及开本大小：半叶6行，行24字，13.5cm×47.5cm。

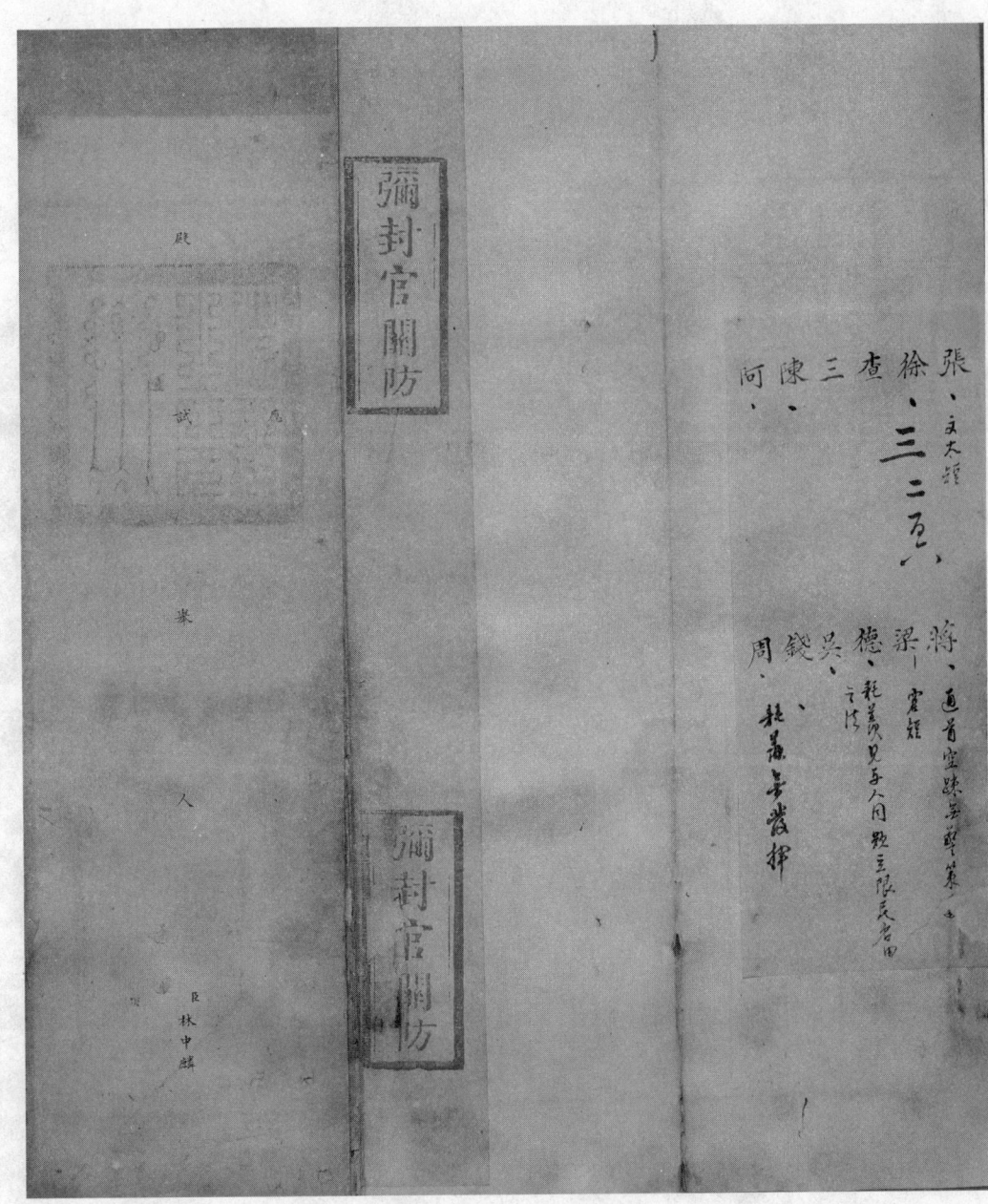

張、文大經　蔣、通首空陳無聲蒙（上
徐、三二五、　梁一實經
查　　　　　　德、耗薨見手人白點三陷長君因
三　　　　　　吳、言浔
陳、　　　　　錢、
何、　　　　　周、耗萬圭叢挥

(十) 李芝殿试卷

阅卷官评语：张（、、）、傅、陈（、、）、汪（、、、字法不恶文稍弱平）、德（、）、归（、、、）、王（、、将见好恶之源 偶有微和 朝廷顶撼）、庄（、、三风于臣邻）、勒（、、、字画端楷文笔顺明）、钟（、、、）、张（、、）、梅（、）穑（、、、使淤泥不离两岸二语未明晰）、金（、、兀侄三风于臣邻 王省为岁为月为日中三条未清）。

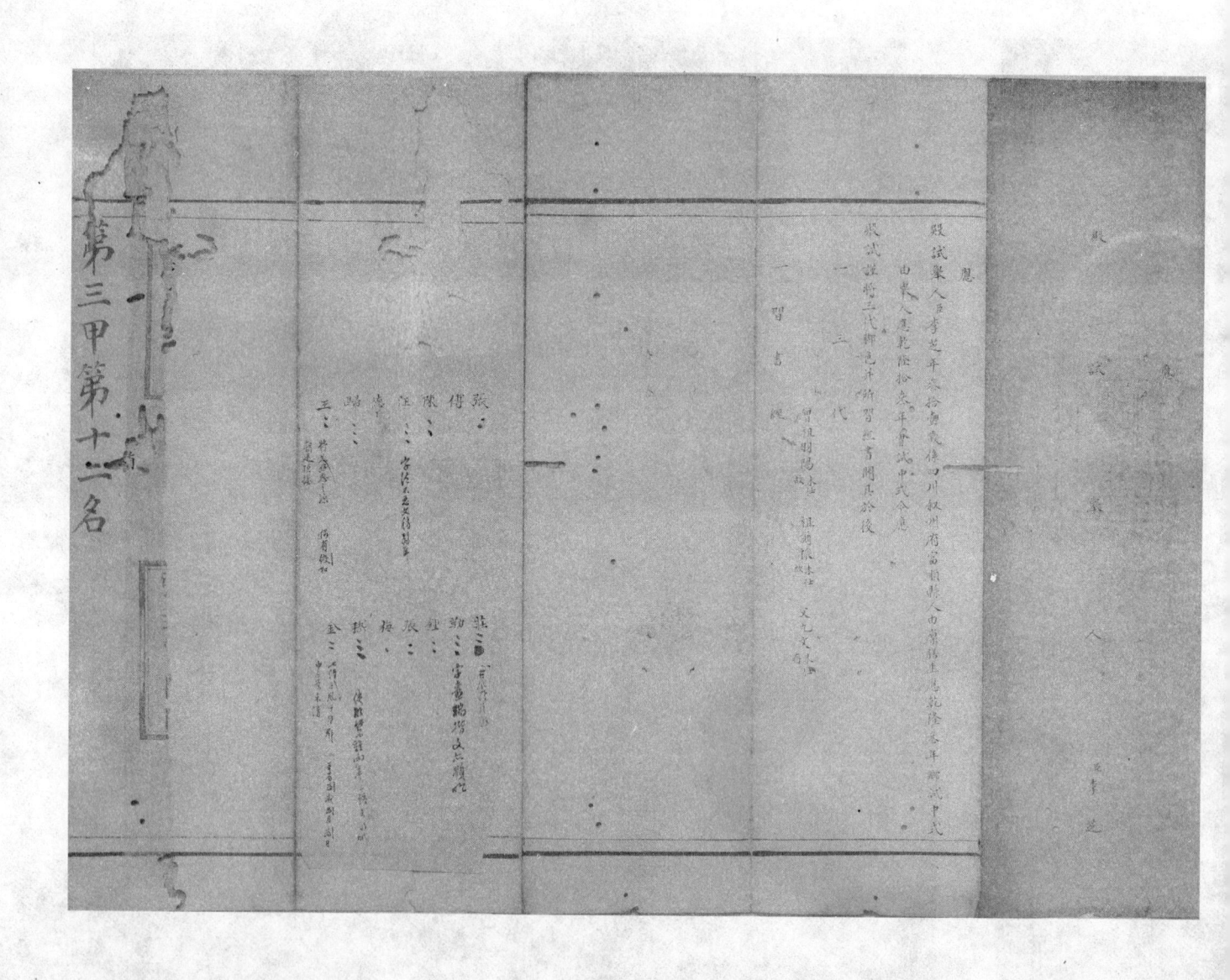

行款及开本大小：半叶6行，行24字，13cm×48cm。

(十一) 王旭龄殿试卷

阅卷官评语：阙。

行款及开本大小：半叶6行，行24字，14cm×48cm。

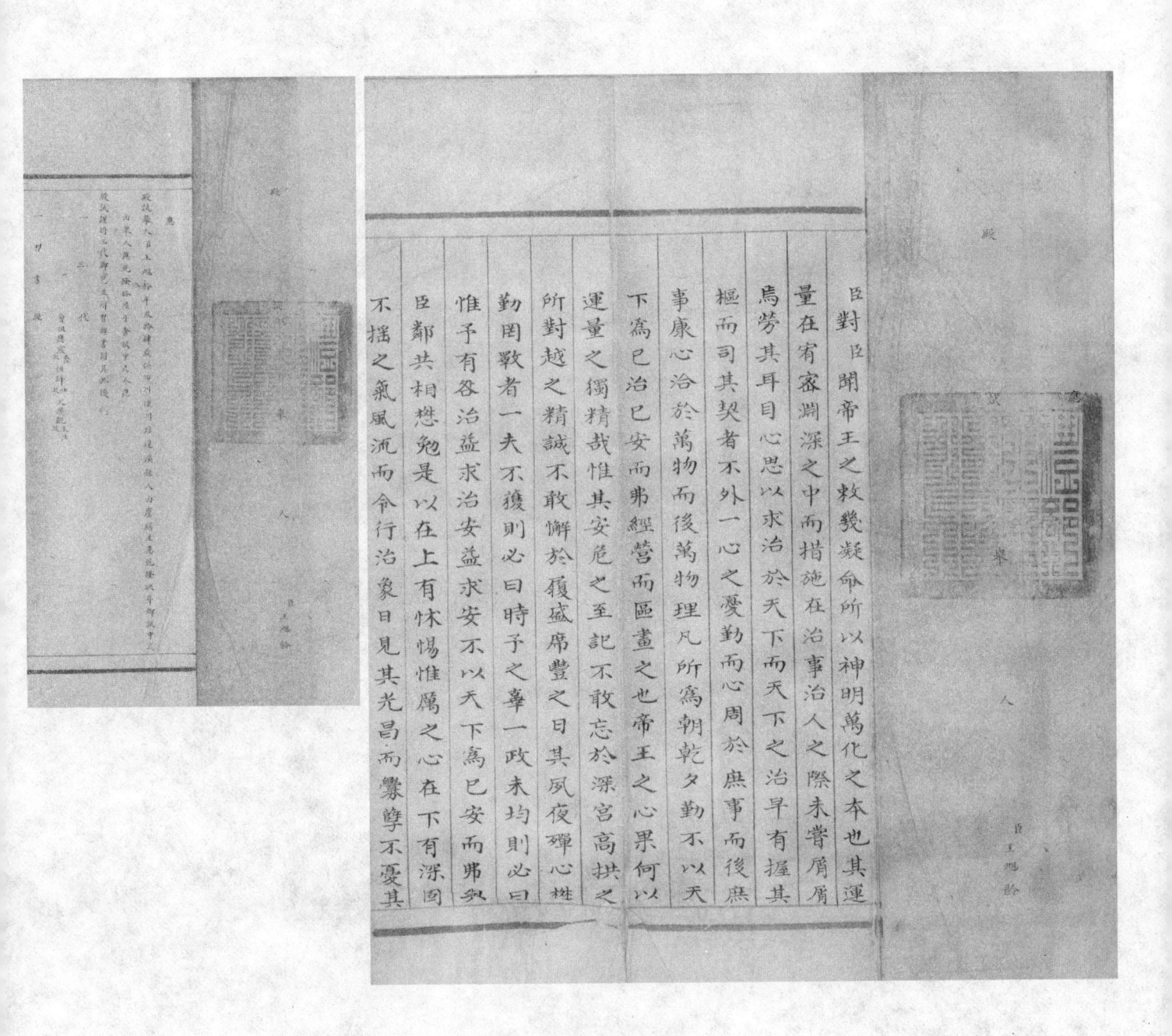

臣對臣聞帝王之敕幾凝命所以神明萬化之本也其運量在宥密淵深之中而措施在治事治人之際未嘗屑屑焉勞其耳目心思以求治於天下之治早有握其樞而司其契者不外一心之憂勤而心周於庶事而後熙事康心洽於萬物而後萬物理凡所為朝乾夕惕不以天下為巳治巳安而弗經營而區畫之也帝王之心果何以下為巳治巳安而弗經營而區畫之也帝王之心果何以運量之獨精哉惟其安危之至記不敢忘於深宫高拱之所對越之精誠不敢懈於獲盛席豐之日其夙夜殫心楗勤罔斁者一夫不獲則必曰時予之辜一政未均則必曰惟予有咎治益求治安益求安不以天下為巳安而不以臣都共相勗勉是以在上有休惕惟厲之心在下有深固不搖之氣風流而令行治象日見其光昌而彝尊不憂其

臣王旭齡

(十二) 王以宽殿试卷

阅卷官评语：阙。

行款及开本大小：半叶6行，行24字，13.5cm×47.5cm。

臣對臣聞帝王之治本於道帝王之道本於心心也者致治之根柢萬化之樞紐也為人君者正一心以正朝廷以正百官以正萬民以正朝廷正百官以正萬民以正四方由是內而天德外而王道推為文治廣為士習莫敢不一於正而無有邪氛奸其間者書曰惟天聰明惟聖時憲惟臣欽若惟民後人依古郅隆之世所為奉若天道熙載亮工敷五教而說為庠序學校者寧惟是法制禁令鋪張塗飾之謂毋亦本精心之所傳著修和之治績縹緗麟之雅意也以樹王功而興道致用之所以行也以光文治垂官禮之成書而後以修帝德而盡人合天體之所以立也以華國也以端士習而惇品立行儒風華棠定文章之所以日上也巴舉建極敷錫尊賢育材莫不求端於君之所以

(十三) 陈钧殿试卷

阅卷官评语：阙。

行款及开本大小：半叶6行，行24字，13.5cm×47.5cm。

（十四）王凤鸣殿试卷

阅卷官评语：来（、、）、鄂（、、）、刘（、、、）、梁（、）、尹（、、）、秦（、）、刘（、）、观（、、）、钱（、、）。

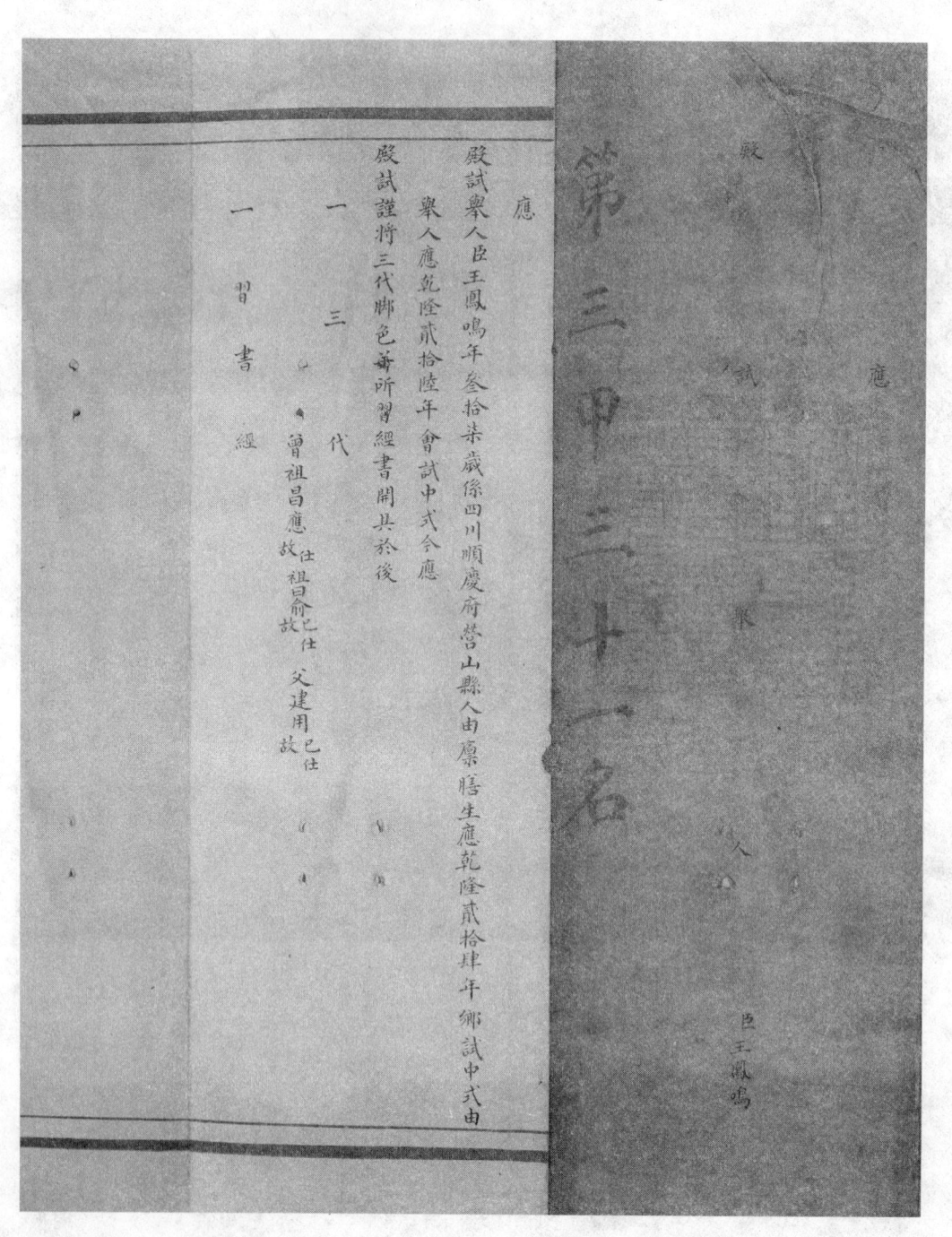

行款及开本大小：半叶6行，行24字，13.5cm×48.5cm。

第三甲三十一名

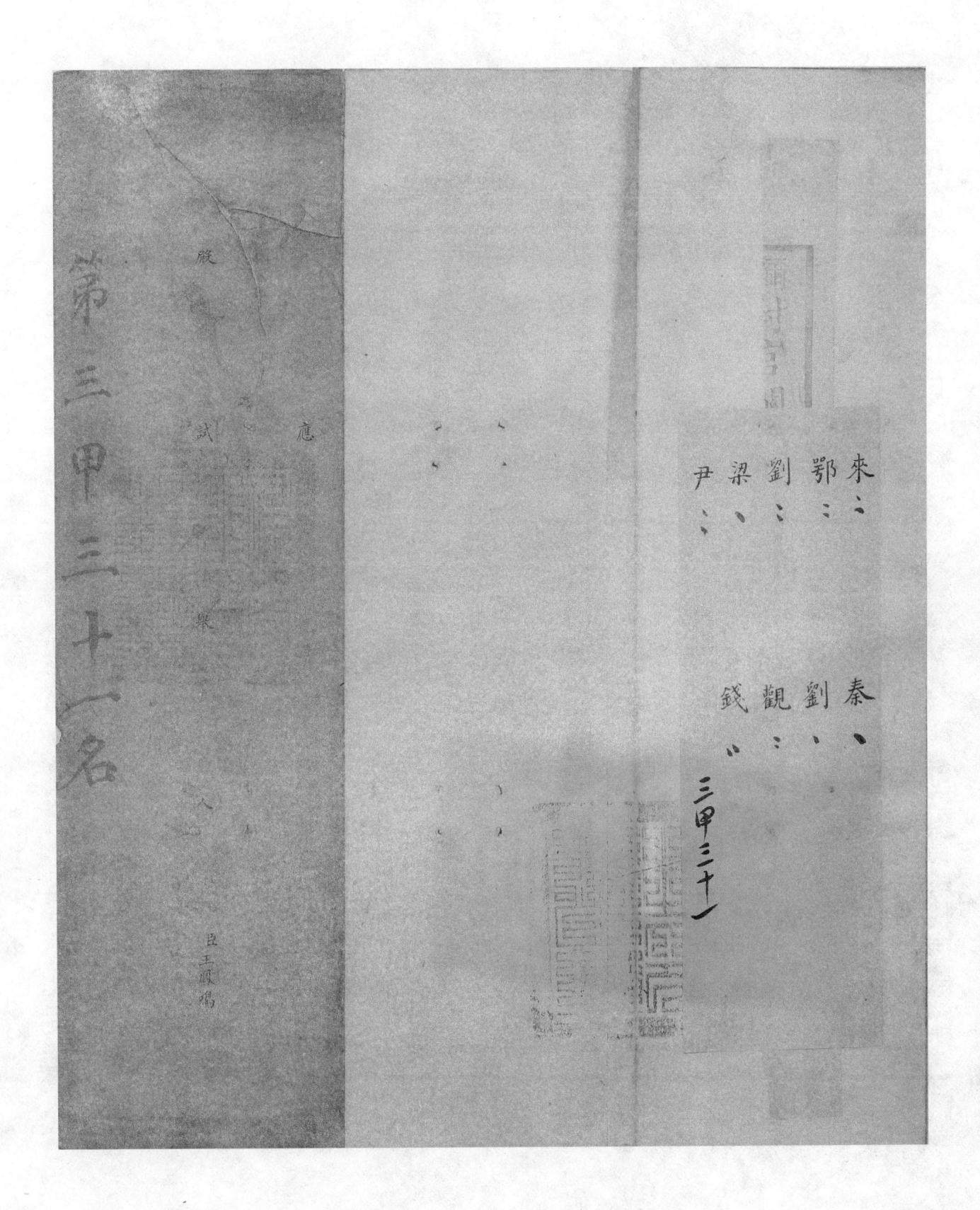

來二 秦八
鄂二 劉八
劉二 觀二
梁二 錢八
尹二

三甲三十一

(十五)李调元殿试卷

阅卷官评语：来（△）、刘（○）、刘（○）、彭（△）、讬（△）、蔡（○）、双（○）、窦（△）。

行款及开本大小：半叶6行，行24字，13.5cm×48.5cm。

第二甲第十一名

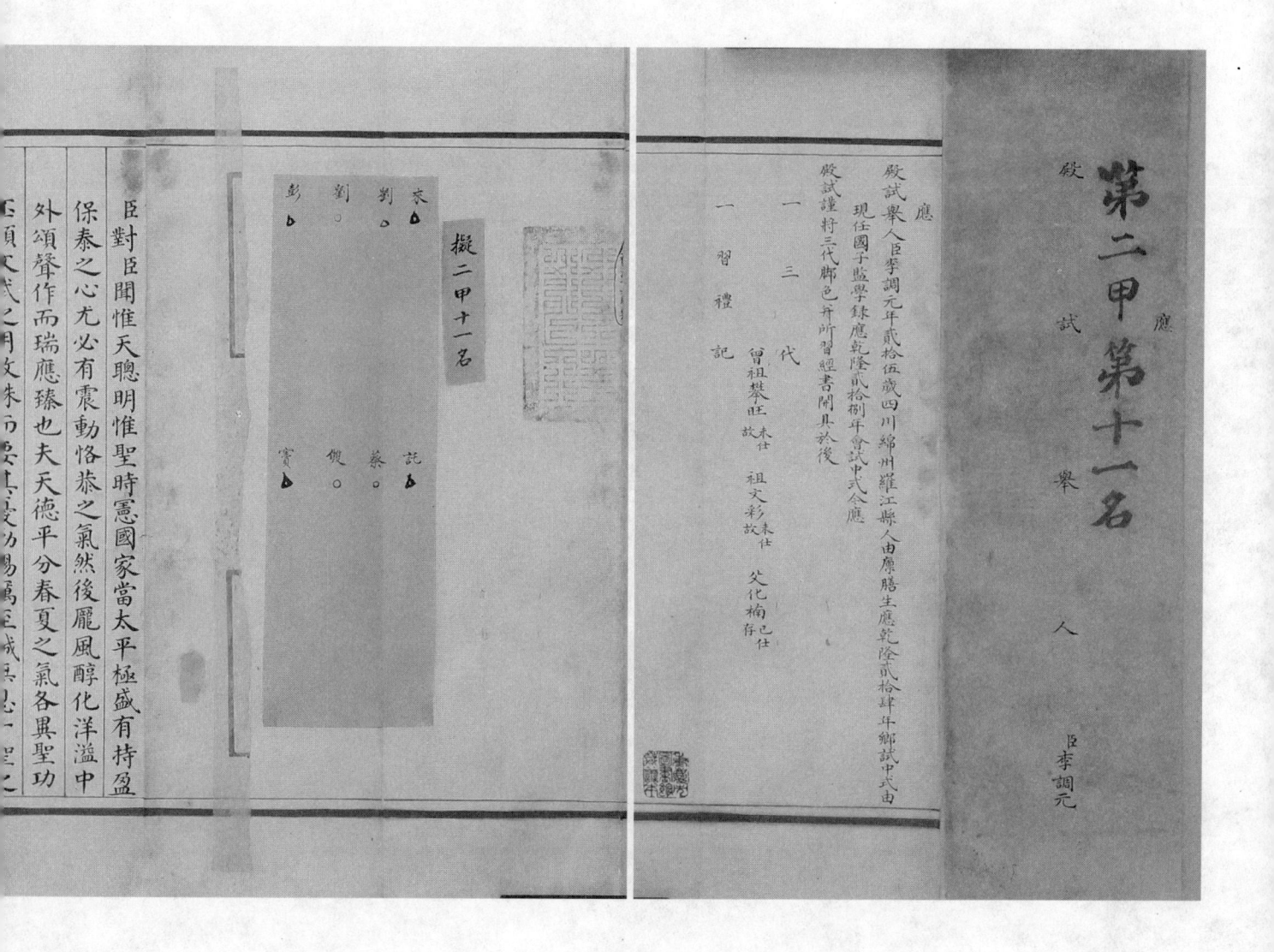

殿試舉人　臣李調元

應

殿試舉人臣李調元貳拾伍歲四川綿州羅江縣人由廩膳生應乾隆貳拾肆年鄉試中式由現任國子監學錄應乾隆貳拾捌年會試中式今應
殿試謹將三代腳色並所習經書開具於後
一　三代
　　曾祖榮正　故未仕　祖文彩　故　父化楠　存已仕
一　習禮記

擬二甲十一名

秦△
劉○
彭△
　　試△
　　蔡。
　　魏。
　　實△

臣對臣聞惟
天聰明惟
聖時憲國家當太平極盛有持盈
保泰之心尤必有震動恪恭之氣然後麗風醇化洋溢中
外頌聲作而瑞應臻臻也夫天德平分春夏之氣各異聖功

（十六）李鼎元殿试卷

阅卷官评语：阿（△）、程（△）、梁（△）、蔡（△）、嵇（△）、董（△）、胡（△）、巴（△）。

行款及开本大小：半叶6行，行24字，13.5cm×48.5cm。

第叁甲第壹名

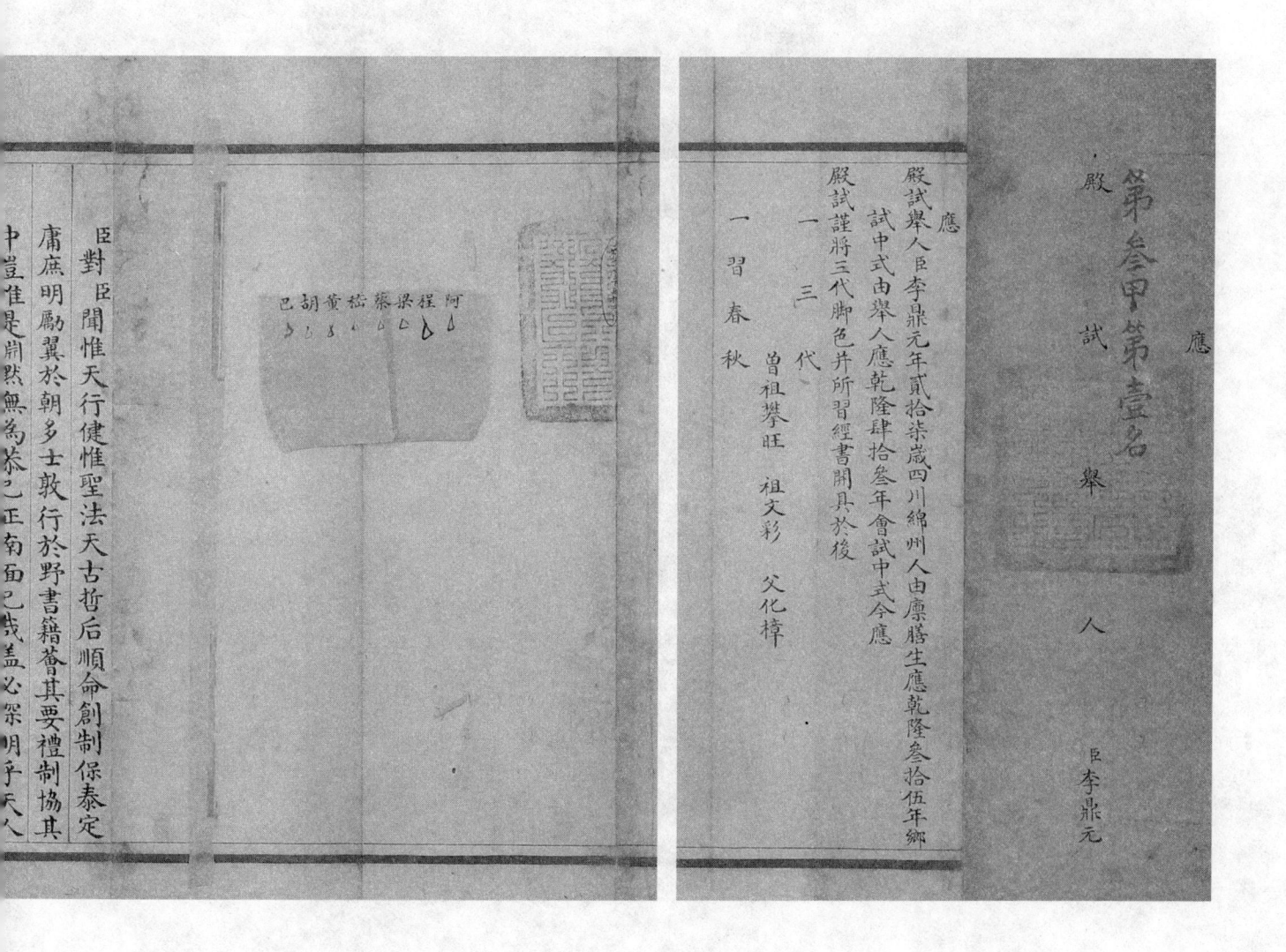

殿 試 舉 人 臣 李鼎元

應

殿試舉人臣李鼎元年貳拾柒歲四川綿州人由廩膳生應乾隆叁拾伍年鄉試中式由舉人應乾隆肆拾叁年會試中式今應
殿試謹將三代腳色并所習經書開具於後

一 三代
曾祖奎旺　祖文彩　父化樟

一 習春秋

應

臣對臣聞惟天行健惟聖法天古哲后順命創制保泰定
庸庶明勵翼於朝多士敦行於野書籍薈萃禮制協其
中豈佳是崩然無為恭之正南面已哉蓋必架明予天人

(十七)高溥殿试卷

阅卷官评语：姚（、）、吴（、）、陈（、）、卓（、）、长（、）、潘（、）、史（、）、文（、）。

行款及开本大小：半叶6行，行24字，开本小，11.5cm×44cm（道光开本）。

应

殿试举人臣高溥年肆拾岁四川成都府渠县人由廪膳生应道光元年乡

试中式由举人应道光拾伍年会试中式今应

殿试谨将三代脚色开具于后

一　三代

曾祖时宰　祖秀倫　父萬春

殿试

第叁甲第壹百陆拾名

应

殿　试

举　人

臣高溥

(十八) 樊肇新殿试卷

阅卷官评语：长（△）、阮（△）、成（△）、程（△）、卓（△）、廖（△）、史（○）、王（○）。

行款及开本大小：半叶6行，行24字，开本11.5cm×44cm。

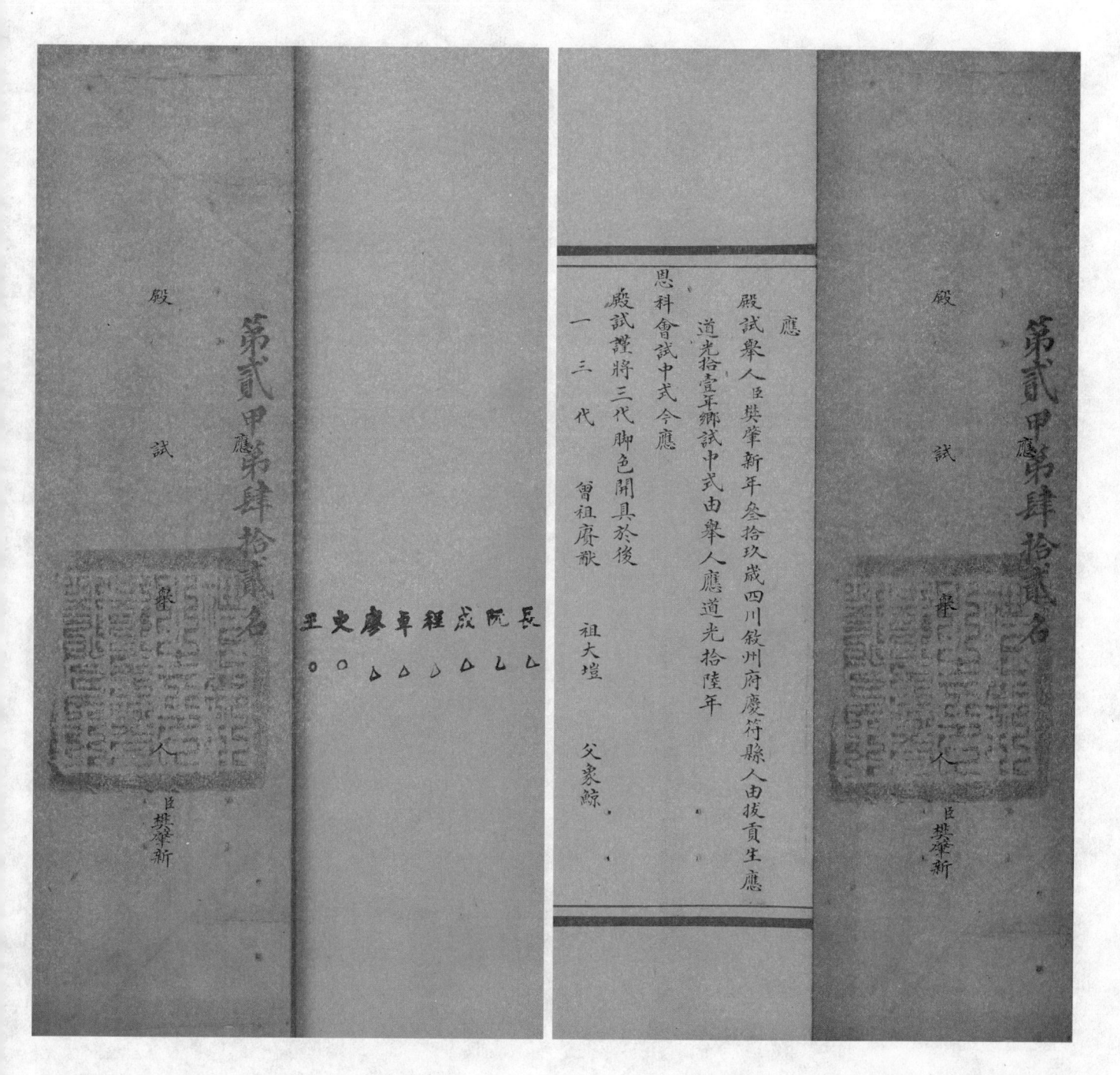

(十九) 韦杰生殿试卷

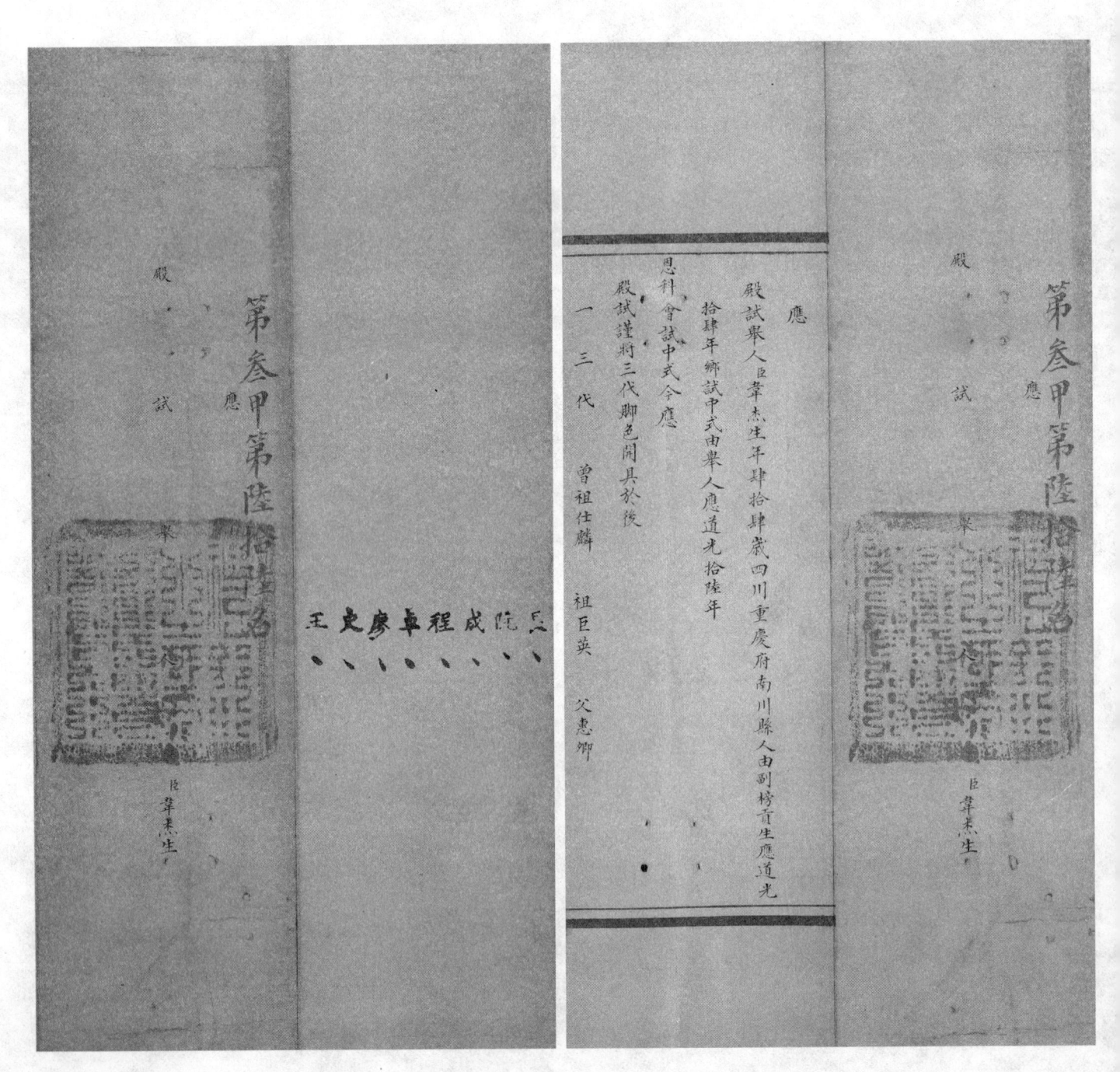

阅卷官评语：长（、）、阮（、）、成（、）、程（、）、卓（、）、廖（、）、史（、）、王（、）。

行款及开本大小：半叶6行，行24字，开本11.5cm×44cm。

(二十) 萧秀棠殿试卷

阅卷官评语：长（×）、阮（×）、成（×）、程（×）、卓（×）、廖（×）、史（×）、王（×）。

行款及开本大小：半叶6行，行24字，开本小，11.5cm×44cm（道光开本）。

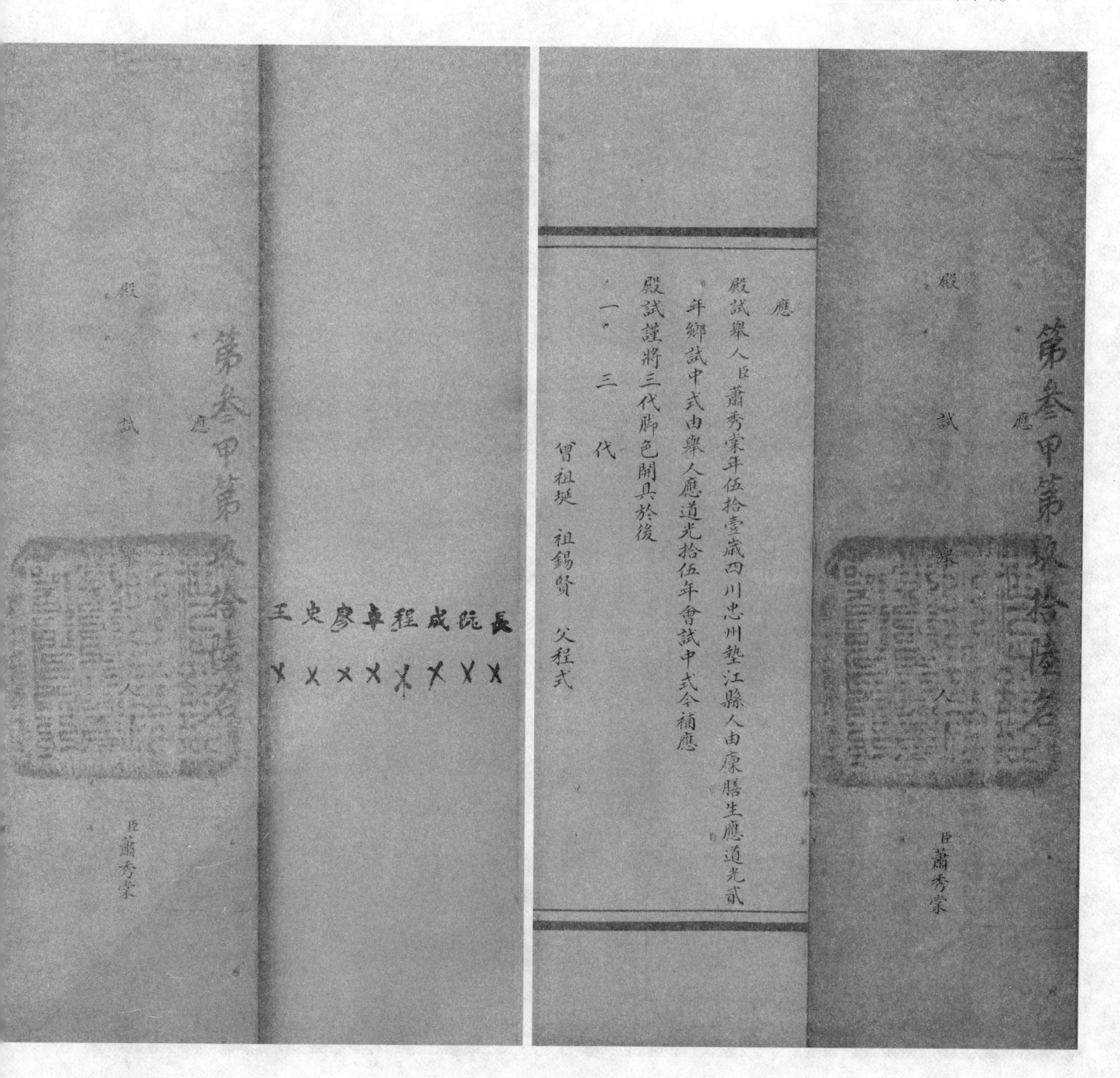

（二十一）孙治殿试卷

阅卷官评语：潘（○）、汤（△）、卓（○）、文（○）、吴（△）、恩（○）、沈（○）、善（○）。

行款及开本大小：半叶6行，行24字，开本11.5cm×44cm。

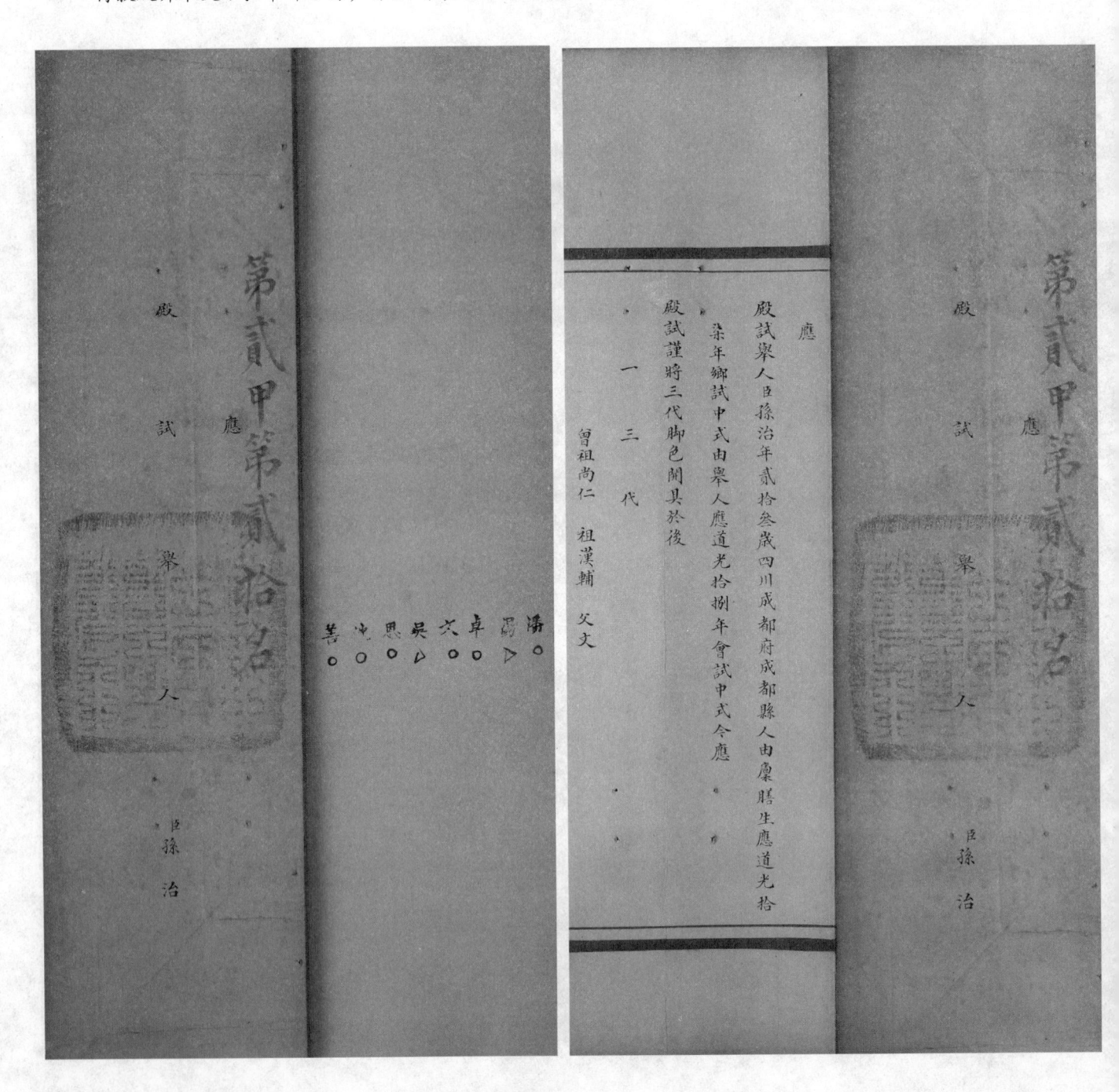

（二十二）朱奂殿试卷

阅卷官评语：宝（、）、陈（△）、魏（△）、季（△）、吴（△）、朱（△）、李（△）、黄（△）。

行款及开本大小：半叶6行，行24字，开本11.5cm×44cm。

(二十三) 赵树吉殿试卷

阅卷官评语：祁（○）、贾（○）、孙（○）、柏（○）、杜（○）、周（○）、灵（○）、车（○）。

行款及开本大小：半叶6行，行24字，开本11.5cm×44cm。

第贰甲第叁拾壹名应

殿试

臣赵树吉

应

殿试举人臣赵树吉年贰拾贰岁四川叙州府宜宾县人由选拔生应道光贰拾玖年乡试中式由举人应道光叁拾年会试中式今应

殿试谨将三代脚色开具於後

一三代

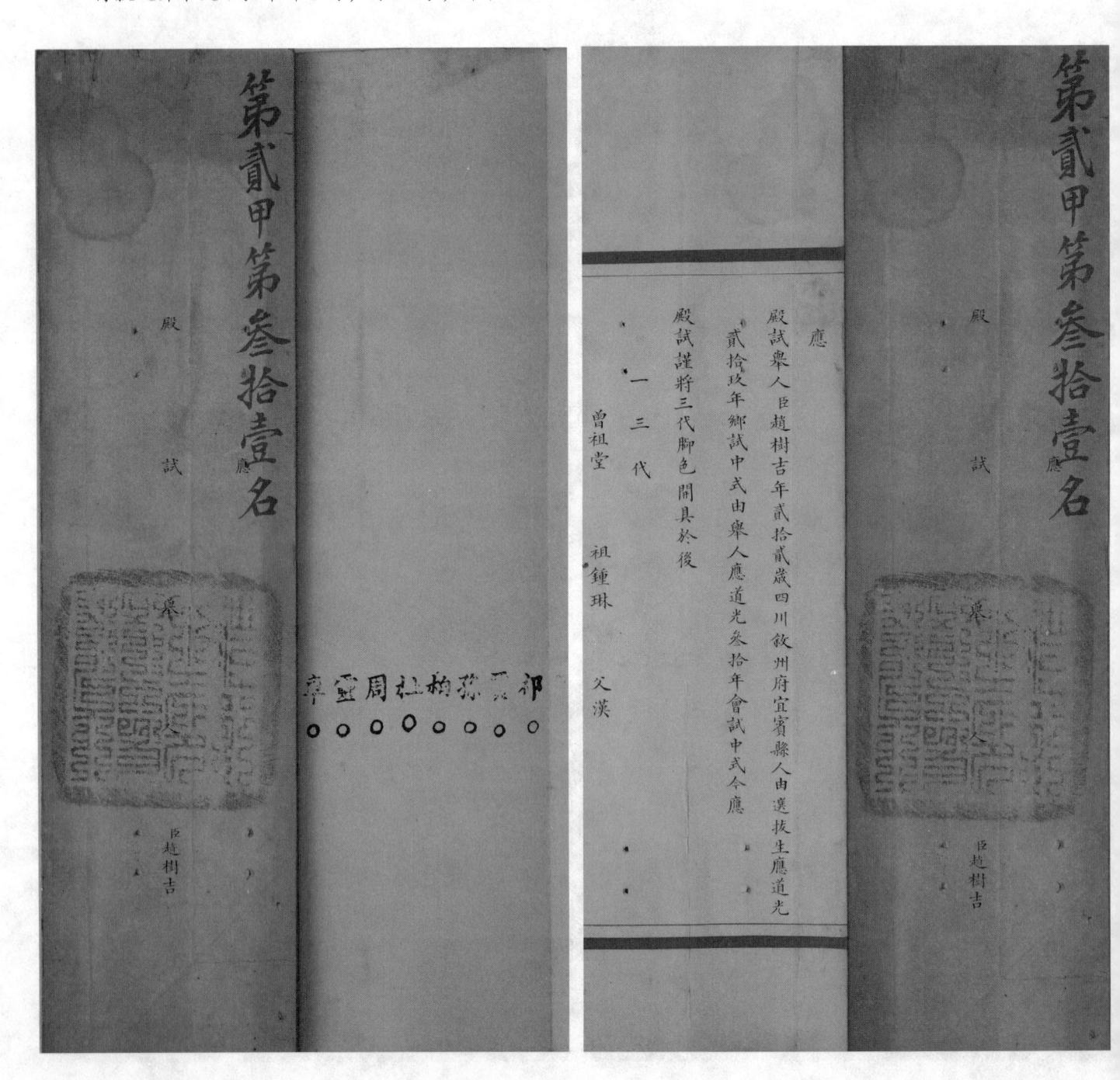

曾祖堂　祖锺琳　父汉

(二十四) 萧世本殿试卷

阅卷官评语：倭（△）、瑞（、）、宝（△）、万（△）、孙（△）、桑（△）、全（△）、殷（△）。

行款及开本大小：半叶6行，行24字，开本11.5cm×44cm。

应

殿试举人臣萧世本年贰拾捌岁四川叙州府富顺县人由附生应

咸丰捌年乡试中式由举人应同治贰年会试中式今应

殿试谨将三代脚邑开具於後

一三代

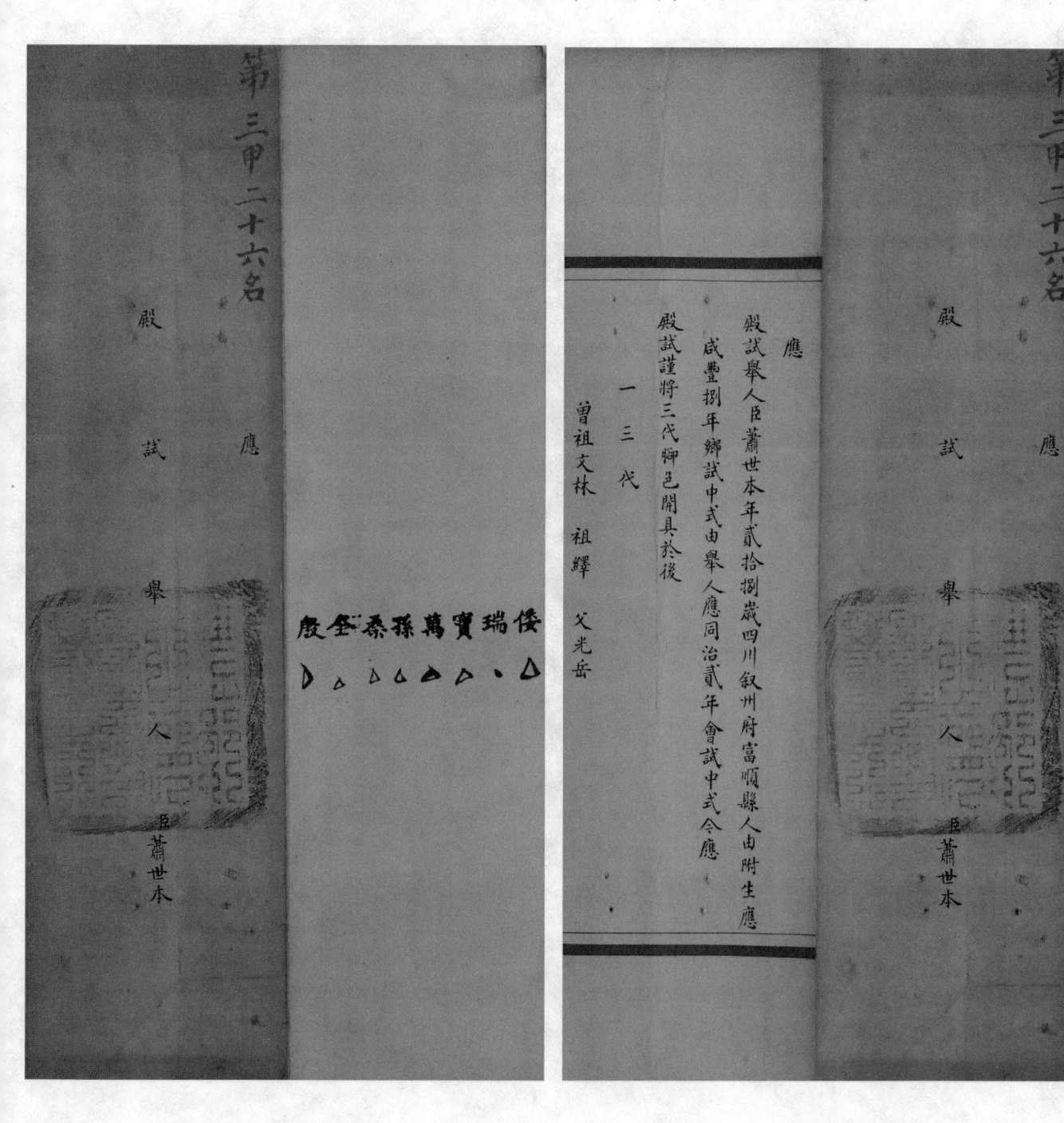

曾祖文林　祖繹　父光岳

(二十五) 李春芳殿试卷

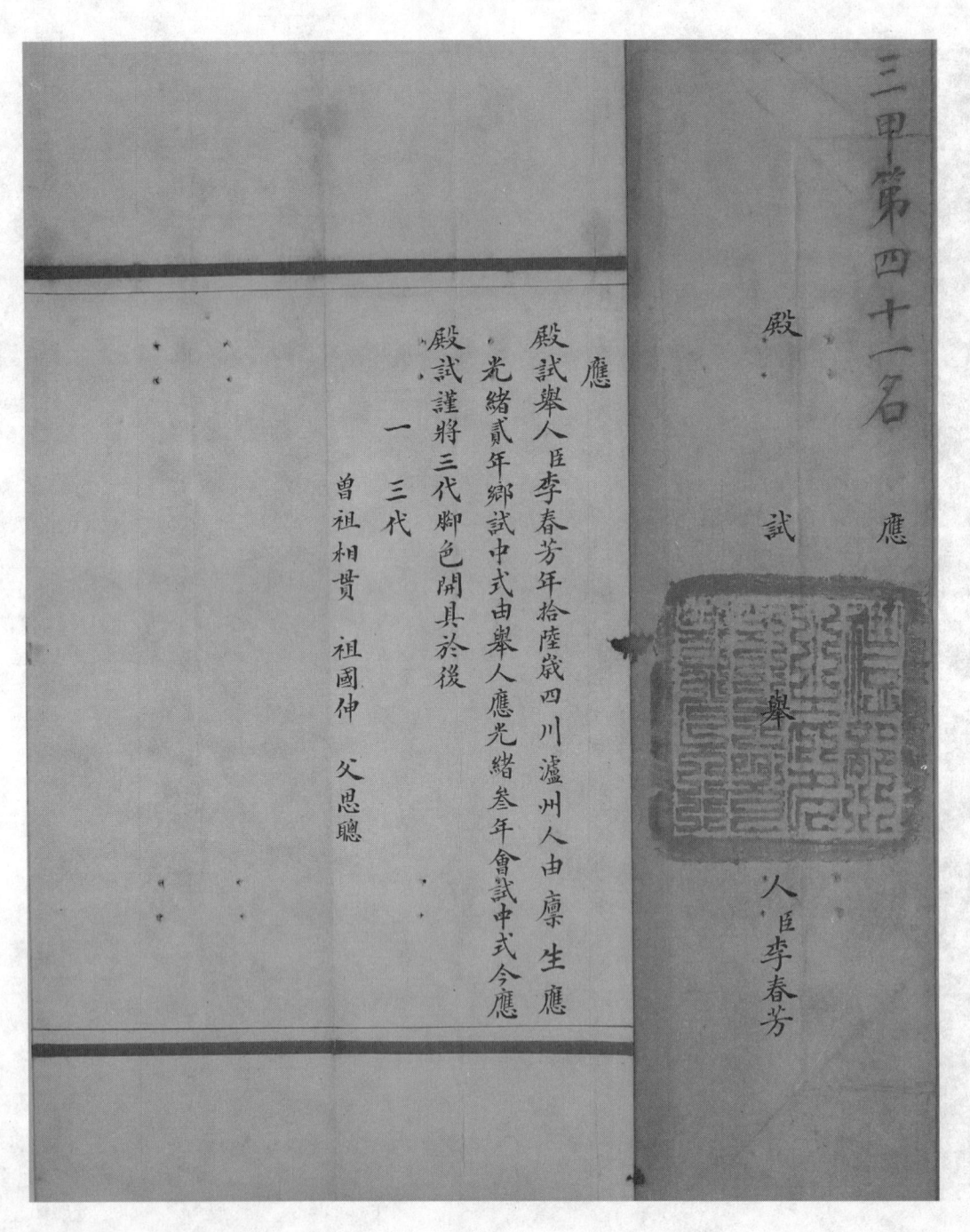

阅卷官评语：万（、）、李（、）、徐（△）、夏（△）、麟（、）、钱（、）、崑（、）、童（、）。

行款及开本大小：半叶6行，行24字，开本11cm×44cm。

(二十六) 陈昌言殿试卷

阅卷官评语：万（、）、李（、）、徐（、）、夏（、）、麟（△）、钱（、）、崑（、）、童（、）。

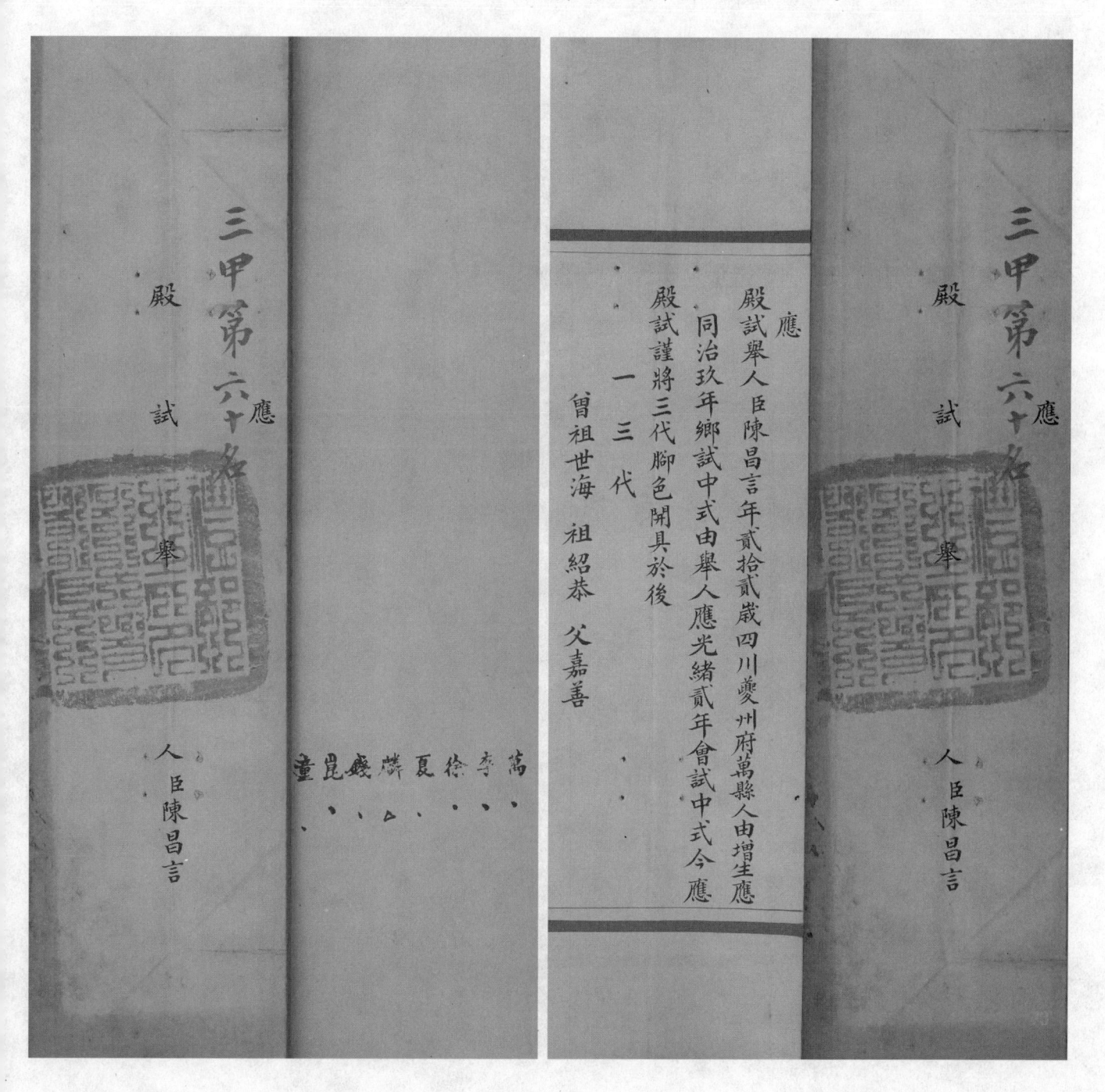

行款及开本大小：半叶6行，行24字，开本11cm×44cm。

三甲第六十名

殿試舉

人臣陳昌言

應

殿試舉人臣陳昌言年貳拾貳歲四川夔州府萬縣人由增生應
同治玖年鄉試中式由舉人應光緒貳年會試中式今應
殿試謹將三代腳色開具於後
一三代
曾祖世海　祖紹恭　父嘉善

三甲第六十名

殿試舉

人臣陳昌言

(二十七）邱淮殿试卷

阅卷官评语：福（△）、张（○）、翁（○）、潘（○）、景（△）、徐（△）、廖（△）、沈（△）。

行款及开本大小：半叶6行，行24字，开本11cm×44cm。

第二甲伍拾名

殿试应

举人臣邱淮

应

殿试举人臣邱淮年贰拾伍岁四川叙州府宜宾县人由廪生应光绪拾壹年乡试中式由举人应光绪拾贰年会试中式今应

殿试谨将三代脚色开具於後

一三代

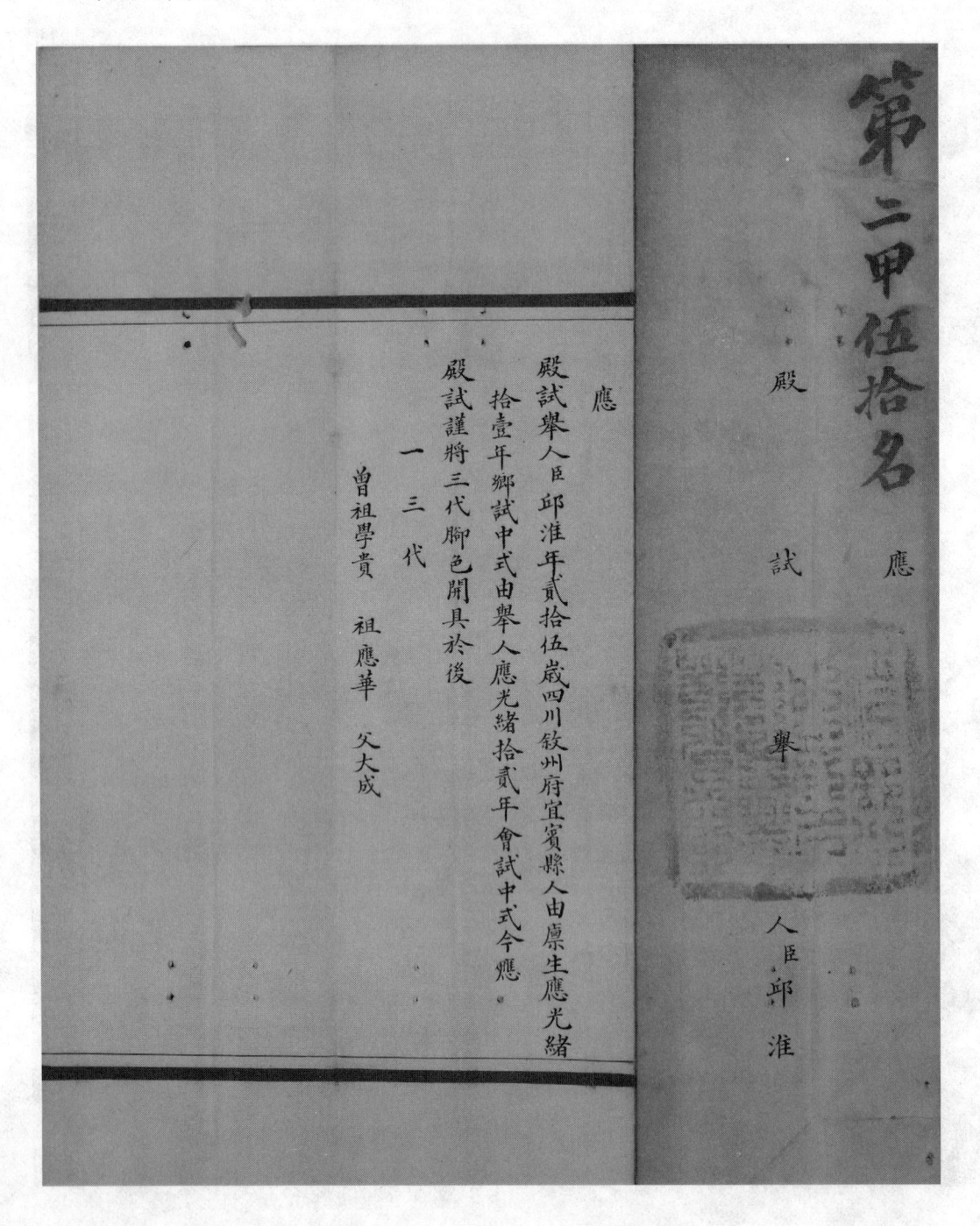

曾祖学贵　祖应华　父大成

（二十八）徐敏中殿试卷

阅卷官评语：福（△）、张（△）、翁（△）、潘（〇）、景（△）、徐（△）、廖（△）、沈（△）。

行款及开本大小：半叶6行，行24字，开本11cm×44cm。

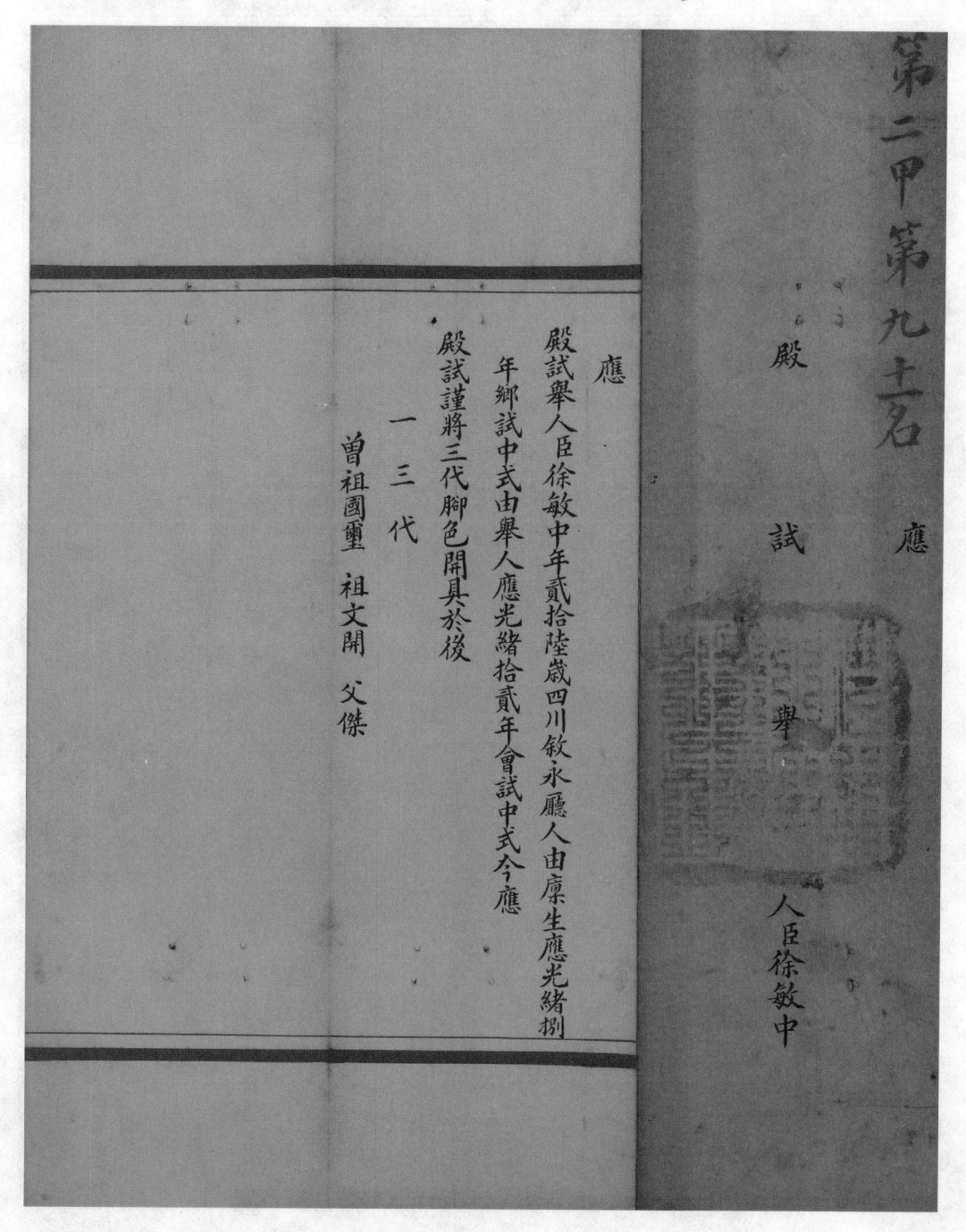

（二十九）郑宝琛殿试卷

阅卷官评语：福（△）、张（△）、翁（△）、潘（○）、景（△）、徐（△）、廖（△）、沈（△）。

行款及开本大小：半叶6行，行24字，开本11cm×44cm。

第二甲第九十四名 应

殿试

应殿试举人臣郑宝琛年叁拾肆岁四川成都府新都县人由附贡生应光绪贰年乡试中式由举人应光绪拾贰年会试中式今应殿试谨将三代脚色开具于后

一三代

曾祖华文　祖元士　父思澣　本生父思觳

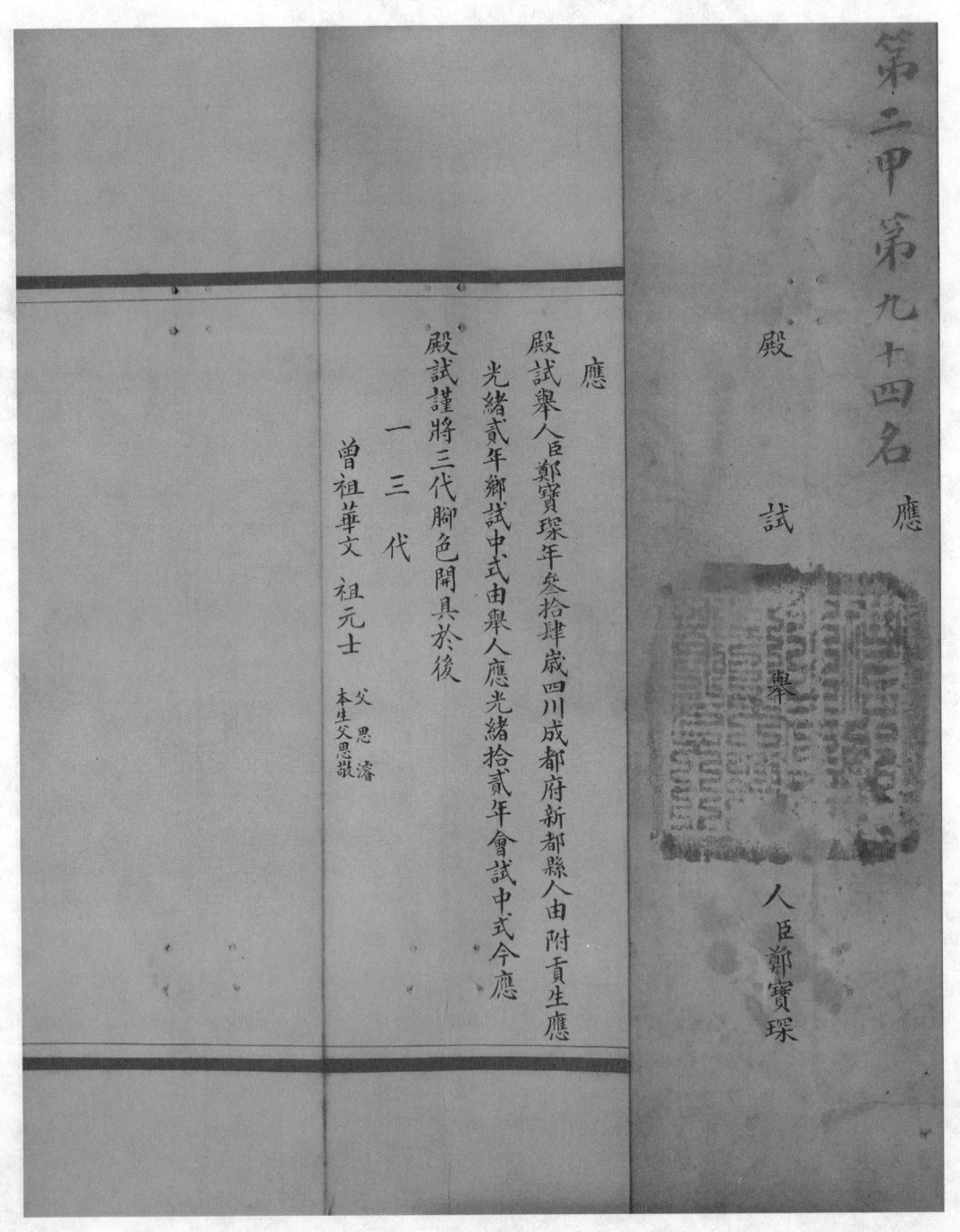

臣郑宝琛

(三十) 屈光烛殿试卷

阅卷官评语：福（△）、张（○）、翁（、）、潘（、）、景（△）、徐（△）、廖（△）、沈（、）。

行款及开本大小：半叶6行，行24字，开本11cm×44cm。

第三甲第二十名

殿試舉

應

人臣屈光燭

殿試舉人臣屈光燭年貳拾伍歲四川重慶府榮昌縣人由附生應光緒拾壹年鄉試中式由舉人應光緒拾貳年會試中式今應殿試謹將三代腳色開具於後

一三代

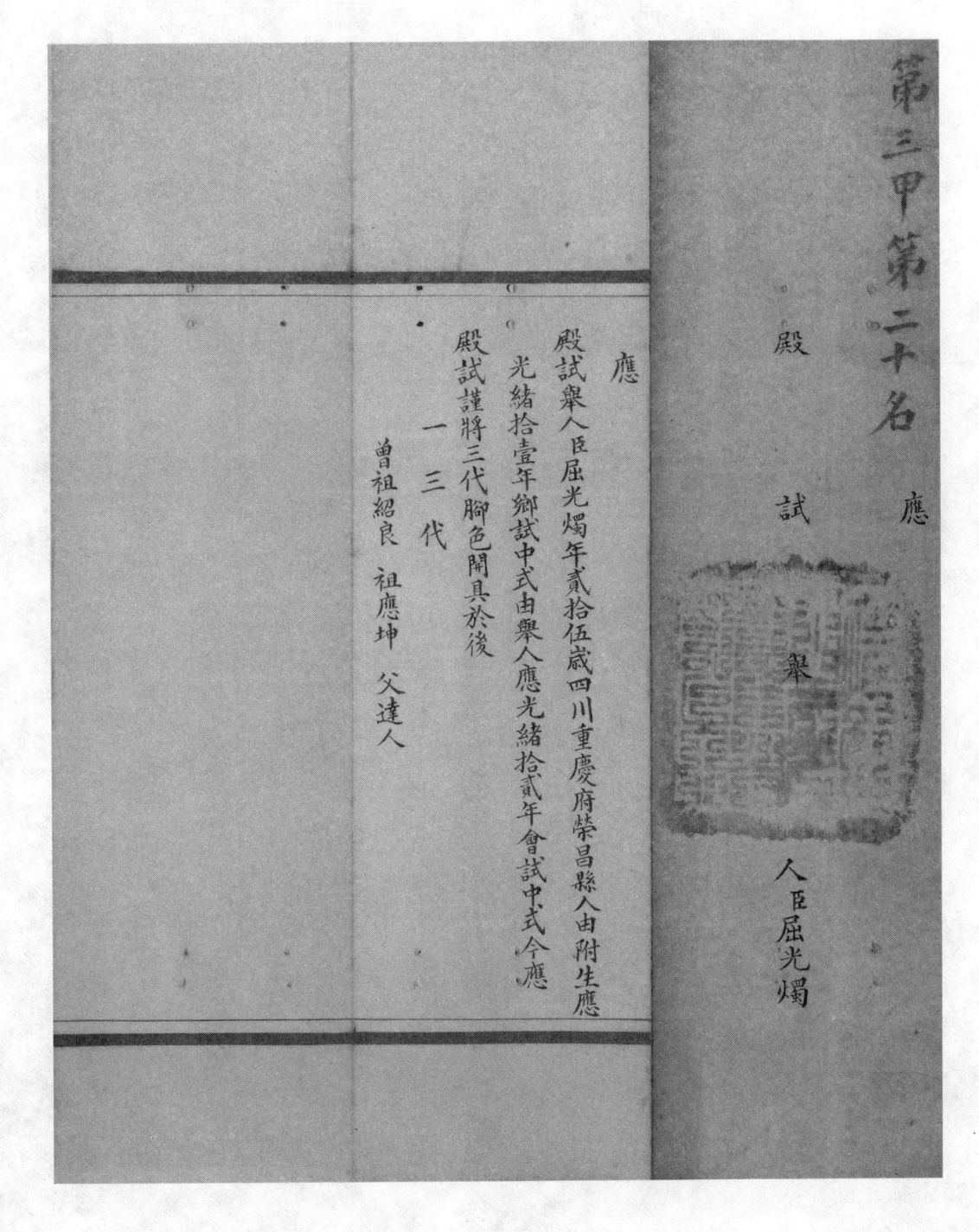

曾祖紹良 祖應坤 父達人

(三十一) 徐心泰殿试卷

阅卷官评语：恩（〇）、徐（〇）、李（〇）、许（〇）、潘（〇）、祁（〇）、孙（〇）、薛（〇）。

行款及开本大小：半叶6行，行24字，开本11cm×44cm。

应

殿试举人臣徐心泰年贰拾捌岁四川叙永厅人由廪生应光绪捌年乡试中式由举人应光绪拾伍年会试中式今应殿试谨将三代脚色开具于后

一三代

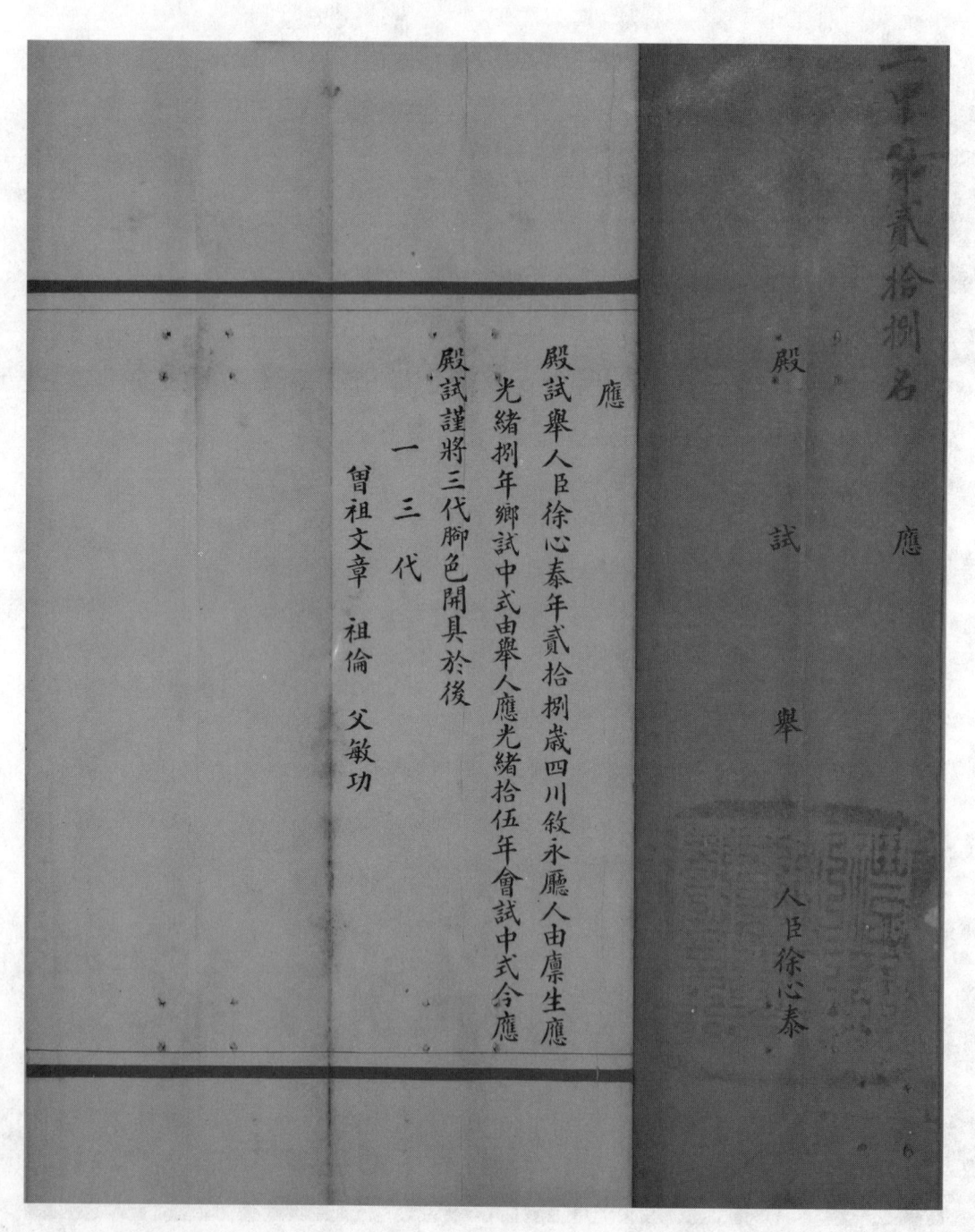

曾祖文章　祖伦　父敏功

（三十二）江傲殿试卷

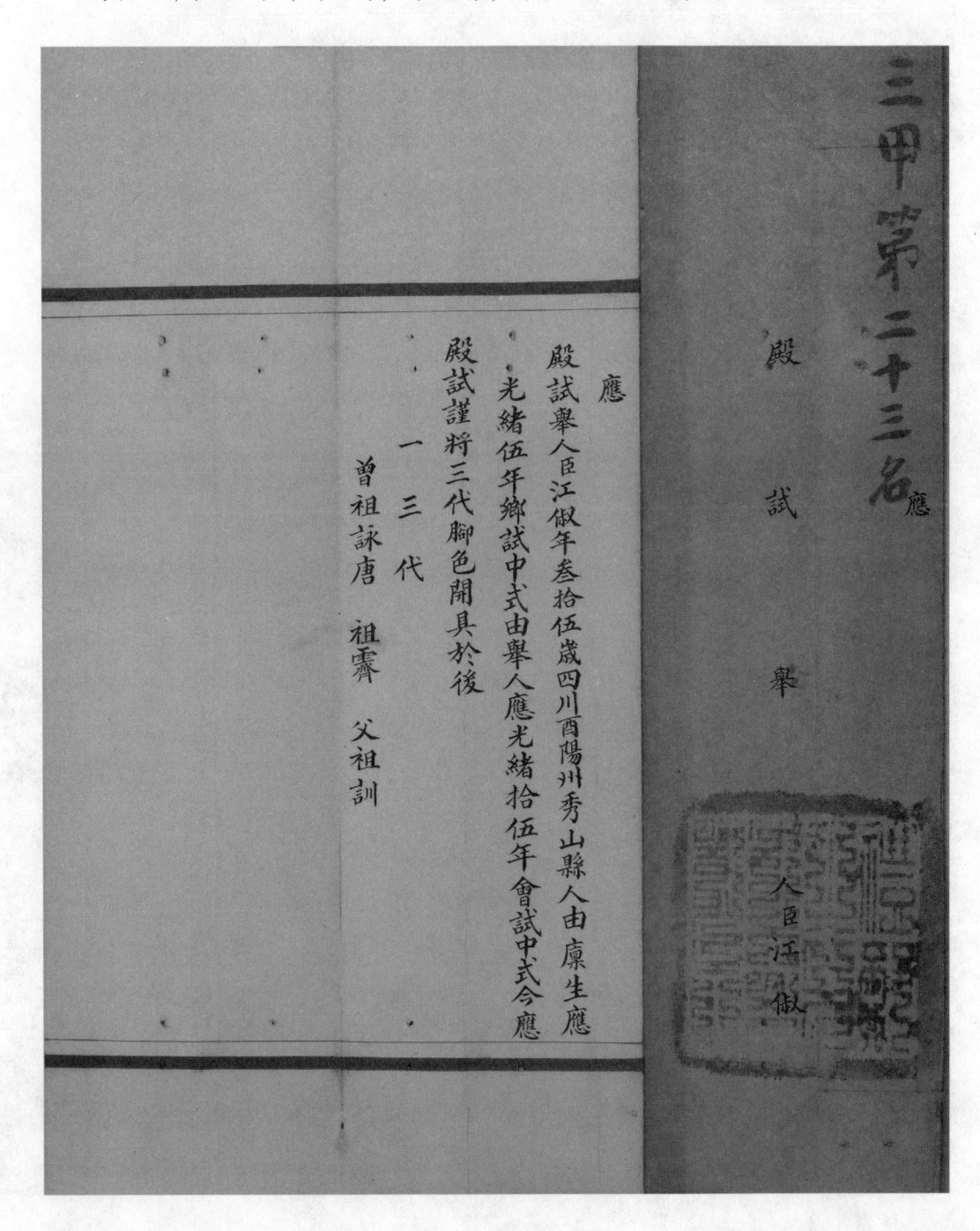

阅卷官评语：恩（△）、徐（、）、李（△）、许（△）、潘（△）、祁（△）、孙（△）、薛（△）。

行款及开本大小：半叶6行，行24字，开本11cm×44cm。

三甲第二十三名應

殿試舉人臣江傲

應

殿試舉人臣江傲年叁拾伍歲四川酉陽州秀山縣人由廩生應

光緒伍年鄉試中式由舉人應光緒拾伍年會試中式今應

殿試謹將三代腳色開具於後

一三代

曾祖詠唐　祖霽　父祖訓

（三十三）谢临春殿试卷

阅卷官评语：恩（△）、徐（、）、李（△）、许（△）、潘（△）、祁（△）、孙（△）、薛（△）。

行款及开本大小：半叶6行，行24字，开本11cm×44cm。

夫繰盆有典而分繭稱絲之必詳典植維時而采柘采蘩之必備不獨蠶書及農桑輯要農桑衣食撮要足以徵也

聖朝耕桑並重蠶本抑末所以廣小民之生計者至周且密矣

抑又聞法令者治之具而非制治清濁之源也蓋必基之

宵旰者本正而源清斯措之廟堂者法良而意美其幾至

微其效至速為治不在多言古人豈虛語哉臣愚无伏願

皇上益求治新又日新讀經則師其意不徒以記誦佔畢為

功讀史則師其迹不徒以殫見洽聞為務詩曰敬之敬之

書曰兢兢業業一日二日萬幾誠能本此意以出治則源

既清而流自潔本既正而末自端明德新民止於至善我

國家億萬年有道之長基此矣臣末學新進冒識忌諱干冒

宸嚴不勝戰慄隕越之至臣謹對

印卷官
礼部員外郎臣蒙
礼部主事臣劉

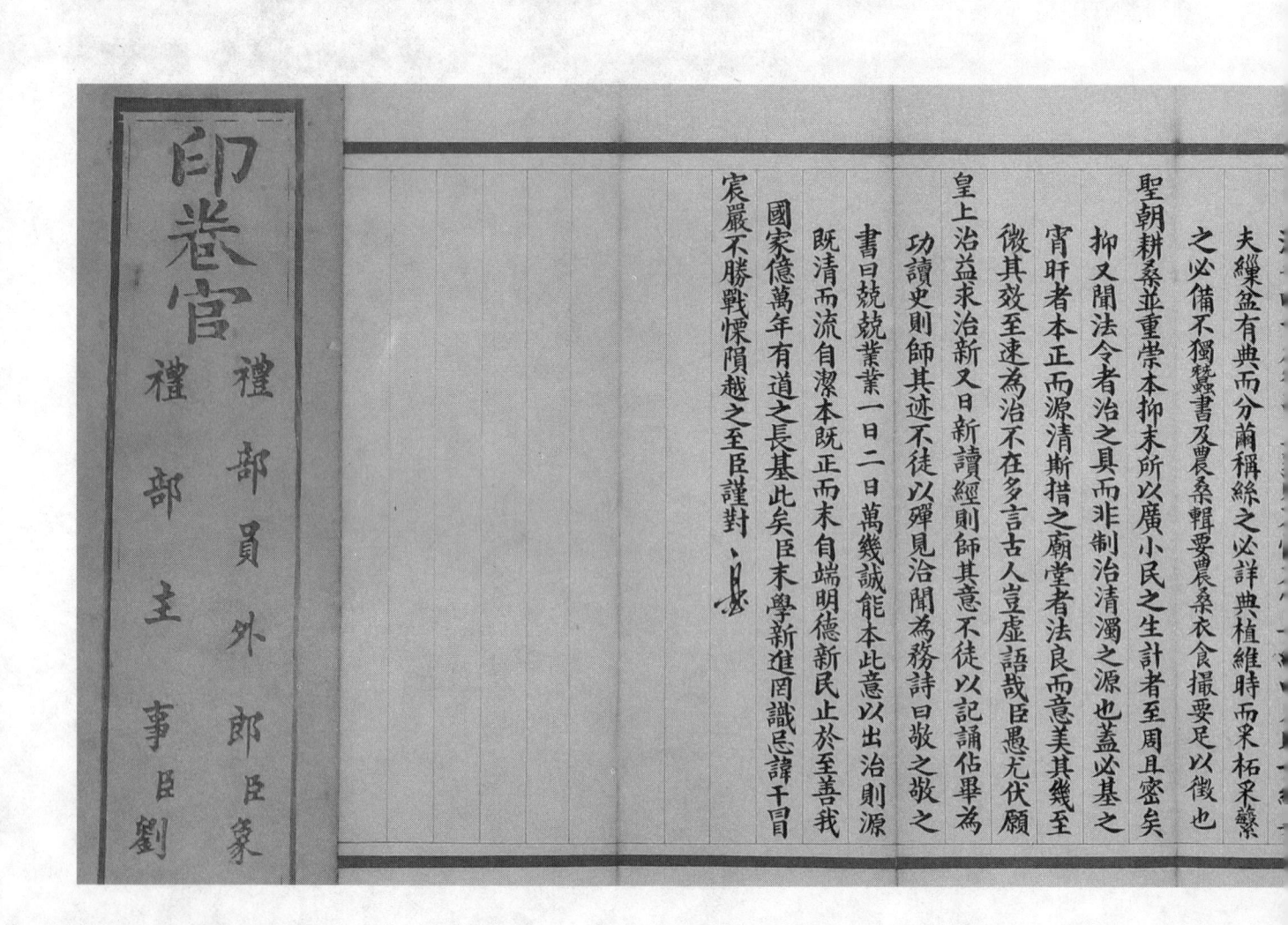

殿試舉

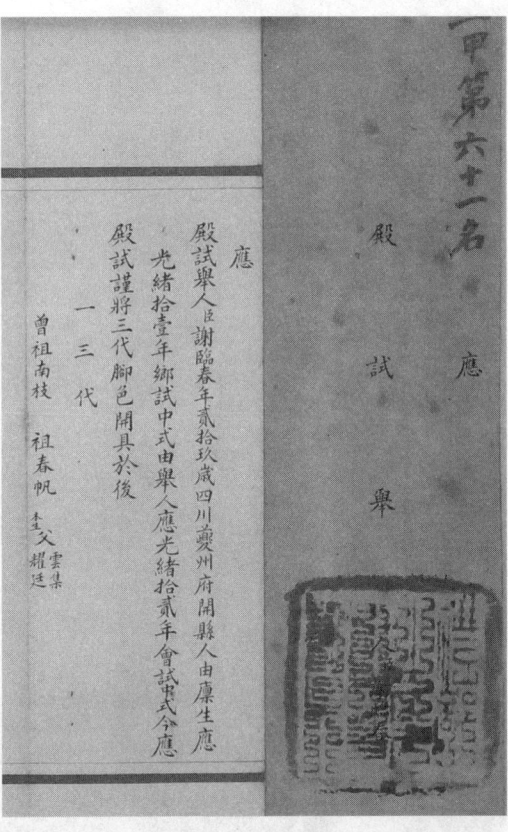

一甲第六十一名 應

應
殿試舉人臣謝臨春年貳拾玖歲四川夔州府開縣人由廩生應
光緒拾壹年鄉試中式由舉人應光緒拾貳年會試中式今應
殿試謹將三代腳邑開具於後
曾祖南枝　祖春帆　父耀廷
一三代

臣對臣聞制科之設肪於西漢文帝十五年詔舉賢良對策者百餘人武帝元光五年對策者亦百人皆天子道其所欲問而親策之使言時政之得失而試其詞章也顧舉代言天者必有驗於人善言今者必有證於古誠以神聖代興之朝天人交應中外視福而求其所恃以經世宰物者不外救荒之政與夫防邊裕民之道之其事皆前代已行之事其理皆昔人已言之理變而通之化而裁之斯因時制宜而百王之大法皆備於此矣欽惟
皇帝陛下亶聰作后重道親師先天下而後天下而收其效固已裕文武之資炳登咸之治而化昭上理矣迺
親裁大政猶備荒理財足兵養蠶諸大政如臣愚昧何足以承
廷而策以備荒理財足兵養蠶諸大政如臣愚昧何足以承
大對然牛涔之細或資潤於河海螢燭之微翼增光於日月況當言路廣開之時何敢撫拾浮詞以應故事耶伏讀
制策有曰洪範八政食貨為先平世三登豐穰偶歉而因求夫應代救荒之成法此洵保赤誠求之至意也臣惟王制有餘三之食三代以上藏富於民尚已降及後世此風已古於是不能備於先而急思救之於後若救荒活民之書救荒本草拯荒事略救荒事宜救荒策會有父母斯民之責者所當留心也至煮粥參議野菜譜野菜博錄諸書雖詳略不同要皆切要易辦亦足濟荒政之窮也三國當塗北朝拓跋移粟不勞於江左游饑末害於偏災固救荒者前事之師也元明以來尤重運日河運海運海運初行之時最易失事故明自永樂十二年會通河為桂陽太守教民植桑養蠶宋史稱張詠令崇陽教民拔茶植桑備良之績班班可考矣詔有雲錦繡篡組害女紅

（三十四）周宝清殿试卷

阅卷官评语： 张（△）、麟（△）、翁（△）、李（△）、薛（△）、志（△）、汪（△）、唐（△）。

行款及开本大小： 半叶6行，行24字，开本11cm×44cm。

三甲第十二名

殿試舉

應

人臣周寶清

應

殿試舉人臣周寶清年叁拾壹歲四川成都府成都縣人由優貢生應光緒拾伍年鄉試中式由舉人應光緒貳拾年會試中式今應殿試謹將三代腳色開具於後

一三代

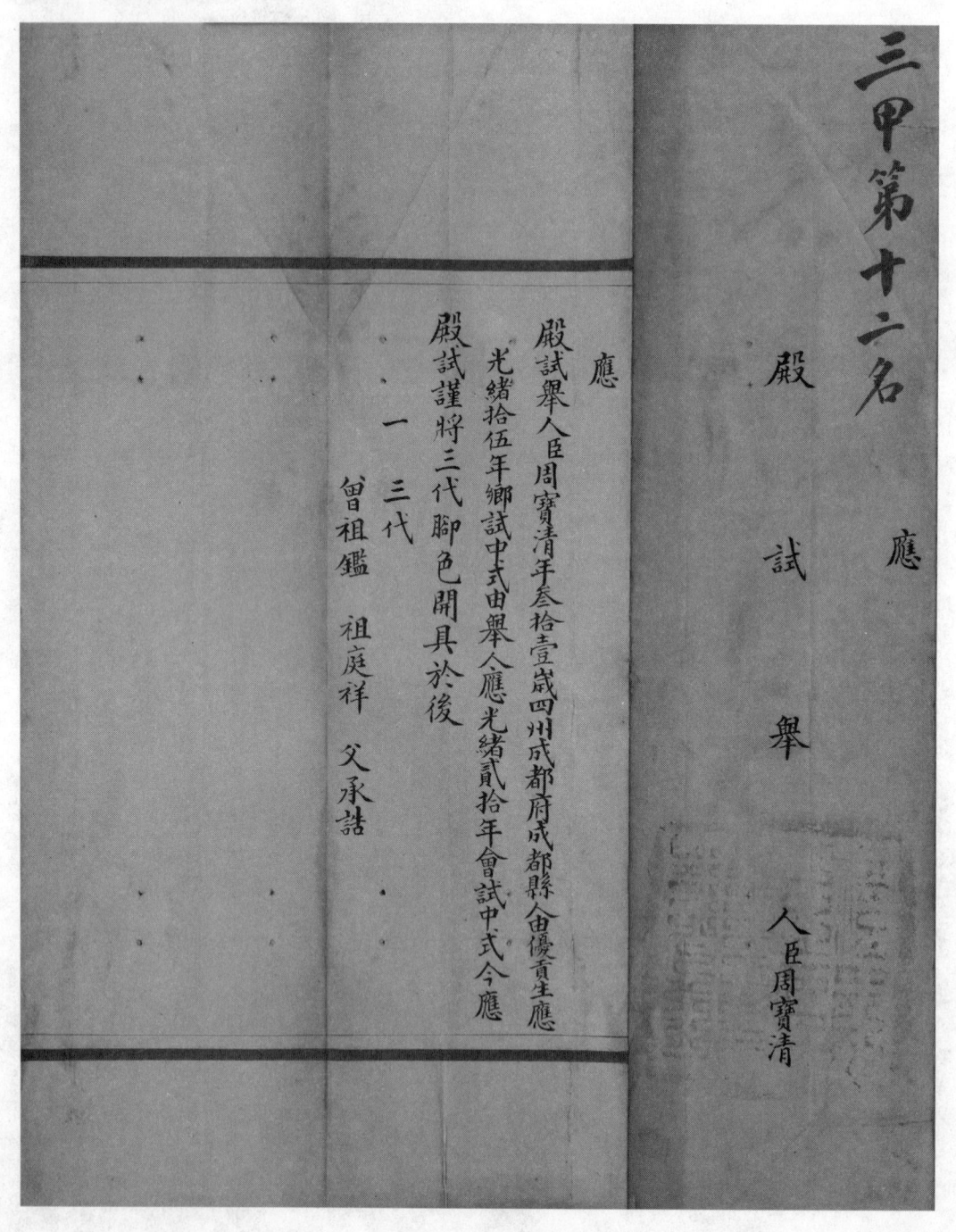

曾祖鑑　祖庭祥　父承詰

(三十五) 邹增祜殿试卷

阅卷官评语：徐（、）、薛（、）、廖（△）、陈（、）、李（、）、徐（、）、汪（、）、寿（、）。

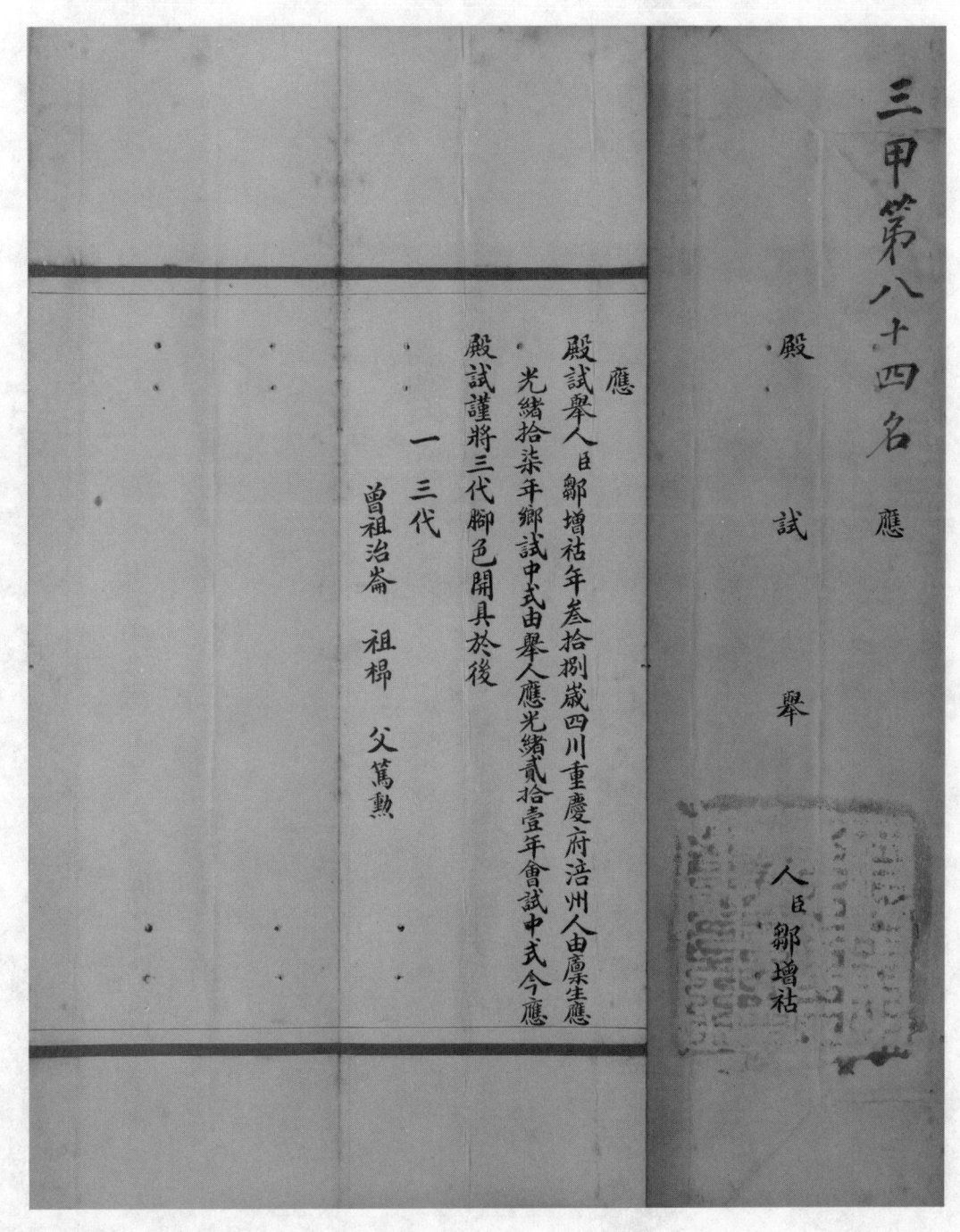

行款及开本大小：半叶6行，行24字，开本11cm×44cm。

三甲第八十四名 應

殿 試 舉

人臣鄒增祜

應

殿試舉人臣鄒增祜年叁拾捌歲四川重慶府涪州人由廩生應
光緒拾柒年鄉試中式由舉人應光緒貳拾壹年會試中式今應
殿試謹將三代脚色開具於後

一三代
曾祖治崙　祖棡　父篤勳

(三十六）罗琛殿试卷

阅卷官评语：崑（〇）、徐（〇）、溥（〇）、唐（〇）、阿（〇）、绵（〇）、梁（〇）、胡（〇）。

行款及开本大小：半叶6行，行24字，开本11cm×44cm。

二甲第五十七名應

殿　試　舉　人臣羅琛

應

殿試舉人臣羅琛年叁拾陸歲四川敍州府富順縣人由廩貢生應
光緒拾伍年鄉試中式由舉人應光緒貳拾壹年會試中式今應
殿試謹將三代腳色開具於後

一三代

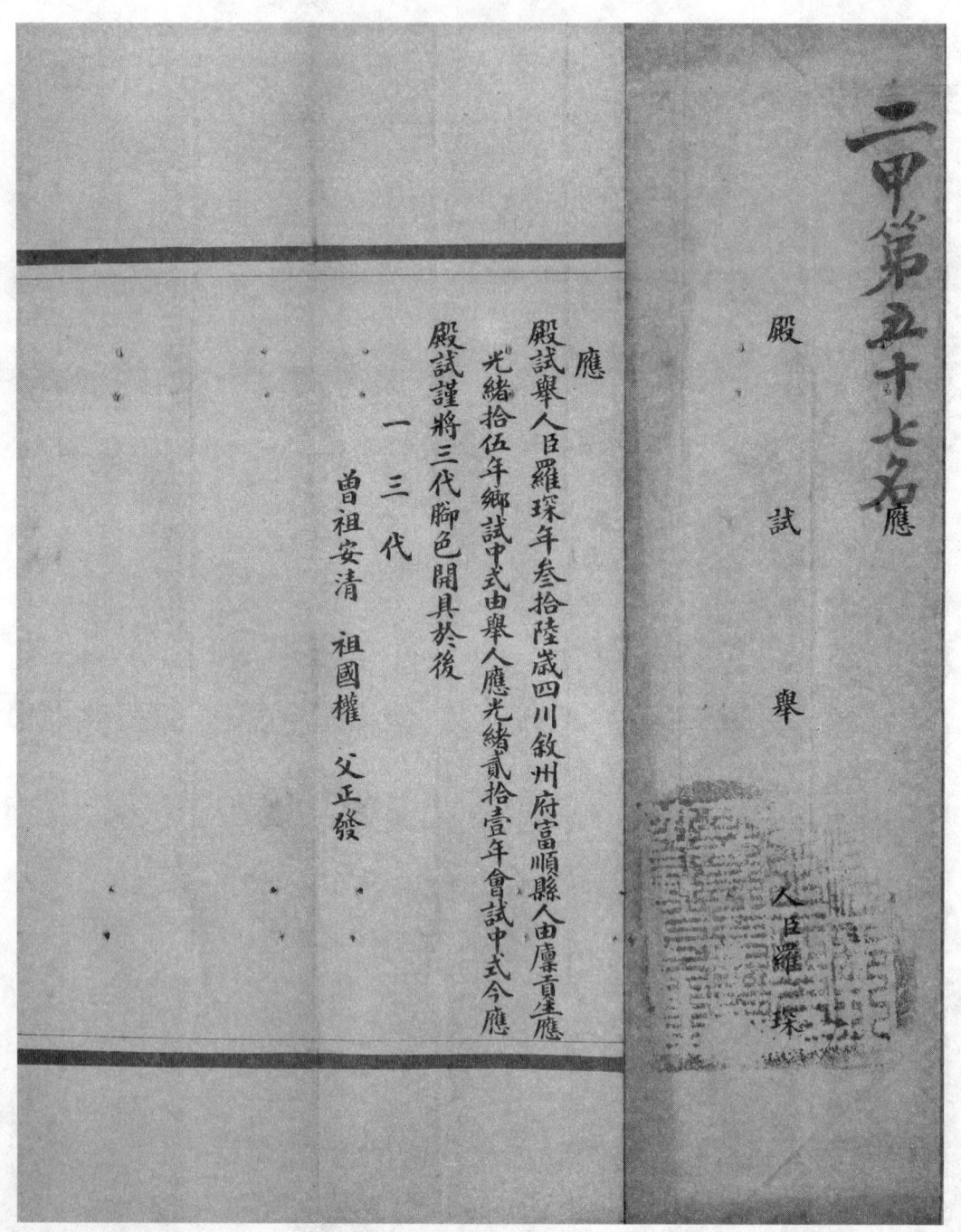

曾祖安清　祖國權　父正發

(三十七）马桢殿试卷

阅卷官评语：崑（△）、徐（△）、溥（△）、唐（△）、阿（△）、绵（△）、梁（△）、胡（△）。

行款及开本大小：半叶6行，行24字，开本11cm×44cm

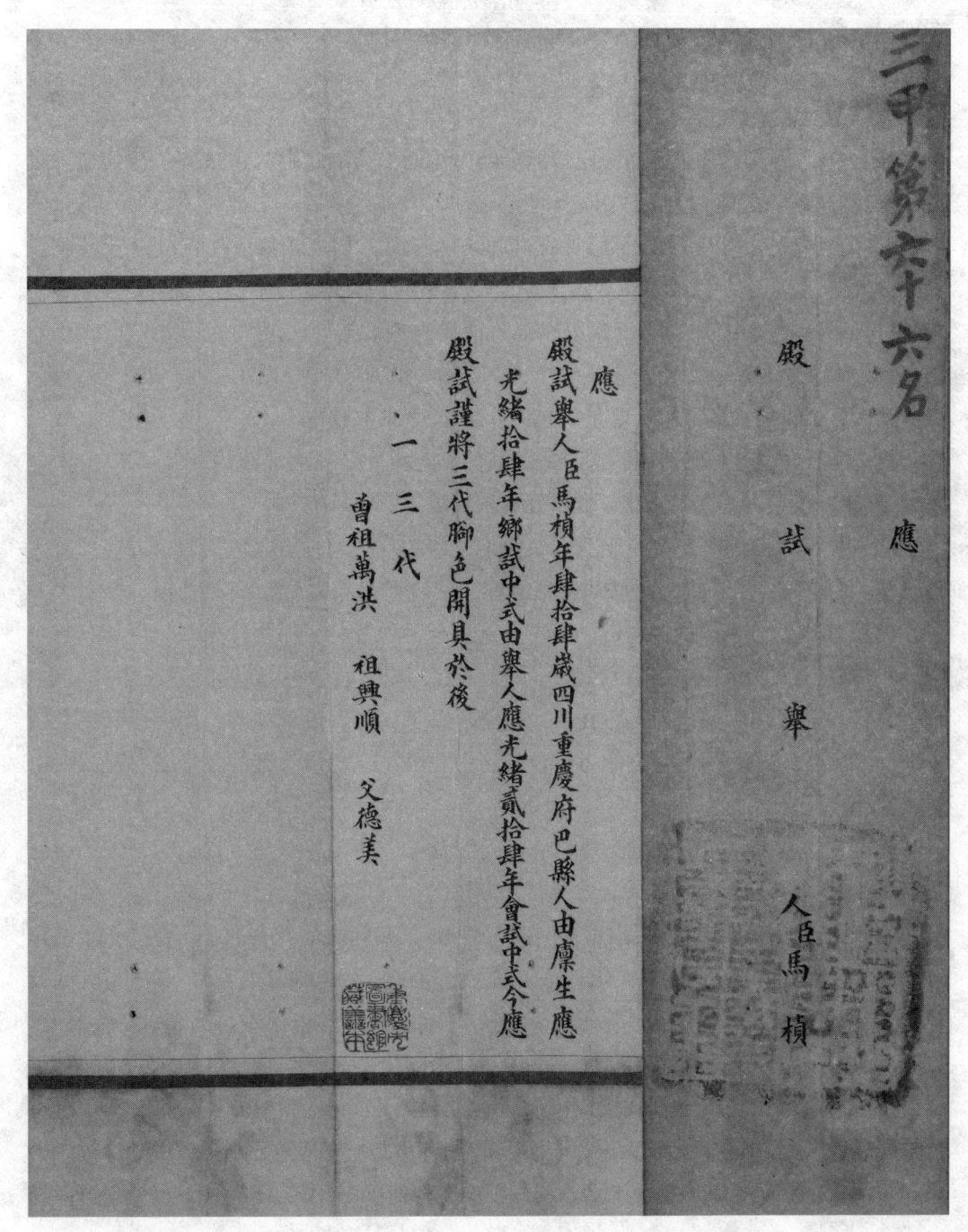

◎ 巴蜀籍考生殿试卷点校

明清以后，三级考试（县试、乡试、会试）的内容是"代圣人立言"，但是，最后的殿试所考"策问"，基本是"时论"，即面向当下社会政治经济状况的应对之策，很有现实意义。

清早期科举背景

1644 年，清军入关，定鼎中原，但全国仍然处于动乱之中。1673 年，康熙帝下令削藩。1683 年，清军攻台湾，中国全境统一。

1690 年至 1723 年间，康熙帝屡征准噶尔、青海。平定新疆叛乱。1727 年清朝设置驻藏大臣。

1747 年，乾隆帝开始征伐藏边回疆等地，自诩"十全武功"。征伐直到 1792 年结束。

其后，值得关注的大事主要是 1782 年《四库全书》编成。

乾隆五十八年（1793），清朝中央政府制定和颁行《钦定藏内善后章程二十九条》。同年，英使马嘎尔尼来华，要求开放贸易被拒。

乾隆早期，治国也是兢兢业业。如四年（1739）己未科策问包括四个方面：首先是经济，"赏赉时及八旗，而京师未见富庶。论者谓泉布之贵，病在禁铜。今铜禁开矣，而钱价转昂。又谓物料之贵，病在税重。今关税薄矣，而物价未减。用是日夜思维，不能稍释"；其次在治理臣民，"尚宽大则诸弊丛生，民生转受其累，恐其流也。稍事整饬，而观望者又以为上心在严，遂莫不以苛为察，以刻为明，而民受其困矣"；再次问及河工，最后问及官吏的考核评判。由此可见，初承大统的乾隆，"战战兢兢，如履薄冰"。

乾隆二十六年（1761）辛巳恩科，策问涉及三个问题，一是审官，二是选士，三是经济。"西域新疆，屯收充羡，食货可几渐裕矣"，自满之情，溢于言表。

乾隆三十七年（1772）提出编修《四库全书》，实际之前就有准备。乾隆二十八年（1763）癸未科策问，重点是文化。首先问及《虞书》《大学》《中庸》，其次主要问及"史有二体，纪传法《尚书》，编年法《春秋》"，并列举"朱子本司马光《资治通鉴》之旧，大书分注，约为《纲目》，囊括一千三百余年史事，为编年正轨，足便览观"。

1747 年，乾隆帝开始征伐藏边回疆等地，乾隆十六年（1751）辛未科策问重点是边疆问题："幅员所暨，渐被无垠，若海疆，若朔漠，若蛮陬绝徼，曷尝不列斥候，置成守。而将嬉卒玩，其申警于未然，绸缪于先事者何若？《书》曰有备无患。安可以烽燧久销,而视备边为文具也?凡此皆关于制治保邦之要。久安长治之道,莫切于此。多士其以素所蕴者,剀切陈之,毋拘毋讳。朕亲览焉。"

清中期科举背景

清朝在早期兴文字狱,及编修《四库全书》时凡不利于清政府的文献均被禁毁,连稍有涉及契丹、女真、蒙古、辽金元的文字都要被篡改。乾隆年间查缴禁书竟达三千多种、十五万多部,总共焚毁的图书超过七十万部,禁毁书籍与四库所收书籍数目大体相同。大量代表华夏文明思想精华的书籍遭到清政府焚毁或篡改,连对农业、手工业的发展贡献巨大的《农政全书》《天工开物》等等,也未能幸免。

可是,在所谓"康乾盛世"后不久的1796年,就发生了川陕白莲教起事,清政府花了近十年时间才予以平定。

1842年,清廷在第一次鸦片战争中失败,中英签订《南京条约》,英国占香港岛,中国开放五口通商。此后,陆续签订《五口通商章程》《虎门条约》《望厦条约》《黄埔条约》,中国一步一步沦为半殖民地半封建社会。

1851年,清咸丰元年,拜上帝会在广西金田村起事,建号太平天国。1856年,第二次鸦片战争(1856—1860)爆发,英法联军侵华。1858年,英法联军攻陷大沽,清廷与两国签订《天津条约》,又与俄签订《瑷珲条约》。1859年,英法联军再次入侵中国。同年,洋务运动(1861—1894)开始,创办军事工业、实业,编练陆海军,设西式学堂。

1864年,清军攻入南京,太平天国败亡。同年,中俄签订《勘分西北界约记》。

道光二十七年(1847)丁未科,正值鸦片战争后、金田起义前,朝廷实际已经感觉到"山雨欲来",其策问问及"风俗为治平之本,而教化实风俗之原""安民必先弭盗,弭盗莫如保甲"等等问题,充分表达了当局者的担忧。其后,1860年,英法联军火烧圆明园,攻陷北京,中英、中法、中俄分别签订《北京条约》。

1861年8月,咸丰帝在热河驾崩。11月1日,辛酉政变,慈禧太后登上中国政治舞台。

内忧外患之际,同治二年(1863)癸未恩科,除常态问题外,重点问及与百姓相处之道:"与吾民相亲者,守令也。汉史《循吏传》纪首相甚备,而令长则阙如。其何故欤?夫天下郡邑至众也,郡守之贤否,监司且难人人悉;县数倍于郡,令数倍于守,如何而后能督察之欤?县令得人,则赋敛均,徭役平,诉讼简,吾民得遂其所安。"而国力日衰,节俭被重点推崇:"《书》曰'慎乃俭德',诚以俭德之共也。""夫镂簋朱纮玉缨琼弁,自昔所讥。乃积习相沿,敝化奢丽,以致不能养廉。《蟋蟀》《山枢》，民风近古；今则服食器用，务为美观，闾阎不免逾礼。将以黜华崇实之意训迪臣民，何由而使风气日臻朴茂欤？"

清晚期科举背景

光绪登基不久，1883年，中法战争爆发。1888年，清廷建立北洋水师，加强军备，巩固海疆。1894年，中日甲午战争（1894—1895）爆发。同年，孙中山在檀香山创立兴中会。

1895年，中日签订《马关条约》，割让台湾及辽东半岛。俄法德三国干涉还辽。同年，洋务运动宣告终结。

1896年，《中俄密约》签订。此后列强纷纷在华租借港湾，划分势力范围。

1898年6月，光绪帝在康有为等人推动下宣布进行"戊戌变法"。同年9月，慈禧发动政变，变法失败。

1899年，义和团兴起。1900年6月21日，慈禧向全世界宣战。8月16日，八国联军攻陷北京。

1901年，清政府和西方列强十一国签订《辛丑条约》。清廷下令筹划新政。

1905年，清政府罢科举，派五大臣出洋考察宪政。

光绪三年（1877）丁丑科，共有四个问题。由于清政府举措失当，内外交困，对于如何治理国家，充满困惑。其第一个策问是，"有谓半部《论语》致太平者，有谓治道不出《大学》一书者，果可以为定论欤？"这一问题实际反映了光绪刚刚当上名义上的皇帝的困惑。实际上，没有考生能给出解决问题的答案。

国家衰败，弊政丛生，而官吏最为重要，所以，策问感叹"大臣法，小臣廉。官职相序，君臣相正，国之肥也"。

连年战乱，民生凋敝，解决百姓衣食问题，确是当务之急，所以，"古者帝王劭农，故以田事为急。农田之外，复有屯田"。只有"衣食足"，国家才能安定，"惟民生厚，因物有迁，兴化善俗，致治之本也"。第三、四两个问题，表现了新皇帝急于求得国家长治久安的急迫心情。

两次鸦片战争失败，让"弓马得天下"的满人颜面尽失。当权者痛定思痛，光绪十二年（1886）策问用兵之法贵乎因地制宜，舟师其尤要也，并问道：

> 《左氏传》楚子为舟师以伐吴，实为水军之始。其后楚获吴舟馀艎，则又舟名之最著者。或谓公输般之钩拒，乃战舟之始。然欤？汉时命朱买臣治楼船。元鼎五年，又诏粤人及江淮以南楼船往讨吕嘉。其时有伏波将军、楼船将军之号。其船曰戈船、曰下濑、曰横海，命名之义要何所在？其习水战，

当在何地？晋武帝时王濬修舟舰，乃作大船连舫，能受士卒几何人？其飞云、舟仓、隼船相去若干步？见于何书？隋文帝命杨素造战舰，其舰何名？其高何若？唐时击萧铣，所用战舰能举其数欤？宋时福、人、泉、漳各有鲻鱼船，可修整以备海道。奏陈者何人？当在何年？绍兴时有飞虎战舰，旁设四轮，其制如何？铁可以为船，晋、唐以前见于何书？又有皮船，始于何人？明戚继光亦用之，一船可乘几人，能详之欤？

当时，应殿试举人屈光烛是这样回答的：

> 制策又以《六韬》有《水战篇》，遂及舟师之因地制宜，以期于应机而决胜。臣考水战之制，上古未详。《左氏传》楚子为舟师以伐吴，实为水军所自始。其后楚获吴舟馀艎，则又舟名之最为著者也。或谓公输般之钩拒，即战舟之至巧者，人即以为战舟之始。汉时，命朱买臣治楼船。元鼎五年，又诏粤人及江淮以南楼船，往讨吕嘉。是战舟至汉而盛，故其时为舟师将者，有伏波将军、楼船将军之号。其船曰"戈船"，曰"下濑"，曰"横海"，各有命名之义。晋武帝时，王濬修舟舰，乃作大船连舫，以其能受士卒多也。至其飞云舟，舟楫如飞，与（舟）苍、隼船同为矫捷之器。隋文帝命杨素，亦造战舰。李靖帅战舰破萧铣，舟制视前为备，而江海各异，制尤莫详。于宋时之福、兴、泉、漳，各有鱼鲻船，可修整以备海道。绍兴时，有飞虎战舰，旁设四轮，其行甚迅，是又战舟之最捷者矣。明戚继光用苍山铁为船，又用皮船，则舟制为不少矣。诚使器械精彩，审势斯进，而剿除大敌，有投鞭断水之奇，退亦阻阨要冲，异设锁横江之陋。而舟师之盛，真觉有赫厥声，有濯厥灵，其运筹决策，更足以平夫蛟窟，静夫鲸波。恭逢圣天子仁育群生，威加寰海，而用奏肤功，岂徒夸士卒凫藻乎？

可见，面对工业革命后西方列强的坚船利炮，希冀从古人那里寻觅良方应对，自然是缘木求鱼。科举制度必然被淘汰，从中可见端倪。

（一）清雍正八年（1730）庚戌科

本科殿试于四月初一日在太和殿前举行。取进士399人。状元周澍，浙江钱塘人。榜眼沈昌宇，浙江秀水人。探花梁诗正，浙江钱塘人。

殿试策问[①]　清世宗胤禛

奉天承运，皇帝制曰：朕绍缵洪基，抚临区宇，勤求治理，旰食宵衣，罔敢暇逸。深惟郅隆之世，朝宁有喜起之风，臣邻矢公忠之谊，司民社者树懋绩，列庠序者砥纯修。朕与中外诸臣，谆复告诫，庶几黾勉恪恭，各殚厥心，臻兹盛轨。

《易》曰"天地交泰"，言明良之庆也。《书》曰"推贤让能，庶官乃和"，言师济之美也。盖堂陛孚于一德，而后谟明弼谐，克赞其猷。寮采合为一心，而后抚辰凝绩，共收其效。朕推心置腹，一本至诚，冀百尔臣工，抒诚启沃，以襄治化。而在廷诸臣，果能精白乃心，夙夜献替，无愧笃棐之义欤？抑群策群力，固将禽受敷施，何以俾同朝共事之臣，和衷交勉，以跻赓歌飏拜之盛欤？

人臣职内职外，皆朕股肱耳目之寄，必也忠以居心，公以莅事，然后能与君为一体。苟党援互结，而怀溺情阿比之私；文貌相承，而挟矫诈沽名之术，何以称靖共匪懈，无忝厥职也？今欲使内外诸臣，相勉于古大臣公忠体国之谊，钦乃攸司，无载尔伪，励匪躬之节，而凛勿欺之忱，果何道之从欤？

至于牧令为亲民之官，一人之贤否，万姓之休戚系焉。而初登仕籍之人，未尝试之以事，何由知其胜任与否而用舍之欤？天下州县繁多，有一官即需一人铨补。既不容以少缓，而又欲酌繁简之宜，使人称其官，才符于职，其道安在？

夫课吏者，督抚之责也。务为姑息，必长废弛玩愒之风；稍涉苛求，又非为国家爱惜人才之道。何以励其操守，作其志气，策其不逮，宥其过愆，使群吏承风率教，鼓舞奋勉，以奏循良之绩欤？

国家造士之典至渥，所期于士者至厚，非专以文词相尚也，必崇实学，敦实行。处则为经明行修之彦，出则为通方致远之材，始克副长育造就之至意。乃海内之士，或驰骛于声华，或缘饰于巧伪，而乔野朴鲁之质，又拘泥固陋而无适于用。将欲使之洗涤积习，相与进德而修业，其何以渐摩陶淑，因材造就，以储誉髦之选欤？夫君臣上下，一德一心，斯庶官有所表率，而各殚厥职矣。内外官僚，克勤克慎，斯群材莫不奋励，而各端其习矣。

尔多士留心经济有素，其各抒所蕴以对，朕将亲览焉。

[①] 出自《清实录·世宗宪皇帝实录》卷九三，雍正八年"四月己亥"条。

李作梅小传

李作梅,清代书法家,四川长寿(今重庆长寿区)人,雍正八年(1730)庚戌科进士,乾隆六年(1741)任安徽黟县知县,八年至十一年(1743—1746)任霍邱县知县,十二年(1747)署石埭县知县。亦曾任云南广通知县。在皖任职约十年,体恤民情,以务实惠民为准,所治皆有政声。擅长书法,名冠乡里。

李作梅殿试卷

清雍正八年(1730)庚戌科第三甲第一百五十九名

应殿试举人臣李作梅

应殿试举人臣李作梅,年二十九岁,系四川重庆府长寿县人。由学生应雍正七年乡试中式,由举人应雍正八年会试中式,今应殿试。谨将三代脚色并所习经书开具于后:

一、三代:

曾祖益泰,不仕,故。祖学贵,不仕,故。父璘,不仕,存。

二、习《书经》。

臣对:臣闻帝王之膺图御宇,而享万年有道之长也。必有以作臣工之志气,使廊庙黼黻之佐,共彰喜起之休风;必有以励百尔之悃忱,使亮采分猷之俦,咸殚公忠之至谊。且必有以饬守令之寄,而使为民牧者,罔弗争树其勋猷;尤必有以善化导之权,而使列党庠者,靡不砥砺夫名节。要其在清庙明堂之上,所以联属其心思者主于诚,故意喻色授而臣邻交孚;所以范围其步趋者要于正,故言传号涣而儒林动色。一事之精神贯于万事。斯在朝在野,咸沐深一日之志气,正诸百年,斯宫中府中,永遵良法。有率作兴事之意而纲举目张,凛然建臣民之法守;有鼓舞振兴之术而先资拜献,奋然树智勇之功名。上下一心,寮采一德。长民者无不称之职,居业者无不立之诚。用以迓申锡之庥,用以绵无疆之庆,用以致茀禄之孔厚,用以集纯嘏至悠长,此唐虞三代之隆所以久安而长治也与。钦惟皇帝陛下,至诚育物,大德统天。万国咸宁,懋建中和之极;九功惟叙,弘敷参赞之仁。调五气而顺八风,海晏河清,率土均沾乐利;抚三时而齐七政,日华云烂,普天共庆升平。乃圣乃神,乃武乃文,万物共作其睹而单心基命,丕显丕承,务在觐耿光而扬大烈;有冯有翼,有孝有德,群才各展其长而劝学兴贤,懋官懋赏,永惟修人纪而亮天工。固已治登上理,俗进雍熙。天地之间被润泽而大丰，海隅之远闻盛德而皆来臣矣。乃圣怀无逸，求治弥殷。进臣等于廷，而策之以明良交泰、臣邻公忠、吏治循良、士风朴茂之道。臣之愚陋，何足知此？然仰承清问，敢不竭十虑之一得，以对扬休命乎！

伏读制策有曰：堂陛孚于一德，而后谟明弼谐，克赞其猷；僚采合为心，而后抚辰凝绩，共收其效。此诚风励臣工之要道也。粤稽唐虞之世，君臣互儆而都俞吁咈，著明良喜起之隆；盈廷交让而水火工虞，奏奋庸熙载之绩。诚以君为元首，臣为股肱。君之与臣，本不啻呼吸之相通也。相通而可不怀精白之意，以恪共乃职乎？且或司总理，或分一职。臣之于君，均有天工人代之义也。代天而可不矢和衷之诚，以志同寅之雅乎？我皇上加意庶寮，视臣邻如一体，敕几宣训，孚弼直于一心，则凡锡官拜爵者，谁不厪天地生成之感，动父母鞠育之思？亦惟是殚厥棐忱，公尔忘私，勉尔靖共，国尔忘家，同心以效勷勤，虽一念不涉于自私也；协力以勤翼赞，虽艰大必期于共济也。如是，则盈廷皆精忠爱国之人，百尔尽推贤让能之士，而泰交、师济之盛，于是乎成矣！

制策曰，人臣必忠以居心，公以莅事，然后能与君为一体。盖诚有见于党援互结而溺情阿比，文貌相承而挟诈沽名者之不能无惭于厥位也。尝考古纯臣之事君也，可以对大廷，亦可以质幽独，惟其忠也；可以问诸己，亦可以质诸人，惟其公也。盖忠则悉心以为国，而一毫苟且之私不以设于中；公则衷诸至当，而几微阿比之意不以矢诸念。忠则知有国而不知有己，凡职之所宜效者，竭诚尽虑，而初非以沽名也。公则知有理而不知有情，凡道之所不可者，正言谠论，而初弗顾忌也。而特是溺于利则不能忠，牵于情则不能公。内外诸臣，诚欲钦乃攸司，无载尔伪，励匪躬之节，而凛勿欺之忧。若去其利禄之念，割其情欲之私，庶几精白乃心，可以上副我皇上澄叙官方之至意，以追踪于古大臣，不难矣！

制策曰，牧令为亲民之官，一人之贤否，万姓之休戚系焉。明乎牧令之系于民者为甚重，而甄别之不可无术也。窃思人君奉天出治，而分其责于大臣，大臣不能综理，而分其任于有司。是有司者，代君以牧民者也。独是大臣者，小臣之纪纲。小臣之廉能，惟大臣能察其详；小臣之勤慎，惟大臣能纠其职。大臣能精白乃心，以器使群材，则庶司百职皆得其人，庶事惟康，万目毕举。所以唐虞之时，五臣协赞，而其时之一十六族、二十二人共称寅亮，群黎百姓，顺帝之则，且忘帝之力焉。其协和风动，于变时雍，讵不休哉？我皇上求贤若渴，于制科广额之外，复行选拔，以备大臣之任。使为大臣者，亦惟是酌其地之繁简，量其才之优绌，俾人与地适得其宜。其才猷之卓异者，固宜付以繁剧之任，即不逮者，亦不遽加黜革，而且令其就简焉，迨其果不能矣，然后从而摈弃。如是，则激扬之道与宽大之典俱行乎其中，既非怜于姑息,而亦不涉于苛求,又何致长废弛玩愒之风,且或疑其非为国家爱人才之道哉?

　　制策曰,士必崇实学,敦实行,处为经明行修之彦,出为通方致远之材,始克副长育造之至意。此诚兴崇民行之良规也。尝考三代,有庠序学校之典,无非烝我髦士,而扶进秀良。自公卿大夫之子,以及民之俊秀者,无不养之于学。其养之小学者,党正闾师有其官;其养之大学者,司业司成专其任,此人才所以蔚起,而朝廷于以收实用也。迄乎唐宋元明,而或以诗赋,或以策论,专尚文艺,不问躬行,此后世之人才不能近古也。我皇上加意作人,于士之优于德行者,立行举用,天下之人靡不争自濯磨。其造士之典,已不啻械朴、菁莪之化矣,乃犹以士习下询。臣愚以为,今日之士习,宜以行己有耻端其守,正心诚意戒其欺,格物致知以广其闻见,大本达道以励其实践躬行。其发为文也,无一不从至性中流出,则伟论宏词乃足以华国而寿世。为之督学者,又为之黜其浮、崇其雅,力为甄陶,天下之士有不绍美于三代、比隆于唐虞,未之有也。凡此者,事本相因,理无二致。惟君臣上下,一德一心,斯庶官有所表率,而各殚厥职矣。内外官僚,克勤克慎,斯群材莫不奋励,而各端其习矣。我国家万年有道之长实基于此。

　　臣草茅新进,罔识忌讳,干冒宸严,不胜战栗陨越之至。臣谨对。

　　　　　　　　　　　　　　主客清吏司主事　臣　传勒赫
　　印卷官礼部　精膳清吏司郎中　臣　曲　楠
　　　　　　　　　　　　　　主客清吏司主事　臣　黄天球

（二）清雍正十一年（1733）癸丑科

本科殿试于三月二十九日在太和殿前举行。取进士328人。状元陈倓，江苏仪征人。榜眼田志勤，直隶大兴人。探花沈文镐，上海崇明人。

殿试策问① 清世宗胤禛

奉天承运，皇帝制曰：朕仰荷上天列祖眷佑之隆，圣祖仁皇帝付托之重，临御万方，十有一年于兹，兢兢业业，宵旰励精，凡所以致治之道，无不期其备举。至奖励忠勤，振兴髦士，奋武卫而厚民风，尤未尝一日稍弛于怀也。至治之世，大小臣工，类以纯诚自矢，亦以精白望人。盖惟戴君为元首，故其视同官也，一如肢体，痛痒之相关。化朋党比周之习，为劝善规过之风。夫是以协恭和衷，共成致主泽民之业也。朕推诚以遇臣工，时以公忠体国切加勖勉，深冀内外诸臣，共臻斯路。而服官受禄者，果克以忘私祛伪自励而交励耶？若犹未也，则图所以殚厥心者，宜何如？

至业先四民之谓士，必思所以有异于齐民之实，而后立心制行，始不沦于污下。故《孟子》曰"尚志"，《记》曰"士先志"，即宋陆九渊讲"喻义喻利"，亦谓"所喻由其所习，所习由其所志"。志之不立，为士之基已隳，纵记闻广洽，文藻华瞻，正昔人所讥为虽有文采而不可近者也。然则，士可不自植其本欤？而师儒之教，又可弗念其先务欤？

夫治世不弛武备，凡以制治保邦于永久也。今直省营制，非不勾稽有册，简阅有规，校练有期，侵冒有禁矣。然保无有习为具文，未能实力举行者乎？其何以副朕固圉卫民之意？夫士不练不可以程勇，器不精不可以言备。然则，弧矢弋矛之用，与夫坐作进退疏数之节，司戎政者宁勿时时加意欤？

移风易俗，吏治之最也。导民以爱敬，则忠顺可移；驯民以敬恭，则诟谇不作。诱掖有术，不难引中人而纳于君子之途。朕治天下，恒以正人心厚风俗为切务，故擢贤良方正，崇忠节孝义，旌义门，奖还金，举凡裨补风化之事，靡不激劝嘉与，以树风声。兹遐迩民俗，其悉淳欤？大小臣工何以赞朕振兴民行之政耶？大抵寮采矢公诚，则有以倡械朴菁莪之化；胶庠敦礼教，则有以储股肱耳目之才。军政修明，则生民安堵；风俗淳厚，则众志成城。所谓清和咸理，万年有道之长者，此也。

尔多士，其悉抒所蕴以对。朕将亲览焉。

①出自《清实录·世宗宪皇帝实录》卷一二九，雍正十一年"三月庚戌"条。

叶荣贤小传

叶荣贤，四川崇庆州（今崇庆县）人。康熙五十三年（1714）举人，雍正十一年（1733）癸丑科第三甲第一百七十九名进士。中进士前，考授果亲王府教习，果亲王对叶荣贤的学识、人品极为赞誉，亦极以礼遇待之。中进士后，以省墓假归，遂决意不仕。著有诗稿数卷，咸丰初因兵燹被焚，其弟叶荣相以其残稿刊行于世。荣贤亦精于书法，堪称书法家。弟叶荣相，雍正十一年（1733）秋闱举人。

叶荣贤殿试卷

清雍正十一年（1733）癸丑科第三甲第一百七十九名

应殿试举人臣叶荣贤

应殿试举人臣叶荣贤，年四十三岁，系四川成都府崇庆州人。由增广生应康熙五十三年乡试中式，由举人应雍正十一年会试中式，今应殿试。谨将三代脚色并所习经书开具于后：

一、三代：

曾祖守明，不仕，故。祖遇春，不仕，故。父梓芳，不仕，存。

二、习《书经》。

臣对：臣闻帝王之垂统，锡福于万年也。身居殿陛之中，心周法象之外，其所以振饬百官，安内攘外者，宵旰经营，茂登上理。于治法已臻醇备，而尤鼓舞煦濡以导，以乐观其成。一时兼听并观，以类万物之情；开物成务，以协事理之极。其于四海九州不啻烛照数计，而要本一心，以为兼总条贯，用以跻一世于仁寿之域。此帝德王功驭世之大权，而非取办于法制禁令之间，以为润色隆平之具也。是故奖进臣邻，必使大法小廉，而国家收公忠之效。揆文奋武，必使内治外宁，而黎庶享升平之福。朝野一体，士庶蒙休，臻累洽重熙之盛，此唐虞三代之治，为万世不可及。而先圣后圣，同揆合辙，无非本实心以为推暨，堂廉肃而政治修，风俗隆而典章备。运际雍熙，庆天时人事之合；民用和乐，睹丰亨豫大之休。收群策以代天工，隆教养而育英才，简军实而壮国威，孚兆民而登清宴，未有盛于今日者也。

钦惟皇帝陛下：乾元合撰，泰运凝庥。弘参赞之功，经文纬武；秉聪明之德，内圣外王。义问昭宣，讫声教于东西南朔；仁心广被，绍休风于虞夏商周。锡命以怀万邦，蠲租赋，慎祥刑，湛恩深同雨露；垂裳而整百度，觐耿光，扬大烈，鸿图若炳日星。固已治定功成，远至迩安，四方于以底定，六府于以修和，上下于以有一德之休，中外于以有协和之庆矣。乃圣不自圣，进臣等于廷，而策以服官之道、造士之方、武卫之所以振兴、民风之所以和睦。其鼓励之殷，牖导之切，真尧咨舜儆之心也。臣至愚极陋，何足上承清问？然臣沐养教泽久矣，仰见我皇上以至诚无息之道，行大公无我之心，庶绩咸熙，万几清暇。生逢尧舜之世，欢忭无极，今当拜献之始，敢不陈刍荛之一得，以仰承休命乎！

伏读制策有曰："推诚以遇臣工，时以公忠体国切加勖勉，深冀内外诸臣，共臻斯路。"大哉王言！诚万世人臣之极则也。夫士既委质为臣，食君之禄，任君之事，即使清操自矢，时时精白，乃心犹恐罪愆偶集，自旷厥职，何敢涉朋党之私，沿比周之习？是以古大臣之进思尽忠也，必本不欺以为心，无伪以立志。不欺，则其戒惧于夙夜者匪一时，省察于日用者匪一事，而忠之体立矣；无伪，则其主敬于平日者无不密，审几于临事者无不周，而忠之本裕矣。由是其本立，则其守自定，而焉能背理以阿世？其气静，则其立自坚，而孰肯依附以成名？一德一心，明良志庆。休哉！何风之隆也。我皇上推诚待下，一体相关，恩施叠沛，有加无已，间有植党怀之臣早已屏逐而去，其能忘私祛伪者又皆不次超擢，任以机务，委以封疆。天下仰皇上之心如日月在天，光明毕照，无不以为允当，而臣工不自勉励以为纯臣者，寡矣。

伏读制策有曰："业先四民之谓士，必思所以有异于齐民之实，而后立心制行，始不流于污下。"大哉王言！诚士习转之机也。夫立志者，修身之根本，而制事之枢纽也。士惟能立志，则有真名节而因有真事功。苟志之不立，则虽见闻广洽，而本之不立，余无足观矣。士当尚友论世，见史册所载忠贞之士、廉洁之操，亦心焉慕之。而当其得志之日，顿易其所守，而鲜所建树。良由其鼓舞于夙夜者，未能奋坚贞之操，而静养于宥密者，不能存确然不拔之素也。我皇上械朴作人，菁莪造士，令直省地方司训士者举优以示劝，黜劣以示儆。而所以训迪士类者，已提撕而警觉矣，而士可不争自琢磨以程为有用之材乎？夫惟士能先立其志，而淡泊以居心，宁静以致远，虽当读书谈道之年，已有公忠报国之志，而为师儒者又复急其先务，令之崇实黜浮，去其务名邀利之心，养其刚方正直之气，则沐至化者，自无不端之士习矣。

制策有曰："士不练不可以程勇，器不精不可以言备。然则，弧矢戈矛之用，与夫坐作进退数疏之节，司戎政者宁勿时时加意。"兴言及此，诚制治保邦于永久也。夫国家有百年不用之兵甲，而无一日可弛之武备。以壮国威，以卫民生，恃乎行阵之整严，军士之奋勇，而器具之缮治也。我国家承平著绩，文教覃敷，四海之外，六合之内，莫不重译来臣。然而营伍之设，武备之修，立法弥周者，诚欲肃军政而收实效也。诚使司戎政者，勤其简阅，务令军实之必符时，其校练必使技艺之能精，则教养有方，军士无不娴之技，而步止齐已。预习于休暇之日，操演既久，则技勇皆干城之选矣。

制策又曰："导民以爱敬，则忠顺可移；驯民以敬恭，则诟谇不作。诱掖有术，不难引中人而纳于君子之途。"此诚风俗淳庞之所由致也。夫斯民各具天良，无不可自勉于善，而或鼓励之无方，激劝之无术，则亦无以感发其天良，而使之油然其自动，则振兴之机实操之自上也。我皇上神圣广运，至德沦浃，擢孝廉方正以广收人才，崇忠孝节义以风励民志，且奖还金，旌义门，裨益风化者无不至，斯民何幸生熙皞之世，沐治化之隆而臻一道同风之盛哉！然治益求治，安愈求安，诚使为民牧者秉至公之心，以行大公之政，则斯民未有不观感劝勉，而进于敦本从化之治也。夫僚采矢公诚，则宣化有自；胶庠敦礼教，则士习自醇。军政肃，则生民安堵；民俗厚，则众志成城。由是绥邦屡丰之庆可臻，时雍风动之休可致，久安长治之效可以绵亘万年，深仁厚泽之施可以比隆三古。诸福之物可致之祥无不毕至，我国家悠久无疆之业基诸此矣。

臣草茅新进，罔识忌讳，干冒宸严，不胜战栗陨越之至。臣谨对。

	精膳清吏司郎中	臣	雅　勒
印卷官礼部	仪制清吏司郎中	臣	庄清度
	精膳清吏司郎中	臣	曲　楠

（三）清乾隆元年（1736）丙辰科

本科殿试于四月初二日在太和殿举行。取进士344人。状元金德瑛，浙江仁和人。榜眼黄孙懋，山东曲阜人。探花秦蕙田，江苏金匮人。会元赵青藜，江南泾县人。

殿试策问[①] 清高宗弘历

奉天承运，皇帝制曰：朕惟治法，莫尚于唐虞，尧舜相传之心法，惟在"允执厥中"。当时致治之盛，至于黎民，于变时雍，野无遗贤，万邦咸宁。休哉，何风之隆欤！朕缵承祖宗丕基，受世宗宪皇帝付托之重，践阼之初，孜孜求治。虽当重熙累洽之余，而措施无一日可懈，风俗非旦夕可淳，士习何以端，民生何以厚，不能无望于贤才之助。兹际元年首科，朕特临轩策问，冀尔多士，启予不逮。

夫用中敷治，列圣相传。然中无定体，随时而用，因事而施。宜用仁，则仁即中，仁非宽也；宜用义，则义即中，义非严也。或用仁而失于宽，用义而失之严，则非中矣。何道而使之适协于中耶？《诗》称"不竞不絿"，《书》称"无偏无党"，果何道之从耶？

政治行于上，风俗成于下，若桴鼓之相应，表影之相从。然夏尚忠，商尚质，周尚文，其后各有流弊。惟唐虞淳厚，后世莫能议焉。其悉由于允恭、温恭之德致之然耶？抑"五典""五礼"之惇庸，"五服""五刑"之命讨，亦与有助耶？朕欲令四海民俗咸归淳厚，其何道而可？

国家三年一大比，士宜乎得人。然所取者，明于章句，未必心解而神悟也；习于辞华，未必坐言而起行也。朕欲令士敦实学，明体达用，以劻相我国家。何以教之于平素，何以识拔于临时，科举之外，有更宜讲求者欤？

意者，衣食足而后礼义兴，凡厥庶民，既富方谷，足民即所以训士欤？《书》称"土物爱，厥心臧"，又有谓"沃土之民不材"者，何欤？夫民为邦本，固当爱之。爱之则必思所以养之，养之必先求所以足之。朕欲爱养足民，以为教化之本，使士皆可用，户皆可封，以臻于唐虞之盛治，务使执中之传不为空言，用中之道见于实事。多士学有所得，则扬对先资，实在今日。其直言之，勿泛勿隐，朕将亲采择焉。

[①] 出自《清实录·乾隆朝实录》卷十六，乾隆元年"四月丙寅"条。

李为栋小传

李为栋（？—1752），字槃宸，四川巴县（今属重庆市市中区）人。乾隆元年（1736）进士，次年授翰林院编修。五年（1740）十一月，得张廷玉提携，奏升为翰林院衙门办事。六年（1741），任山西蒲州府知府，有政声，多善行。捐俸修复文昌书院，改名起文，建讲堂及斋舍数十间，"爽岂幽洁，门宇崇敞"，招府属八县弟子肄业其中。书院每岁耗经费数十金，遂将藩府闲田拨归书院，招佃收租，以充束修膏火，不足部分，则捐俸补充。政暇，则亲到书院讲论。按月宴请成绩优异者于府内，以示奖励。又倡修试院、公堂等。为表其功德，百姓特立祠以祀。其故居在重庆北碚歇马乡、凤凰乡之间，曾立有碑刻"翰林庄"，今庄已废圮。

其一生颇有著作，然大多遗失，今能见者仅有两文，一是《西山慈云寺记》，一是《飞雪崖赋》。《西山慈云寺记》写于乾隆五年（1740），作者应慈云寺山僧之邀请前往，此文则是记录其途中见闻、感悟，写景尤其唯美雅致。《飞雪崖赋》，分"序"和"正文"两部分。"序"交代了写赋之目的。飞雪崖，在渝城西北七十里之土主乡。李为栋的文章，语调平和，清幽淡雅，常以卒章显志之法，使义理在记事写景中自然溢出，无矫揉造作之态和世俗之风，有超然之气，给人以神清气爽之感。

李为栋殿试卷

清乾隆元年（1736）丙辰科第二甲三十四名

应殿试举人臣李为栋

应殿试举人臣李为栋，年二十六岁，系四川重庆府巴县人。由监生应雍正十三年乡试中式，由举人应乾隆元年会试中式，今应殿试。谨将三代脚色并所习经书开具于后：

一、三代：

曾祖笃生，仕，故。祖光夏，不仕，故。父初复，不仕，存。

二、习《五经》。

臣对：臣闻帝王之建极绥猷，久于其道而天下成化也。所贵以不朽之政，为善世宜民之大经；尤贵以不偏之心，为措正施行之大本。以无思无虑者，养清明于深宫，而主德之纯，推之百为皆准矣。以无偏无党者，湍风尚于朝廷，而致治之隆，垂之万世无弊矣。以立贤无方者，大鼓奋于胶庠，而渐摩观感，奕禩犹相劝勉矣。以所欲与聚者，勤抚绥于黎庶，而丰亨豫大，比户皆敦纯厚矣。惟因应化裁，本神明以为运量，斯危微精一之传可接也。惟澡祓精勤，本端穆以为感孚，斯刑政礼乐之治有功也。惟朴棫、菁莪，本作育以资选建，斯文章经济之真儒蔚起也。惟井疆、徭赋，本休息以资爱养，斯山海陬澨之化日倍长也。唐虞之帝德广运，三代之王猷允塞，于以平章百姓，诚和万民，上足以赞天地化育之功，下足以臣民君师之仰，致宇宙昭其太和，日月钦其复旦，岁时乐其丰稔者，未始不由于此。钦惟皇帝陛下奉三无私，立九有极，体乾元而资始，刚健中正，咸归纯粹，以精永锡，类于孝思，礼乐尊亲。悉彰继述之善，其咨其儆，励精勤于惇大。经天纬地之谟，出以优优，如綍如纶，殚教养以生成。击壤歌衢之属，闻之蔼蔼，恩膏特沛，豁十余年之通赋，以熙和万民。看花村蔀屋，欣逢有脚阳春，延访维殷，罗十五国之奇才，以布列庶位，喜秋实春华，迭被无私化雨固已。阶蓂厨箑，献祥瑞于中天；沼凤郊麟，萃休和于大顺矣。乃盛德大业，极荡荡难名，而望道视民，犹乾乾不息。爰进臣等于廷，而策以措施各当值道，风俗归厚之由，士习何以克端，民生何以咸遂，虽古之悬韶设铎，何以加兹。臣至愚极陋，岂复有管窥之见，得稍助圣明于万一。顾盛世重熙累洽之化，沐浴已深，而衡庐则古称先之余，对扬有志，恭承清阁下逮，敢不毕虑殚思，各抒一得，以为拜献先贤乎。

伏读制策有曰："中无定体，随时而用，因事而施。"至哉，圣言诚义理精微之极致也！夫帝王所以与杂霸异治术者，彼狃于一偏而帝王主于一中也。中为天下之大本，天地于以立心，万物于以托命者也。则所以位天地、育万物者，自不外此。顾同一行也，前人是而后人非，同一理也，于此得而于彼失。此非有二中也，时有古今，事有常变，欲经营敷布，从俗从宜，则不得执泥以为中，而又非参半以为中也。宽猛迭施，刚柔并济，固卓然见秉中而治矣。有时全用乎仁，参之以义，则恩不洽；有时全用吾义，参之以仁，则法难行。所为无方无体，而仍归执极不迁者也。而所以允执厥中者，有本有原：《诗》曰"不竞不絿"，由于"圣敬日跻"；《书》曰"无偏无党"，由于"皇建有极"。我皇上志气如神而固我悉化，庄敬日强而倚著不形，由是播为政治，惇大而不弛者，中之仁；振励而不亢者，中之义。上有建中之政，而天下不自为风俗矣。大抵风俗之隆，莫隆于唐虞，此非独运会然也。本允恭、温恭之德，而复有典礼以敦庸，服刑以命讨，相助以成风俗，诚有如制策所云者。然则治源之澄，风化之端，不可不急讲也。我皇上端拱垂裳而声教所讫，至于海隅日出，罔不率俾，此其故何也？一人作肃而万国凛其冠裳，一人作睹而四方神其视听，盛德之感不隔形骸也。而况民失其性，则五典常昭；民漓其天，则五礼备举；民绌其质，则五服有章；民昧其初，则五刑有用。以神明之精粹者，端风俗之原复；以悬之象魏者，矫风尚之非由。是不识不知，以顺帝则，直与唐虞之含哺击壤同，其浑噩岂至如夏忠、商质、周文之狃于一偏，而及其久也，遂流而为弊乎。

制策又曰：欲令士敦实学，明体达用，以励相国家，何以教之于平素，识拔于临时。所以造士者何其计之周且切乎！昔先王之教士也，司成、乐正有其官，胶庠、术序有其地，《诗》《书》《礼》《乐》有其时，三升、两屏有其法。而论秀之典，亦未尝绳以资格，或以德进，或以事举，或以言扬，至曲艺皆试之，则所以识拔者途何广也。我国家崇儒重士，于教士、取士之方不惟不善，其或未能心解神会、坐言起行者，大抵以兔园册为青紫径，而误于所趋也。则莫若仿苏湖鹿之意，分年分班，使文章与经术兼成，而专其任于学臣，兼其任于封疆大吏，精其教于书院，而分其教郡邑庠生。则士之甫授一经者，皆以得与其教为荣，而俗之所归，即士之所趋也。已至科目之制，自古未易，盖特此以得人，庶几十之七八，况六年选拔，不比糊名之试，罗贤之典，自不必求多于外，而士之致用已绰然矣。且夫教士之法，不可以教民也。盖恒产无而恒心有者，惟士为能，民则无恒产，遂无恒心矣。

圣策所以殷殷于足民也，今试，入其野而遗秉滞穗，则利及于寡妇矣；入其室而尊酒肥羜，则爱及于父舅矣。孟轲之言曰："菽粟如水火，民焉有不仁者。"而其实政惟是，易田畴，薄税敛，食时用，礼数大端也。古帝王之司牧于民者，党庠序术，即在井里市廛中，而诗书琴瑟，必俟诸农桑畜牧，而后其为事有序，而其为易从也。若夫沃土而不材者，则又富而不教之，故《国语》曰"民劳则思，思则善心生"，此正可以教沃土之民矣。今夫天下至大，天下之人至众，使必家为之给，人为之计，其势有所不能。我皇上轸念元元，有孚惠心，宜其僻壤，胥登仁寿矣。其或有游惰之民，未尽充豫者欤，是在承流宣化者之劝相劳民，以与含哺鼓腹，共盛世熙皞之风而已。要之，以允执厥中、继天立极而上出之为政者，下应之即为风。士得之而道一风同者，民被之而饮和食德，胥是道也，抑臣更有进焉。中之为用极繁，变而不穷，而所以善其用者，贵神明之有主。则凡实其心而表里相孚，恒其心而始终如一者，实万世臣民之福，非一时教养之谋也。

臣草茅新进，罔识忌讳，干冒宸严，不胜战栗陨越之至。臣谨对。

	堂　　　主　　事	臣	特克新
印卷官礼部	主客清吏司郎中	臣	郭石渠
	祠祭清吏司主事	臣	塔　坦

（四）清乾隆四年（1739）己未科

> 本殿试于四月初一在太和殿举行。取进士328人。本科状元庄有恭，广东番禺人。榜眼涂逢震，江西南昌人。探花秦勇均，江苏金匮人。会元轩辕诰，山东汶上人。

殿试策问[①]　清高宗弘历

奉天承运，皇帝制曰：朕惟帝王统御寰区，代天子民，敕明旦，凛对越，广咨询，切饥溺，朝夕乾惕，不遑宁处者，亦惟思措天下于治安，登斯民于衽席。缅想唐虞之世，吁咈一堂，时几互儆。其时，黎民于变，府事修和，猗欤盛矣。

朕以凉德，缵承丕基，孜孜图治，四年于兹。勤恤民隐，恫瘝在抱，蠲复遍于各省，而闾阎尚觉艰难；赏赉时及八旗，而京师未见富庶。论者谓泉布之贵，病在禁铜。今铜禁开矣，而钱价转昂。又谓，物料之贵，病在税重。今关税薄矣，而物价未减。用是，日夜思维，不能稍释。惟恐言路或有壅塞，而利弊不知，乃咨询倍切。而假公济私者多，实心忠爱者少，苟且塞责者多，直陈时务者少，岂折槛牵衣之流，不可见于今日耶？

元为善长，宅心岂可不宽。而尚宽大，则诸弊丛生，民生转受其累，恐其流也。稍事整饬，而观望者又以为上心在严，遂莫不以苛为察，以刻为明，而民受其困矣。夫以今日之风，行今日之政，不过补偏救弊，权宜设施。思欲家给人足，讲让兴廉，成比户可封之俗，将何术之从欤？

又如河工一事，动如聚讼，新开运口，论者纷纷。彼身当其事者，稍自担承，众即以为固执，而措置失宜。若一无厘正，又以为因循而不足与为。是责人则易，而自处之则又难也。

生民休戚，视庶司贤否。而承宣表率，则大吏之责也。乃今之课吏者，不过稽其案牍，察其考成。其有爱民若子，如召父杜母者，果得与旌扬之典耶？

凡此数事，皆朕时厪于怀，而未得其要领者。尔多士，起自草茅，入对明廷，既无顾忌之嫌，宜尽敷陈之义。若能仿治安六策，贤良三对，深达天人之理，性命之原，治乱安危之机者，亦不拘体制，详切陈之。朕将进而亲询焉。

[①] 出自《清实录·乾隆朝实录》卷三十二，乾隆四年"四月丁丑"条。

罗愭小传

罗愭，字式昭，清四川营山县人。入重庆府巴县籍，乡贤。雍正十三年（1735）优贡，乾隆三年（1738）举人，四年（1739）己未科第三甲第一百二十三名进士，选翰林院庶吉士。乾隆六年（1741）散馆，次年授官翰林院检讨。乾隆对其批语：中平。

罗愭与营山进士张乾元、于德培、于式枚、于式棱先后就读于成都锦江书院。罗愭著有诗文集多种，所著《钓鱼城赋》现刻于重庆合川水军码头上之石壁。诗《跳石》《陈家场》《夏月宿江北山禅院》收入《重庆题咏录》《巴县志》等。其事迹见于《清代馆员履历档案全编》《清代四川进士征略》《中华罗氏通谱》。

罗愭殿试卷

清乾隆四年（1739）己未科第三甲第一百二十三名

应殿试举人臣罗愭

应殿试举人臣罗愭，年三十九岁，系四川重庆府巴县人。由拔贡生应乾隆三年乡试中式，由举人应乾隆四年会试中式，今应殿试。谨将三代脚色并所习经书开具于后：

一、三代：

曾祖为绵，仕，故。祖心醇，仕，故。父在公，仕，故。

二、习《春秋》。

臣对：臣闻帝王继天立极，而绵统祚于亿万斯年也。必将纳天下于在宥，而老安少怀，不使一夫不获其所；必将使民间之泉货，而因时变通，不致一事之偶失其宜。更必广直言之门，开咨询之路，而献可替否。俾闾阎之利弊，罔不周知，扩慈祥之心，含胞与之量，而宽严并用，俾国家之宪典，无不咸宜。夫而后以之治民，而熙熙穰穰，有含哺鼓腹之风，而讲让兴廉，享家给人足之乐，而比户可封；以之治世，而浩浩荡荡，有清晏安澜之庆，而水由地中，尽八年于外之劳，而中可食。庶司各尽其职，期与亿兆，有休戚相关之隐情；大吏悉推其诚，咸与僚寀，有旌别淑慝之实意。上以是期下，下以是报上。国有九府圜法之设，不以行久而有所壅；朝有面折廷诤之臣，不以虚文而塞其责。疏瀹决排，一劳可以永逸；大法小廉，爱民直如其子。则帝谓可通，天庥可眷，而诸福之物可致之祥，罔不因之而获也。钦惟皇帝陛下以如天如地之仁，行乾父坤母之政。四海之民，人皆已尽蒙其乐利；八旗之生齿，皆已悉荷其成全。虽古爱民如伤之主，不过是矣。犹且宵旰勤，好问好察，即迩言之浅近，亦所不废，较之设铎悬韶，其采访有甚焉者矣。其在今日，海内乂安，旗民乐，似可以释我皇上之忧勤，乃犹以钱货之昂贵未便民生，河工之圩流有妨运道，早夜思维，时烦睿虑。岂调剂之乏术，底定之无方与？抑亦圣不自圣之心，不欲以天纵，多能自见，而欲博刍荛之一得乎？爰进臣等于廷，而策之以民生之期于丰裕，宅心之贵于宽大，以及河工之奏效，非得人不为功，庶司之贤否，非大吏无由饬。以臣之愚陋，何足以仰识清问？然当对扬之始，敢不竭管窥之见，以上答高深于万一乎！

伏读制策有曰："勤恤民隐，恫瘝在抱，蠲复遍于各省，而间阎尚觉艰难；赏赉时及八旗，而京师未见富庶。""日夜思维，不能稍释。"大哉王言！此诚子惠元元之盛心也。夫生人之饶裕，多由于勤俭，而户口之饥寒，恒出于惰奢。古者驱游怠之民而力于农，而不使之舍业以嬉，更复为之经其制，而必使之食时用礼，以节其流。则逐末者，渐进于务本，侈靡者，渐归于朴约。固无俟损上益下，而艰难可免，而富庶可观。今间阎之艰难未除，八旗之富庶未见，毋亦人之惰奢者多，而勤俭者少乎？诚使今之司民牧者，各体皇上恫瘝之心，俾民尽力于农而安其业，尽敦夫俭而克中乎礼，则渐摩久而共享丰亨，又何艰难之足患，而富庶之不可见哉。富庶致，而泉布与物料自不能有昂贵之势矣。

制策有曰："元为善长，宅心岂可不宽。而尚宽大，则诸弊丛生，民生转受其累。"稍事整饬，而观望者遂莫不以苛为察，以刻为明，而民受其困。大哉王言！是诚覆载之仁所积而流焉者也。夫天以好生为心，有生长不无敛藏。圣以至德，养物有仁育，不无义正宽严，固不可偏废也。然与其尚宽大而诸弊丛生，何若寓严于宽而俾民蒙其福也。与其事苛刻而民受其困，何若寓宽于严而令民苏其困也。我皇上至仁宅心，凡属臣工，无不以推诚相与，可谓体恤之至矣。诚使今之大吏以及有司，无一人不仰体德意而精白持身，和平待下，则弊窦除而民乐业，不亦大慰我皇上之宅心也哉！

制策又曰："河工一事，动如聚诸讼，新开运口，论者纷纷。"洵（恂）若是，是诚足以烦圣虑也。盖以河工关系运道，每年修费不下百万余两，如不得一熟识谙练之人，为之经理其务，则用物多而成功少，其于河运总无有济。夫人臣以身任国家之事，第欲成其功，不必计其名。如果措置尽善，虽身负固执之名，而于事有效，即于国有功。如果一无厘正，即目为因循之人，而亦无以自解。凡事皆然，矧夫河工之重务也哉。然则居今日，而欲浚亩距川，使运道无壅塞之虞，一劳永逸。上以宽皇上之忧劳者，固非以实心行实政而无瞻顾者，不能也。彼聚讼纷纷者，徒以口舌争耳，夫岂有当乎哉！

制策又曰："民生休戚，视庶司贤否。而承宣表率，则大吏之责也。"大哉圣言！

此诚万世安民察吏之至计也。夫一省之中，所得与小民时相见者，郡县长吏耳。大吏则承流宣化，表率庶僚者也。是以民俗之淳杂，长吏知之，民间之疾苦，长吏亲之，长吏之于民，顾不重哉？故吏而贤也，民之福矣；吏而不贤也，民之病也。然吏之所治者民，而所观望者，大吏也。为大吏者，无以尽其风励之责，彼庶司之贤者，不得列荐剡之班，其不贤者，反得邀保举之例。夫岂课吏之道乎？彼今之为长吏者，廉介自持，恺悌是尚，奉公守法，克称循良，以副皇上简用之意者，未始无其人也。而大吏之保举卓异者，或别有所在焉。其于考课选举，登明选公者，不亦违乎？臣愚以为，保举之道在于明公。诚使为大吏者，平日严为训饬，正身率人，俾庶司各称其职，各抚其民，争自淬砺，以贤能自待。复于保举之日，无徇私情，不受请托，仅知为国得人，而非植党以市恩，则国家获选举之实，而人才无幸进之嫌。其于皇上安民察吏，澄叙官方之意，庶几无负矣。

要之，人民殷富，则国本已固，纵泉布物料价有增减，亦无伤可久可大之图。宽严互用，则民安其生，即补偏救弊。权宜施设，自足以致让，兴廉成之俗。河工有任事之人，则废修隳举，澜可回而运可通。旌扬果召杜之员，则吉士盈廷，君子进而金壬退，理固有相因而致者也。然皆由于我皇上以法天行健之心，为宪天出治之政。治益思治，绵万年有道长；安愈求安，普八方雨露之泽。乾始坤生，体仁长人。先天而天弗违，定命而命不易。百昌效顺，万类咸若，登三咸五，轶后超前。我国家重熙累洽之休，基诸此矣。

臣草茅新进，罔识忌讳，干冒宸严，不胜战栗陨越之至。臣谨对。

祠祭清吏司郎　　中　臣　周廷燮
印卷官礼部　仪制清吏司掌印郎中　臣　斐雅山
　　　　　　仪制清吏司员 外 郎　臣　阿成载

万方小传

万方，字玉食，四川九姓长官司人（时九姓隶属泸州）。雍正十三年（1735）举人，乾隆四年（1739）己未科第三甲第二百零五名进士（《泸州志》载为康熙十二年（1673）进士，有误）。

九姓长官司，简称九姓司，土司名。明洪武五年（1372），建立九姓学宫。清康熙年间，于学宫之侧，增建和山书院。九姓学宫与和山书院培养了数位杰出人才。据《明清进士题名碑录索引》记载，九姓司有二人中进士，其中一人为万方。

万方殿试卷

清乾隆四年（1739）己未科第三甲第二百五名

应殿试举人臣万方

应殿试举人臣万方，年三十四岁，系四川泸州人。由学生应雍正十三年乡试中式，由举人应乾隆四年会试中式，今应殿试。谨将三代脚色并所习经书开具于后：

一、三代：

曾祖约士，仕，故。祖仰，仕，故。父世宪，不仕，故。

二、习《易经》。

臣对：臣闻帝王之建极绥猷，而致协和于变，以隆参赞位育之功也，非别有转移之术与夫权宜之计也，惟以大公至正之心，运天下于在握而已。然以神周者，或未必继之以政，而继之以政者，又恐其神之有遗也。要惟智与仁并行于臣工，而周施于天下，则用以理财而生时食。《礼》著"恒足"之休，用以听而设铎悬韬致嘉谟之告。他如河工及吏治之考成，皆以至明者察其几于毫忽之间，而无之不照，无幽之不烛。又以至仁者藏天下于恺泽之中，而无非德意之旁流，无非仁恩之广被。唐虞之世，明良著于一德，而师师济济，庶绩所以咸熙也。要其本，中而建为极者，非执滞之谓，固随时变化，因地制宜。而后民生以厚，民性以复也。且忠言谠论，日陈于前，而不讳天下之是非，故民情无不由之以上闻。而其时之庶司，平日敦崇长厚，谨伤廉隅，尽雍雍而足慕者，盖大吏之表率于上者，有以先之矣。我皇上仁育义正，四海苍生皆以义安，而犹如伤未见。进臣等于廷，而咨以民生康阜之道，与言官、河工、吏治之诸大事，以臣愚见，何足知此？然恭承清问，对扬伊始，敢不竭管窥之见，以为献纳之资乎？

　　夫欲斯民之富庶，道在揆天下至正之矩，而不徒区区补救于一时也。乃论者谓禁铜之流弊，物料之税重，而不知此齐之论，而非救时之根本也。夫惟易畴薄敛，以开其原；食时用礼，以节其流。而又相东南西北地利之利，为之利导而劝诱之，即如南东地多山陆，所最畏者干旱，而涝则在所不计。臣愚以为，宜筑池以备其旱，无如民之筑池者一二，而不知先筑以防其干者十有八九。诚得良有司相其地，度其势，而导之以筑池开堰，民有所备干，而可以无不足矣。若夫民俗之喜奢好侈，又其情所同，然革薄还淳，则在于亲民之有司也。西北地势平坦，不与山陆同，所畏者虽在旱而尤畏水之溢。臣愚以为，除黄河外，若漳、易诸水可引之以成堰，不惟可以无干旱之苦，并可以妨水溢之患矣。夫民不畏旱涝之累，而丰年之所积自裕，又何铜禁之开，而关税之薄也哉。至于言路职司谏垣，非第进忠补过而已，所以言人之不能言与不敢言者而已。乃平日瞻顾身家，临事徇情容隐，即间一言之，亦不过朋党请托，而为饰智沽名之术，所以欲言而不能言、不敢言者多矣。且有始言而终易之者，更有此事言，而他事饰之者，岂其心术学问之殊哉！亦入于富贵，而易其操耳。然忠君爱国之犹未于终泯，一旦振其敢言之气，而言人之所不言，言人之所不能不敢言，虽言焉而祸及身家也，亦有所不畏。盖状（壮）志许国，而正直敢言之志自宣于也。我皇上诚于言之直者，奖之，励之，不次擢用之；于□□（言之）不当者，与缄默以取容者，调降之。视其事□□□□□□□焉，则平日之狥情受托者，自愧悔而奋□□□□□□敢言，亦鼓舞焉，而励之矣。则平日之直言敢谏者，有不感激于知己，而愈图报于一也乎。

　　伏读制策有曰：元为善长，而过宽则废；稍事整饬，而过严则刻。此诚有见于治天下之所然也。夫宽者，所以裕国家之元气，而非宽之不可以居政也。然一于宽，而玩弛之风滋，其流又有不可言者，则严以济其宽，可也。而宽不济之以严，弊之丛，而民生之受累无底矣。迨其后诸事隳废，而欲以整饬者，图国是于既败之后，吾知其不能矣。惟以一心之知仁行于政事纪纲之间，而又本之以诚，持之以义，则宽之至而严威寓焉，严之极而恩威普焉。由是而上行下效，若影响之相乎，此感彼从。若风草之□□□□□□□讲让行仁，而比户成可封之俗矣。河工□□□□□□下，至要之务也。而聚讼者何为？若委之而得人也。□□□制宜，宜听其人之所为，以经理天下之财务，若身担其事，而又称其官才，又孚于职，其人必有见于事之宜。然而断断行之不易，即或事有偶失，亦当谅其意之无他，而尽其材之所能，可也。乃以关系至巨之事，而乃措置失宜，无一厘正，其因循而不足为也。可知何为责人则易，而自处则难也哉。

伏读制策又曰："生民休戚，视庶司之贤否。而承宣表率，则大吏之责也。"《洪范》称有猷、有为、有守，而大吏小吏皆务得人。诚欲其兴事慎职，有裨地方，匪直洁清已。夫生事□行□，更而避事，又至隳废操切，患其滋扰而□□□□□□之称。循良者，惟以惠色群黎，端民风为□□□□□□艺时，载歌咏而物类之感孚，亦召瑞应。以父母□□□政，行父母斯之实政，教养兼施，刚柔相济，吏道始无于愧。今天下郡县繁多，有一官即需一人铨，铨补既不容少缓，而又欲酌繁简之宜，使人称其官，才符于职，端在大吏之表率。乃专事姑息，必长玩忽怠弛之风；稍涉苛求，又非为国家爱恤人材之意。则其所以作其进退，励其志气操守，而宽其不逮，以宥其过愆者，端在大吏之虚公慎励，以清慎勤率其属，而群事吏向风率教鼓舞，以奏循良之绩矣。若拘于案牍考成，则连擢连升者，未必非善为奉承意旨之徒，而若召若杜者，反累于趋承之无术也。□事□行□□哉。而今之大吏，则无是要之。我皇上励精图治于上，群臣复赞，采宣□□□□□□，庶绩所以咸熙。由是而型仁讲让，驯至于渐□□□□□怀柔。唐虞三代之隆，何难再见矣乎。

臣草茅新进，罔识忌讳，干冒宸严，不胜战栗陨越之至。臣谨对。

印卷官礼部	祠祭清吏司郎　中	臣	周廷燮
	仪制清吏司掌印郎中	臣	斐雅山
	仪制清吏司员 外 郎	臣	阿成戟

（五）清乾隆七年（1742）壬戌科

本科殿试于四月初一日在太和殿举行，取进士313人。本科状元金甡，浙江仁和人。榜眼杨述曾，江南阳湖人。探花汤大绅，江南阳湖人。

殿试策问[①]　清高宗弘历

①出自《清实录·乾隆朝实录》卷一百六十四，乾隆七年"四月庚寅"条。

奉天承运，皇帝制曰：朕德弗类，托于士民君公之上。凛对越之小心，思安危之至计。兹尔多士，释褐观光，宜有以陈古今之通变，直指当世之切务，是以详延于廷，诹以政要，丐以启告。朕匪惟觇多士之所学，亦以匡朕不逮，思益下民耳。

盖君之于民，其犹舟之于水耶？舟不能离水而成其功，人主亦不能离民而成其治。是以古圣先生，恫瘝怀保，惘然惟日不足者，非靳民之怀惠而已也，实有见于君民一体之故。今君与民，诚一体欤？德之不修，政之不宣，贤才之不进，民隐之不闻，有一于此，其能成治道者，未之或闻也。将欲补四者之阙，又何术之从欤？夫天下不必治也，君明而臣良，上令而下从，天下虽乱，识者知其有治之几焉。其盈虚消息之机，多士亦尝筹之素，而欲有辰告乎？

务民之本，莫要于轻徭薄赋，重农积谷。我国家从无力役之征，斯固无徭之可轻矣。而赋犹有未尽合古者乎？赋之外曰耗羡，此固古之所无也。抑亦古尝有之，不董之于官，则虽有若无，而今不可考耶？且康熙年间无耗羡，雍正年间有耗羡。无耗羡之时，凡州县莅任，其亲戚仆从，仰给于一官者，不下数百人。上司之苛索，京官之勒助，又不在此限。而一遇公事，或强民以乐输，或按亩而派捐，业田之民，受其累矣。自雍正年间，耗羡归公，所为诸弊，一切扫除。而游民之借官吏以谋生者，反无以糊其口。农民散处田间，其富厚尚难于骤见。而游民喧阗城市，贫乏已立呈矣。人之言曰：康熙年间有清官，雍正年间无清官。亦犹燕赵无镈，非无镈也，夫人而能为镈也。而议者犹訾征耗羡为加赋，而不知昔之公项，皆出于此而有余，今则日见其不足，且动正帑矣。是以徒被加赋之名，而公私交受其困而已矣。将天下之事，原不可以至清乎？抑为是言者，率出于官吏欲复耗羡者之口乎？多士起自田间，其必不出此。而于农民之果有无利弊，必知之详矣。

又如常平之设遍天下，而卒不闻百姓无鲜饱之嗟。或者禾栖亩而给银，稼登场而责谷，是民未受其益，先受其害矣。将欲改弦易辙，而天时不可必，其何恃以无恐耶？

凡此数者，皆朕日夜跻躇，而未得其要领者。多士其毋以朕为不足告，而闷之隐之。其尚以朕为可告，而敷之陈之。悉言其志，毋有所讳。

蔡时田小传

蔡时田（1712—1752），字修莱，号雪南，四川成都府崇宁县（今属四川郫县）人。雍正十三年（1735）举人，乾隆七年（1742）进士，第二甲第三十六名。选翰林院庶吉士，散馆，授编修。擢山东道监察御史。

乾隆十七年（1752），充恩科乡试同考官。山东举人曹咏祖往京师应试，入场时被查出携带纸条，怀疑与考官蔡时田有交通关节、共谋作弊之嫌，于是二人均被捕入狱。乾隆皇帝大为震怒，命令刑部严加审理，后查明案情属实，蔡、曹二人皆被处斩。此案在中国科考史上影响甚大，《清实录》卷四百二十有详细记载。《清史稿》卷十一《本纪十一·高宗二》记载："八月丙申，顺天乡试内监御史蔡时田、举人曹咏祖坐交通关节，处斩。"后人皆悲其事而惜其才。

时田天才超拔，博览强记，诗文俱沉博绝丽。代表诗作有《昭君怨》："妾向单于去，君王勿苦思。能作安边计，胜在汉宫时。"（《青冢志》卷九，《蜀雅》卷十七）彭乐斋云："雪南始学温（庭筠）、李（商隐），晚乃刻意（李）长吉，诗文皆有独造自得之趣。"（孙桐生《国朝全蜀诗钞》）著有《雪南集》二卷行世。李调元《蜀雅》、孙桐生《国朝全蜀诗钞》均录有其诗。《崇宁县志》《锦里新编》有传。

蔡时田殿试卷

清乾隆七年（1742）壬戌科第二甲第三十六名

应殿试举人臣蔡时田

应殿试举人臣蔡时田，年三十岁，系四川成都府崇宁县人。由拔贡生应雍正十三年乡试中式，由举人应乾隆七年会试中式，今应殿试。谨将三代脚色并所习经书开具于后：

一、三代：

曾祖大彻，不仕，故。祖文管，不仕，故。父永春，仕，故。

二、习《易经》。

臣对：臣闻治天下者，安民为要。《传》曰："民为邦本，本固邦宁。"又曰："国以民为本，民以食为天。"人主不能舍民为治，如舟不能失水而行。夫水之积也不厚，则其负大舟也无力。故长年刺舟者，顺水之性，则湍澜急溯，因之而平，皆作潆洄澄淡之景。稍逆水之性，则沸而为盘涡，怒而为啮激，而舟因以不安。故舟水之喻，于君民为最切也。古圣人恫瘝怀保，日计不足。然窃以为后世之君，其保民也，当十倍其难于三代以上。何者？其疆宇日以阔，其土地日以辟，故其人民日以稠滋，近者数千里，远者万里而遥。而为君者，以一心运之于上，稍有不照摄之处，则念虑所不周，即以致下民之怨咨。大都不比上世，幅员狭而易理，此其所以难也。夫君处于上，民处于下，其上下一体之故，必有为之通其邮者，司饮食、教诲之诸臣是也。则所赖乎仰体君视民一体之意，因以达上及下之情而流通之者，非一人任也。我皇上御极以来，有省躬之文，有蠲租之政，有顾畏民岩之言，有求助于大小臣工之语。今且进贤良之士而试之，破去寻常诹颂之体，以收爱君爱国之言。臣虽至愚极陋，而仰体圣心，假令此日献纳之资，即为敷张粉饰，则进身已深有负圣明，后此建白，又安可问？故敢率其愚昧所及，条举而陈之。

夫唐虞之世，危微精一，君咨臣儆，则修德者君臣交勉之事也。程颐为讲官，言于上曰："人主一日之间，亲贤士大夫之时多，近宦官宫妾之时少，则可以涵养气质，而陶淑德性。"使当世有程颐其人，与为纳诲，而深宫之拂拭，虽休勿休，则德修矣。政之不宣者，臣尝妄论曰：奉行不实之过也。皇上恤刑狱，免积欠，劝教养，大政数举矣。即榷税一端，已屡奉谕旨，以期惠商。而所在关税，道路传闻，尚有鲜履必污，以免征索，验票放行，而犹留难暴露者，故曰奉行不实也。夫贤才之抽拔，未可望之寻常保举，及不破格以擢而得其人者。皇上求陈瑸、陆龙其之臣，几年于兹矣。昔王彧荐祖鸿勋，人谓宜谢，鸿勋曰："为国举才，临淮之务，鸿勋何从而谢之。"王闻之曰："吾得其人矣。"司马光保刘安世，问："知所以荐否？"曰："以获从公游。"曰："非也。光位政府，公独无书，所以荐也。"今之大吏，尽能如司马光、王彧乎？则虽有陈、陆之贤，何从而进。盖负奇伟者，必不善逢迎，不善逢迎，何能与荐？臣愚，谓不如皇上阴为访察，察其贤者，不惜破格以用，察其不才者，不惜夺官以惩。其破格用者，当治大吏以隐贤之罪，夺官惩者，当治以徇庇之罪。如此，则大吏不敢不秉公察吏，而破格以擢，微员定有感激报称，奋勉自励之才出其间矣。民隐不闻者，宰相、御史之责也。宰相为明目达聪之用，御史不直陈时务，而动为无关紧要者以塞责，如之何而可也？仰惟皇上于行取之员，超擢奖用，责其敷陈无隐，而于州县官之引见者，略示温询，许其陈奏，则庶乎有所闻矣。君臣上下之心，其治乱之几乎。天下久安，君臣更无咨嗟儆动之意，则不可以图治，此唐元、汉武之所以溺于宴安，而为中叶之乱也。惟是视已安已治如未安未治，则久安长治之道于焉兆之。夫耗羡归公，诸弊扫除，而民不富于曩者，财不流之过也。未归耗羡、设养廉之先，官吏所入无限，所出亦无限，此取之民而亦流之民也。既归耗羡、设养廉之后，官吏皆为朴满之计，取之民而不流之民矣。且非独此也，数十年以后之人，较之数十年以前之人更满，以更满之人民而以值不流之财，欲其富厚于曩日实难，而非耗羡归公，除去诸弊之不善也。游民之借官吏以谋生，而不能糊其口者，官清则吏清也。游民之贫乏不自存者，臣愚以为戏剧、博掷，皆闲民资生之技，即如赌博一端，所禁者皆街头穷民，以百钱呼卢之小者；而窝藏大赌，连结蠹役，无事为之，囊橐事发，为之耳目，官吏不得问焉。四五十年前，往往不才子挥千金于一掷，而游民之喧阗城市者，即赖以存活焉，此不可以理论也。管仲之治齐也，不严女闾之禁，其有见于此乎。司常平者，禾栖亩给银，稼登场责谷，犹贤有司也。今者，禾栖亩给银，稼登场责谷，而不即收也，使之一干再干，沉水淋斛乃收之。不去此弊，民靡有不受其累也。凡皇上之所策臣者，盖如此而复，曰直指当世之切务。臣因以知皇上之圣意，以为中数条之策臣者，各指其事，恐臣不得进其词，是以总举其大体而概问焉。又恐其有所顾忌也，故又曰"悉言其志，毋有所讳"，臣是以复进其愚昧之说。夫人才日出而不穷，是当广其途以收之；兆庶日繁衍而不息，是当多其业以养之。臣伏闻，向者有议裁各省官弁员缺之说。夫承平日久，一村一堡之事，有多于向之一县者；一县之事，有多于向之一州者；一州之事，有多于一府者。故十数年来，合治之不可者，改为分治，其自来有官之地，皆令复古，自来无官之处，亦令设立，其来旧矣。今一旦欲裁削之，恐乖向者添设之意而起旁午也。且又有不可者，今皇上怜恤人才壅滞，方欲疏通仕籍，而仍裁去员缺，则仕途终属抑塞矣。或曰：疏通仕籍为科目也，今裁去者多佐杂等官，于科目何与？臣窃谓不然。古人所谓知、勇、辨、力，皆天民之秀杰，使不失职，则民靖焉。战国至秦出于客，汉以后郡县之吏是也。彼其中岂无殊异之才，而欲借径于佐杂等官以出身者？少一缺即少一人进身之路矣。周官三百六十，时以为多，若在今日，亦不能以为治。此特就人才地方起见，而觉裁去员缺之不可也。抑又有甚不可者，穷民无常业者，多彼负其技力，不能厕其商、农、工、贾之身，于四民之中而得免于饥寒者，官府之役养其大半也。夫极至卑之官，亦有胥吏、舆台、皂隶，十数人暨数十人不等。通天下所裁之缺，计之当不下若千人，而此若千人者，已无以为生也。至于民之为兵者，其类多非良民，收之营伍之中，乃有所资以为养，而不为非耳。此又先王养兵以安民之深意，而不使人窥及者也。闻之前明大裁驿地站夫，地方遂以滋扰，何者？无以安穷民也。周公之为治也，有迹人、矿人、角人、羽人之属。周公岂好多其制哉？所以养穷民也。此又就役民以养民起见，而觉裁去官弁员缺之未可也。夫方欲疏通人才，以尽其用，奠安穷民，以遂其生，奈何举已成之制而更易之。事之未有者，必欲议兴，则不可也；事之旧有者，忽欲议废，似不必也。臣非不知其议已成，将次第举行，何敢以草野之无状，妄为淆乱？特以愚昧之见，怀之于心，不敢不一缕陈者，亦以伏读制策有谓"当直陈当世之务，毋有所讳"，故敢披陈所知。伏惟我皇上敬修主德，勤求政理，进用人才，深悉民隐，将休征丕著，我国家巩固之隆基诸此矣。

臣草茅新进，罔识忌讳，干冒宸严，不胜战栗陨越之至。臣谨对。

	主客清吏司郎中	臣	皇元铎
印卷官礼部	祠祭清吏司郎中	臣	杨廷为
	仪制清吏司主事	臣	丰伸泰

顾汝修小传

顾汝修（1708—1792），字息存，号密斋，四川资州资中县人。清代著名政治家、外交家、教育家和诗人。高祖父讳丁，字存志，弃文就武，四面征剿，明封靖锦将军、太子太保，旋加太子太师；曾祖讳金印，字斗如，标统兵部督，号称"顾十万"，征匪于蜀中。汝修幼年丧父，受业于祖父謩，后入锦江书院学习。雍正七年（1729）举人，乾隆二年（1737）会试落第，以明通榜选为宜宾县教谕。乾隆七年（1742），中进士，第二甲第七十一名。选翰林院庶吉士，散馆，授编修，以御史记名。逾年，迁詹事府右赞善，旋充日讲起居注。十三年（1748），充《大清会典》纂修官。同年充会试同考官。又奉命为武会试总裁，进侍讲学士。

旋升顺天府尹，莅任即查诸陋弊，悉与革除。十七年（1752）办理庆典，以四品京堂补授大理寺少卿。

乾隆二十六年（1761），会安南国王请封，皇帝特御赐顾汝修正一品麒麟府服，奉命册封安南王。《清史稿·列传三百十四》载："二十六年，王黎维祎薨，王嗣子维䄍以讣告，请袭封，遣翰林院侍读德保、大理寺少卿谕祭故王，册封维䄍为安南王。"嗣因安南王简傲，起程后汝修致书戒其恭顺，部议革职。汝修回籍后，家居授徒。又受聘掌教锦江书院（今四川大学前身），任山长。复游山西，主讲平阳书院。其执教以"明法修德"为纲，"尤重德行"，"造士有法，门下士知名者甚众。"汝修优游林下二十年，小帽散服，往来村市间，人不知其曾为旧京兆尹。

汝修工书，善诗文。居翰林日，所和御制诗尤多，上每称善。为文汪洋浩瀚，有东坡笔意。与名宿陈星斋、孙虚船、沈归愚友善。喜藏书，多善本。晚岁耽研宋"五子"（程颐、程颢、朱熹、周敦颐、张载）之学，颇有心得。

著有《均引篇》一卷、《经史编》一卷、《谈助编》一卷、《知困草》一卷、《四勿箴》《味竹轩诗文集》二卷、《蕴真集》一卷、《朗山吟》一卷、《迟云楼尺牍》一卷行世。李调元《蜀雅》、孙桐生《国朝全蜀诗钞》录有其诗。嘉庆《四川通志》卷一五三、嘉庆《华阳县志》《锦里新编》卷三有传。

顾汝修殿试卷

清乾隆七年（1742）壬戌科第二甲第七十一名

应殿试举人臣顾汝修

应殿试举人臣顾汝修，年三十三岁，四川成都府华阳县人。由拔贡生应雍正七年乡试中式，由举人应乾隆七年会试中式，今应殿试。谨将三代脚色并所习经书开具于后：

一、三代：
曾祖金印，仕，故。祖誤，不仕，故。父志道，不仕，故。
二、习《诗经》。

臣对：臣闻《书》曰"惠迪吉"，《易》曰"为善，降之百祥"，《诗》云"馨无不宜，受天百禄"。以此见，休征协应虽尊其权于天，而感召之机实原自致。夫"天降下民，作之君"，是大君者，昊天之宗子，而正不啻以爱民之心切，因而立君之意重，故尧舜之君天下，未尝以为乐，而独常有所隐忧于其中。伊古以来，不轻视民，乃以克君，不讳言乱，乃以长治，夫亦惟是"先天下之忧而忧，斯后天下之乐而乐"而已矣。能忧天下者，忧其在民者也。忧其无以及民身，则必反而求诸己；忧其无以悉民隐，则又亟于取诸人。不忧于乱之时，而忧于治之日。而凡取于民者，宁被虚名；凡谋于民者，务有实惠。此民所以幸生太平之宇，而食君之福，无异戴天之高也。我皇上临驭七年，君德日新，求治日切。怀保之至意，间阎亦喻其微；盛明之景运，中外幸托其宇。追呼之扰，不闻其声；盖藏之裕，恃以无恐矣。而乐善之诚，翕受之量，振古无匹迹者。

圣谕煌煌，廓保举之格，简行取之员，其于嘉谟嘉猷，不啻如饥如渴。虽以臣等草野呫哗之姿，亦必进之于廷，而策以君民一体治忽之几，因及赋徭积贮之政。臣之愚陋，自维遭逢特盛，愧无以酬清问之万一，而又安得不竭其管窥，以效拜献之先资乎！伏惟唐虞三代之盛，所以称上理者，惟其以一体待民，而匹夫予胜之惧，常殷殷其在抱也。《书》曰："予临兆民，懔乎若朽索之驭六马。"孟子曰："民为贵。"苏轼之言曰："人主之于人心也，如木之有根，如灯之有膏，如鱼之有水，如农夫之有田，如商贾之有财。"故上其下，斯下能载其上，而惟是上德之果宜，下情之果达，乃能乐只与歌，孔迩致咏，而父母之称，往往归之。

我皇上以诚求保赤之心，念念切于民依，匹夫匹妇皆知欢欣鼓舞。孟子曰："至诚而不动者，未之有也。"此之谓也。其泽无有不下究者也，其情无有不上闻者也。夫惟皇上殚心夙夜，慎终如始，循循出治，俾斯民共安于熙皞之域。以言乎德，则懋昭；以言乎政，则四达；以言乎士类，则野无遗贤；以言乎舆情，则较若眉列。虽有日赞之思，实无衮职之阙矣。自古盈虚消息之机，有若递嬗，而惟深思虑远、小心翼翼者，独有长虑却顾之意，用成久安长治之邦。舜必不能为朱也，而其臣以为无若丹朱傲；成王必不能为纣也，而其臣以为无若商王，受之迷乱，酗于酒德哉。是故言出于己，不可塞也；行发于身，不可掩也。其美恶之极，乃与天地流通，而往来相应。惟积微者著，惟慎小者大。后世怠弃厥德，曾不以为可怪，而独词之近于不祥者，则相视愕然，有所禁而不敢发，不责其行，而惟言之是讳，亦何为者耶？盖自以为治，则即有不治之萌芽，隐伏于其中。君出言自以为是，卿大夫莫敢矫其非也。卿大夫出言亦自以为是，而士庶人莫敢矫其非也。夫如是，即安得而长治，而惟悄悄然忧其不治。则大纲既立，恐细目之未张，实政既举，恐实心之未洽，此唐虞之廷所为君臣咨儆，而万世之言治统者，必宗之也。然则天下无所谓乱之机也，有饰治之言，无致治之行，将不免于乱矣。无所谓治之机也，有惧乱之心，无阶乱之事，终不害其治矣。我皇上轸念民瘼，无微不烛，直省之内，偶有偏灾，非特蠲租赋，即准截漕粮赈恤之，使相望于道，忧闵之情，时见乎词，其于力本业农之民，护之无弗周矣。至如正赋之外有耗羡，此固农民之所乐，而特不便于游民，诚无以逃于睿鉴也。禹既治水，成赋中邦，纳秸纳秷，诸制详在《禹贡》。至殷而名助，至周而行彻，十一之外固无过求。自是以后，曰"租"、曰"庸"、曰"调"，率沿为例。至杨炎变为两税，其后又欲取庸，是耗羡之名，虽不见于古，而以彼较此，孰重孰轻？康熙年间，承底定之初，与民休息，一切吏治皆不乐乎。纷更其时，固无耗羡，然而州县之巧于取民者，皆得有所借口，游民资其益，而业民受其累。雍正朝洞悉其弊，因地方有司狃于纵弛而为之，震动其精神，取其资为厚利者，而予以定制，令其不得剥吾民。及今二十年，鸡犬、桑麻自课生殖，百姓始知有生人之乐，而奸胥、滑吏无从过其门而问之。虽妇人、女子，未有不额手称叹，以为良法，美意之及于编氓者，为曲至也。惟是耗羡归公，本官养廉之外，不能多招随役，波及姻娅。此辈附人衣食之徒，无所售其技，而苦其贫乏，喧阗城市。夫国家立法，即安能为游手者流，使其快然有余，而用以号称富庶乎？虽农民之富厚，尚难骤见，然而此日之农民，固未尝贫也。未尝贫即未尝不富，正无容以欲复耗羡者之口，而疑于加赋之说矣。且夫夫征里布，周尝以此示警游惰之民，何代无之，而又奚恤于浮议也哉。

国家立法，于有余之时，筹其不足所在，皆立常平仓。夫常平之法，昉于李悝，汉因踵而行之，贵则减价而粜，贱则增价而籴，民皆以为便。或者奉行未善，则遂不能无害，禾栖亩而给银，稼登场而责谷，诚有如圣谕所云者。是惟亲民之吏，收贮以时，支放有法。令其买也，于民无惊；而其卖也，于民有济。虽常平之法，常存天地可也。夫天时，孰从而知之耶，世固难为惩噎而废食者也。之二者取官之所有者以予民，则不可以令民怫；取民之所有者以予官，尤不可以令民怫。此皆关切乎治理，而根极于主德。

皇上体上天立君之意，法上天爱民之心，而视之如一体者，历久不渝。则正心以正朝廷，正朝廷以正百官，正百官以正万民，天地之间被润泽而大丰美，四海之内闻盛德而皆来臣。诸福之物，可致之祥。举积诸此，我国家大一统之盛，永永无极矣。

臣草茅新进，罔识忌讳，干冒宸严，不胜战栗陨越之至。臣谨对。

	主客清吏司郎中	臣	黄元铎
印卷官礼部	祠祭清吏司郎中	臣	杨廷为
	仪制清吏司主事	臣	丰伸泰

李化楠小传

李化楠（1713—1768），字廷节，号石亭，又号让斋、醒园、六不斋，四川罗江县（今属四川德阳）人。乾隆六年（1741）举人，次年（1742）中进士，第三甲第七十名。初选咸安宫任教习，不就，改任浙江余姚县知县。多施行惠民之政。二十一年（1756）调秀水县署知县。不久之后，调任平湖县知县，治绩为浙中第一。浙江巡抚杨廷璋本欲推荐其担任知府，恰逢父丧，需回籍守制三年。丁忧毕，二十五年（1760）补沧州知州。三十二年（1767）任宣化府同知。次年，调顺天府任北路同知，兼署密云县知县。时县内有冤狱，李化楠予以昭雪，以断疑狱为能，深得大吏赏识。勤于治理，政声卓著。卒于官。

化楠学本经史，早年以制艺名家。乾隆十七年（1752），分校浙江乡试，得老名士李祖惠为解元，人服其精于鉴别衡文。二十一年（1756）分校，所取亦多知名士。所著《万善堂稿》，尤为习制艺者所辦香，门人李祖惠序以行世。人谓蜀中以时文名家者，以化楠为最著。亦能诗，尤好苏轼诗，追慕三十余年，凡酒酣耳热，必为人谈苏诗，长篇短句，暗诵不遗。平生以诗为性命，虽簿书期会、马足车尘之间，未尝废吟咏。李调元《蜀雅》引唐乐宇语，言化楠诗"出入韩、苏"。法式善《梧门诗话》则云其"诗以性灵为主"。《晚晴簃诗汇》又言"其《种田户》《欠民粮》皆学香山新乐府也"。

李化楠性孝友，乐于为善事，每语人曰："白日莫闲过，必多作有益之事，庶不负于光阴也。"为人状貌魁伟，气度豁达；为政宽猛相济，以爱民为主，不轻罪人罪过。常言："堂上一点珠，民间一点血。"以此谨慎行事，不枉断疑狱。壬午（1762）、丙戌（1766）两度任顺天乡试同考官。又创立姚江书院，尤喜藏书，凡巡有绝本、孤本之书，无论价钱多少，不惜重金采购。

所著有《醒园录》二卷、《万善堂集》（一名《李石亭诗集》）十卷、《李石亭文集》六卷，俱入丛书《函海》。生平事迹见李调元《同知顺天府北路事石亭府君行述》、李桓《国朝耆献类征初编》卷二五四载吴省钦所撰《李化楠传》。

李化楠殿试卷

清乾隆七年（1742）壬戌科殿试第三甲第七十名

应殿试举人臣李化楠

应殿试举人臣李化楠，年二十八岁，系四川绵州罗江县人。由拔贡生应乾隆六年乡试中式，由举人应乾隆七年会试中式，今应殿试。谨将三代脚色并所习经书开具于后。

一、三代：

曾祖厚，不仕，故。祖攀旺，不仕，故。父文彩，不仕，存。

二、习《诗经》。

臣对：臣闻"天地之大德曰生，圣人之大宝曰位"，位者，普天之下凡有生者所托命也。天生民而立之君，人君居天位、体天德，必将使天下之托命于我者，无一不遂其生，而后克副乎代天子民之责，此圣人所以参天两地而成位乎中。《记》曰："天地位焉，万物育焉。"其意一也。夫四海之大，万民之众，为人君者岂能家赐而户给之。要以天地生一人，即有一人之养，寄诸山海井牧之中，此天地之大德也。其间刚柔、燥湿之异宜，雨旸、寒燠之有忒，小民智不及谋，力不足给，惟恃在上者经理而调剂之，此圣人之能事也。由是以恤民隐而黎庶咸安，以持泰运而苞桑永固，以轻赋敛而农民享无事之福，以实仓储而百姓免鲜饱之叹。举唐虞三代之隆，所为时雍风动，太和翔洽，于两间者足以媲美而无难也。钦惟皇帝陛下日明日旦之念，时厪于渊衷；已饥已溺之怀，恒殷于寤寐。其所以推心置腹者，不可谓不笃；保邦制治者，不可谓不至；轻赋以惠民者，不可谓不极其精详；积谷以备荒者，不可谓不极其优裕。固宜万邦早已协和，风俗早登上理矣。乃圣心弥惕，安益求安，进臣等于廷而策之以，上下一体之谊，世治世乱之几，与夫耗羡之所以利农，常平之所以益下，臣虽愚陋，敢不竭悃忱以为拜献乎。

伏读制策有曰："君与民为一体，德之不修，政之不宣，贤才之不进，民隐之不闻，而能成治道者，未之或闻。"此诚怀保万民之盛心也。夫君之与民，其势有贵贱之分，其等有尊卑之异，而其情则无不可引为一体。自古圣王常略其元后之尊，而通以家人之隐，四海虽遥，一如属于毛而离于里也。兆民虽众，靡不好所好而恶所恶也。蚩蚩之众，望堂陛如亲顾复此，所以上下之情通，而郅隆之治可立致也。我皇上宵旰勤劳，子惠元元，一夫不获则引为己忧，其所以优恤闾阎而恫瘝一体者，亦既至矣。惟是大小臣工思日赞襄，勤求治理，以修其德，而夙夜无惭；以宣其政，而庶绩咸熙；选举公明，而贤才不困于知希；体察周详，而民隐不壅于上达。则惠泽以周，治道以成，而民无不得其所矣。

制策又曰：君明而臣良，上令而下从，天下虽乱，知其有治之几。君庸而臣谄，上令而下违，天下虽治，知其有乱之几。此诚盈虚消息之萌，而杜渐防微之道也。从来天下之治乱，分于人主之一心，心无时不敬，则乱者可反而为治，心无时不肆，则治者可转而为乱。《书》曰："敕天之命，惟时惟几。"言君之道也。然一人主治于上，尤赖群臣辅治于下。《易》言"匪躬"，《诗》称"匪懈"，皆所以克尽臣职，无忝幽独。至于涣垂出汗，惟行不惟反，巽取随风，可奉不可违，此又奉公守法之思，而承流宣化之道也。我国家重熙累洽，久道化成，而治乱之几犹厪圣虑。臣愚以为，明良合德，喜起一心，上下之间兢兢业业、各尽其分者，天下之所以治也。狃于晏安，习于玩弛，上下之间唯唯诺诺、各隳其职者，天下之所以乱也。事未彰而兆已呈，效未臻而端已著，所谓几之先见者也。我皇上夙夜孜孜，励精图治，不敢谓天下已安而稍存暇逸之思，使百尔臣僚仰承于下者，果能体皇上之心以为心，粹然无私，肫然无伪，公忠是殚，笃棐是将，则百志惟熙，庶明励翼，久安长治之道，宁外是欤！

制策又曰：务民之本，莫要于薄赋，而因虑及耗羡归公，利于农民而游民反无所资。此诚轸念民瘼之至意也。夫任土作贡，国有常经，盖因其所耕之田定以什一之赋，所以足国家之用而量入为出者也。赋之外曰"耗羡"，非以病民也，有一官即有一官之费，取耗羡于赋之外，所以为各官养廉之资也。然自耗羡不归公，而地方有司任意索取，以给其亲戚仆从，甚或一遇公事，强民以乐输，按亩而派捐，农民受累。诚有如圣谕所云者：夫亲戚仆从之仰给于一官也，以官之有所取也。官苟取于民，以给其亲戚仆从，而为亲戚仆从者，亦若视为应得，安为固然。此无耗羡之时，所以饱游民而瘠农民者也。我国家洞悉民隐，耗羡归公，其取于民也，既有定数，不得多索，而为有司者，亦莫敢不洁己爱民，清心励节，以图报称。斯时之游民，借官吏以谋生者，固已寡矣，即有贫困无资者，亦莫不知廉。官吏之不可以非分求，而别思所以糊口之计。至若农民，于正赋之外，照所定耗羡之数，纳之于官，而官无多取，民无多纳。是有耗羡之利，较之无耗羡之害，相悬奚啻万万矣。夫岂犹有不便于民，而致民生之受累者哉？

制策又曰："常平之设遍天下，而卒不闻百姓无鲜饱之嗟。"此诚裕民食以厚民生之至计乎。臣惟《周礼》："以荒政十有二，聚万民。"聚之为言守也。守官者守谷，谷不守，则天下之嗷嗷待哺者必至枵腹而无所之。故贾谊曰："积贮者，天下之大命。"诚有见于仓储之不可缓，而奉行之不可不得其人也。夫常平之设，何自昉乎？在昔，管子言："谷贱则人主敛之，使重；谷贵则人主散之，使轻。"而其后李悝有平粜之法也。遇丰而籴，价虽增而不至于过增；遇歉而粜，价已减而不至于太减。然其弊也，禾栖亩而给银，稼登场而责谷，民未受其益，先已受其害。诚得忠信之长，慈惠之师，实心以奉行之。贵贱之权衡必加以严核，而不委权于胥吏；敛散之多寡必稽其成数，而不凭信乎簿书。合乎人情，宜于土俗，务使弊端尽绝，而有一仓即收一仓之利，则旱干水溢不足为虞，而有备无患之道得矣。要之，有治人然后有治法，有纯心斯以有纯政。惟我皇上本刚健之德，运无息之心，虽庶事已康，而时凛丛脞之虞，虽万国咸宁，而常怀失所之恐。以体民情至周也，以登治道至久也，以定田赋，民皆免其累也，以实仓储，民皆被其休也。由是，道德一，风俗同，唐虞三代之治，无加于兹。我国家万年有道之长基诸此矣。

臣草茅新进，罔识忌讳，干冒宸严，不胜战栗陨越之至。臣谨对。

印卷官礼部	主客清吏司郎中	臣	黄元铎
	祠祭清吏司郎中	臣	杨廷为
	仪制清吏司主事	臣	丰伸泰

林中麟小传

林中麟（1705？—1775），字素书，号伊斋，四川泸县（今属四川泸州）人。年少时潜心力学，卓有见识，且志向远大。四川学政隋人鹏（山东莱阳人，翰林院检讨）见其举止厚重，文采过人，遂推荐补弟子员。雍正十三年（1735）举人，十五年（1737）贡士，授简州（今四川简阳）学正。乾隆七年（1742）中进士，第三甲第二百零六名。历任广东三水、云南浪穹（今洱源县）、直隶昌黎（今属河北秦皇岛市）等县知县，后升任广西庆远府河池州（今属河池市）知州。他为官期间"实心任事，操守廉洁，一尘不染，士民称颂"。后来以父病辞官回籍，主讲鹤山书院十余年，"日课文艺，娓娓不得"。邑中名士葛良杰、王正常等名宿皆出其门。

著有《冲然堂文集》（《锦里新编》卷五作《冲然堂今古文集》），不分卷，清钞本，中国国家图书馆藏。福建郑方坤、江南储掌文，皆称许其文。代表性单篇文章有《修建文昌祠碑记》《慎我园诗稿序》。

林氏在官游期间，不仅注重对各地的风土人情作详细记录，且特别留心对家乡泸县的文献资料的收集整理，并积累了大量的手稿，藏于家室。清乾隆年间，泸州知州夏诏新欲修泸州地方志，颇感于文献不足征，林氏便出原稿以供采录，最终襄助其完成乾隆《直隶泸州志》的编修。该志的具体主笔，则由林中麟的长子林基深来负责。该书历经三年而得以完成，于乾隆二十四年（1759）刊刻行世。

其生平事迹见嘉庆《四川通志》卷一八七，《直隶泸州志》卷九，《锦里新编》卷五。

林中麟殿试卷

清乾隆七年（1742）壬戌科殿试第三甲第二百零六名

应殿试举人臣林中麟

应殿试举人臣林中麟，年三十七岁，系四川泸州人。由拔贡生应雍正十三年乡试中式，由举人应乾隆七年会试中式，今应殿试。谨将三代脚色并所习经书开具于后：

一、三代：

曾祖应举，不仕，故。祖弘勋，不仕，故。父帝苑，不仕，存。

二、习《书经》。

臣对：臣闻古圣王义安天下，忧勤惕厉，以思艰图，易者常有，刻不能释之情。《书》曰："若保赤子，惟民其康乂。"人君有父母、斯民之隐，则箕毕之异好，寒暑之怨咨，日为筹划，宛若取疲癃、残疾、茕独、鳏寡、颠连、无告之情形，绘诸心目。故修己以安百姓，唐虞之治也；劳身而焦思；夏禹之治也，六事以自责；成汤之治也，作《无逸》《陈》《豳》诗；文、武、成、康之治也，当其时，治不忘乱，君臣咨儆，上下一心。奠万姓于衽席，永底蒸民之生者，皆其恫瘝在抱之念为之，百姓太和，万物咸若，有由然矣。

今我皇上承重熙累洽之后，宵衣旰食，励精不遑，固已道洽政治，泽润生民，人人饮和食德，沐乐利之休于无极矣。乃犹视民如伤，忧深思远，虑政治之阙，审治乱之几，以垂意于轻徭薄赋、重农积谷诸务，进臣等于廷而策之。臣虽无体国经野之要术，敢不敬献刍荛，以仰答万一乎。昔人有言，君犹舟也，民犹水也，君之于民，诚有相须之势。不虐无告子惠困穷，以及怀保惠鲜之深情，皆有见于君民之一体，而天德、王道所以网罗于其间。德之不修，政之不宣，贤才之不进，民隐之不闻，治奚以成？是故诚意正心，始终如一，谨微杜渐，以防未萌之欲，则高大光明，常安于神圣之域，而德无不修矣。监古人之成宪，不师其迹师其意，因时立政，以补偏救弊，为之有渐，施之有方，举斯心以加四海，而政无不宣矣。察心术，验素行，先意迎合、乘间中欲者，疏之；忠真不阿、克勤厥德者，亲之，则贤才自无不进。明目达聪，以广见闻；鸣韶振铎，以来谏诤。言可用者采之，言不可用者置之，作敢言之气，防拥塞之弊，则民隐自无不闻之，数者一无所阙，而治不于以观成耶。且夫治乱之几，起于微而成于习，君明而臣良，上令而下从，时虽乱而治之象已兆；君庸而臣谄，上令而下违，时虽治而乱之形已萌。盈虚消息之机相倚伏，诚有如圣心之所虑者，消乱于未然，保治于无穷，见微知著，以大转移之用，非君若臣，勤民不为功夫。

务民之本，莫要于轻徭薄赋，重农积谷。我国家既无力役之征，定赋亦准乎中正。向者未加耗羡，时正赋之外，或强民以乐输，或按亩而派捐，有司巧借公事以索诸民，而民之供其取也无尽。自耗羡之制兴，民之输纳有定，每岁合正赋、耗羡输纳外，鸡犬不惊，民之被其泽也久矣，而特不便于官吏，故訾征耗羡为加赋。然则耗羡之名，不必论古之有无，其制未尝不善也。但民生斯时，贫富有不均者，则非赋为之而产为之。富者田连阡陌，贫者无立锥之地，民之无产者，势不得不佃租富室以求生，而其生日蹙。今井田既不可复，或当如董仲舒"限民名田"之说，仿而行之，似亦哀多益寡之一策也。

若夫常平之设，所以防岁歉也。天时不可必，其制不容或废。近者我皇上轸念民瘼，复令各省督抚转谕州县，不拘存七粜三之制，偶遇荒歉，听其赈济，其为利更溥矣。但常平之为仓守，诸官每值赈济，民或负运数百里之遥，转徙播迁，吏胥又从中侵蚀，是民之所获无几，而废时失业，复无以治将来之生。臣愚以为，常平仓廒不必专设城市，凡村镇可建设者，酌量设数处，谕令本乡土著、保甲防守，士夫中老成历练者，就近董率，有司不时稽核。或与民间社仓共造一处，以便守护，则常平之在官，亦如社仓之在民。平时推陈出新，既便采买，一旦荒歉，民得以坐受赈济，不至扶老携幼，苟延旦夕之生，转滋异日之困，或亦权宜之术也。凡此数者，求宁求莫，皆我皇上怀保之一心所区画而周详者。心恒切，民依则，本天德以行王道，而治化无不成。制治未乱，有以察安危之机，而治益无疆。而且定供赋之经，民生无追呼之扰；筹积贮之策，穷黎有缓急之需，熙熙皞皞之风，垂诸无穷，我国家郅隆之休，自与世无极矣。

臣草茅新进，罔识忌讳，干冒宸严，不胜战栗陨越之至。臣谨对。

	主客清吏司郎中	臣	黄元铎
印卷官礼部	祠祭清吏司郎中	臣	杨廷为
	仪制清吏司主事	臣	丰伸泰

（六）清乾隆十三年（1748）戊辰科

本科殿试于四月二十六日在太和殿举行。取士264人。状元梁国治，浙江会稽人。榜眼陈枟，浙江仁和人。探花汪廷玙，江南镇洋人。

殿试策问① 　清高宗弘历

①出自《清实录·乾隆朝实录》卷三百一十三，乾隆十三年"四月己卯"条。

奉天承运，皇帝制曰：朕惟制治在审其时宜，论治必征诸实用。《书》曰："明试以功。"又曰："乃言底可绩。"士先资其言，必度可施之行事，为济时之良画。斯足以应天下之务，而国家收其实效。朕临御十有三年，宵旰兢兢，期与四海臣民共臻荡平正直之休。而朝堂卿尹，未见其能公忠体国，夙夜匪懈也。僚采，未见其能震动恪共，服勤趋事也。封疆大吏，未见其能正己率属，移风易俗也。守吏，未见其能砥节奉公，劳心抚字也。将整饬之未得其道，激扬之未尽其方与？吏治之未及于古，其故安在？

农桑，王政之本也。列圣重熙累洽，休养蕃滋，思所以裕其衣食，亦既屡申劝课之令矣。而人不能无遗力，地不能无遗利。果游惰蠹之，追呼扰之欤？抑荒莱不辟，耒耜不勤，司牧者漫不知省，而大吏惟以簿书期会为急，即著之功令，用以为殿最，率具文从事欤？

迩年米价之贵遍天下，朕多方筹画。税免矣，而腾涌如故；仓发矣，而市值仍昂。岂皆有司之奉行未善欤？或且欲停采买以纾其急，严囤户以畅其流，禁富民之射利以裕其所出。果皆切中事情欤？采买停，则所在仓庾不数年而告匮，缓急将何以济？青黄不接之时，市无现粮，贫民翘首官仓。使粒米无存，有司能坐视而不为补救欤？生谷止有此数，积于官必亏于民，其较然者。然积之害，与散之利，当熟筹之。而非明著其由，何以使官民两利？至水旱偏灾，朕不惜帑藏，广为赈恤，而实惠之未能下逮者，其弊安在？山东被灾较重，前后截漕拨帑，费既不赀，且命大臣台谏往莅其事。而流移捐瘠，何以劳来而安集之？古荒政之切于时事，可行者有几？先事之绸缪，既无及矣，独不思所以善其后欤？乘时雨之沾溉，招流亡，贷籽种，给牛具，播种而耰之，以待有秋，非要务欤？此外或有裨于实用，可入告者否与？

治河转漕，以饷京师。黄河之由豫入徐，奋迅急疾，大溜横趋，堤工在在危险，而又加以埽坝林立，水势不能直达，淤沙日停，河心日垫，不得已而加堤以御之。近闻淤沙之离两岸者，或仅三四尺、五六尺，偶值盛涨，必有决溢之患。河病而漕亦病，果何道而能刷沙以畅其流与？将复用河兵操舟制器，日从事其中，可岁月奏效

105

与？舍加高培厚之外，别有长策可一劳而永逸者否与？

多士修之于家，宜有明治体，知治要，以期自见于当世者。而事词章而略经术，急进取而竞声华，论文体则尚浮辞而乖实义，于圣贤道德之实，未有能体之于心，修之于行事者。将教化之未明与？抑积习之难返与？其博思所以端风尚而正人心者，切言之无隐。朕将亲览焉。

李芝小传

　　李芝，生于康熙五十六年（1717），卒年不详。字瑞五，一字鹤田，号吉山，别号职思。四川富顺人。乾隆三年（1738）举人（乡试第二名），十三年（1748）进士。乾隆二十年（1758）选授山东招远县令。敬教劝业，每逢乡举之年，给士子资助。在任四年以父丁忧归。乾隆三十年（1765）调任湖北枝江、宜都知县，居楚十年。乾隆四十年（1775）辞官归乡。

　　李芝中举后，因生计"措办维艰"，"乃馆于家塾红豆园中"，以教授生徒为业，成进士后，"仍馆红豆园课读"。为官则廉洁自矢，两袖清风。自楚北去官归乡，"仍以课读谋生，初在东川书院，继在荣、威、本县（富顺县）义馆"教书。剑南后进从学者甚众，一时登科第者多出其门。

　　李芝素喜墨翰，尤长诗文。乾隆四十年（1775），段玉裁署富顺知县，聘李芝为学易书院山长，后又邀李芝等人共修《富顺县志》。自著《俟秋吟诗》等诗文集。李调元《雨村诗话》、孙桐生《国朝全蜀诗钞》录有其诗。自撰《职思居士自叙行略》详述其生平。《李氏族谱》《四川通志》《富顺县志》《叙州府志》《锦里新编》有传。

李芝殿试卷

清乾隆十三年（1748）戊辰科第三甲第十二名

应殿试举人臣李芝

　　应殿试举人臣李芝，年三十一岁，系四川叙州府富顺县人。由廪膳生应乾隆三年乡试中式，由举人应乾隆十三年会试中式，今应殿试。谨将三代脚色并所习经书开具于后：

一、三代：

曾祖羽阳，未仕，故。祖尔振，未仕，故。父九文，未仕，存。

二、习《书经》。

　　臣对：臣闻古帝王之临御九有而膺永图于万世也，神周乎百度而朝野肃□，心运夫万几而士民就理。正朝廷以正百官，而大法小廉，师师济济者，共效和衷之绩。正百官以正万民，而柔远能迩，熙熙暭暭者，咸蒙乐利之休。穷壑山陬之壤，浮江达淮，穆然思治化之成焉。泮水圜桥之彦，崇本抑末，悠然想经术之本焉。是岂有异道与！盖其求宁思艰之意，早结于深宫之中，而勤询下访之诚，犹见诸班朝之际。故至庶政惟和，万国咸宁，而四方水旱之微灾，官型士气之表率，尝见诸咨嗟动色之余，然则奏平成而歌□□，其在九重之夙夜乎。皇上御极以来，宵衣旰食，早夜兢兢，其足为百尔臣工树范者，盖不仅三风于臣邻，省十愆于卿士矣。顾上下一心，固见诸一堂喜起之时，而整饬官常，倍切于太平无事之日。进臣等于廷，而策以卿尹未能公忠体国，僚采未能震动恪恭，封疆大臣未能正己率属，守令未能砥节劳心。斯诚圣不自圣，安益求安之意与！且夫朝廷者，宰化之地也；臣僚者，辅化之人也。权分内外，则内者外之表；职分小大，则大为小之倡。《商书》曰："惟天聪明，惟圣时宪，惟臣钦若，惟民从乂。"《洪范》曰："王省为岁，卿士为月，师尹为日。岁月日时无易，百谷用成，乂用明，俊民用章，家用平康。"《周官》曰："六卿分治，各□（率）其属，以倡九牧，阜成兆民。"由是观之，卿尹者，僚采之表率也；督抚者，守令□（之）观瞻也。诚使为卿尹者，夙夜寅清。为大吏者，正身率物，克己以清好恶之源，范身而端正人之本，将见好恶之源。则小臣之黜陟，乃当其贤否，而不虑其淆正人之本。立则□臣之去取乃有以据，依而不至所□。内外同心，大小一德，于以熙圣朝之绩，而奏庶事之康。翼为明听之才，固不仅见于虞廷，而奔走御侮之俊，不仅歌于周雅矣。

制策有曰："农桑者，王政之本也。"我国家休养生息，百余年重熙累洽，其所以谋其衣食，计其生息者，固无不周之虑，无不详之策矣。乃者水旱不齐，民鲜盖藏，用是上烦圣虑，而彼此异同，究难得一至善两全之策，岂古制之必不可治今，而时至难处，□（岂）无两全之策与？

臣谓事有务其缓者，有务其急者。古者重民事，急民时，其见于经者，不一而足。他如春秋有省，劝课有时，无不周详慎重。故事急而谋手足之烈者，良有司之职。为君相者，调阴阳，宣治化，毅然行古制而不疑，此图其缓者也。若夫天灾流行，何时灭有。一时谷价腾涌，室罄空悬，如汲长孺之急赈，赵清献之调饥，不过如病者偶有微和，得良医而治之，固无难立效，此图于急者也。乃若平时既无储积，在丰岁已苦其难，一旦坐致流亡，告急无措，而复以碌碌无才者布置其间。朝廷日下仓庾之贮，帑藏只见其空，而草野未获升斗之需，流离日苦。其本迫欲利于此，而已贻害于彼，思以利国，而反以病民。纷纷议论，徒为无益，故言一善政不难，而行一善政为不易。行一政犹易，而得一行善政之人为更难。得行政之人而属之，在平时不拘成格，至临事则善相机宜，调其缓急，穷其流弊，固不必论说，日烦而沾实惠者，固已无不至矣。方今盛朝屡下蠲租之文，而山东被灾，愈加赈恤。臣以为得一行善政之人，如汲长孺、赵清献辈，赐之刀贝金钱，使得便宜行事，固有无虑。其势之两难者，以知天时不能无变，而王者只率其常。圣主不与天时争不测之权，而能为气化补不足之恨，则"乘时雨之沾溉，招流亡，贷籽种，给牛具，播种而穮之，以待有秋"。庶几，失于前者，犹可补于后也。

他若"治河转漕，以饷京师"。河与漕相为表里，京师有运转之功，而河漕无旁及之患，斯诚宇宙之要地也。但河势奔流，而堤工在在危急，况河心日垫，一决则为害不轻，苟非先事而图其后，必有莫挽之势，此圣主所为悬悬致询欤。窃思黄河之势，固难少杀，况由豫入徐，势尤莫当。今欲刷沙以畅其流，使淤泥不离两岸，诚莫易事。至河病，则漕亦病，未可不思善法也。夫黄河之为害，自宋明以来，每苦其烈。我朝择良法，施行庆安澜者，百有余岁矣。从来利民之事，无畏其劳，而求无患之术，必图于早。

皇上穆处深宫，神周千里之外，万几之暇而计及于河防，则先事之图维固已至矣。由是慎选大臣，亲度其势，详考其形，酌求一有弊之法则去之，无弊之法则行之。又何必用河兵，操舟制器，日事其中，而始得久安长治之策与。至于治运之醇漓，恒视乎士气之纯杂。而文章之道，与治运通。故声华者，经术之蠹也；词章者，道德之余也。"六经"之外，别有奇书，而乍晦乍明，不能长流于宇内。文非难，而行乃可贵也。幸生圣明之世，口诵六经之言，又经皇上之训迪屡矣。而于圣贤道德之实，未能体之心，修之身，见之行事者，非教化之未明也。夫事每起于微，而其流必至于不可救。其始一二人见理未明，习为卑弱之调，而其后党庠家塾竞相传习，而莫知终穷，此风诚不可久也。古者胎教，而后即讲幼仪。既长，游之庠序，以陶其质，隆之太学，以宏其规。今虽不能尽复其制，而黜浮崇实，先文后行，诚不可同年而语也。司作人之责者，仰体宸衷敦本抑末之意，安见思皇誉髦独盛于古，而顽儒自甘者之必在于今也哉。

要之，古今无不弊之法，而古今有不弊之人。惟古今不弊之人，乃能行古今不弊之法。唐虞盛世也，而赓拜者曰几。康慎位成周，太平也。而进言者无逸乃逸，帝王咨嗟儆戒之意，常寓诸物象恬嬉之中。故蝗旱虽不时而不能灾也，洪水虽为害而不能长溢也。而要必端士习，以为异日绥猷之本，借服采以赞隆平之光，则国家亿万之祚永垂无暨矣。仰体圣人之清问，敢不披诚而尽心焉。

臣草茅新进，罔识忌讳，干冒宸严，不胜战栗陨越之至。臣谨对。

仪制清吏司员外郎　臣　阿成羲

印卷官礼部　仪制清吏司郎中　臣　胡国楷

仪制清吏司员外郎　臣　平　治

（七）清乾隆十六年（1751）辛未科

本科殿试于五月初十日在太和殿举行。取进士243人。本科状元吴鸿，浙江仁和人。榜眼饶学曙，江西广昌人。探花周沣，浙江嘉善人。

殿试策问① 清高宗弘历

奉天承运，皇帝制曰：朕抚御鸿图，兢兢业业，日慎一日，嘉与海内臣民，懋登上理。深惟政治之易弛，风俗之易奢，士或荒于经术，备或懈于边陲。保泰持盈，其道曷以？夫图政本于立心，非大公无以明其体；亮工斯以熙绩，非纯勤无以励其用。朕奉三无私以治天下，自朝至于日中昃，弗遑康宁。群工之靖共匪懈者，安在？偏私之习，怠忽之端，何以防其渐？

蠲租赐复，无追呼矣。深耕易耨，无荒莱矣。而衣食之谋，盖藏之计，恒鳃鳃焉虞不急之虞。乃环顾闾阎，小民服尚鲜华，市陈技巧，百用所需，胥过其节，则侈靡之俗蛊之也。返朴还淳，将非空言所能喻。因而为之法制禁令，不几滋之扰欤？孰为之启迪而倡导之也？

胶庠之士，乐化育而咏作人，经术昌明，无过今日。第考之于古，议大政，断大狱，决大疑，辄引经而折其衷，此穷经之实用也。今欲矫口耳之虚文，以致实用，其要安在？

幅员所暨，渐被无垠，若海疆，若朔漠，若蛮陬绝徼，曷尝不列斥候，置戍守。而将嬉卒玩，其申警于未然，绸缪于先事者何若？《书》曰有备无患。安可以烽燧久销，而视备边为文具也？

凡此皆关于制治保邦之要。久安长治之道，莫切于此。多士其以素所蕴者，剀切陈之，毋拘毋讳。朕亲览焉。

①出自《清实录·乾隆朝实录》卷一百四十八，乾隆十六年"五月丙午"条。

王旭龄小传

王旭龄,字东升,号莲山、书山,四川蓬溪人。乾隆九年(1744)甲子科举人,十六年(1751)辛未科第三甲第一百二十三名进士。历任山西石楼县、湖北房县、郧阳县知县。做官有惠政,廉洁自持。卒于官,贫不能治丧事,士民感其德,集资助扶梓归里,闻者皆叹其有清德。

祖父王许,康熙十一年(1672)壬子科举人,与解元杨兆龙同榜,被称为亚元。父王飞鲲,康熙五十二年(1713)癸巳恩科举人。《蓬溪续志》《清代四川进士征略》《蓬溪诗存》《蓬溪县诗词志》有传。

王旭龄殿试卷

清乾隆十六年(1751)辛未科第三甲第一百二十三名

应殿试举人臣王旭龄

应殿试举人臣王旭龄,年三十四岁,系四川潼川府蓬溪县人。由廪膳生应乾隆九年乡试中式,由举人应乾隆十六年会试中式,今应殿试。谨将三代脚色并所习经书开具于后:

一、三代:

曾祖应寰,未仕,故。祖许,仕,故。父飞鲲,未仕,故。

二、习《书经》。

臣对:臣闻帝王之敕几凝命,所以神明万化之本也。其运量在宥密渊深之中,而措施在治事治人之际,未尝屑屑焉。劳其耳目心思以求治于天下,而天下之治早有握其枢而司其契者,不外一心之忧勤。而心周于庶事,而后庶事康;心洽于万物,而后万物理。凡所为朝乾夕勤,不以天下为已治已安,而弗经营而区画之也。帝王之心,果何以运量之独精哉!惟其安危之至记,不敢忘于深宫高拱之所;对越之精诚,不敢懈于履盛席丰之日。其夙夜殚心,懋勤罔斁者,一夫不获,则必曰时予之辜,一政未均,则必曰惟予有咎。治益求治,安益求安。不以天下为已安,而弗与臣邻共相懋勉。是以在上有怵惕惟厉之心,在下有深固不摇之气,风流而令行,治象日见其光昌,而莽蘖不忧其隐伏。然犹因时乾惕,举生民之利病,广致询谘,冀以补其所不逮。至于大化翔,泽润生民,兆姓食福,而日用不知。而帝王之治,治之以人,治之以政,而实治之心者,夫固无乎不至也。钦惟皇帝陛下躬上圣之姿,际重熙之治,固已政治休和,风俗淳熙,经术昌明,边陲整矣。乃犹圣不自圣,进臣等于廷,而策以政要之准，风俗之原，经术之实，用备边之必严。臣虽至愚，仰承清问，不弃刍荛，敢不竭其管窥之见，以为拜献之先资乎！

伏读制策有曰："图政本于立心，非大公无利以明其体；亮工斯以熙绩，非纯勤无以励其用。""惟奉三无私以治天下，自朝至于日中昃，弗遑康宁。"欲群工匪懈，预防其偏私之习，怠玩之端，此诚励精求治之至意也。臣惟人主代天育物，即法天以出治。盖天之体至诚，诚则无私，往来通复，无非此理之布濩也。天之行至健，健则不息，推迁摩荡，无非此气之弥沦也。人主励精求治，致治保邦，惟法其至诚，运其至健。凡用人行政，必揭其心以与天下相示，励其神以与天下相持。"敕天之命，则惟时惟几"；轸民之艰，则求宁求瘼。君既懋勤于上矣，而大小臣工效忠竭力之下，或萌其偏私。是君劳于上，臣逸于下，此端有由开而渐之，不可长也。在上者亦本以诚明之心，使私无所容，勉以纯勤之心，使怠不敢作，君无逸以作所。上有明后，臣思日以赞襄，下有良弼，治道岂有日隆者哉。

制策有曰："闾阎小民，服尚鲜华，市陈技巧，百用所需，胥过其节，则侈靡蠹之也。还醇反朴，非空言所能喻。因而为之法制禁令"，又恐滋之扰，此移风易俗之至意也。臣惟斯民之风俗成于习尚，而斯民之风俗原于人心，自人心渐已浇漓，则习尚竞趋浮华，或雕文刻镂以逞其智巧，或锦绣组练以作其新奇。服一衣，工必极其精，色必极其妍，愈出愈奇，讲求乎款式。用一器，形必极其怪，价必越乎常，时更时易，每巧弄其聪明。穷奢欲，靡所底止，而人心亦极难转之候矣。今欲使百姓还淳反朴，唯教之敦本务实，而毋踵事以增华，又为立之法制禁令，使服食器用，上下有等，贵贱有分，不得逾制败度，徒事乎虚文。将见人心正，风俗淳，民间其尚留浑朴之遗与。

制策有曰："胶庠之士，乐化育而咏作人。经术昌明，无过今日第考之于古，议大政，断大狱，决大疑，辄引经而折其衷，此穷经之实用也。今欲矫口耳之虚文，以致实用，其要安在？"此诚欲得穷经致用之深心也。臣惟穷经所以致用，而能用方谓之穷经，如徒博穷经之虚名，涉以口耳，于心全无所体会，泥其成迹而于事，总不能变通，不视以为正心诚意，修齐治平之要道。徒以为摘华掞藻，夸多斗靡之遗，言即胸罗石室，识遍兰台，何足以与于致用之实哉！我皇上作人雅化，首重经术，考订固精详，颁布又已屡遍矣。今欲胶庠之士事经术，期得实用，须命各省学臣，察其或专通一经，或兼通诸经，严加考校，优从奖励，果试其实学，特加保举，庶人皆感激奋勉，务为实学，而经术遂以众著于天下哉。

制策有曰："幅员所暨，被无垠，若海疆，若朔漠，若蛮陬绝徼，列斥候，置戍守，而将嬉卒玩，欲申儆于未然，绸缪于先事"，使"有备无害"，是诚备边之至计也。臣惟国家不能（之）边患，而备边之策代严其法，然卒备之不无稍懈者，特以边地荒远，虽为列以斥候，而或不能时整，或为置以戍（戍）守，而不能时加训练。加以烽燧久销，而人多懈志，此虽备而边卒不能无患也。我国家承平日久，虽无边患，而备边之法最严，而犹虑将嬉卒玩，时或有懈。今惟整饬将卒，申警于未然，时调换精锐将卒，以扼其要，则有备无患，而备边之法得矣。

凡此数者，必以纯王之心，行纯王之政，将见政治登于上理，而君臣交儆也，风俗归于淳厚，而朝野大同也。经术明而士崇实学，边患备而国无外虞也。我国家景运之隆，自与天无极矣！

臣草茅新进，罔识忌讳，干冒宸严，不胜战栗陨越之至。臣谨对。

仪制清吏司郎中　臣　胡国楷

印卷官礼部　仪制清吏司郎中　臣　六　智

仪制清吏司主事　臣　额尔登额

（八）清乾隆十九年（1754）甲戌科

本科殿试于四月二十六日在太和殿举行。取进士241（一说243）人。状元庄培因，江苏阳湖人。榜眼王鸣盛，江南嘉定人。探花倪承宽，浙江仁和人。会元胡绍鼎，江西德安人。

殿试策问[①]　　清高宗弘历

奉天承运，皇帝制曰：朕缵承鸿业，勤思上理。缅惟自古帝王，上畏天命，下凛民岩，秉道以揆几，穷理以制事，凡所以建用皇极，为表正万邦之本也。朕宵衣旰食，于天人感应之际，理道制治之原，整躬以率物，劝学以兴贤。念兹在兹，未得其要。兹当临轩发策，伫尔谠言。

《易》曰："先天而天弗违，后天而奉天时。"《书》曰："惟天聪明，惟圣时宪，惟臣钦若，惟民从乂。"天人合一之理，前圣盖昭著言之。顾天日在人之中，而人不知。故先儒曰，天即理也。董仲舒以为善言天者，必有验于人。又谓道之大原出于天，天不变，道亦不变。夫元亨利贞，仁义礼智，皆配四时言之。在天之天，虚而难索。在人之天，近而可求。然在人之天，即在天之天，无二理也，无二道也。人无一日不在理道中，本无理道之可名。自宋诸儒出，于是有道学之称。然其时尊德性，道问学，已讥其分涂。而标榜名目，随声附和者，遂藉以为立名之地，而大道愈晦。今欲使先圣先贤之微言大义，昭如日星，学者宜何所致力欤？朕敕几慹治，盖无日不奉天以乾乾。"五经""四子书"而下，濂洛关闽之学，亦尝深究其源流，而微窥其得失矣。其粹言可以几道者，可得切陈欤？

古言盂圆则水圆，盂方则水方。上之所视向，下之所效法从之。故曰：正朝廷以正百官，正百官以正万民。朕临御十九年于此，勤勤求治，罔敢暇逸。而民风未尽淳，俗尚或即于偷者，其咎安在？夫为政不在多言，顾力行何如耳。虚张治具，粉饰文为，非所以为治也。条教号令，悬诸象魏者，求治之迹，而非致治之原也。所与朕共理天下者，内而公孤卿士，外而牧民长伯，皆俨然临于民上。而或者视自治、治人为二事，毋乃阂于理而暗于事欤？深宫燕闲之地，朕弗敢康，所赖以辅予治理，左右有民者，其省身克己之道何若？夫实心实政，夫人能言之，然必返寤寐而无惭，而后对大廷而不愧。朕念此至切矣。多士来自田间，且分治人之责，宜有敷陈，用觇素蕴。

国家设科取士，首重制义，即古者经疑、经义之意也。文章本乎《六经》，解经即所以载道。《易》曰"修辞立其诚"，《书》曰"辞尚体要"。文之有体，不綦重欤？朕

[①] 出自《清实录·乾隆朝实录》卷四百六十一，乾隆十九年"四月乙巳"条。

于场屋之文，屡谕以清真雅正，俾知所宗尚久矣。乃者或逞为汗漫之词，徒工绮丽，甚至以汉唐词赋阑入其中。律以大雅之言，甚无当也。文之浮薄，关于心术，王通论之详矣。今欲一本先民，别裁伪体，岂惟文治廓清，抑亦所以明经术而端士习也。陆机云"固无取乎冗长"，韩愈言"约《六经》之旨而成文"，皆圣人辞达之义也。司衡之去取，其可不黜华崇实，以加之厘正欤？

《记》曰："官先事，士先志。"士也者，养之于庠序之中，登之于庙廊之上，以备驰驱之用，而收任使之效者也。民俗之厚薄，视乎士风之淳漓。士习之不端，由于士志之不立。荣进素定，干禄之学，圣人弗许。志一不立，而寡廉鲜耻，卑污之行随之。居家或不免武断之习，应试或尚怀干进之私。浮薄流传，竞相仿效，士习将何由而正乎！国家百余年，养士之典极隆。迩者复命各省学臣，举行选拔，于其来也，行廷试之典，慎遴选之方，分途擢用。所望于士之鼓舞奋兴，至深且渥矣。太学者，贤士之所关也。其贡入成均者，宜何如其陶淑而乐育之，无俾虚縻廪饩欤？师儒之官，教化所出。乡国学中，皆于下第内采其遗珠，畀以秉铎。将内则陈敬宗、李时勉，外则胡瑗之"苏湖教法"具在，或亦有用以端饬士习者欤？

凡此数端，内而天德，外而王道。文章者，性道之华；学校者，风化之本。载籍所传，讲肆所及，尔多士其详著于篇，朕将亲览焉。

王以宽小传

王以宽，生卒年不详，字克敬，四川荥经县人。曾祖仪廷，未仕。祖公一，未仕。父慧，未仕。所习"五经"为《书经》。乾隆十二年（1747）举人，十九年（1754）进士，第三甲第一百四十五名。自幼涉猎甚广，无书不读，及长，学问淹雅，而于《春秋》尤精，能自成一家言。成进士后，签分云南，授菜县知县。历充乾隆二十一年（1756）、二十四年（1759）、二十七年（1762）云南乡试同考官，后卒于楚雄任所。以宽雅好诗文，平生著作较多，惜散佚无存。民国《荥经县志》卷十有传，卷十六收录其诗作七首。

王以宽殿试卷

清乾隆十九年（1754）甲戌科第三甲第一百四十五名

应殿试举人臣王以宽

应殿试举人臣王以宽，年三十一岁，系四川雅州府荥经县人。由增广生应乾隆十二年乡试中式，由举人应乾隆十九年会试中式，今应殿试。谨将三代脚色并所习经书开具于后：

一、三代：

曾祖仪廷，未仕，故。祖公一，未仕，故。父慧，未仕，存。

二、习《书经》。

臣对：臣闻帝王之治本于道，帝王之道本于心，心也者，致治之根柢，万化之枢纽也。为人君者，正一心以正朝廷，正朝廷以正百官，正百官以正万民，正万民以正四方。由是内而天德，外而王道，推为文治，广为士习，莫敢不一于正，而无有邪气奸其间者。《书》曰："惟天聪明，惟圣时宪，惟臣钦若，惟民从乂。"依古郅隆之世，所为奉若天道，熙载亮工，敬敷五教，而设为庠序学校者，宁惟是法。制禁令，铺张、涂饰之谓毋，亦本精心之所传，著修和之治绩，缘雎麟之雅意，垂官礼之成书。而后以修帝德而尽人和，天体之所以立也；以树王功而兴道致，治用之所以行也；以光文治而黜华崇实，文章之所以华国也；以端士习而惇品立行，儒风之所以日上也。举建极敷锡，尊贤育材，莫不求端于君之一心，而范围不过焉于此。见深宫之惕厉，宜勤皇躬之责备，非偶几康之敕所由来也。钦惟皇帝陛下学懋缉熙，功荫参赞，建一中以立政，敷五福以宜民。所以顾諟天命者，不可谓不至；出治宰化者，不可谓不勤；整饬场规、作兴士类者，不可谓不极其详且尽，此宜优游坐理、无事畴咨矣。乃圣衷弥惕，履盛思谦，进臣等于廷，而策之以天人感应之际，理道致治之原，整躬以率物、劝学以兴贤之至要。臣之愚陋，何足以知。然进思尽忠者，臣之素也；勿欺其志者，臣之学也。况清问所及，不弃刍荛，而对扬伊始，得以昌言不讳，此真都俞呼咈，千载一时，敢不竭其愚忠，以冀仰裨高深之万一乎。

伏读制策举"天人合一、道学分途"之言，而因究及于先圣先贤之微言大义，与夫学者致力之处，此诚圣学精勘之要也。夫前圣之言天者详矣，而习焉不察者，翻以为天与人涉不相涉。不知有"元、亨、利、贞"为在天之天，即有"仁、义、礼、智"为在人之天，人固在天之中，而无二致者也。所赖尽人合天者，之得其致力之方而已。无何，宋诸儒出，创为道学之称，若朱子之"尊德性"居多，陆子之"道问学"居多，分道扬镳，门户各立。一时随声附和者，遂藉以为立名之地，而大道因之愈晦矣，岂知存心致知，不可偏废。我皇上聪明天亶，学问日新，而"尊德性"以凝道之大，"道问学"以凝道之小，诚所为得道学之真传，而天下之学者所宜奉为依归者矣。若夫存之为盛德，发之为大业，居今日而语，制治固已极其全备，莫赞一词。而制策犹以"治己治人，省身克己"之道为咨，并欲臣以夙昔之素蕴，臣惟明新从无二致，德业同出一途，而总其要，不过以实心行实政而已。盖舍心以言政，纵条教、号令悬诸象魏，要只虚张治具，粉饰文为，而不足以与于致治之原也。惟夫深宫燕闲之地，返寤寐而无惭，对大廷而不愧，而后本此以彰为致治，则宫府内外，鸿纤巨细，莫非真心实意，以与天下相流通，而千古纯王之政不越于此矣。繄维我皇上临御以来，所为勤勤求治、罔敢暇逸者，无非念此至切。而凡内而公孤卿士，外而牧民长伯，俨然临于民上者，胡可不体九重之心以为心，而视为准则也乎。至于国家设科取士，首重经义，多士幸生文运光昌之会，宜何如之揣摩？而或者逞为汗漫之词，徒工绮丽，甚至以汉唐词赋阑入其中，律以大雅之旨，初无当焉！宜制策之切切然以正文体为亟也。今夫文章本于《六经》，《易》曰"修词立其诚"，《书》曰"辞尚体要"，文之有体，岂徒竞浮薄、尚冗长之谓。夫亦欲其约《六经》之旨以成文，求如圣谕所云"清贞雅正"者，而后得所宗尚也。为此之计，仍当责令司衡者，如欧阳修之黜浮崇实，而凡遇有轧茁之文，亟为之刷焉。则文字一本先民，别裁伪体，而文治廓清。所以明经术、端士习者，意在是欤。乃至士先器识而后文艺，故士行之修视，文章之道为尤亟。方今之士，养之于庠序之中，登之于庙廊之上，其间经明行修、争自濯磨，砥节砺行、厚自期待者，固不乏人，而间有浮薄流传，竞相仿效，以至寡廉鲜耻、卑污之行随之者。由士志之不立，因以士习之不端，诚有如制策之所云也。

臣惟我国家百余年来，养士之典亦至优且渥矣。而迩者在选拔有分途推用之典，在成均有乐育之典，在下第内有采其遗珠、畀以秉铎之典。臣知爱士之朝，士亦宜知自爱，而由选拔以筮仕者，必知鼓舞奋兴而竭其报称；由太学以陶淑者，必知明理讲学而无虚縻廪饩；由下第而录取，明通以为教职者，或亦知所感激，而能仿胡安定"经义、治事"之规，遵朱子"分年课士"之法，于以广教化而端士习也，岂不重有赖哉。凡此者，上畏天命，下凛民岩，秉道以揆几，穷理以制事，而皆由我皇上以明德、新民之修，兼重道、崇儒之实。故以建主极至醇也，以绥厥猷至远也，以崇文治至正也，以振学校至严也。天心感召，士气奋庸，我国家亿万年无疆之休在是矣。

臣草茅新进，罔识忌讳，干冒宸严，不胜战栗陨越之至。臣谨对。

仪制清吏司主　　事　臣　塔章阿
印卷官礼部　仪制清吏司郎　中　臣　德　伦
　　　　　　仪制清吏司候补主事　臣　朱丕烈

陈钧小传

陈钧,字璠(一说璇)图,号陶万,四川成都府金堂县人。乾隆九年(1744)乡荐经元,十九年(1754)中进士,第三甲第一百四十七名。先后任雅州、潼川两府教授。归田后,九十卒。

陈钧早年在广东时,先世藏书凡十万卷,不二年益数过之。少时有大志,欲经世于天下,又善施舍,乐于助人,仗义疏财。雍正中,年二十岁的陈钧偕母携弟,由广东长乐县迁四川金堂县牟池塔(今青白江龙王镇牟池塔村)落业。

梁汝材在《华公振庵传》中这样写道:"方公之在金堂也,接见诸生,谆谆以敦学为勖。一时名士多出门下。其最著者,陈生名钧。钧粤东人,始迁金堂,初应童子试,众以冒籍阻之。公因命题令作文,钧援笔立成。公览之,大诧异。谓众曰:此奇才也。朝廷取士,期在得人。有才如此,何妨破格容彼一试。众坚持不可。公怒白于县,令得附名榜尾,府院试皆冠军,科试第一,食廪饩。公大喜,令入锦江书院肄业,次年中试第三,后成进士。"清嘉庆《直隶邛州志》卷四十三艺文志传(邛崃市方志办重刊)中,陈钧自述:"钧自粤东入籍金堂,萍踪初寄,鸿爪无盟。童试为众所阻,赖华振庵夫子多方推挽,始得入泮,食饩,登贤书,成进士。"陈钧在潼川府任教谕,"后以家贫吉降就教,补雅州府教授"。为官约三十年,因"太夫人又老多病,遂改官以归"。

陈钧晚岁乡居家中,落意自如,良辰佳日必率子弟诣近宅先人墓山水胜处,棕鞋,桐帽。闲来无事则长日默坐,或手一二卷。好树木,小庭花草,皆亲植灌,尝自号"复童丈人"。

其著作有:《偶闲录》《旋乡纪事》等数部。另外,嘉庆《金堂县志》卷二、卷三,卷五、卷七分编收其诗三首,文三篇。其著书数十万言,函天文地舆、医卜星图之书。其文无成见无定规,雨集云来千言立就。其崇论宏议,如天风海涛,不可方物。精义名言如岳峙渊澄,不可窥测。江陵名士朱遐唐:"某三十年不见此种著作矣。"曾任四川盐茶道的吴树萱:"西川言先辈者,必曰陶万先生。"

陈钧兄弟五人,三弟陈铣为当地名医。陈钧去世时,有子六人,孙三十余人,曾孙十余人。其中尤以竺山、卯生二子能文章,是陈钧后人中家学的突出代表。竺山原名"一洄",后为"暹"。乾隆甲寅恩科举人,参与了清嘉庆《清溪县志》的纂辑。

嘉庆《四川通志》《金堂县志》等有传。

陈钧殿试卷

清乾隆十九年(1754)甲戌科第三甲第一百四十七名

应殿试举人臣陈钧

应殿试举人臣陈钧,年四十三岁,系四川成都府金堂县人。由廪膳生应乾隆九年乡试中式，由举人应乾隆十九年会试中式，今应殿试。谨将三代脚色并所习经书开具于后：

一、三代：

曾祖三策，未仕，故。祖荽，未仕，故。父堂，未仕，故。

一、习《诗经》。

臣对：臣闻宪天以立极，本道以宜民者，帝王之所以表正方国，协和万邦也。故必上可以馨闻于帝，天下可以咸和于兆庶。夫然后百官得其职，万事得序，于以渐臻上理，而称郅隆之治于无难。盖自古圣帝明王之治天下也，虽世数或殊，时势不一，要其所以本身而出之治者，其大要未始不同此道也。历稽《尚书》所载，列圣相传，其钦若昊天之义，亮工熙载之猷，自尧舜以至禹汤文武，千余年间，世虽递降，其所以兢兢业业、夙夜乾乾者，心法治法，总一以贯之者也。是以古称盛治者，必以唐虞三代为极则焉。自是厥后，由汉唐以迄宋明，虽未有能远驾往古而独称盛治者，然其间苟获天心之顺，民志之宁，而称治平盛事者，又未有不自君心之精勤惕厉，斟酌理道，以古昔淳庞之气为转移，以后世浇薄之习为鉴戒者也。盖君心严于上，而民志定于下，从古贤未之或殊也。钦惟皇帝陛下德协中和，道优参赞，际理学昌明之会，而渊源直溯唐虞，值重熙累洽之后，而安阜欲追三代，固已无为可治，骎骎乎轶宋超唐，而几醇古之世矣。乃犹圣不自圣，治益求治，进臣等于廷，而策以天人感应之际，理道制治之原，整躬以率物，劝学以兴贤之要。臣愚，安得而尽言之哉？然当大比之年，朝廷大开纳言之路，是臣等进身之始，敢不自端志虑，以摅愚诚，仰答清问之万一乎！

伏读制策，首以天人合一之理，而穷道学源流得失之故，以究其致力之端。臣惟天者，道之所从出也；人者，道之所寄也。自古圣人莫不求端于天，其散见于"五经""四子书"者，皆是也。汉儒董仲舒以为善言天者验于人，又谓道之大原出于天。此诚见道之言。及宋周、程、张、朱出，而圣学遂以大昭第其时，陆氏之学颇行，后世朱、陆异同之说纷然，聚讼几于无可究诘。然而圣人之学，体用兼该，程子"涵养须用敬，进学则在致知"之说，朱子取为入圣之阶，固未尝偏持一见也。今我皇上昌明圣道，表章理学，而于圣贤相传之心法、道法，百世同揆，天人合一之机，岂尚有几微之或间哉。

制策又以上之所视向，下之所效法从之，而因虑风之未尽淳，俗之即于偷者，欲得夫省身克己之道。臣惟朝廷者，四方之纲也；一人者，万民之望也。故四海之欣戚安危，国家之操纵张弛寓焉。以为不恃乎法，而法有时而必用；以为必恃乎法，而法有时而无庸。故自古圣贤，论治之要，未有不本之身，以为出治之源。而修己治人，有异事无异理。其自治者，即其所以治人者也；治人者，即其所以自治者也。故曰，"以身教者从，以言教者讼"，未有徒持法制号（令）而能为政于天下也。我皇上稽古盛治，要言不繁，大小臣工，咸知遵守，是以四海九州，民气静而民风醇。《书》曰："建其有极，会其有极，归其有极。"岂非修己治人之极致哉。

制策又以"国家设科取士，首重制义"，"于场屋之文，屡谕以清真雅正，俾知宗尚"，"而欲一本先民，别裁伪体"。臣惟言者心之声也，革者实之表也。古昔圣贤义理涵蕴于中，发于词章，高洁醇古，尚矣。即下至儒林学士，以文见长者，亦必选言而出，简老精当，乃以传世而行远。况制义代圣贤立论，必从圣贤心坎流出，原非词赋可比。故欲文章之纯粹，必先经术之湛深，固无得以风露鲜媚之词，为依稀恍惚之景者也。往年士风日盛，文体颇浮，自颁钦定文选以来，非不咸知典则，然而骋才役智，或有间用纤巧者矣。今欲厘正文体，一归大雅，诚不知别有所取，而能外圣谕所颁清真雅正，以为黜浮崇实之道也。

制策又以"民俗之厚薄，视乎士风之淳漓。士习之不端，由于士志之不立"，而致督于学臣之选拔，太学之陶淑，师儒之教化。臣惟士为四民之首，以读书穷理为日用，以希圣希贤为向往，以安邦定国为经纶，以仁民爱物为匡济。故一言士，而天地万物与有责焉。然其草茅诵读，必先立穷达不移之操，以去夫（其）轻浮浅薄之习，然后可以入理道之途，而膺当世之任。我国家百余年来养士之典逾于前代，士风丕盛，蔑以加矣！皇上复加意作人，于各省选拔之士分途擢用，又于太学成均之地乐育群英，今更于下第举子中广发明通一榜，俾任司铎。凡所以造就人材者，有加无已。为士者，宜何（如）勉励以求，仰副圣明之虑哉。臣愚以为，士诚能取陈敬宗、李时勉及胡瑗昔年之教法，深自淬砺，庶几士习端风化之原者，将在是矣。

要而论之，天德者，王道之本；王道者，天德之用。文章原于性道，则天德之流露也。学校之酿为风化，则王道之见端也。性命事功，源流一贯。今诚讲明而切究之，设诚而致行之，天人相感之际，将必有实见其然者。我国家盛益加盛之休，将在兹矣。

臣草茅新进，罔识忌讳，干冒宸严，不胜战栗陨越之至。臣谨对。

仪制清吏司主　事　臣　　塔章阿
印卷官礼部　仪制清吏司郎　中　臣　　德　伦
　　　　　　仪制清吏司候补主事　臣　　朱玉烈

（九）清乾隆二十六年（1761）辛巳恩科

本科殿试于四月二十一日在太和殿举行。取进士217人。本科状元王杰，陕西韩城人。榜眼胡高望，浙江仁和人。探花赵翼，江南阳湖人。

殿试策问① 清高宗弘历

奉天承运，皇帝制曰：朕寅奉天命，式承丕基。缅惟古昔帝王，制治求宁，履谦持泰，载稽典策，如见其心。朕早作夜思，勤求郅理，而抚躬省治，弗敢自安。乃者集庆迓庥，诸福骈臻，疆宇颂其式廓，雨旸顺以节宣，当宸永怀，惟增祗惕。尔多士际慈寿之维祺，应樵薪之雅化，鱼鱼阙下，当必有明于经术，通于吏道，审悉乎程材训俗之端者。其诵厥志，以达予聪。

夫学者载籍极博，必原本于六经。《易》有四尚，《诗》有六义，《书》有古今，《礼》有经曲，《春秋》有三传。能举其大义，详其条贯欤？注，一也，而有曰传、曰笺、曰学、曰集解之别；疏，一也，而有曰释、曰正义、曰兼义之殊。立博士者，或十四人，或十九人，先后何以不同？立石经者，或一字，或三字，纪载何以互异？多士亦能洞悉其源流，而略陈其梗概否也。朕崇尚经术，时与儒臣讲明理道，犹复广厉学官，蕲得经明行修之士而登之，其何以克副期望之意欤？

致治要在审官。考课之方，代详其制。论者谓自汉以前，大率详于外吏，而略于京朝。然观成周六计弊吏，而日要月会岁计，不遗六官之属。两京以六条察二千石，丞相御史杂考郡国计书，而在三府者，光禄勋岁行进退。至唐京官之考，主之郎中；外官之考，主之员外。其后先法制同异，可晰言之欤？迩者慎简长吏，既令督抚举堪任郡守之材，武途副将以上，甄择入告，其在京曹司，复饬堂上官于会同察计外，各疏其贤否，用资校核。何道而使人扬其职，群僚敦行实，大臣禀虚公也？

进士一科，得人为盛，伊古然矣。卿尹大夫，皆由此其选，始进能无慎乎？乃行之既久，而文体或犹未尽淳，士习或犹多浮尚，岂风会使然欤？抑法制有未尽善也？临轩策士，要以遴拔真才，是在司事诸臣之共襄公慎耳。然而以水济水，其何能益？和而不同，古大臣每矢励厥心，见诸言论事绩者，可举似一二端欤？今既更易旧制，宜积习肃清矣，又何以使崇实去华，科名称极盛欤？服勤尚俭者，民生风俗之原也。比岁浡膺鸿贶，闾泽应时。西域新疆，屯收充羡，食货可几渐裕矣。而年丰易滋游手，枭贩兼恐伤农。生谷止有此数，服食侈靡者耗之。法制禁防，既难尽及。迨顿积居奇，而耗于商贾者半，采买翔涌，而耗于吏胥者又半。司民牧者，将开源节流，使

①出自《清实录·乾隆朝实录》卷二百四十，乾隆二十六年"四月庚寅"条。

生者不匮，而用者不奢，道果安在？

凡此数端，溯经籍之源流，察官联之课最，士尚先资拜献，农知务本力田。诸生讲肄有年矣，其以所得者，悉之究之。朕将亲为裁择，且觇夙抱焉。

王凤鸣小传

王凤鸣,字丹山,四川顺庆府营山县人。乾隆二十四年(1759)己卯科举人,乾隆二十六年(1761)辛巳恩科第三甲第三十一名进士。授河北高邑县知县,寻调陕西定边县署知县,不久辞职归籍。卒年九十一岁。

王凤鸣事亲至孝,父久病未愈,割臂和药,病愈后方履任。辞官归籍后,敦宗睦族,教授生徒,成就人才者甚众。其性慷慨,嘉庆间地方遭乱,倡议捐数十金修清平寨,保全县境,其民无恙。

王凤鸣殿试卷

清乾隆二十六年(1761)辛巳恩科第三甲第三十一名

应殿试举人臣王凤鸣

应殿试举人臣王凤鸣,年三十七岁,系四川顺庆府营山县人。由廪膳生应乾隆二十四年乡试中式,由举人应乾隆二十六年会试中式,今应殿试。谨将三代脚色并所习经书开具于后:

一、三代:

曾祖昌应,仕,故。祖曰俞,已仕,故。父建用,已仕,故。

二、习《书经》。

臣对:臣闻人主握神圣之符,居臣民之上。岂惟是清静无为,坐臻上理哉!必有以昌明经学,而千圣之大义微言,炳如星日也。必有以整饬官方,而群僚之效职宣猷,凛若风雷也。必有以甄别乎群材,而菁莪棫朴之选,咸收实用也。必有以化成乎天下,而海隅出日之众,共乐熙皞也。德盛者化神,道洽者泽润。自古帝王,类皆建极绥猷,道隆恩溥,称盛治焉。然累而日上者,帝王之治,纯而不已者,帝王之心,故业遍天下而不自诩其业,泽被群生而不自见其泽。《书》曰"兢兢业业",又曰"所其无逸"。《诗》"曰缉熙,单厥心"。盖履谦持泰之思,常深于夙夜,制治求宁之念,不谖于斯须而。凡所以明天下之大道,成天下之吏治,聚天下之贤才,而型天下之风俗者,悉此无怠无荒,治益求治之一念,以日进而无疆。此大猷所以允升太平,所以翔洽而巍焕之治,迈乎千载,景祚之隆,绵于万世也。钦惟皇帝陛下得一体元,治隆业骏,际重熙累洽之盛,凛敕几凝命之忱,固已。会六经之奥妙,成一德之休风,士皆以实学为务,民皆以淳朴自安矣。乃圣德冲虚,咨访时切。进臣等于廷,而策以经明行修之要,考课吏治之方,程材训俗之道。臣愚,何足以知此?顾葵藿倾向之忱已积于平日，今清问所及，不弃刍荛，敢不竭愚悃以对！

伏读制策曰："学者载籍极博，必原本于六经"，而因欲举其大义，详其条贯，洞悉其源流，略陈其梗概。臣惟经者，圣人所以明天道，正人事，而致至治之根本也。故六经之垂世，如日月之丽天。学者欲经明行修，可徒寻其糟粕，而遗其精微，徒究其文义，而疏于践履哉。夫《易》有四尚，而莫不该于数与理；《诗》有六义，而总不外于思无邪；《书》有古今，而总为大经大法所昭垂；《礼》有《经》《曲》，而皆为安上治民所重赖；《春秋》有三传，而是非之公，褒贬之严，要莫之能，易焉。其注之者，虽有曰传、曰笺、曰学、曰集解之别；疏之者，虽有曰释、曰正义、曰兼义之殊；立博士者，虽有十四人、十九人之不同；立石经者，虽有一字、三字之各异，亦不过因人以立名，随时以定制。而帝王之典章，圣贤之精义，未尝不即心而可求，即事而可体也。我皇上崇尚经术，时与儒臣讲明理道，犹复广励学宫，蕲得经明行修之士登之，则前圣之奥蕴灿著于天下，而餍饫沉酣于经籍中者，直履其事于日用伦纪之间，以为学古入官之实将报国，即在文章经猷，莫非性术，庶克副我皇上期望之意矣。

制策又曰："致治要在审官"，而计及于往代考课之制，欲俾群僚咸敦行实，大臣一禀虚公。大哉王言！诚允厘百工之盛心也。夫官有内外、大小之分，而各有当尽之职。则同顾大僚者，小吏之仪型；内官者，外员之表率。大僚尽其职，而小吏咸知励翼矣。内官尽其职，而外员凛其风声矣。如是，而考课之法，又安得详于外吏，而略于在内者乎。此成周所以六计弊吏，而日要月会岁计不遗六官之属也。汉所以六条察二千石，而丞相、御史杂考郡国计书，在三府者，光禄勋，岁行进退也。唐所以京官之考，主之郎中，外官之考，主之员外也。初何尝有详略于其间哉。今欲使人扬其职，则内官先由于大臣，外吏先责之督抚。诚使为大臣、为督抚者，一体皇上之心以为心，而禀虚公以率下，慎保举以甄材，毋安于因循，毋徇于私托，而惟严为考课以示劝惩。百僚师师，有不励精图治，成大法小廉之盛乎。《书》所谓"分职率属"者，此也。

制策又以进士一途，为卿尹大夫所自始，而筹及于文体士习，务崇实去华，俾科名得称极盛。臣愚以为，士之所以自见者，亦未有不资乎文者也。然第即文论，则必澄观传注以晰其理，博通经史以厚其气，而又禀先正大家之典型，以范其格律，其文乃精纯而正大。至论其根柢之所存，则非区区焉，只以文重矣。昔程子之议，选士也。先之以性行端洁，重之以晓达治道。朱子之议，贡举也。亦以士必求为义理之实，而不可但为科举之学。周元公之论，文则本之于载道，胡安定之教授，则分之以经义治事。是可见士之学，必为修己治人之学，士之文，必为经术有用之文，甚不可竞为浮华。幸冀掇科登第，自外于国家中正之治也。然所以造就之者，尤在慎其选于师儒，严其道于董劝，立德行之科以厚其本，分经史时务之年以齐其业，或亦丕振士风之一道也。

制策又曰："服勤尚俭，民生风俗之原也。"西域新疆，食货可几渐裕。而年丰易滋游手，粜贱又恐伤农，且不免服食侈靡者之耗费，将开源节流，其道安在？真厚生正德之至计也。臣惟边徼之地，土旷人稀，弗勤耕耨，一值丰年，自思逸乐。拥有余积者，苦于贱粜。夸耀服食者，徒滋浮费。此法制禁令所难尽及，诚有如圣明所虑者。然天下无不可治之地，则无不可治之人；无不可治之人，则无不可成之俗。欲开其源，节其流，使生者不匮，而用者不奢，亦在乎司民牧者之实心化导而已矣。其始也，驱不业者而悉归于农，且时勤其董戒，毋令终怠。至收获之后，禁商贾之屯积居奇，若采买于官，必严禁胥吏，不使缘以为奸，而务悉得其平，又何有贱粜之伤农者乎！躬行节俭以为倡率，而民自知奢华之不足尚，又何有服食之侈靡者乎！夫劝课农桑，所以存民力也，而亦所以广利。珍爱土物，所以臧厥心也，而即所以凝休。将边围之民家给人足，俗敦古处，我皇上之殷殷焉为新疆之民虑者，不亦可大慰也哉！

此数者，溯经籍之源流，察官联之课最，士先拜献有资，民知力农务本，而惟圣天子会千圣之心，传成一德之休风，培士气于淳庞，登边民于衽席。我国家万年有道之长基于此矣。

臣草茅新进，罔识忌讳，干冒宸严，不胜战栗陨越之至。臣谨对。

印卷官礼部　仪制清吏司员外郎　臣　屏　治
　　　　　　仪制清吏司郎中　　臣　郑　忬
　　　　　　祠祭清吏司主事　　臣　汤永祚

（十）清乾隆二十八年（1763）癸未科

> 本科殿试于四月二十一日在太和殿举行。取进士188人。本科状元秦大成，江苏嘉定人。榜眼沈初，浙江平湖人。探花韦谦恒，江南芜湖人。

殿试策问[1]　清高宗弘历

① 出自《清实录·乾隆朝实录》卷二百五十六，乾隆二十八年"四月戊申"条。

奉天承运，皇帝制曰：朕祗荷天祖鸿庥，光缵丕绪。地大物博，际盛思艰，上理勤求，永怀考赞。深惟心源治迹，道在交修，物力民庸，功蕲攸济。尔多士资言成信，亮所稔闻，尚殚矢陈，用酬延伫。

圣学之传，首崇心性。《虞书》十六字，尚矣。《大学》言心不言性，而朱子序《大学》言性独详。《中庸》言性不言心，而朱子序《中庸》，言心独详。将非交引互发，义即偏而不举欤？性者心之神明，心者性之郛郭。是言性足以统心，而道心与人心，何以判？义理之性与气质之性，何以歧？张载曰：气质之性，君子有弗性者焉。然自孟子以性善辟百氏之说，而性恶三品，后儒犹事纷呶。岂子舆力挽狂澜，意严矫枉，虽尼山相近相远之训，不可以语中人以下欤？

史有二体，纪传法《尚书》，编年法《春秋》。朱子本司马光《资治通鉴》之旧，大书分注，约为《纲目》，囊括一千三百余年史事，为编年正轨，足便览观。厥后，薛应旂有《续通鉴》，商辂有《宋元续纲目》，能不失二书初指否？明《通鉴纂要》，本出自官辑，与顾锡畴、王世贞、陈仁锡辈，取备兔园册子不同，而隶事详略亦未完善。已命馆臣厘次分进，几暇手批评骘。凡前史义例未安，必往复刊定，勒为《辑览》一编，嘉惠来许。有志三长之学者，凤习《发明》《书法》《考异》，集览诸家之言，能研核折衷而切指其利病否？

泉籴盖昉乎古，质剂致民遗意，考其委积所在，若乡里、门关、郊里、野鄙、县都，厥用曷分。后此，三仓建置相仍，在官在民，孰为便利？唐之和籴，宋之寄籴、裒籴等名，一切权宜取济，而法随人弊，其戾于前规者安在？国家升平康阜，旸雨应时。第一隅歉获偶闻，动需挹注。常平、社谷所贮，既命所司以时贷拨，近复出太仓以平市值，截漕艘以支给赈。且采运奉天、豫东羡粟，以广灌输，擘画不遗余计。然自廪困充牣，而或大贾居奇，驵牙登垄，因缘蠹耗，检举难周。矧事由补救一时，非可援为经制。则所谓求裕民足食之本，策果奚先？

沟洫所以备水旱，时蓄洩也。大禹决川距海，必兼浚畎距川，未闻以坟壤涂泥异制。暨《周官》遂人则捐膏腴，匠人则治沟洫。且多于赋，意至深远。近世言水，猥详于南而略于北，讵不以南居泽国，北处中原，又积涝鲜逢欤？不知水无所坊，旱无所潴，高原之患，势均泽国。前者中州山左，工已递兴，比因畿辅秋霖余潦，滨河下隰之区，节宣未畅。屡遣大臣莅事疏导，庶几消阏遏而利耕畎。顾沧津犹可泄尾闾，而淀沽或难回釜底。捍田弃地，何道之从？

夫溯邹峄之圣涯，披唐虞之治境，四鬴赢而野多秉穗，百川涤而田不污莱。隆郅之图，跂予昕夕久矣。尔其诵言所学，胪著于篇，毋泛毋隐。朕亲裁择焉。

李调元小传

李调元（1734—1803），小字鹤，又字羹堂（一说，字美堂），号雨村，别号童山、卍斋、蠢翁、醒园、赞庵、鹤洲、蕉尾、卧雪山人。四川绵州罗江县（今安县宝林乡南村坝）人。清著名学者、文学家。乾隆二十八年（1763）癸未科进士，改翰林院庶吉士，散馆，授吏部主事，迁考功司员外郎。其办事刚正，有"铁员外"之誉。三十九年（1774），任命为广东乡试副主考，随后担任了三年的广东学政。四十五年（1780）擢直隶通永道（道员，正四品），创办了潞河书院。四十七年（1785）因奸人陷害，拟流放新疆伊犁，赖直隶总督为之保奏始免，以母老赎归乡梓。经此事之后，李对仕途心灰意冷，以著述、刻书、购书自娱。与时人姚鼐、袁枚、蒋士铨、赵翼、纪昀友善。

乾隆二十四年（1759），李调元入成都锦江书院就读，与书院中崇庆人何希颜、成都人张鹤林、内江人姜尔常、中江人孟鹭洲、汉州人张云谷，以文章名于当时，被称为"锦江六杰"。李调元为李化楠（乾隆七年壬戌进士）长子，从弟李鼎元（乾隆四十三年戊戌进士）、李骥元（乾隆四十九年甲辰进士），"父子一门四进士，弟兄两院三翰林"，李氏四人成为罗江史上"科第冠三巴"之奇迹。李调元、李鼎元、李骥元中进士后均被钦点翰林，三人号称"绵州三李"。李调元、李鼎元曾简放主考官（乡试之考官，亦称院使）。李与遂宁张问陶、丹棱彭端淑并称为"蜀中三大才子"。

李一生勤奋好学，笔不停耕，凡经史百家、稗官野乘，无不博览，诗文词曲兼工，是一个在多个领域都有不菲成就的通才。其著述宏富，遍及四部，达七十余种。李在任直隶通永道期间，正值《四库全书》征集全国图书，李借此"遍访异书"，留心收集四川乡土文献、乡贤先哲著作，征购或借书雇人抄写，并设法刻版付印，力图复兴因明末清初战乱而凋零不振的巴蜀文化。嘉庆六年（1801），李完成《函海》万卷楼藏版的补刊及《续函海》六函的编纂。《函海》总计四十函，辑刻了自汉以来四川人士罕见著作一百六十三种，八百五十二卷。一至十函为晋、六朝至唐宋元明诸人未见书，十一至十六函为杨升庵不常见书，十七至二十四函为蜀中不常见之书，二十五至四十函为己作。《续函海》多为己作。其所著书涉及历史、考古、地理、方言、文字学、音韵学、金石学、农学、姓氏学、民俗学以及诗、词、曲、剧等各个领域。自乾隆四十九年（1784）至光绪十二年（1887），《函海》先后刻印发行四次，受到海内外学者重视。

李在家乡居于园囿，建有"万卷楼"。万卷楼藏书10万卷，有世上罕见之珍籍、真品，有抄本、善本、孤本及宋刻本共四十橱。时人誉为"四川藏书第一家"。嘉庆五年（1800），四川白莲教起事，李氏全家避难成都，"万卷楼"在战火中被焚，李归家后极度悲伤，于嘉庆七年（1802）十二月二十一日溘然去世。其事迹见《清史列传》《国朝先正事略》《李雨村先生年谱》等。

李调元殿试卷

> 清乾隆二十八年（1763）癸未科第二甲第十一名
> 应殿试举人臣李调元
> 应殿试举人臣李调元，年二十五岁，四川绵州罗江县人。由廪膳生应乾隆二十四年乡试中式，由现任国子监学录应乾隆二十八年会试中式，今应殿试。谨将三代脚色并所习经书开具于后：
> 一、三代：
> 曾祖攀旺，未仕，故。祖文彩，未仕，故。父化楠，已仕，存。
> 二、习《礼记》。

臣对：臣闻，惟天聪明，惟圣时宪。国家当太平极盛，有持盈保泰之心，尤必有震动恪恭之气，然后庞风醇化，洋溢中外，颂声作而瑞应臻也。夫天德平分，春夏之气各异，圣功丕显，文武之用攸殊，而要其忧勤惕厉，至诚无息，千圣之心，源如一辙焉。是以德底生安，尚凛危微之懿训；心存炯鉴审订历代之遗编。民食已裕，而补救弥详；备旱已周，而疏导犹切。凡此皆所由，以适于治之具，而虽逸勿逸，虽休勿休，莫不基命于宥密也。汉臣晁错曰："五帝神圣，其臣莫及，故自亲事。"窃惟上古圣人，首出庶物，其臣如夔龙咎繇，端拱垂裳可以坐理。及考《尚书》所载，钦昊天以授人时，秩山川以觐群后，凡亮采惠畴，以及上下草木鸟兽，靡不畴咨而允度。然后知禹赞于帝，所谓后克艰厥后者非虚语也。然则体验夫道源，详审夫义例，预积夫仓储，疏凿夫水道，诚治安之永图，王事之先务。帝者虽勤，乌可已哉！钦惟皇帝陛下刚健中正，法天之行，覆冒乎群伦，亭育乎万有，式敷文德礼乐，集前圣之成，载续武功，声教被流沙之外，固已心传遥接，史册维昭，闾阎之生息已盈，水势之利导已久，扬洪辉而扇景炎，翔洽乎太和之宇矣。乃圣德靡涯，虚冲弥笃。进臣等于廷，而策之以德惟天性，史著劝惩，与夫裕农足食之图，坊水备旱之术，臣之椿昧何足以知？顾私念伏处草野，即慕夫贾谊、董仲舒之对策，陆贽之奏疏，非徒托空谈，皆可见之实事。兹幸承清问，拜献有资，敢不效管窥蠡测，以对扬天子之休命乎！

伏读制策有曰："圣学之传，首崇心性。"而因及乎人心道心之所以判，义理气质之所以岐。臣惟唐虞授受曰："惟精惟一，允执厥中。"此千古性学之祖也。董仲舒曰："道之大原出于天。"张子曰："由太虚有天之名，由气化有道之名，合气与知觉有心之名，盖心性一致。"《大学》《中庸》虽正心诚意之旨，与天命之性殊，而要其归，曰慎独，曰恐惧。所谓尽其心，知其性，知性则知天者，其理固一以贯之也。天赋人之理以成性，即赋人之气以成形，而偏于言性者，但主气而略理，于是有谓善恶混者，有谓性有三等三品者，有谓性如禾、善如米者，纷纷无当。于是而异端若荀卿辈，直谓性恶尤谬戾之极也。程子曰："论理不论气，不备；论气不论理，不明。"是气与理不可偏废，而亦不容相混者也。我皇上以聪明天亶之资，生知安行于千古圣王心法之相传，夙夜单心，缉熙敬止。《书》曰："勑天之命，惟时惟几。"《易》曰："终日乾乾。"乌足以罄圣学之高深乎！

制策又以"史有二体，纪传法《尚书》，编年法《春秋》"，而因及乎《资治通鉴》，与夫各家纂要之得失。臣窃考司马光作《通鉴》，自谓尽力此书，然其时如刘恕、陈桱、袁枢辈，已有《通鉴》补遗、续编、纪事本末之书，所以救其失补其阙也。朱子约为《纲目》大书，以提要而分注，以记言表年著统，扶明正教，较光原本颇多救正，《春秋》而后，乃有此书。薛应旂、商辂之续，所谓神官野史，不足备一朝之典故者也。皇上命馆臣续修前史，并勒为《辑览》，其义例皆断自宸衷。精微广大，炳耀千古。刘知几曰："编次勒成郁"，为不刊不綦是钦，懿夫史之作也。所以示赏罚，而昭劝戒，故贵直而不阿，赡而有法，信而可征，斯直笔之称，不独董狐也。

制策又曰，质剂致民，若委积所在与。在官在民之利病，及大贾居奇，驵牙登垄之流弊，此诚经国之要务也。古帝舜命弃曰："黎民阻饥，汝后稷，播时百谷。"荒政所由来也。《周官·司徒》以十二聚万民，遗人掌乡邦之委积，以待艰阨。廪人"掌九谷之数，以待邦之匪颁，赒赐稍食"。旅师"掌聚野之锄粟、屋粟、闲粟"，"凡用粟，春颁而秋敛之"，此诚积贮之权舆也。昔李悝为上地守，其言曰，籴贵则伤民，籴贱则伤农。故上熟则籴三而舍一，中熟籴二而舍一，下熟籴一而舍二。汉大司农中丞耿寿昌，请谷贱则增价而籴，谷贵则减价而粜，名常平。隋长孙平立义仓，于收获时随其所得劝课出粟麦，造仓贮之，即委社司简校。而乾道四年，朱子又行社仓之法于江南，民甚赖之。夫常平在官，义仓在民，而社仓则在民亦在官，故在官终不若在民之便也。宋臣苏轼曰："千斛在市，则物价自平。"我皇上子惠黎元，去秋直省一隅偏灾，贷拨截漕，出仓平值，动劳宵旰，又京城内外遍设粥厂，典至渥也。夫虑赈给之难遍，则宜法富弼之治青，使流民散入村落，而按期给票以赈之。患胥吏之为奸，则宜法滕甫之治郓，多设席屋而参军法以部署之。积贮之术与赈恤之方，莫善于此。

制策又以"沟洫所以备水旱"，因考《禹贡》《周官》之遗制，而筹节宣疏泄之要术。臣考《周礼》遂人治野之法，制其地域而沟封之，故蓄泄有时，旱涝无患，自井田湮，而沟洫废，水利所由兴焉。直隶之水可引以溉田畴者，莫如滹沱河。宋臣何承矩营屯田溉顺安，沿海数千里禾稼大登，其明征也。滹沱自山西浑原山经晋州紫城口入宁泊，此为故道。但晋州西高南下，因冲紫城口东溢，而深州束鹿等处屡受其害。

盖储水之汇有壑无源，风沙易集，诚用虞集圩曲之法，以浚道之，则无泛涨之虞。然直水半由直沽从天津三岔口入海，下流浅梗，则上流诸小水必致横行。若减水闸坝，一时泄尽，又易为干煤。故必兼治运河，南运卫河，北运白河，而永定河自看丹口分两道，一南流入卫河，一西流入白河，而同归于海。诚因势利导，防护减水坝，使其渟蓄，则入[①]……

① 原稿以下缺失。

（十一）清乾隆四十三年（1778）戊戌科

> 本科殿试于四月二十一日在太和殿举行。取进士157人。状元戴衢亨，江西大庾（今江西大余）人。榜眼蔡廷衡，浙江仁和人。探花孙希旦，浙江瑞安人。会元缪祖培，江南泰州人。

殿试策问[①]　清高宗弘历

①出自《清实录·乾隆朝实录》卷一〇五五，乾隆四十三年"四月辛亥"条。

奉天承运，皇帝制曰：朕祗承鸿绪，兢兢业业，不遑康宁，深维元后之责，思所以会归皇极，敷锡黎庶，以承天庥，夙夜寅畏，日慎一日，四十三年于兹矣。凛兹保泰，仁尔嘉谟，其敬聆咨问。

治法莫盛于唐虞，史叙尧勋时雍于变，舜命司徒敬敷五教。夫教民以实不以名，惟在督抚大吏，董率属员，实力化导，使百姓迁善远罪，以无忝父母斯民之任。今欲使士敦廉让，民知礼教，愚蒙者咸识纲常，顽悍者潜消犷戾，以庶几一道同风之盛。其何道之从欤？

且士者，民之望也，化民者，先训士。士之学问纰缪，学臣得以文黜之。行止颇僻，有司得以法纠之。至于聚徒讲学，渐成门户，始于骛虚名，终于受实害。如东汉唐宋党禁，以及明之东林，其已事也。今将使学者笃潜修而杜私党，其何以劝迪之欤？今政治昌明，士风丕变，自爱者未必至此，然杜弊者先于未萌，识微者防其渐致。其又何以预绝之欤？

前言往行，悉载于书。自周有柱下史，汉魏有石渠、东观，以至甲、乙、丙、丁之部，《七略》《七录》之遗，代有藏书。孰轶孰传，孰优孰劣，可约略指数欤？乃者命儒臣辑《四库全书》，搜方校雠，亦云勤矣。而网罗犹有放失，鲁鱼犹有讹舛，何欤？国家重熙累洽，都邑蕃昌，人民和乐，由俭入奢，势固然也。会典通礼，所以别贵贱，辨等威，防奢僭。顾服舍之违制，得以法绳之，人工物力之靡费，不能以法绳也。宾祭之过侈，得以礼节之，饮食器用之琐屑，不能以礼节也。使事事为之厉禁则扰，听其纷华以耗本业，又岂藏富之道乎？其何以还淳返朴，用有节而民不烦，事有制而法可久欤？

尔多士稽古力学，于学问之要、政治之本，讲求熟矣。其筹之策之，引之伸之，推之古昔，证之当今。悉言无隐，朕将亲览焉。

李鼎元小传

李鼎元（1737—1801），字和叔，又字味堂，号墨庄，四川绵州罗江县（今四川德阳市罗江县）人。清代学者、诗人。乾隆三十五年（1770）举于乡，四十三年（1778）中进士。改翰林院庶吉士，散馆，授检讨。改授内阁中书。仁宗嘉庆四年（1799）八月，担任册封琉球国王副使，钦赐正一品麒麟服，与正使赵文楷过海抵琉球国行册封事，即"宣布朝廷威德，训迪海邦士子，令皆兴起文教"。为使时，"减除七宴，辞却赆金"。次年春回朝复命，升宗人府主事，后改兵部主事。嘉庆六年（1801）病卒，终年64岁。

李鼎元出身在书香门第，家学渊源。伯父李化楠（1713—1768），字廷节，号石亭，乾隆七年（1742）进士，第三甲第七十名。父亲李化樟，字香如，清乾隆庠生。堂兄李调元（1734—1803），字美堂，号雨村，乾隆二十八年（1763）进士。胞弟李骥元（1745—1799），字凫塘，号云栈，乾隆四十九年（1784）进士。鼎元与弟骥元、从兄调元先后中进士，在翰林院任职，皆负文望，号称绵州"三李"，与骥元有"二难"之称。

鼎元一生著述颇多，尤擅诗文。有诗集《师竹斋集》十四卷，收录其编年诗一千二百余首。前有王昶、法式善、冯培序文。末三卷为出使琉球所作诗二百余首，题《球雅》。集为作者生前自刻，有嘉庆七年（1802）刊本。

另著有《使琉球记》六卷，以编年体的形式逐日记述其出使琉球国，册封琉球国王的整个过程。其卷三有关于钓鱼岛列岛及黑水沟之记载："琉球伙长云：'伊等往来，不知有黑沟，但望见钓鱼台即酹神以祭海。'"还记有："午刻见姑米山，山共八岭，岭各一二峰，或断或续，舟中人欢声沸海。"

王昶《湖海诗传》言其所作"意沉挚、辞警拔。筮仕后，索米不足，远游江海，所过名山大川，发其抑郁无聊之气，拔地倚天。三吴士大夫未能或之先也"。

生平事迹见嘉庆《罗江县志》（甲本）卷九，嘉庆《罗江县志》（乙本）卷二三、卷二四，嘉庆《直隶绵州志》卷三五，同治《直隶绵州志》卷三九，民国《绵阳县志》卷七、卷八，《清史稿》卷三二一，《清史列传》七二《本传》。

李鼎元殿试卷

清乾隆四十三年（1778）戊戌科进士第三甲第一名

应殿试举人臣李鼎元

应殿试举人臣李鼎元，年二十七岁，四川绵州人。由廪膳生应乾隆三十五年乡试中式，由举人应乾隆四十三年会试中式，今应殿试。谨将三代脚色并所习经书开具于后：

一、三代：
曾祖攀旺。祖文彩。父化樟。
二、习《春秋》。

臣对：臣闻惟天行健，惟圣法天。古哲后顺命创制，保泰定庸，庶明励翼于朝，多士敦行于野，书籍荟其要，礼制协其中，岂惟是渊默无为，恭己正南面已哉。盖必深明乎天人相与之故，而昭事寅畏，夙夜不敢康。是故澄叙官常，著寅亮天工之实焉；振励士习，正继天明道之原焉。网罗载籍，萃今古之藏；辨别等威，明天地之节。凡所以经纬乾坤、宰制群动者，莫不本兢业以为感孚。用能怙冒四海，丕基式廓，福应响臻，仁圣之事既彰，而帝王之道备矣。《白虎通》曰："王者无外，以天下为家，故称天家。"时当太平极盛，而深宫宵旰，上通于穆，下彻埏纮，不以官方董正而弛大法小廉之诚也，不以士敦蔼吉而忘循名责实之规也，不以藏书已富而宽搜访之情，不以风俗已淳而懈黜奢之训。以实心，行实政，所谓"先天而天弗违，后天而奉天时"，合撰同符，绥猷锡福，自非躬上圣之资，运健行之德，未易臻此。钦惟皇帝陛下所其无逸，允执厥中，际重熙累洽之休，厪图易思艰之要，所以励官箴、端士习者无不至，所以求遗书、严礼节者无不周。固已畅九寓之淳风，答三灵之繁祉矣。乃圣怀渊挹，咨访弥殷，届兹廷试之期，进臣等而策以重教、尊儒、敦书、崇礼诸大端。以臣愚陋，何足以知此。然臣伏处衡茅，窃有慕乎贾谊、董仲舒之对策，陆贽之奏议，今拜扬伊始，敢不竭管蠡之愚见，以仰副高深于万一乎。

伏读制策有曰：治法莫盛于唐虞，而欲使士敦廉让，民知礼教，愚蒙咸识纲常，顽悍潜消犷戾。此诚表正风俗之大要也。臣惟史叙尧勋则曰"黎民于变时雍"，舜命司徒则曰"敬敷五教"。夫教民者，岂徒以姑息博惠爱之虚名，怠缓饰宽宏之大度，遂足谓父母，斯民恪共厥职已哉。要必有凛之于寤寐，施之于政事，上不负君，下不负民者，而后可告无罪也。《诗》云："乐只君子，民之父母。"其是之谓也乎。夫天下至大，一人遽能独理，所最亲于民者，惟此良二千石耳。然或董率无人则宽弛怠废，有不实力化导者矣，大吏之责不綦重欤。宋苏洵曰："天下之官皆有所属之长，有功有过，其长皆得以考察。"夫激励人才者，驭世之大权也，食其禄而忠其事者，又为臣子所当自尽也。圣天子励精图治，用人惟贤，既三岁一举，计察之典，而又命督抚、部院大臣，得随时荐劾所属之能否，其法至详且尽，诚使为师。师者，公以持心，勤以率下，不以护庇养奸，不以私意苛察，将一命之士皆得以效职，一道同风之盛，有不臻臻日上者哉。

制策又曰：士者，民之望也，化民者，先训士，而欲学者笃潜修而杜私党。此诚风励士行之盛心也。臣谨按：《周礼》"乐正崇四术，立四教，春秋教以《礼》《乐》，冬夏教以《诗》《书》"，士固文行并重也。乃或言不衷之于经而学问纰缪，行不法之于古而行止颇僻，苟非学臣以文黜之，有司以法纠之，求其学问归于纯，行止归于正也，盖亦难矣。且夫圣贤之学，理一而已。剿说雷同，固在所不取；分门别户，更在所深戒。至于聚徒讲学，分别门户，骛虚名而受实害，良可慨也。如东汉、唐、宋之党禁，明之东林党，其前鉴矣。我皇上敦崇实学，端所趋向，固无有敢为党同者矣。然而杜弊不先于未萌，则积久不能无弊；防微不于其渐治，则习久又恐难移。是惟专学臣之责，使浮华者不得幸进，则文体一归雅正矣。严有司之法，使邪僻者不敢妄干，则士行一归端方矣。颇僻去而士无畸行，纰缪斥而士无异学，私党之弊，不禁而自消矣。臣伏见我圣朝政治昌明，劝迪备至，士生斯世，敢不正学术、绝朋党，争自濯磨，以无负四民之首也哉。

制策又以前言往行，悉载于书，而因欲网罗放失，正其舛讹也。盖自李聃为周柱下史，而藏书之原以起，汉刘向校书天禄阁，其子刘歆因为《七略》，阮孝绪后更为《七录》，然皆未立四部之名。若以甲乙丙丁为四部，则自魏荀勖始。然其书或轶或传，不能尽见；或优或劣，未可强同。此往代藏书之大略也。皇上圣学渊深，勤于博览，爰命儒臣辑《四库全书》，搜访弥遗，校雠至当，即唐开元藏书之盛，尚不足比数，又安有放失之虑，而鱼鲁豕亥滋其讹舛也哉。乃圣天子稽古右文，常若不及，犹亦为有所放失，有所讹舛也。任校雠之责者，当何如仰体圣心，尽心校理也钦。

制策又以都邑蕃昌，人民和乐，由奢入俭，其势较难，而因计还淳返璞之术。此真勤恤民隐之至意也。臣谨按：《会典》《通礼》所以别贵贱，辨等威，防奢僭者也。顾法制所绳，仅能及于服舍之违制，而人工、物力之糜费，则不能尽绳也。大礼之所节，仅能及于宾祭之过侈，而饮食、器用之琐屑，则不能尽节也。必事事为之厉禁，则上不胜其烦，而下亦不胜其扰。倘听其纷华以耗本业，而天地之生财有数，无以节之，又恐其易尽也。然则欲求用之有节，必先求其事之有制，制定而民不扰，则贱者不敢以拟贵，卑者不敢以拟尊，所谓"生之者众，食之者寡，为之者疾，用之者舒"者，道在是也，而法有不可久者乎？

圣朝治教光昌，风俗淳美，宁俭毋奢之意，凛自臣民。不惟服制无敢违，即细物亦无虚縻之费；不惟宾祭有定制，即琐事亦无过侈之弊，固已酌礼用之中，协大同之化矣。藏富之道，孰有过于今日哉？若此者，事虽异致，理有同揆：以肃吏治，则士敦廉节而民知礼让矣；以成教育，则"成人有德、小子有造"矣。访求不息，则天下无遗书；法制维严，则斯人无越礼。本天德以行王道，因民情以定章程，虽唐虞三代之隆，何以加此。臣尤伏愿皇上履盛思谦，安不忘危，治法昭矣而考课不懈，学校盛矣而防范愈周，遗文大备而益切其搜罗，世道日隆而更崇乎节俭。敕天命惟时惟几，我国家万年有道之长基诸此矣。

臣草茅新进，罔识忌讳，干冒宸严，不胜战栗陨越之至。臣谨对。

（十二）清道光十五年（1835）乙未科

本科殿试于四月二十一日在保和殿举行。取进士272人。状元刘绎，江西永丰人。榜眼曹联桂，江西新建人。探花乔晋芳，山西闻喜人。

殿试策问① 清宣宗旻宁

奉天承运，皇帝制曰：朕寅绍丕基，抚绥方夏。仰荷昊穹笃祜，列圣垂庥，函夏镜清，黎民康乂，庶几上理克臻，跻群伦于仁寿之域。兢兢业业，弥切畴咨，惟恐敬德之未昭，戎律之未娴，民俗之未醇，转输之未利。宵旰讲求，冀闻谠论。尔多士对扬伊始，庶明化道，以赞大猷，咨尔昌言，其敬听朕命。

治法莫盛于唐虞。典谟所载，一则曰惟危惟微，一则曰无怠无荒。自古帝王，未有不谨小慎微，允迪厥德而能底久安长治之庥者也。三代而下，如汉之文景，唐之文皇，称极盛矣，而治终不及古，将世变不同，抑所尚各异耶？《大学》之教，统内圣外王而归于修身，真德秀《衍义》一书，略外而详内，岂有说欤？保泰之道，在于谨几。《论语》宽信敏公之旨，有与经义相发明者欤？清净可以致治，而高谈明理者，或长浮华；兢业所以揆几，而衡石传餐者，难言政体。治忽之故，固当辨之于微欤？

《禹贡》揆文必兼奋武，《周官》立政，特训诘戎。兵可百年不用，不可一日无备。古有搜苗狝狩之法，所以娴步伐，习威仪也。汉有都试、都肄、都讲、貙刘诸制，果名异而实同欤？唐太宗亲临阅射于显德殿，赏劳有差，不诚以训练诸政为亟亟欤？府兵、旷骑，沿革若何？宋沈括论九军政法，臧景陈马射六事，明于谦创团操之议，王骥定练兵之制，皆可参酌用之欤？朕严饬武备，鼓励戎行。直省督抚提镇，宜如何随时操演，加意稽查，老羸之必汰，惰窳之必惩，器械之必精，伍两之必协，以期一兵有一兵之用欤？

粮莠不去，嘉禾不生，《王制》所以严左道之诛，《周礼》所以设奇衺之禁也。夫愚民莫不自重其利，自爱其生，一惑于邪说，而金钱取以奉人，身家置之不顾。岂非守土之吏化导之不先欤？其初视为无害，姑息养奸，其后惧于严谴，隐匿不报。为长吏者，其何以纠察之？汉之亭长、啬夫，唐之里正、坊正，皆以里闬相习之人，察耳目至近之事，犹有闾胥、比长遗意。故诘奸之法，莫善于保甲。然王安石行之于宋而民不胜扰，王守仁行之于明而盗无所容，其故安在？张敞之治京兆，尹翁归之治东海，枹鼓稀鸣，奸邪震慑。所以发奸摘伏者，果何道之从欤？

漕运之法，其来尚矣。《禹贡》州末系河，即唐裴耀卿节级转输之所由昉，而法至

---

① 出自《清实录·宣宗成皇帝实录》卷二六五，道光十五年"四月庚戌"条。

汉唐而大备。汉仰漕于山东，唐仰漕于江淮，顾引渭穿渠之谋，不见于高文之时，而见于武帝之世。泝河入渭之说，不见于太宗之日，而见于代宗之后者，何欤？漕粮为天庚正供，挽粟飞刍，岁有常额。顾逾江淮而达京师，南则患河身之高仰，清水不能敌黄；北则患河流之微弱，湖水不能济运。治河先于治漕，启闭之节，疏浚之宜，潴蓄之利，可不讲欤？

夫慎德所以图治，讲武所以卫民，除莠所以安良，治河所以利运，皆经国之远猷，立政之要图也。多士学古通今，蕴怀有素，其勉悉乃心，胪列见闻，详著于篇。毋泛毋隐，朕将亲览焉。

高溥小传

高溥（1794—1875），原名文溥，号约斋（一说约斋是其字），字城南，四川灌县人，道光辛巳年（1821）举人，乙未年（1835）进士，学者，有"城南先生"之称，曾任广东澄迈知县，后因政绩显世，升崖州（今海南岛）知州，以老母年迈无人侍养，越三年去任，民不忍去，攀辕啼泣。母病逝后，遂不愿再出世。

年幼好学，重名节，好吟咏，喜游名山大川，力学不懈，谓为艰苦，肄业于锦江书院。内刚外和，以授生徒和行艺两者兼施，远近翕然以为师，自奉节俭而待人尤厚，出言惟恐伤人，故凡言皆自慎，少寡沉静。但于至关国计民生之大事，则一丝不苟，言词激昂，据理力争，不容丝毫含混。光绪《增修灌县志》、民国《灌县志》有传，并录有其诗文共十一首（篇）。

据《青城山志》第七篇《名人与青城》记载，高溥崇尚道教文化，四川青城山，有"道家第五洞天"之称，风景秀美，高溥多次游历题咏，晚年居青城山下，卒葬白云庵。

据《崖州志·职官》载，咸丰三年至五年（1853—1855），高溥知崖州。时崖州无战事，风调雨顺，百姓太平，百姓感念这位太平年的清官，而他却为坐享天时地利而自惭。《崖州志》未载高溥事略，但录有其《任满留别》诗两首，以诗观人，亦可窥其清廉品德，其诗如下：

任满留别

（一）

频年鹿鹿感风尘，小注珠崖亦夙因。
行李半肩仍故我，清廉两字愧斯民。
此来笑似唐人谪，往日空谈汉吏循。
莫道南交边地薄，四时花木总阳春。

（二）

放衙小坐对南山，拨眼岚光指顾间。
花嚼槟榔稀瘴染，伴侣琴鹤觉愁删。
膏苗甘雨从何润，出岫闲云应早还。
为语临歧诸父老，年华茌苒鬓毛斑。

高溥殿试卷

清道光十五年（1835）乙未科第三甲第一百零六名

应殿试举人臣高溥

应殿试举人臣高溥，年四十岁，四川成都府灌县人。由廪膳生应道光元年乡试中式，由举人应道光十五年会试中式，今应殿试。谨将三代脚色开具于后：
一、三代：
曾祖时率。祖秀伦。父万春。

臣对：臣闻《诗》《书》所载，典籍所传，莫不建极绥猷为首，整军经武为备，除莠安良为先，平地成天为治。是故传精一，勉缉熙，心学之所以明道统也；昭文章，明贵贱，农隙之所以讲武事也；别善恶，除邪慝，图治之所以正民习也；浚畎浍，奠山川，泽国之所以庆安澜也。伊古帝王，传允执于中天而后天下有治道，赐弓矢于侯服而后天下有声灵，戢奸宄于乡间而后天下有醇良，尽随刊于冀野而后天下有教化，所以措天下于泰山之安者，固未有不由此也。钦惟皇帝陛下，道洽天人，德隆帱载，固已神枢合撰，而鹰扬命帅，坦道化民，而潴防永固，卓哉煌煌！此千古帝者之上仪矣。乃圣德谦冲，不遗菲葑，欲永骏庞之业，弥深鼓铎之思，进臣等于廷，而策之崇圣学、讲武备、端风俗、固宣防之至计。如臣愚昧，亦何足以知体要？顾当对扬伊始之辰，敬念先资拜献之义，敢不谨竭刍荛之一得，以勉效夫葵藿之微忱乎！

伏读制策有曰，允迪厥德能底久安长治之庥，而因求夫帝王治法危微得失之辨，此诚基命宥密之大原也。臣谨案，《尚书·尧典》首曰钦明，至舜而喜起赓歌，明良翊赞，尤必相勉以钦。至于授受之际，一则曰惟危惟微；咨儆之时，一则曰无怠无荒。夫以君臣吁咈之时，万几宜无暇矣，而乃必致谨于人心道心之密，亦谨于小，亦平时之慎于微耳。厥后禹曰祗台，汤曰建中，文曰缉熙，武曰执竞，治异者道同揆。至后世汉之文景，当暴秦后，与天下休息于无事，一时几有刑措之休，顾其天资醇谨，进以隆古之治，谦让未遑，成宪遂以不垂于后。若唐之文皇，竭力求治，欲措天下于太平，后之论治者恒以汉唐并称，然治终不及古者，固世变不同，亦所尚各异也。是故《大学》之教，统内圣外王而总归于修身。盖心以内之事，以身统之，家以下之事，由身推之。故真德秀《衍义》略外而详内，而不及治平者，殆以身为家国天下之本，身修而天下之事自理之裕。彼高谈名理而欲清净致治，衡石传餐而托兢业揆几者，或长浮华或失政体，亦未知保泰之道在于谨几与？夫"宽""信""敏""公"之详见于《论语》者，固与经义相发明，而治忽之故，固当审辨于微矣。皇上圣敬日跻，中和立极，巍巍乎诚远轶二帝三王之隆轨也。

制策又曰："揆文必兼奋武"，"兵可百年不用，不可一日不备"，此诚振军威而收实效之至意也。臣考《周礼》有伍两卒旅、比闾族党之文，而因于四时立搜苗狝狩之法，则所以娴步伐而习威仪者，固已于平居无事时深其教矣。汉高帝以马上得天下，其用心于兵制者甚深，初置材官于郡国，京师有南北军之屯，他又有都试、都肄、都讲、貊刘诸制。唐置府兵，太宗亲临阅射于显德殿，赏劳有差，不诚以训练不嫌于勤，勤则人皆习于兵革，可以卜兵出而战欤。厥后府兵之制渐坏，张说请募士，谓之宿卫，更号彉骑，至天宝而制又坏。宋统外兵于枢密，总内兵于三卫，有召募、拣选、廪给、训练、迁补、器甲、马政之目。沈括论九军阵法，臧景陈马射六事，皆因时定法，求归实效者也。明京兵锦衣十二卫，留守四十八卫，即唐府兵之遗制也，后于谦创团操之议，王骥定练军之制，其简阅练习之法皆可参酌用之。夫民养乎兵，兵卫乎民者也。必一兵有一兵之用，斯可为有备无患，惟是随时操演，加意稽查，则器皆精而伍两亦必饬矣。圣上几暇习劳，躬亲校射，训兵阅武之宏规，迈往古而上之矣。

制策又以"《王制》严左道之诛，《周礼》设奇衺之禁"，因欲邪说惑民之辈，计所以杜其萌而察其奸。臣惟天地之大，枭鸾并育，故虽上古不能无奸民，恃在治之者有道，以发其固有之明，破其迷误之缘，开其自新之路而已。尝考《虞书》，命皋陶以寇贼奸宄，《周官》有司寇、士师掌八成，外有野庐氏，内有修闾氏，所防奸者严矣。夫愚民莫不自重其利，自爱其生，乃一惑于邪说，金钱不顾，身家不顾者，蔽于祸福利害之私也。汉有亭长、啬夫，唐有里正、坊正，仿《周官》闾胥比长之意行之。盖欲耳目易稽，故联之于近地；欲巡察易密，故责之于乡人。然有法，尤需有人，保甲之法最易诘奸也。乃王安石行之于宋而民扰，王守仁行之于明而民安，则在奉行其事者，使奸民无漏网之幸，胥役无苛索之扰也。且邪教之起也，有由勾结朋类，必使信往来之有迹，聚会多人之有据，守土者诚严为纠察，无姑息养奸，则害除民安矣！圣天子昭宣正道，彰著典常。立民极，则无党无偏；示归极，则遵道遵路。吏能发奸摘伏，则顽梗震慑有不洗心革面者乎？

制策又以"治河先于治漕"，而因讲明夫历代疏瀹之功。臣考《禹贡》一书，专言治水，于兖州曰，九河既导，河平也。然章中州末系河，即后世转输之所由昉，而汉唐之法为大备。盖自周定王五年，河徙而渐南，自得王景汴渠之筑，东汉至唐绝少河患。汉仰漕于山东，唐仰漕于江淮，武帝则引渭穿渠，代宗则沂河入渭，是知漕运之法其来尚矣。第治水者，若拂其性而障之，则一日溃决，害必万倍，故审利相势与因性，三者尝相资以为治。盖河在南，则患河身之高仰，清水不能敌黄；在北，则患河流之微弱，湖水不能运济。尝阅潘季驯《河防一览》云，通漕于河，治河即以治漕，会河于淮，治河即以治淮，合河淮以入海，务必上游固，下流疏，正流导，支流顺，庶几合流势涌，沙随水去，海口无壅矣。挽粟飞刍者，岁有常额，其逾江淮而达京师，岂不顺流而无滞欤？圣主江汉朝宗，波臣效命，贡赋通而转运利，民不咸歌乐利哉？

若此者，治心以寡过，行师以畜众，用威以诘暴，修防以济生，洋洋乎锡福凝禧，洵为悠久无疆之盛轨也。臣尤伏愿皇上治益求治，新又日新。大猷允升，弥思立隆于往古；承平日久，弥思整饬乎兵师。不以善良已进而稍留猾诈之萌，不以川原底定而偶忘俾乂之警。立极参三，用中执两，于以弥纶六合，鼓铸群生，开骏发之远祥，固保定之宏业，则我国家亿万年有道之长基此矣。

臣末学新进，罔识忌讳，干冒宸严，不胜战栗陨越之至。臣谨对。

印卷官　礼部祠祭清吏司额外主事　臣　开　泰
　　　　礼部仪制清吏司候补主事　臣　王懿德

（十三）清道光十六年（1836）丙申恩科

本科殿试于四月二十一日在保和殿举行。取进士172人。状元林鸿年，福建侯官人。榜眼何冠英，福建闽县人。探花苏敬衡，山东沾化人。

殿试策问[①] 清宣宗旻宁

奉天承运，皇帝制曰：朕抚绥寰宇，敬绍丕基。宵旰健勤，不敢暇逸。仰荷昊苍眷佑，四海乂安。惟益延集嘉谟，冀熙庶绩。临轩策问，其敬听之。

士以行谊为重，而科目先凭文学。文学多端，首重经史。九经为圣贤彝训，帝学官箴，皆从此出。故未言汉、宋之讲孔孟，当先求孔孟之说《诗》《书》。《诗》《书》内名言至论，最补身心治道。为孔孟所引证推明者何在？汉晋唐宋，传注疏义，孰为醇正？《易》之费、虞，《书》之欧、夏，《诗》之三家，何所考见？贾公彦二《礼》孰精？《仪礼经传通解》，朱子晚年立意若何？史以《春秋》为最先，三《传》科例何殊？荀、袁两《汉纪》继为编年之体，司马光《通鉴》重在资治，后世资为金鉴，皆不刊之书也。多士治经学史，先器识而后文艺，所以裨朕治理者也，其胪叙之。

考绩始自唐虞。询事考言，既已察之平时，而三载、五载、九载，何以加密？《尚书大传》谓：积善至于明，五福以类升。积不善至于幽，六极以类降。其说何如？《周官》六计，以廉为本，或训廉为察，厥义孰优？汉以"六条"察二千石。晋以"五条"考郡县。唐叙以"四善"，分以"二十七最"，差以九等。宋因唐之"四善"，分为三等。详略得失，可缕析之欤？《汉书》言综核名实，故吏称其职。然或上求实效，下循虚名。将操何道而使之皆实心以任事乎？

虞廷钦恤，刑期无刑。《周官》五刑之属各五百，《吕刑》何以言五刑之属三千，所增减者安在？魏文侯时李悝著《法经》六篇，为后世律例所自始。然楚之《仆区》，郑之《刑书》，晋之《刑鼎》，不俱在李悝之前欤？汉初约法三章，厥后萧何定律令，于李悝所造凡益若干篇？叔孙通复益者何律？唐之律令格式，宋之《刑统》，元之《至元新格》《大元通制》，明之《大明律令》，其轻其重，其沿其革，能详陈欤？朕哀矜庶狱，每阅谳牍，再三审慎，期于勿枉勿纵。司宪之吏，宜如何持平协中，以共泯刻核姑息之见乎？

自昔除莠安良之法，莫善于保甲。汉之亭长、啬夫、游徼，唐之里正、耆老，所辖之地甚近，所联之户无多，里巷之中，互相纠察，最为切近。后世幅员日广，户口日繁，生计之绌，盗贼易生，惟有编查勤密，摘发精明，庶使闾阎相安，奸慝敛迹。

[①] 出自《清实录·宣宗成皇帝实录》卷二八二，道光十六年"四月癸酉"条。

夫以一州一县，四境非远，果能视一邑如一家，何至藏伏盗奸，传习邪术？赵广汉、张敞固甚严明，然能消患于初萌，戢乱于未发，如龚遂至郡，盗贼皆散，不更善乎？盗之所以重乎弭者在此。多士来自田间，见闻较切，其各陈之。

凡此四端，皆经国之大猷，为政之本务。其稽古有年，讲求有素者，所宜悉抒说论，毋有所隐。朕将亲览，虚衷听纳焉。

樊肇新小传

樊肇新，字又斋，四川庆符人，道光辛卯（1831）举人，丙申（1836）进士，选翰林院庶吉士，未散馆，改授云南浪穹知县，后迁沾益、蒙自知县，道光癸卯年（1843）署理益州事，咸丰丁巳年（1857）升景东厅同知。历官二十余年，俱有惠政，知府及督抚甚器重之。乞假，未经允许，即归里，寻请另委官职，上不许。归里后，对亲族、诗友、穷邻，多所周济。在景东同知任上，每折狱或听讼，先诘以"胥役曾苛索否"，有之，立即饬还，所判决，悉平允。抚字惟殷，催科无扰。人称神明之官。有诗四首，收入光绪《庆符县志》卷四九。光绪《叙州府志》卷三一、光绪《庆符县志》卷三五、《新纂云南通志》卷一百八十四《名宦传七》有传。

樊肇新殿试卷

清道光十六年（1836）丙申恩科第二甲第四十二名

应殿试举人臣樊肇新

应殿试举人臣樊肇新，年三十九岁，四川叙州府庆符县人。由拔贡生应道光十一年乡试中式，由举人应道光十六年恩科会试中式，今应殿试。谨将三代脚色开具于后：

一、三代：

曾祖赓猷。祖大礐。父象鲸。

臣对：臣闻稽古所以右文，厘工所以熙绩。恤民则功归慎罚，善俗则化重居贤。稽诸载籍，《书》传念典之文，《礼》著弊吏之训，《易》垂敕法之典，《诗》陈宜民之经，茂矩崇仪，灿焉具备。自古帝王执枢斡化，握镜临宸，成宪有鉴，黜陟有权，简孚有稽，郊圻有禁，悉本凤夜勤求之实，以握天人交应之机。用是雅化攸隆而经术懋，群材竞奋而考课严，象刑维明而慈祥昭，稂莠悉除而礼教盛。所为扬骏烈，迓鸿庥，备五醴而协庶征者，洋洋乎畅垓埏延，洵治隆之盛轨也。钦惟皇帝陛下，治光泰寓，道协坤舆，敷元化以同天，溥至仁以寿世，固已文明丕焕而德凛浚明，钦恤恩昭而光新旧染乃。乃圣德渊冲，畴咨正切，察枢机于在迩，冀葑菲以无遗。进臣等于廷，而策之以学文、考绩、恤刑、安民诸大端。臣谫毕庸愚，曷足以知体要？顾念兹嘉言罔伏之时，循古者拜献先资之义，敢不勉述平日所诵习者，以效管窥蠡测之微忱乎！

伏读制策有曰，科目莫先文学，文学首重经史，而因思夫先器识后文艺，以裨治理，此诚崇文之首务也。臣谨按，《书》曰学于古训乃有获，又曰服古入官。诚以九经皆圣贤彝训，上自帝王治天下之大经大法，下及臣庶理国家之鸿烈鸿猷，罔不毕具于其中，故未言汉唐诸儒之讲孔孟，当先求孔孟之说。《诗》《书》之中，名言至论蕴藏富有，其理之粹然至善者，体之可以淑身心，其事之昭然具备者，广之可以臻郅治。故即孔孟而观，著述不过于《诗》《书》，而引证之、推明之而已。后孔孟而言，著述亦惟是遵孔孟，而循习之、阐扬之而已。自汉晋以来，传注疏义，各有名家，如《易》之费虞，《书》之欧夏，《诗》之三家，贾公彦之三礼，皆欲求合于孔孟之旨者也。《春秋》纪事遂为后世作史所由昉，如荀袁两《汉纪》，司马光《资治通鉴》，皆因编年之体而为一代之书，固考古者所当奉为典型，而求治者所以资为金鉴也。穷经致用者，诚博求古圣之文，而远稽前代之迹，器识文艺兼而有之矣。皇上典学高深，崇儒重道，先德行而后文艺，教思被乎无外已。

　　制策又以唐虞官人，首言载采；成周分职，重言惟勤，而爰念及于实心任事之吏，此尤澄叙官方之至意也。臣按，察吏之法，始于虞廷，敷奏明试，三考綦详。夏有遒人之训，商有官刑之儆，至于周而以六计弊群吏，日有要，月有成，岁有会，法皆总诸冢宰。汉法，刺史以六条考二千石，凡田宅逾制，牟利侵渔，具申其禁。其考课之次序，令长于岁终计户口钱粮盗贼之数，上之郡国，是郡守课令长也。而郡守课于刺史，刺史课于御史、宰相，宰相上之天子，而赏罚乃行，颇有内外相守，尊卑相维之意。唐有四善、二十七最，善之言德，最之言才。四善者，德义有闻，恪勤匪懈等是。二十七最者，献可拾遗，修隍诘盗是，而总掌于吏部。京官则郎中主之，外官则员外主之。宋绍圣中以七事考转运提举等官，则差以三等，曰称职、曰平常、曰不称。故欲澄叙官方，莫如使之畏法，欲使之畏法，莫如使之知耻，庶几大法小廉矣。皇上乙夜批章，日昃不遑，内而卿尹，外而疆吏，其可不躬率僚属，共矢法廉，以期无负乎寄托之重任，子惠之至意也欤！

　　制策又以"虞廷钦恤，刑期无刑"，而因思夫持平协中，以臻无枉无纵之实，固为政之急务也。臣考《易》言刑者五卦，刑狱起于《讼》，而讼卦不言刑，《噬嗑》言明罚而不言折狱，《中孚》言议狱缓死而不言赦过宥罪。《贲》与《旅》，一则曰君子以明庶政，无敢折狱；一则曰君子以明慎用刑，而不留狱。夫古者刑官称大理，盖刑衷乎理，见用法之必以揆情。古者大刑用甲兵，盖刑合乎兵，见除慝之即以禁暴。粤稽夏有禹刑，商有汤刑，周有甫刑，尚矣。魏文侯时，李悝著《法经》六篇，说者谓为后世律例所自始，然楚之《仆区》、郑之《刑书》、晋之《刑鼎》，俱在李悝之前，则所以防民之法盖久已密矣。汉初约法三章，宽大之政，与民休息，厥风茂矣。自时厥后，萧何定律，于李悝所造已渐益矣。叔孙通复从而益之，法网不亦日密欤？他如唐之律、令、格、式，宋之《刑统》，元之《至元新格》《大元通制》，明之《大明律令》，时代既殊，得失互异，是在司宪之吏持其平而协于中，庶祥刑式化，而刻核姑息，吾知俱泯矣。圣朝辟以止辟，刑期无刑，凡百君子，各慎简孚，既喜怒之无纵，自平反之惟明，固囹圄日见其空虚，赭衣无惊于道路已。

制策又以安良之道在除莠，保甲者，除莠之良法也，而因讲求夫上下安辑，奸慝潜消之政。臣考古者五家为比，五比为闾，使之相保相受，无事属诸司徒，有事隶于司马。夜则声相闻，昼则目相识，此先王所为容民畜众而万邦协和者也。后世生齿日繁，民皆散处于田野市廛，而不肖潜踪于其内，则稽之不可不严也。汉有亭长啬夫，唐有里正坊正，亦仿周官鄹长鄙师之意，以取济于一时。顾同一保甲也，王安石行之而民扰，王守仁行之而民安，则又在奉行其事者，使奸民无漏网之幸，胥役无苛索之烦也。夫保甲以里闾相习之人，察耳目最近之事，动息易知，形踪难掩，又何至有藏伏盗奸、传习邪术者乎？赵广汉、张敞之严明，洵不可少也。然能消患于初萌，戢乱于未发，如龚遂至郡而盗贼皆散，不尤为安良之善策乎？是知惩盗于已然，不如防盗于未然，使平居因循苟且，一切委诸胥吏，不胜扰矣。圣朝道一风同，声教四讫，既有治法，复有治人，所由风俗日淳，人心日正，胥一世而纳之轨物也，岂非经正民兴之效哉？

若此者，考册府之文，则至道备也；宣承流之治，则酣化覃也；大咸中之庆，则慈惠洽也；敦仁让之风，则乐利溥也。开模轨物，腾实蜚声，仁圣之事赅，帝王之矩著矣。臣尤伏愿皇上治益求治，安益求安，谟烈焕而恪守旧章，纲纪饬而弥勤保最，奸宄既戢愈思上理之臻，措置已精更恐回邪之匿。法兼圜矩成淳良康乂之休，化播陶钧跻曼羨宏延之盛，重熙累洽，咸五登三，于以亮敷天之烈，丰寿世之规，则我国家亿万年有道之长基此矣。

臣末学新进，罔识忌讳，干冒宸严，不胜战栗陨越之至。臣谨对。

印卷官　礼部精膳清吏司候补主事　臣　图桑阿
　　　　礼部仪制清吏司额外主事　臣　顾　暄

韦杰生小传

韦杰生,初名才楫,字紫航,清代四川南川(今重庆南川区)人。性诚笃,幼勤学,工时艺,中年远馆湖北黄州、甘肃兰州,应周梧亭知府之聘,在黄州府供职多年,卓有政声。喜遂游,游历燕、齐、楚、秦,足迹遍海内,自谓其文得江山助。嘉庆十八年(1813)拔贡生,道光十四年(1834)本省乡试举人,十六年(1836)恩科进士,授刑部广东司主事,时已五十余。服职部曹七年,廉介矜慎,治狱无一字误,手注《刑部则例》一部。任职数年,不得升迁,以脚疾请归养,改授叙州府教授,致仕归。

平生穷研经史,博学、善书、能文,任官后尤勤力学,凡遇疑难,反复向人寻问,甚至不畏路途遥远,前往登门求教,至老不倦。学问淹贯,尤善属文。尝谓子弟曰:"读书须身体力行,文章始有根柢。义利是大关,心分辨明白,乃可做人。"后卒于家。著有《远山时艺》《贻经堂文集》《荆坊书屋试帖》行世。道光、光绪及民国年间所修的《南川县志》均有其传并录有其散篇诗文共计六首(篇)。

韦杰生殿试卷

清道光十六年(1836)丙申恩科第三甲第六十六名

应殿试举人臣韦杰生

应殿试举人臣韦杰生,年四十四岁,四川重庆府南川县人。由副榜贡生应道光十四年乡试中式,由举人应道光十六年恩科会试中式,今应殿试。谨将三代脚色开具于后:

一、三代:

曾祖仕麟。祖巨英。父惠卿。

臣对:臣闻稽古所以同天,厘工所以熙载。法归于准情酌理,治急于除莠安良。以宏道训,光华配于两仪;以叙官方,黜陟严夫八枋;以昭大德,孚惠察于五辞;以卫间阎,保受联乎万姓。稽诸往籍,《易》系书契之兴,《书》有考绩之典,《礼》著质成之训,《诗》歌洽比之文。酝化懿纲,粲然具备。自古帝王斟元御宇,握镜临宸,经学昌而星云灿烂,官箴肃而内外寅清,祥刑播而圄圉空虚,本俗安而室家康保。所为规矩二仪,甄陶万类,鸿名永播而多福诞膺者,胥视此也。钦惟皇帝陛下,德光泰宇,治炳乾符,固已览古阐图书之蕴,甄材昭旌别之权,简乎切而钦恤惟明,防护周而辑安有象矣。乃圣怀冲挹,不遗细微,体至善之无穷,冀迩言之可采,进臣等于廷而策以念典、考绩、恤刑、诘奸诸大政。如臣愚昧，有若涓流撮壤，悉补崇深，顾当对扬伊始之时，敬念敷奏以言之义，敢不勉述前闻，备陈诵习，以效管窥蠡测之一得乎！

伏读制策有曰："士以行谊为重，而科目先凭文学。""九经为圣贤彝训"，此诚宅心知训之要典也。臣谨案，刘勰云三极彝训谓之经，汉之博士四十家，而经学之源自此始。《秘书》云："日月为易，象阴阳也。"汉易本田何，有施、孟、梁邱之学，而刘向以中古文校三家经，或脱去"无""咎"诸字，惟费氏《易》与古文同，郑康成尊之，王弼易之，王肃难之，而河北、江南为郑氏、王氏之学，遂立门户之见矣。《尚书》断自唐虞，《尚书大传》以《尧典》为唐传，是伏生所见本，《虞书》亦谓之唐书。孔安国序云，"三皇之书言大道也"，"五帝之书言常道也"。《周官》外史掌三皇五帝之书，未必至汉初全佚也。《诗》有风雅颂之别，而二南尤为王化所基，故《诗谱》云，得圣人之化为《周南》，得贤人之化为《召南》也。《大雅》《小雅》燕飨所用，天子诸侯之乐，有未能画（一）者，故笺经者定为上取下就之说。《周颂》为太平德洽之诗，《鲁颂》为奚斯所作，《商颂》宋戴公得五篇，称颂者仍其旧也。宋无风，王者之后不备輶轩之采也。刘知幾云，左氏之义有三长，公谷之义有五短，而三科九旨之目亦昭然矣。皇上倬汉经天，振兴文教，生斯世者，宜何如通经以致用也哉？

制策又以"考绩始自唐虞"，弊详于官礼，而求实心任实事之道，此诚肃清吏治之至计也。臣案，察吏之法始于唐虞，厘工熙绩，敷奏明试，言之详矣。夏严木铎之训，商著官型之儆，周以八法治官府，八柄驭群臣，而尤严于弊吏之六计：善、能、敬、正、法、辨，皆冠以"廉"。廉固洁清之义，而亦训察，其即因操守以为综核欤？汉取士曰兴廉，察吏曰廉察，犹本《周官》遗意，刺史以六条按郡国，而察豪强者一，察二千石者五。晋以五条考郡县，唐分二十七最，差以九等，其法倍详。宋以七事考监司，九事课县令，皆试其材而程其功也。要之小吏之贤否，全恃大吏。著以殿最之等，树以清介之型，使下僚有所则效，则治绩日以醇茂。是故循名责实，则人无旷官也；朝考夕稽，则吏皆勤职也。乃行之既久，不免视为具文，甘优逸而案有积延，避吏议而事多消弭，皆不能以实心行实政，是又不徒在立法之良，而在行法之人矣！我皇上乙夜批章，日昃不遑，内而卿外而疆吏，咸率僚属以励职，谨官守以奉公，有不蒸蒸日上，臻于亮工熙绩之盛也哉？

制策又以哀矜庶狱，在司宪之吏持平协中，泯姑息刻核之见，而详求察狱之道无枉无纵。臣闻，礼防于未然，刑禁于已然，故刑者所以辅礼之穷也。自虞廷明刑弼教，一则曰明允，再则曰钦恤，盖古圣人忠厚之意，如此其至也。然宽猛之际，亦贵持之得其平，而非有所容心于其间，使月吉未颁而爰书已定，木铎未振而桎梏已施，固非所以为教。而《周官》八议之条，于亲、故、贤、能特从宽典者，亦斟酌于情与法之间，而非敢有意以市恩，有心以避怨也。夫《易》象之言刑也，或言折狱致刑，或言赦过宥罪，张弛之道时为变通。若议刑者多所瞻顾，则秉律者即可以轩轾任心，轻重失宜，将以国家宪典为邀誉沽名之具，而用刑不得其平矣。诚能于情理参半之间，而决其真伪于案牍，既成以后，而剖其欺枉，则严而不失之于酷，宽而不失之于弛，如黄霸之治疑狱，颜真卿、崔碣之决冤狱，要岂得专美于前也哉？皇上明慎用刑，本慈祥恺悌之诚，尽阅实矜疑之旨，凡属在秉宪之吏者，宜何如重民命、昭信谳，以期共襄刑措之休风乎？

制策又曰："除莠安良，莫善于保甲。"而因思消于未萌，戢于未发，此诚防微杜渐之要道也。臣闻，古者五家为比，五比为闾，使之相保相受，此先王容民畜众之道也。后世生齿日繁，民散处于田野市廛，而不肖者潜踪其内，则稽之不可不严也。汉有亭长啬夫，唐有里正坊正，亦郑长鄙师之意，以取济一时。顾同一保甲也，王安石行之而民扰，王守仁行之而民安。则又在奉行其事者，使奸民无漏网之幸，胥役无苛刻之烦也。夫保甲以里闾相习，人之耳目最为切近，动息易，行踪难掩，使任其事者于十家中，择其人之有德望者，使之不时觉察。一有觉察，即按实举首，举得实亟加奖赏，而容留奸慝之徒，又许同甲之人共相首报，首报属实，则本甲之长亦即以犯法之罪治之，而且营汛必设其人，墩堡必详其制。稽察最严，则邪慝自靖也。盖惩治于已然，不若弭盗于未然，使行迹既张而方事缉捕，已不胜扰矣！圣朝典章明备，道一风同，有司奉行成法，有不导荡平之路哉？

若此者，通经以致治，同文之治宏焉；慎宪以省成，作孚之义协焉；明罚以敕法，无讼之化成焉；一道以同风，干止之谟远焉。洋洋乎治迈鸿轩，祥符象纬，案六经而校德，等百世以论功。盖仁圣之事赅焉，而帝王之道备矣。臣尤伏愿皇上治益治，安益安，文教已宣而益深厘定，官方已饬而益思几康，庶狱已平而益怀慈惠，鞠谋已至而益廑辑安。荟英声腾茂实，建中立极，保大绥猷，于以北燮南谐，东被西渐，跻俗于寿宇，驱民于福林。上以大灵承，下以开统绪，则我国家亿万年有道之长基此矣。

臣末学新进，罔识忌讳，干冒宸严，不胜战栗陨越之至。臣谨对。

印卷官　礼部精膳清吏司候补主事　臣　图桑阿
　　　　礼部仪制清吏司额外主事　臣　顾　暄

萧秀棠小传

萧秀棠（1797—1883），字廷翰，号子山、醒园，重庆垫江县人。父早死，家贫，以贩米搬运为生，备历艰苦，"暇辄诵读"，侍祖父母至孝。道光二年（1822）举人，主讲本邑凌云书院及忠州白鹿书院，以所获馆谷养家糊口，"一时从游经其指画，皆成名士"。道光十六年（1836）恩科进士，授河南祥符县知县。时值黄河大决，水害为烈，为审度水势，量地动工修堤筑埂，不分昼夜，不辞劳苦，河工成，保举直隶知州。河南巡抚以萧秀棠吏治精明，办事有方，具干练之材，留省办理大案，狱无冤抑，囚无株累。事竣，授虞城县知县，不久，即调高密知县，旋转高阳、太康等县署知县。道光二十九年（1849）、咸丰元年（1851）两充河南乡试同考官。后任通许知县，咸丰五年（1855）县内大旱，百姓流离失所，秀棠为请赈，多方筹措，全活甚众。在任二十余年，茂著循声，士奉为师丞，民依若父母。又重教育，喜人才，书院课士，亲为点窜，能文者捐俸助膏火之资，士林颂德。秀棠为官，"政事不苟，视民如己子，以百姓忧为忧。惠政不可胜记"，后以年老辞官，离城之日，父老弟子沿途祖饯数十里，遮道攀辕，悲泣不绝。归里后，读书不倦，年八十六卒。著有《醒园古文》《醒园诗草》《志仁庵文赋》行世。《国朝蜀诗续钞》卷一录有其诗两首。《垫江县志》有传。

萧秀棠殿试卷

清道光十六年（1836）丙申恩科第三甲第九十六名

应殿试举人臣萧秀棠

应殿试举人臣萧秀棠，年五十一岁，四川忠州垫江县人。由廪膳生应道光二年乡试中式，由举人应道光十五年会试中式，今补应殿试。谨将三代脚色开具于后：

一、三代：

曾祖梃。祖锡贤。父程序。

臣对：臣闻古昔圣哲之御宇也，以其身处巍巍之上，以其心运业业之中，凤寐晨兴，振奋弗遑，其不敢以天下之劳，就一人之逸也。稽往古以观文，厘庶官以熙载。慎罚凛恤刑之事，发奸守善俗之方，盖总之一身者，治忽所系。枕葄经史，斯心法治法之条贯，皆有本原；综练名实，则大臣小臣之法廉，胥归陶铸。任刑岂足以治世，而弼教之理不可遗；挠市转不能摘奸，而安良之政有必讲。此唐虞有周之所以受天之祜，而德泽洋溢施方外，而及乎群生也。钦惟皇帝陛下，性本生知，圣由天纵，好恶示俗，德义导民，学富典籍而淑慝严旌别之条，明鉴莠良而闾阎靖桴鼓之警矣。乃圣怀冲挹，不以小言而或忽之，不以一善而偶遗之。进臣等于廷，而策以经史、考绩、刑罚、戢暴数端。臣自田间来，述所闻诵所学道师之言，其于愚者一得之效未必其有合也。

伏读制策有曰，士以行谊为重，文学首重经史，而因推究夫引证之精、注疏之差，史传资治之益。臣惟，明理者经，纪事者史，盖所以统天地之心，示人道之正，昭善恶之迹，垂法戒于后世也。孔孟自言答问之际，辄援引《诗》《书》而表章之，汉晋以来传注日益醇，疵不掩合之。于《易》若费虞之说，以及欧夏三家，其可考见者，咸在贾公彦注礼之精，朱子晚年之意可按也。若夫史以《春秋》为先，三传科例之别，所见异辞，所闻异辞，所传闻异辞，与夫所学之不同也。司马迁开纪传之体而后世祖之，得荀袁氏两《汉纪》而古法以复，由是编年纪传并列于石渠天禄之中，而为史法之所不可偏废。宋司马光《通鉴》一书，其意主资治，心切而神劳，后世资为金鉴，而朱子继以《纲目》之著，所谓编年纪传两集其成与。皇上精研六籍，鉴别百家，真与孔孟深契而符合《春秋》之义矣。

制策又以唐虞征考绩之始，《尚书大传》合诸福极，自汉及唐宋视周尤详，此澄叙官方之至意也。臣按，《皋陶谟》亦行有九德，《注》谓考绩之次序于四方，盖询事考言，平时察之，三载、五载、九载尤密矣。汉以六条察二千石，晋以五条考郡县，唐四善、二十七最、九等，宋因四善为三等。夫田宅逾制之禁，侵渔聚敛之诛，训洁崇廉至再至三矣。至于自献可拾遗，以迄于边境肃清，城隍修理，监司之举官，劝农兴利除害七事之考，守令之断狱平允，赋税不扰九事之考，其法不愈密哉？然或上求实效，下循虚名，此董仲舒所云甚不称主上之意也。伊古以来，如是者多矣。欲求其实心任事，或者仍不外于综核名实之道，则亦庶几能称其职欤！我国家治轶虞廷，政隆周室，由督抚以至州县，有不举能其官而遂使寰海兆民安居乐业，熙熙然共游于太和之宇乎？

制策又曰，虞廷钦恤，刑期无刑因由，由周以逮元明，而欲审其为轻重沿革之意。臣惟期无刑之治尚矣。上世民醇事简，故兵刑合一，周分之，而五刑之属五百，至《吕刑》之作则为三千。盖刑法世轻世重，轻者增之，而重者减之，亦救时适变之心也。且夫弃礼征书，羊舌氏言之矣。然三代以还，巧伪甚炽，为国惟任德教之防，而舍刑罚，则不可为治。是故，史称汉元帝优柔不断，而孝宣之业衰也。若夫《仆区》《刑书》《刑鼎》之制，亦岂非李悝《法经》所由来欤？嗣是而萧何益之，叔孙通又益之，视三章之法繁已。由唐洎明，各有创造，轻重沿革不能尽同，然折衷论之，无赦之国，其刑必平，太宽非刻深，尤失此。法申商者之贻诮于以强服人也。方今司宪之吏，习熟刑章，然姑息与惨刻皆为非道也，其尚克体圣天子哀矜庶狱之心，期于无枉无纵，以有光于协中之治哉！

制策又以保甲之法，昉自《周官》，而廑念于除莠安良之计。臣惟安民莫先弭盗，弭盗莫如保甲，周制善矣。法之而善者，管仲之治齐耳。汉制，十里一亭，亭有长，十亭有三老、啬夫、游徼。唐法，百户为里，在邑为坊，各有正一人，互相纠察于里闾之间，以其地近而户无多也。然而守土者视为具文，则编查摘发之术疏，而奸宄益以匿迹，此藏伏盗奸、传习邪术而遂蔓延于四方之纷纷也。夫绳之以法，而法在得人。所谓自古有立法之弊，有任人之失，苟为守令者严以束村落之中，使之有所见闻，则必穷其迹之所止，而比匪匪人矣。①……

① 原稿以下内容缺失。

印卷官　礼部精膳清吏司候补主事　臣　图桑阿
　　　　礼部仪制清吏司额外主事　臣　顾　暄

（十四）清道光十八年（1838）戊戌科

本科殿试于四月二十一日在保和殿举行。取进士194人。状元钮福保，浙江乌程人。榜眼金国均，湖北黄陂人。探花江国霖，四川大竹人。

殿试策问① 清宣宗旻宁

奉天承运，皇帝制曰：朕寅绍丕基，兢兢业业，日慎一日，十有八载于兹。仰蒙昊苍眷佑，列圣诒庥，府事修和，纲纪整肃。期合天下黎元，迪吉康而跻仁寿，深惟化民成俗之方，足食厚生之道，奋武卫而诘戎兵，招俊乂而襄政治。爰咨多士，式仔嘉谟。

风俗为治平之本，而教化实风俗之原。孟子云："经正则庶民兴，庶民兴，斯无邪慝。"古昔盛时，道德一而风俗同。左道有诛，奇衺有禁。当其时，未尝无莠民也，特以比闾族党，既各以法教其所治，司谏司救，又纠劝而诛让之。渐以仁，摩以义，节以礼，俾群黎百姓相安于日用饮食之质，而荒诞不经之说，罔或奸其间。逮叔世民讹，邪说滋炽，转相煽诱，习为固然。身陷于罪，不得不绳以法。何以使桀黠者革面洗心，愚懦者中心有所守而不为所惑欤？欧阳修言：莫若修其本以胜之。行以勤而浸以渐，倘可丕变欤？

积贮者，天下之大命也。汉耿寿昌筑常平仓，时称便矣。后汉刘般谓常平仓外有利民之名，而内实侵刻百姓。其故安在？当境采买，固虞勒派；采自邻封，又添运费。例价有定，粮价无常。何以使官民两不受累，而及时奉行，不至有名无实欤？论者谓成周以后，备荒之法，莫如义、社二仓。义仓劝课，当社出谷，即委社司简校收积，遇荒赈给。法非不良也，苟非其人，敛散皆弊，官吏因而持之，害不可胜言矣。社仓之法，略与义仓同，何以隋唐行之，不久便废，至朱子而独有成效？朱子《社仓记》推原朝廷未改设社仓之意，试详述之。今欲储偫无亏，而凶荒有备，将何道之从欤？

《论语》曰："以不教民战，是谓弃之。"古者因田猎以简军实，四时所教不同。有谓"夏令不田"，有谓"三时务农，一时讲武"者，何欤？汉时都试，厥制若何？何以建武遽行停罢？罢都试无流弊欤？貔刘与乘之同异若何？唐太宗引诸卫骑兵统将等习射显德殿，朝臣多有谏者，岂通达之论欤？宋时教阅之法纷如，而兵力不振，无乃有名无实欤？阵法始于何时？或三，或五，或八，或十二，或三十二，或四十六，能言其略欤？《管子》教目、教身、教足、教手、教心之方，《荀子》为将六术、五权、三

---

① 出自《清实录·宣宗成皇帝实录》卷三〇八，道光十八年"四月壬戌"条。

至之道，能举其说欤？我国家以弧矢威天下，承平日久，武备尤不可不加修也，其剀切陈之。

自乡举里选之法不行，而取士悉由于科目，重文艺而轻德行，论者讥之。然居后世而复乡举里选，能行之无弊欤？唐因隋旧，设立诸科，而士所趋向，惟明经、进士二科。进士尤贵，得人亦最盛，然其弊至有求知己、温卷诸名目，风俗不可问矣。分路取人，司马光、欧阳修持论不同，孰者为当？罢诗赋、明经诸科，以经义、论策试士，苏轼之论极通达矣。司马光又以专用经义、论策为百世不易之法，何欤？朱子亦欲罢诗赋而分诸经、子、史、时务之年，其议若何？糊名、易书、搜检，起于何时？朝廷用之也重，则求之不得不严。有谓"待士轻"者，岂通论欤？

夫敦教化以正风俗，筹积贮以裕仓储，训练协经武之宜，选举副求贤之实，抚绥寰宇之要图也。尔多士学于古训，参稽有素，其悉对著于篇，毋泛毋隐，朕将亲览焉。

孙治小传

孙治，字琴泉，四川成都府成都县（今成都市）人。道光十七年（1837）举人，十八年（1838）第二甲第二十名进士。选翰林院庶吉士，寻散馆。二十六年（1846）改任陕西华阴县知县，旋调长安县署知县，咸丰元年至四年（1851—1854）升授潼关厅同知，五年（1855）任延榆绥道，八年（1858）任直隶通永道，咸丰九年至同治元年（1859—1862）署直隶按察使。孙本浙江人，随其父官游来四川定居。精通书画，尤长于画螃蟹、草、庐，每作一画，生动入神。书法亦有相当功力，笔势飞动，潇洒自如，韵气非凡，能独自成家。《国朝蜀诗续钞》卷五录有其诗一首。

孙治殿试卷

清道光十八年（1838）戊戌科第二甲第二十名

应殿试举人臣孙治

应殿试举人臣孙治，年二十三岁，四川成都府成都县人。由廪膳生应道光十七年乡试中式。由举人应道光十八年会试中式。今应殿试。谨将三代脚色开具于后：

一、三代：

曾祖尚仁。祖汉辅。父文。

臣对：臣闻纠俗所以同民，经国必由足用，保邦贵乎蓄众，设官在于知人。伊古帝王，寅承宝命，本夙夜勤求之实，握天人交应之机。以布始和，治则明夫象魏；以充府库，闾里沐夫鸿庥；以饬戎行，步伐齐乎虎旅；以登俊秀，姜莩叶乎凤鸣。遐稽载籍，《礼》垂节性之经，《书》重厚生之训，《易》著文人之吉，《诗》有周行之文。用是教化隆而胶庠造就，仓储富而埤梱兴歌，军实搜而声威共闻，官职备而日月光华。所由熙春饮化，函夏归仁，胥一世而跻之荡平者，恃此耳。钦惟皇帝陛下，昭融宇宙，畅泝垓埏，固已康乐，著和亲之盛，保大定足国之谋，矢严翼而人皆向义，取俊乂而臣尽协恭矣。乃圣怀冲挹，菲菲无遗，冀至化之推行，察微言于在迹。进臣等于廷，而策之以化民、积贮、讲武、举人诸大政。如臣梼昧，奚足以仰补高深？顾当对扬伊始之时，敬念敷奏以言之义，敢不就平日所习诵者，藉摅葵藿之忱，用效刍荛之献乎！

伏读制策有曰：风俗为治平之本，教化实风俗之原，因思所以一道同风，此诚教民之至意也。臣谨案，《虞书》敷教，俾民亲逊，于以风动乎四方。至《周礼》以三物教民，以八刑纠民，成周所以有太平之象。降而汉之兴也，置三老、孝弟常员，征拜美俗使者，亦于闾阎有所裨益。唐代以粟帛赐孝义高年，盖犹本养老之古意，至遣使观览风俗，用以励俗劝民，此即先王省方、观俗、设教之心也。古者司徒修"六礼"以节民性，明"七教"以兴民德，齐"八政"以防淫，一道德以同俗。《坊记》数千百言，皆有以此坊民之语。盖质朴之谓性，性非教化不能成；人欲之谓情，情非制度不能节。故虽在至治之世，不必设禁暴之官，严齐民之律，而所为司化导于未发，严惩创于已萌者，奇衺有禁，保甲有稽。以云厚生则广沛恩施，而蠲免之泽普焉！以云正德则求臻上理，而劝惩之法详焉！于以致仁让之庥，杜奢侈之习。既渐以仁，复摩以义，尚何烦多设科条而反致扰累，广颁文诰而徒饰外观哉？我皇上礼陶乐淑，教泽涵濡，普天率土，有不道德同而风化兴哉？

制策又以积贮者天下之大命，而因欲勤求于三代重农之遗意、保民之良规。臣闻，导民之路，在于务本，是以周官九职，以农为首，《洪范》八政，以食为先。至于汉代置力田常员，薄其租税，宠其强力，令与孝弟同科。逮夫宋世，此意犹存。自雍熙明道间，亲耕藉田，屡申劝农之旨。至道中爰置劝农使，如陈靖为西京劝农使，按行陈、许等州。景德中，复诏诸路转运刺史以上，并领劝农使，知州军通判并兼劝农事。天禧中，并改诸道提刑为劝农使副使，兼提点刑狱。于此见三代之遗意焉。夫重农为盛世之良模，而积贮乃生民之大本。考周制大司徒荒政，一曰散利，遗人掌乡里县都之委积，旅师掌聚野之锄粟、屋粟、闲粟，春颁而秋敛之，民生赖焉，是采买积贮于周已然。《汉书·食货志》引之作"敛"，师古注谓：菽粟饶多，此时可敛，为可据也。朱子社仓立法最善，所谓敛散有经，维持有要者。而论者或谓其近于青苗，不知青苗以钱，社仓以粟，一取息，一济农，迹同而实异矣。皇上爱养黎元，无微不至，是以登斯民于仁寿，而丰亨屡兆也。

制策又以加备兵制以振军威，而因思夫坐作进退之节，搜苗狝狩之经。臣案，振旅、茇舍、治兵、大阅，掌于周官大司马者綦详。《管子》春秋所谓教目、教身、教手、教足、教心，皆所以练精锐也。汉时南军卫宫城，北军卫京师，此南北军之所以立也。而其时训课之法，则有都试、都肄、卞射、貙刘焉。唐时之军政颇为详密，太宗命诸卫将卒习射于显德殿，赏赐盛行，其将亦加上考。后惟李抱真观察泽潞，籍丁男给弓矢，令于农隙分曹角射，得士卒九十余万，故昭义步兵称极盛焉。大抵兵师之法，非训练不能娴习。《晋志》所载公卿相仪，君王执节，典何如重也！《唐志》所载旂分卧举，阵列圆方，容何如整也！沈括之论九军，臧景之陈马射，其有关于武事者匪浅。王骥所云练兵，一曰练胆，二曰练艺，三曰练阵，四曰练地，五曰练时，此尤为可取者矣。夫技艺熟娴，马步骁健，使统兵之人随时鼓励，则胜兵自多，戎政自肃矣。自昔至治之世，偃武而不忘夫武备，养兵而不弛夫兵威。圣朝道隆化洽，疆宇绥安，诚由简练之有常，而声灵远播也哉。

制策又以选士之法为政之要，而因详推夫科举之制，此诚彰德育才之全谟也。臣谨案，古者大司徒宾兴，乡大夫、州长、党正，皆尽书其人而登之天府，首德行而次才能，可谓法良意美矣。汉郡国取士，其目大概有三，曰贤良方正也、孝廉也、博士弟子也，其制近古，其得人亦遂为盛，一时经明行修，如董仲舒等名贤接踵。魏立九品官人之法。唐于制科之外尚有四事，曰身、曰言、曰书、曰判。则较唐为详，宋之三科，以直言、经学、吏理为目，其后增三科为六科，又增四科为十科，其法屡更，而事尤加密要，亦持藻鉴之明以维之耳。夫援引之善否，视乎推毂之公私。专引知识，则暱者易私；止循资格，则才者难进。此宋司马光所为，欲设十科以取士，而独惜其不果行也。要之良乐为御，无忧骒骈之不来；卞和罗珍，岂患琳琅之不至。惟任荐贤之责者，明以察其可否，公以制其进退，则登进之途以广，贤才之志亦伸，莫不思效赞襄之能，备官司之职，以自尽其所长也。我国家宏开珊网，大启珠囊，秉虚公以慎简，乃僚崇宽恕而随才器使，固已菁莪蔚起，朴棫奋兴，而内外收得人之效矣。

若此者，大昕以警众，前利以宜民，敌凯以献功，量能以授职，洋洋乎被润泽而大丰美，洵亘古之隆轨也。臣尤伏愿皇上懋持盈保泰之怀，臻累洽重熙之盛。清和咸理，而益详惠鲜；经理已周，而倍思撙节；法制既精，而弥怀讲肄；弓旌已贲，而更切旁求。《临》保之泽深焉，《豫》大之谋裕焉；《师》贞之象占焉，《升》庸之典茂焉。上以祇迓繁厘，下以永绥多祜，于以鼓铸群生，弥纶宇内，开骏发之远祥，固保定之大业，则我国家亿万年有道之长基诸此矣。

臣末学新进，罔识忌讳，干冒宸严，不胜战栗陨越之至。臣谨对。

印卷官	礼部仪制清吏司候补主事	臣	哈当阿
	礼部仪制清吏司候补主事	臣	费荫樟

（十五）清道光二十七年（1847）丁未科

本科殿试于四月二十一日在保和殿举行。取进士231人。状元张之万，直隶南皮（今属河北）人。榜眼袁绩懋，顺天宛平（今属北京市）人。探花庞钟璐，江苏常熟人。

殿试策问[①]　清宣宗旻宁

奉天承运，皇帝制曰：朕缵膺大宝，统御寰区，中外乂安，于兹二十有七载。仰荷昊苍眷佑，列圣垂庥，敕命时几，兢兢业业。深念通经致用之方，化民成俗之本，藏富裕国之模，除暴诘奸之法，期臻上理，延访维殷。尔多士拜献先资，对扬伊始，冀聆谠论，式赞嘉猷。

自秦燔六经，微言中绝。汉兴，除挟书之禁，遗籍间出。诸儒说经者，大抵皆孔门苗裔。商瞿受《易》，六传至田何，其间授受姓名，《史记》与《汉书》互异，何欤？子夏之《诗》，四传至大毛公，左氏受《春秋》，八传至张苍，二家相承之渊源，能备举欤？伏生治《书》，后苍说《礼》，俱不详所自出，或谓伏生受《书》于秦李克，信欤？承后氏之学者，能条其流派否？武帝广厉学官，各家皆立博士，至贞观《正义》之行，前代诸家不复兼存，义归划一，说果善欤？自汉以后，师儒莫盛于宋。程、张皆深于《易》，其传《易》弟子，可略陈欤？朱子《诗》《礼》二经弟子，其入室者何人欤？

风俗为治平之本，而教化实风俗之原。古昔盛时，民生敦庞，怀忠抱悫，乡闾族党，比户可封，然犹以时读法，纠其过恶。异言异服则有讥，无授无节则弗纳。道德一，风俗同，左道乱众之徒，自无由煽诱以售其怪诞之说。自习尚浇漓，异端蜂起，敛财聚众，结党传教，愚民无知，转相渐染。岂果迫于饥寒而乃甘冒重辟，以冀其幸免欤？抑牧民者教导无方，俾之陷于邪慝欤？何以使桀黠者革面洗心，愚懦者守分循法，而不为其所惑欤？孟子曰："经正则庶民兴。"韩愈曰："明先王之道以道之。"傥可不变欤？

积贮者，生人之大命。《周礼》仓人藏粟，旅师聚粟，遗人委积，储蓄甚备。汉耿寿昌筑常平仓，时称便矣。后汉刘般谓常平外有利民之名，内实侵刻百姓，其故安在？当境采买，固虞勒派；采自邻封，又添运费。果何以使官、民两不受累欤？成周以后，义、社二仓，立法最善，然行之既久，均不能无弊。社仓之法，隋唐行之，不久便废，至朱子而独有成效，能推本其良法美意欤？《元史》所载河西务十四仓，京师

[①] 出自《清实录·宣宗成皇帝实录》卷四四一，道光二十七年"四月己巳"条。

二十二仓，通州十三仓，即今制所由昉。顾天庾转输，丁胥从杂，掺和之弊，何以杜之？今欲储积无亏，旱涝有备，转输之法，粜籴之宜，久贮之方，平价之道，不尤宜——讲求欤？

夫安民必先弭盗，弭盗莫如保甲。《周官》有比闾族党之制，管仲创轨里连乡之法，皆以里闬相习之人，察耳目最近之事，其法至为美备。惟是营汛、堡墩之设，不能不寄之兵弁；寺院、庵观之察，不能不责之吏胥。赏罚不明，则兵或纵盗；稽查不力，则吏或藏奸。有治法不尤贵有治人欤？至于洋面辽阔，岛澳险僻，匪徒出没靡常，迫之则潜踪伺隙，缓之则肆掠商旅，其何以绝其接济而捣其巢窟也？夫衣食足则礼义生，所以正本澄源者，果遵何道欤？

凡厥四端，研经以裕儒修，训俗以端化本，储粟以充国赋，禁暴以卫民生。皆立政之大纲，经邦之要道也。多士学于古训，通知时事，以敷奏为明试，务收实用，毋摭肤辞，朕将亲览焉。

朱奂小传

朱奂（1825—1858），字章士，号砺山，一号雪邨，四川合州（今重庆合川区）人。清代书法家朱虎臣门人，道光二十六年（1846）在成都皇城参加乡试中举，次年（1847）春赴京参加礼部举行的会试，中贡士，再殿试被录取为第三甲第十七名进士，咸丰八年（1858）卒。著有《师竹轩诗草》二卷、《师竹轩文赋》一卷、《师竹轩时艺》一卷。光绪《合州志》卷一一及民国《新修合川县志》卷三四、卷四九有传。民国《新修合川县志》录有其诗文五十一首（篇）。

《祀王立论》是朱奂唯一存世的一篇议论短文，文中朱奂就南宋钓鱼城守将王立是否应该投降元朝一事，层层发难，句句分析，议论有理有据，入情入理，义正辞严，被后人誉为"下笔谨严，字字诛心，允为千古确议"。

朱奂殿试卷

清道光二十七年（1847）丁未科第三甲第十七名

应殿试举人臣朱奂

应殿试举人臣朱奂，年二十一岁，四川重庆府合州人。由附学生应道光二十六年乡试中式，由举人应道光二十七年会试中式，今应殿试。

谨将三代脚色开具于后：

一、三代：

曾祖廷鉁。祖濂。父世棕。

臣对：臣闻学古者，居今之要；立教者，易俗之方；理财者，裕国之猷；除莠者，安良之法。载稽古训，《尚书》纪乎逊志，大《易》占乎省方，《礼》制用以协宜，《诗》缵武以托咏。从古帝王，斟元御宇，锡福诫民，莫不本宅中图大之思，成轶后超前之治。以勤诵读则一贯可该也，以著经常则万方胥化也，以谨盖藏则九年有蓄也，以示威严则四海咸遵也。茂矩崇规，粲然具在。用是学术通而民风动，财用足而治象昭。所由化泳熙春，欢胪函夏，契通荃宰，庆衍萝图者，恃此也。钦惟皇帝陛下，德符乾运，政治观成，蜚遹骏之英声，沛庞鸿之渥泽，固已典章悉备而远迩相孚，蓄积甚充而愚顽共警矣。乃圣怀冲挹，不遗细微，维久治之规，弥切畴咨之念。进臣等于廷，而策之以通经、善俗、富国、诘奸诸大政。如臣愚昧，何足以裨高深？顾当对扬伊始之时，敬念拜献先资之义，敢不就平昔之所诵习者，以勉效夫管窥蠡测之有得也乎！

伏读制策有曰：诸儒说经，大抵皆孔门苗裔，因详考其得失。此诚则古称先之盛心也。臣谨按，当秦之时，尽燔六经，微言固中绝矣。自汉兴，除挟书之禁，遗籍间出，而说之者虽立言有本，不能无所同异。商瞿受《易》，六传至田何，其间授受姓名，《史记》与《汉书》互异。子夏之《诗》，四传至大毛公。左氏受《春秋》，八传至张苍，二家相承，其渊源固甚远也。伏生治《书》，后仓说《礼》，俱有所自出。或谓伏生受《书》于秦李克，而承后氏之学者，其流派又甚多也。武帝广厉学官，各家皆立博士，至贞观《正义》之行，前代诸家，不能兼存，义归画一，其说亦有善不善而。自汉以后，接道统之正宗，传圣学之心法，能阐惟精惟一之旨，不失至中至正之归，发明义理，辅翼经传者，莫盛于宋焉。如程如张，皆深通乎《易》理，其传《易》弟子，莫不各有心得而著为论说。朱子以身任道，生平所研究而讨论、讲求而参稽者，不独《诗》《礼》为然也。而《诗》《礼》二经，亦审其声音而会其意旨，别其制度而考其精微，本其所得，力而授诸弟子，一时习《诗》、习《礼》不乏人，而入室者亦必多矣。圣天子文教振兴，经义灿著，篇章所载，不皆融会而贯通也哉。

制策又以风俗为治平之本，而教化实风俗之原，因详及教民之道。臣惟古昔盛时，民生敦庞，怀忠抱悫，乡闾族党之间，共知礼让，悉事《诗》《书》，固比户可封而无烦朝廷之警惕也。然犹以时读法，纠其过恶，异言异服之人则有讥，无授无节之人则弗纳。道德一而风俗同，莫不受其裁成焉。即有左道之流，无由煽诱以售其怪诞之说。自习尚浇漓，异端蜂起，敛钱而聚众者有之，结党而传教者有之。愚民无知，转相渐染，非迫于衣食也，不知其弊，且疑其利，不察其伪，共信其真。其始也，惑于议论之奇而私妄起；其继也，失其性情之正而乖戾生；其终也，习于趋向之偏而身心与之俱适。方自谓择术之善，而岂其冒重辟而难幸免也？虽然，亦牧民者教导无方，俾之陷于邪慝耳。惟劝善以破其愚，而皆明于是非之别，严刑以肃其志，而胥趋于中正之途，庶桀黠者革面洗心，愚懦者守分循法，而不为其所惑矣。孟子曰"经正则庶民兴"，韩愈则曰"明先王之道以道之也"。皇上条教号令，邪说必除，民生其间，可不由大道而行正路哉！

制策又以积贮者，生人之大命，因求重农积粟之制。臣按，《周礼》仓人藏粟，旅师聚粟，遗人委积，储蓄甚备。汉耿寿昌筑常平仓，时称便矣。后汉刘般谓常平，外有利民之名，内实侵刻百姓。当境采买，固虞勒派。采自邻封，又添运费。此固有官民两不受累之法在也。成周以后，义、社二仓立法最善，然行之久，均不能无弊者。立法之人以实心而行仁政，故法与心而俱存也；守法之人以善政而行私意，故法与意而俱敝也。社仓之法，隋唐行之，不久便废，至朱子而独有成效，足国富民之规，已于此见其端焉。其法之良、意之美，固非无所本也。考《元史》所载，河西务十四仓，京师二十二仓，通州十三仓，即今制所由昉。顾天庾转输，丁胥丛杂。搀和之弊，可不思所以杜之欤！夫欲储积无亏，旱涝有备，正有所宜讲求者。思运行之便，不可不明转输之法；谨出入之方，不可不得稟籴之宜；备巨细之用，不可不定久贮之经；建大公之模，不可不求平价之道。虽然，亦视所任之人何如耳，得其人则明。其人得，其宜定，其经求，其道而足矣。圣朝念三农之生谷，式九用以宜民，立法至详，仁恩不甚溥哉！

制策又曰：安民必先弭盗，弭盗莫如保甲，因备论防民之事。臣思比闾族党之制，载于《周官》，轨里、连乡之法，创于管仲。皆以里闾相习之人，察耳目最近之事，其法至为美备矣。惟是，营汛、堡墩之设，不能不寄之兵弁；寺院、庵观之察，不能不责之吏胥。夫将兵之略，不外赏罚。赏罚不明，则兵有时而纵盗也。课吏之方，必严稽查。稽查不力，则吏有时而藏奸。有一代之治法，不尤贵有一代之治人欤？至于洋面辽阔，岛澳险僻，匪徒聚此，见其出而忽入，谓其入而时出，夫固靡有常也。迫之则潜踪伺隙，缓之则肆掠商旅，如是而欲绝其接济，而捣其巢窟，似亦难矣。然有难任之事，即有能任事之材，天下未有事而不能任者；有难平之患，即有能平患之法，古今未有患而不能平者。虽出入之无定，而有使之不能出不能入者，初何虑接济之难绝而巢窟之难捣也。至于衣食而礼义兴，则正本清源之至计，而励精图治之要务也。然欲行之，亦自有其道而为遵循之准矣。国家整饬戎行，修明武备，海隅之地，谁不怀德而畏威也哉！

若此者，研经以崇儒，训俗以端化，储粟以充国，禁暴以卫民。洋洋乎！畅洪庥以熙伟业，迪亘古以立隆也。臣尤伏愿，皇上日新进德，天健昭行，以至诚无息之功昭会归有极之象。学问已深而弥殷讲习，教思已溥而犹念躬行，墉梱已积而愈节源流，裁成已众而更立法制，上咸五下登三，奄九有以来同，合八方而为极，于以德征于内，化洽于外，则我国家亿万年有道之长基此矣。

臣末学新进，罔识忌讳，干冒宸严，不胜战栗陨越之至。臣谨对。

印卷官　礼部堂　　　主　事　臣　松　山
　　　　礼部仪制清吏司候补主事　臣　郑秉醇

（十六）清道光三十年（1850）庚戌科

> 本科殿试于四月二十一日在保和殿举行。取进士212人。状元陆增祥，江苏太仓人。榜眼许其光，广东番禺人。探花谢增，江苏仪征人。

① 出自《清实录·文宗显皇帝实录》卷八，道光三十年"四月癸未"条。

殿试策问① 清宣宗旻宁

奉天承运，皇帝制曰：朕诞膺洪祚，寅绍丕基，荷穹昊之佑申，缅祖考之彝训，孜孜求治，日昃不遑，恒思任贤去邪之道，典学稽古之谟，立政宜民之方，敦本善俗之则，冀与中外臣庶，致上理于大同。兹值临轩发策之初，虚衷博采，尔多士其敬听之。

人君之职在于用人。登选之途宽，则贤愚并进；荐剡之路辟，则真伪相淆。知人善任，厥惟艰哉！唐李绛谓循其名验以事，所得十七，可取法欤？至如夹袋之储，材馆之选，荐拔既多，能无滥欤？《书》曰："任贤勿贰，去邪勿疑。"贤奸之显然者，固易辨也。其或貌似朴诚而中藏险诈，外示正直而内蓄诐邪，何以洞悉情伪，俾无所售其欺欤？君子、小人各从其类。若李泌之荐窦参，司马光之举蔡京，又何说也？朕寤寐旁求，命中外大臣各举所知，期得贤能以康庶事，将使野无遗贤，朝无幸位。程子所云，知言穷理则能察人，斯为浚源之论欤？

唐虞授受，不外一中，所以辨危微而致精一者，本于圣性之自然欤？抑亦有存心养性之圣学欤？禹之告舜曰"安汝止"，周公之称文王曰"克宅厥心"，与执中之旨同否？《书·说命》言逊敏，而推其效于道积厥躬。《诗·敬之》篇言就将，而课其实于缉熙光明。固未有不切于身心可以言学者也。三代以还，史所载留意经术好学右文之君，代有之矣。乃考其行事，或显与古训相违。岂非舍本逐末，所学未得其要欤？朕惟《典》《谟》奥义，孔孟微言，以之修己治人，若规矩准绳之不可易，欲身体力行，以为正位凝命之本，审端致力，宜何从欤？

道揆法守，制治保邦之要务也。宋朱子有言：为治之本，在正心术以立纪纲。夫纪纲不立，而能治安者，未之有也。欲振肃而整齐之，厥道何由？礼乐刑政号为治具，其所以行之者，命令而已。乃淑世牖民之道，兴利除弊之方，诰诫屡颁而奉行不力，是涣号仅为空言，播告只循故事，何由振颓风而收实效欤？《易》曰："穷则变，变则通，通则久。"今承平日久，法非不大备也，而怠玩从事，奸弊潜滋，或偏废而不举，或积重而难反。若盐漕河工诸大端，何以策出万全，俾国计民生，两受其益欤？

民风之淳漓，系乎政教。《周书·武成》篇曰："重民五教。"君牙之命，亦以敷五典和民则告其臣。盖开创之君，守成之主，未有不以化民成俗为先务者。夫孝弟忠信礼义廉耻，固有之良，尽人同具。而转移化导之权，则操之自上。仁让之风何以兴？嚣凌之习何以靖？侈靡相高何以防其渐？奇衺相扇何以破其迷？欲使海内之民还淳返朴，臻道一风同之盛，将何道之从欤？史称韩延寿守颍川，教民略依古礼，不得过法；黄霸班行条教，劝以为善防奸之意，民皆信从。今之守宰岂遂无其人欤？抑大吏视教化为末务，美绩无由上闻，遂相率而趋于刀笔筐箧欤？

多士通经致用，学古入官，且来自民间，见闻甚切，其推之往古，验之当今，悉心敷陈，毋泛毋隐，朕将亲览焉。

赵树吉小传

赵树吉，字沅青（一作元卿），四川宜宾赵场人，生于清嘉庆年间，卒于光绪六年（1880），道光三十年（1850）庚戌科进士，钦点翰林院庶吉士，咸丰三年（1853）授翰林院编修，担任国史馆总纂，壬戌会试同考官，外放掌江西道监察御史，内调礼科给事中、工科给事中，咸丰年间任御史台谏官八年，不侵官，衣食俭朴，修行立业，壮心尤高，亦常以文翰自娱，并屡次上书弹劾权贵，刚直声名震惊天下。同治初办理陕西军务，后调任云南兵备道兼管水利事务，因功赏戴花翎。庚午冬，引疾归，遂不复出。

树吉学博才高，工书，尤工诗古文词。既入词馆，乃究心经济，以气节自励，卓然思有所建白于时。久居谏垣，遇事敢言，弹劾不避权贵。江宁大营咸丰庚申之溃，列款奏参将军和春、两江总督何桂清，重治其罪，并言："此时非近在邻省则赴援莫及，非握重兵则往亦无济于事，请于兵部侍郎曾国藩、湖北巡抚胡林翼二人中，简用一人为江督，命之率师东征。"办理陕西军务期间，亲王兵部侍郎胜保失职，赵树吉上书弹劾，使胜保入狱，胜保的党羽群起保奏，数月案不决，树吉乃于同治二年（1863）二月再次上疏朝廷："刑赏，是朝廷的重要法度，自古帝王，敕出刑赏之令而断然执行。赏有信，罚必行，是为了维护国事而不至于衰败。"朝廷最终敕胜保鸩死狱中。

树吉为官清正廉洁，为官云南期间，大理未复，驻节楚雄，减徭役，招流亡，抑豪强，饬吏治，政绩为滇中最。公余课士，教以立品敦行之方、读书作文之法，孜孜不倦，告病回乡时，行李萧然，所余廉俸，尽捐置书院，以供诸生膏火，自身靠授徒自给衣食，至今楚郡士民讴思不忘。

树吉曾参与编修光绪《叙州府志》，常作诗、古文、辞，时人称其"诗才茂美，托旨深长，当时蜀中诗家推为巨擘"，与李西沤齐名。其书法亦精妙秀逸，尤长于行草，为人所称道，得其一纸张，视若琳璧。其著述丰富，著有《邠鄅山房疏草》二卷、《邠鄅山房诗存》八卷、《邠鄅山房文略》二卷、《邠鄅山房骈文》二卷、《笕天琐录》一卷。《晚晴簃诗汇》《国朝蜀诗续钞》均录有其诗。光绪《叙州府志》有传。

赵树吉殿试卷

道光三十年（1850）庚戌科第二甲第三十一名

应殿试举人臣赵树吉

应殿试举人臣赵树吉，年二十二岁，四川叙州府宜宾县人。由选拔生应道光二十九年乡试中式，由举人应道光三十年会试中式，今应殿试。谨将三代脚色开具于后：

一、三代：
曾祖堂。祖锺琳。父汉。

臣对：臣闻为政在于得人，修德必先念典，立法斯能熙绩，复性乃可同风。上稽古训，《书》称宅俊，《诗》颂单心，《易》传涣汗之颂，《礼》著坊民之记。自古帝王恭己垂裳，抚辰锡极，以隆简拔；衡鉴比其公明，以懋缉熙；夙夜基乎宥密，以明纲纪；仰巽命之重申，以化颛蒙。临辟雍而讲学，莫不本宵旰勤求之实，握天人交应之符。用能有守有为，群工懋焉；惟精惟一，心法昭焉；是训是行，庶绩熙焉；无偏无党，王道遵焉。所由治光金镜，政运玑衡，炳珠囊而调玉烛者，此也。钦惟皇帝陛下，德昭中正，治洽諴和，广黻铎以纳言，普垓埏而施惠，固已贤庆升庸而学穷典籍，法臻美备而俗化偏私矣。乃圣怀冲挹，深维长治久安之道，益切持盈保泰之思。进臣等于廷，而策以任贤才、崇典学、修政令、厚风俗诸大政。臣之愚昧，何足以知体要？顾当对扬伊始之时，敬念敷奏以言义，敢不谨竭素所诵习者，以勉效夫葵藿之微忱也乎！

伏读制策有曰，人君之职在于用人，而因详求夫观人之法、选举之方，此诚求贤审官之至意也。臣谨案，天下之人品不一而坊表为先，古今之取人不同而明决为尚。盖登选之途开，则贤愚并进；荐剡之路广，则真伪相淆。知人善任虽帝世犹且难之，况后世乎！唐李绛谓循其名、验以事，所得十七，其大要可得而法也，至如夹袋之储、材馆之录，当时称为盛事，然荐拔既多，能保其无滥乎？《书》曰任贤勿贰，去邪勿疑，此万世不易之法。顾贤奸之显然者，固易辨，而其间或有貌似朴诚而中藏险诈，外示正直而内蓄诐邪，苟非洞烛其情伪，几何不为其所蔽也。夫君子为盍簪，小人为朋比，人以类从，其说近是。然如李泌之荐窦参，贪惏不职，司马光急去新法，蔡京因缘进用。纵非出于私比，究已昧乎贤奸，彼其所以致此者，大抵皆为其所欺耳。然则欲知人善任，而使贤奸不至相淆，固非临事所能辨也。程子云，知言穷理则能以此察人，斯非浚源之论与？盖宽以待天下之人才，则野无遗贤，治绩可登乎上理；严以别天下之流品，则朝无幸位。庶事可卜其永康，此其机辨之，宜早辨也。皇上明目达聪，旁招俊乂，秉虚衷以收实效，咸登报最之书矣。

制策又以唐虞授受，不外一中，而因思审端致力之方，此又修己治人之实学也。臣惟传心之学，洪荒以来未尝有也，至唐虞而十六字之传，共相授受，立危微之界，辨精一之归者，仅此数言，虽圣性自然，而存心养性之学统此矣。禹之告舜曰"安汝止"，周公之称文王曰"克宅厥心"，犹是执中之旨也。《书·说命》言"逊""敏"，而推其效于道积厥躬；《诗·敬之》篇言"就""将"，而课其实于缉熙光明。从古圣人之学，固未有不切于身心者。追夫三代以还，世风日降，史所载留意经术、好学右文之君，虽不乏人，而考其行事，非惟不克上循典则，往往显与古训相违，岂古今人之果不相及哉？舍本逐末而功利富强之习得而中之，则所学之未得其要耳。夫上而典谟之奥义，下而孔孟之微言，皆足以发明圣学，而不外执中之旨者也。以之修己，则循其途、守其辙而以集大成而有余；以之治人，则正其谊、明其道即以范群才而无不足。盖其言如规矩准绳之设，虽万世不可易，诚使于微言大义之中，得审端致力之道，本身体力行之学，操正位凝命之原，将见圣学由此而益明，至道即由此而益隆已。圣天子典学高深，厥中允执，所为心法懋昭，驾唐虞而上之也。

制策又以道揆法守为制治保邦之要务，因思所以振颓风而收实效。臣惟法令者，制治之具，而非制治清浊之原也。故朱子有言，为治之本，在乎正心术，以立纪纲。夫纪纲不立，而能治安者未之前闻也，将欲振肃而整齐之，讵非其急务乎？礼乐、刑政号为治具，其所以行之，惟命令而已。乃承平日久，中外无事，淑世牖民之道，兴利除害之方，诰诫虽屡颁而视为具文，奉行不力，是使涣号仅为空言，播告只循故事。振颓风而收实效，道固无有大于此者。《易》曰："穷则变，变则通，通则久。"今治安数百年，法非不大备也，而怠玩从事，奸弊潜滋，或偏废而不举，或积重而难反，若盐、漕、河工诸大端，其弊愈多，其利愈少，岂法之咎哉？奉法者咎耳。惟有承宣之责者，审其弊之所由生，推其利之所由汩，率由犹旧，实力奉行，则国计民生两受其益，策乃万全矣。圣世崇规茂矩，粲然具备，凡百臣工，孰敢不以实心、行实政哉？

制策又以民风之淳漓系乎政教，因更思所以型方训俗、期永昭敦厚之治，此尤端本善则之盛心也。臣考《周书·武成篇》曰："重民五教。"君牙之命，亦以敷五典、和民则告其臣，政教固若，是其郑重。盖开创之君，守成之主，未有不以化民成俗为先务者也。夫孝弟、忠信、礼义、廉耻，固有之良，尽人同具，自赋气成形，而后知识渐开。性习既分，善恶斯异，故成之自下者贤。否忠奸之分而操之自上者，转移化导之权也。然则欲使海内之民还淳返朴，臻一道同风之盛，必先转移化导之道得，而后仁让之风可以兴，嚣凌之习可以靖。侈靡相高可以预防其渐，奇衺相扇可以大破其迷，由是教不肃而成，政不严而治矣。史称韩延寿守颍川，教民略依古礼，不得过法；黄霸班行条教，劝以为善防奸之意，民皆信从。后世守宰非遂无其人也，大抵大吏视教化为末务，美绩无由上闻，遂相率而趋于刀笔筐篋而不禁耳！国家教泽涵濡，风淳俗美，所由上和亲康乐安平为一书也。生斯世者，其谁不受范于道德齐礼而共入荡平之域乎？

若此者，登俊以熙工，建中以立极，明法以善政，易俗以新民，上咸五，下登三,仁圣之事赅,帝王之道备矣。臣尤伏愿皇上日新进德,天健昭行,本励精图治之诚,臻累洽重熙之盛,泰交已协而弥切登庸,时敏已昭而益思稽古,条教已遵而倍深振作,时雍已著而愈重维持,于以淳洪匓之德,丰茂世之规,协气旁流,仁风四溢,上迓蕃厘,下绥多祜,则我国家亿万年有道之长基此矣。

臣末学新进,罔识忌讳,干冒宸严,不胜战栗陨越之至。臣谨对。

印卷官　礼部主客清吏司员外郎　臣　松　寿
　　　　礼部仪制清吏司额外主事　臣　郎应宿

（十七）清同治二年（1863）癸未恩科

> 本科殿试于四月二十一日在保和殿举行。取进士200人。状元翁曾源，江苏常熟人。榜眼龚承钧，湖南湘潭人。探花张之洞，直隶南皮（今属河北）人。

殿试策问[①] 清穆宗载淳

①出自《清实录·穆宗毅皇帝实录》卷六五，同治二年"四月丁酉"条。

奉天承运，皇帝制曰：朕以冲龄，诞膺宝祚，默荷上苍垂佑，仰承列圣诒谋。业业兢兢，勤求治理，上思副两宫之教育，下期措四海于乂安，宵旰图维，罔敢暇逸。深念典学传心之要，求贤佐治之方，去奢崇俭之规，察吏安民之术，经邦要道，莫重于斯。今当临轩发策，博访周谘，尔多士其敬听朕命。

二帝三王之心法不外一中，而《尧典》以钦始，《益稷》以钦终，其与执中之理，可互相发明欤？《尚书》而外，诸经之旨，何者可以相通？《大学》一篇分列八条目，当以何者为之贯通？《中庸》一书分列三达德，当以何者为之枢纽？真德秀作《大学衍义》，何以略治平不言？明邱濬补之，为目凡十有二，其立意颇可贯通欤？昔人谓帝王之学异于儒生，所以不同者安在？将空语精微，而不求诸实事欤？抑博观约取，而得其要领欤？如汉之董仲舒、匡衡，宋之程颐、胡安国、朱熹，皆宿儒硕学，多所阐发者也。何者为审端致力之首欤？

得贤才而治天下者，帝王之要道也。古者用人之权秉于天子，若《尚书》之有选部，始于何时？以选部为吏部，起于何代？唐制有试法，有集法。既察其身言复察其书判，此试法也。裴光庭何以作循资格以矫之？集之于十月，选毕于三月，此集法也。陆贽何以立计阙例以救之？然则二者固皆不能无弊欤？夫十室之邑必有忠信，故汉分四科，宋立六科，司马光又乞设十科，至详且备已。然人才果可尽取而无遗欤？且所取者，果综核名实而无矫伪欤？今将使魁奇倜傥之士不逾乎范围，恂谨廉洁之儒不拘乎绳尺，其道何由？

《书》曰"慎乃俭德"，诚以俭，德之共也。尧不以土阶为陋，而舜怵戒于涂塈，禹卑宫，文王卑服，尚已。嗣是衣弋绨，罢露台，集书囊为帷。往迹流传，盛德不犹可溯欤？古人臣励羔羊素丝之操，如赵抃守成都，一琴一鹤；程栉令盐城，一马一仆。其高洁清标，非臣下所当矜式欤？夫镂篡朱纮、玉缨琼弁，自昔所讥，乃积习相沿，敝化奢丽，以致不能养廉。《蟋蟀》《山枢》，民风近古，今则服食器用务为美观，间阎不免逾礼。将以黜华崇实之意训迪臣民，何由而使风气日臻朴茂欤？

171

与吾民相亲者，守令也。汉史《循吏传》纪首相甚备，而令长则阙如，其何故欤？夫天下郡邑至众也，郡守之贤否，监司且难人人悉，县数倍于郡，令数倍于守，如何而后能督察之欤？县令得人，则赋敛均，徭役平，诉讼简，吾民得遂其所安。顾由儒术者多迂而弛事，由整流者或奸而弄法，其余蠹政厉民不可枚举，欲整齐而磨厉之，何道之从？大吏者，所以纠察守令，为天子进贤退不肖者也。乃或所荐剡者以才能出众为先，而留意教化者遭沉滞；所称赏者以赋税先登为最，而劳心抚字者受谴诃。其何以惩贪墨之风，而养循良之气欤？

夫稽古以懋纯修，遴才以襄郅治，戒奢以端民习，课绩以饬官方，皆宰世之宏模，绥猷之极则也。多士对扬伊始，其各陈谠论，毋隐。

萧世本小传

萧世本（？—1887），字廉甫，四川富顺人，由附生中式，咸丰八年（1858）举人，同治二年（1863）恩科进士，选庶吉士，散馆授刑部主事，改直隶知县，因治团练有声，曾国藩莅直隶，辟为幕僚。同治九年（1870），天津民、教相哄，毙法国领事，几肇大衅，遂以世本署天津县，寻实授。天津民悍好斗，地痞流氓甚为地方害，世本严惩之。地为通商大埠，讼狱殷繁，世本手批口鞫，断决如神。逾年，父忧去，服阕，仍补天津。岁旱，交黎就食万数，给粥、施医无失所。调清苑，擢遵化直隶州知州，复以母忧去，服阕，以知府候补，管天津守望局，捕诛大盗王洛八、谢昆，海道肃清。倡修运河堤，以免水患。疏瀹龙河故道，开范家堤及石碑河、宣惠河、金沙岭下水道四十余里，皆藉赈兴工，民利赖之。署天津、正定两府。光绪十三年（1887）卒，附祀曾国藩祠。工书法，善行楷，辑有《秋审事宜》四卷。《清史稿》卷四百七十九有传。

萧世本殿试卷

清同治二年（1863）癸未恩科第三甲第二十六名

应殿试举人臣萧世本

应殿试举人臣萧世本，年二十八岁，四川叙州府富顺县人。由附生应咸丰八年乡试中式，由举人应同治二年会试中式，今应殿试。谨将三代脚色开具于后：

一、三代：

曾祖文林。祖绎。父光岳。

臣对：臣闻念典在于传心，求贤所以佐治，去奢斯能崇俭，察吏乃可安民。综稽往籍，《诗》咏单心之学，《书》载辟门之文，《易》有俭德之筮，《礼》详弊吏之政。自古帝王，斟元御宇，锡福诫民。以懋宸修则鸿畴衍学也，以崇贤俊则龙纳扬休也，以敦质朴则豹饰黜华也，以课循良则虎苛除政也。茂矩隆规，粲然具备。用能惟一惟精，薪传绍焉；为俊为杰，茅茹占焉；示俭示礼，草偃昭焉；廉敬廉能，棠甘著焉。所由熙春泳化，函夏翔和，合海宇而登之于仁寿者，恃此道也。钦惟皇帝陛下，甄陶九有，经纬万端，本大孝以绥猷，溥深仁以育物，固已几康敕命而元恺同升，风俗复初而贤良纪传矣。乃圣怀冲挹，深维长治久安之道，愈切持盈保泰之思，进臣等于廷，而策之以崇心学、求贤才、务俭朴、察官吏诸大政。臣之愚昧，奚补高深？顾当对扬伊始之时，敬念敷奏以言之义，敢不谨陈素所诵习者，以勉效土壤细流之一助也乎！

伏读制策有曰，二帝三王之心法不外一中，而因求历代先贤名论，此首崇理学之意也。臣谨案，二帝三王之心法不外一中，而《尧典》以钦始，《益稷》以钦终。古之人君必先以敬为主者，大抵欲求乎中，首资夫敬，由敬而后可言中，未有言中而不本于敬者也。《尚书》而外，如《曲礼》之首言无不敬，《易经》之逐卦言贞，《诗经》之思无邪。无在非中之所通，即无在非钦之所蕴。《大学》一篇分列八条目，始乎格物致知，极乎治国平天下。《中庸》一书分列三达德，曰知，曰仁，曰勇。大抵《大学》之所谓诚意，即《中庸》所谓唯天下至诚之诚也。能诚则身以内，皆可以诚凝之而无不实；身以外，皆可以诚推之而无不准。且能诚，则位育之功皆可由戒惧而臻其极，参赞之能皆可由明强而几于化。直德秀作《大学衍义》略平治而不言，至邱濬补之，以为目，凡十有二，其立意尚可贯通。昔人谓帝王之学异于儒生，所以不同者，求诸实事非空语精微也，得其要领非徒为博观也，如汉董仲舒、匡衡，宋程颐、胡安国、朱熹，皆宿儒硕学，多所阐发，尚可以审端矣。皇上稽古右文，崇儒重道，固将绍先圣之统传，以启示来兹已。

制策又以得贤才而治天下者，为帝王之要道，此诚求贤之至计也。臣考古者用人之权，秉于天子，若《尚书》之有选部，其始必有深意之存，以选部为吏部，其初亦必有易辙之渐。唐制，有试法，有集法，既察其身言，复察其书判，此试法所由昭也。而裴光庭乃作循资格以矫之，集之于十月，选毕于三月，此集法所由著也。而陆贽乃立计阙例以救之，是则二者固皆不能无弊也。夫十室之邑必有忠信，古汉分四科以为拔取人材之计，宋立六科以为征求有用之资，而司马光又复乞设十科以广开登进之门，而永宏汲引之路，其意亦可谓至厚矣，其法亦可谓至详且备矣。然人材非遂尽于取而无遗也，且所取者，果综核名实而亦不无矫伪也。今将使魁奇倜傥之士不轶乎范围，恂谨廉洁之儒不拘于绳尺，亦惟诚于旁求，明于抉择。大彰乎黜陟之典，以激起夫贤豪；隐略乎资格之常，以搜采于岩谷也。皇上思贤若渴，求治甚殷，怀才抱德之伦孰不愿驰驱效命哉！

制策又以慎乃俭德，而因历举夫古君臣之俭朴，此尤屏除奢侈之道。臣考，俭者，德之共也，尧不以土阶为陋，而光被极四表之外；舜以涂垩为怵戒，而温恭历在位之年；禹之卑宫不以成功，而顿忘乎艰难；文之卑服不以细微，而偶忘乎稼穑。嗣是而衣弋绨，罢楼台，集书囊以为帷，往迹流传，盛德固犹可考。然此皆为人君者之俭，而人臣顾可以奢靡从事乎？古人臣励《羔羊》素丝之操，如赵抃守成都，一琴一鹤；程栩令盐城，一马一仆。其高风亮节，志虑忠纯，百世下犹令人景仰不？置身为人臣者，固当以此为矜式。夫镂簋朱纮，玉缨琼弁，自昔所讥，乃积习相沿，敝化奢丽，以致不能养廉。珠玉锦绣，特其外观，而奢侈之念一萌，有费极中人之家产不足给其修茸者矣；服食舆马，亦只余事，而恣肆之心以动，有用至万数之泉刀不足供其匕箸者矣。所以《蟋蟀》《山枢》，非独其时近古，而民俗民心尚有敦庞之意。今则服食器用务为美观，而闾阎亦以此相习成风，视为固然，其逾礼也，固非一朝夕之故，司化导者能不教之？皇上躬行节俭，为天下先，非但在位者化焉，民亦日进于礼矣！

制策又以与吾民相亲者，为守令，而因求察吏安民之道，此尤勤恤民隐之心。臣考汉史《循吏传》纪守相甚备，而令长则阙如焉。夫天下郡邑至众也，监司者，郡守之表率；郡守者，令长之准标。欲令长之得人，要在监司之督察，监司贤而郡守令长尚未必各处获人，监司不贤而其下尚可问乎？即有事事可告君公，念念可质天地，而得民心之爱戴，抑自好者则然，而贪廉不因监司为转移也。夫县令贤明，则一切赋敛徭役讼诉诸政，小民无不各得所安。顾由儒术者多迂而弛事，由杂流者或奸而弄法。弛事者，训励以观其后效；弄法者，惩治以警夫他端。至蠹政厉民之辈，由杂流进者固多，由儒术出者亦不少，惟在监司之严行甄别，庶惩一以警百，而仕途有所愧励矣。顾大吏者，所以纠察守令，而即天子进贤退不肖者也。才能为时势所需，而兼留心教化者，荐之宜先也；赋税为国用所出，而并劳心抚字者，赏之宜厚也。若纯以才能见用，专以聚敛擅长，则当较缓于教化抚字者，而贪墨乃有所惩，循良乃有所养也。国家旌别淑慝，一秉至公，所由官箴肃而民气于以雍和哉！

若此者，建极以纯修，遴才以襄治，戒奢以端习，课绩以绥民，扬骏烈，迓鸿庥，仁圣之事赅，帝王之道备矣。臣尤伏愿皇上日新进德，天健昭行，本励精图治之诚，臻累洽重熙之盛。危微已判而乾惕弥殷，俊乂在官而渐逵倍至。而且浑朴敦，犹念夫笾贲，察核至，愈切夫容师。于以懋洪丕之德，大茂世之规。上畅垓，下沬埏，信丕天之大律，帝者之上仪。我国家亿万年有道之长基此矣。

臣末学新进，罔识忌讳，干冒宸严，不胜战栗陨越之至。臣谨对。

| 印卷官 | 礼部主客清吏司员外郎　臣　宗室恩奎 |
| | 礼部仪制清吏司主　事　臣　徐景轼 |

（十八）清光绪三年（1877）丁丑科

本科殿试于四月二十一日在保和殿举行。取进士329人。状元王仁堪，福建福州人。榜眼余联沅，湖北孝感人。探花朱赓飏，江苏华亭人。会元刘秉哲，河北邢台人。

殿试策问①　　清德宗载湉

奉天承运，皇帝制曰：朕以冲龄，诞膺宝祚。仰荷昊穹垂佑，列圣诒谋，惟日孜孜，于今三载。上思副两宫之至教，下期措四海于久安，夙夜不敢康，兢兢业业。深惟传心念典之源，建官考绩之政，兴利重农之道，训俗型方之规。广益集思，冀有裨于实政。兹当临轩发策，博访周咨。尔多士其敬听朕命。

《虞书》执中之训为道统所开，精一之传为学术所始。《仲虺》言建中，《洪范》言建极，与执中有无殊旨，其与惟精惟一能有合欤？夫稽古好文，帝王切要之图也。历观往代，或会诸儒讲五经同异，或聚宏文馆书二十万卷，讲论至夜分乃罢，或日进《太平御览》三卷，其勤若是。乃有谓以半部《论语》致太平者，有谓治道不出《大学》一书者，果可以为定论欤？三代以下，儒者以董仲舒为首，正谊、明道二语不涉于功利，而天人三策，后人犹有微辞。王通著《中说》，学者拟之《论语》，后人斥为僭妄。然则，舍濂、洛、关、闽之学，皆不足为进德之阶欤？

大臣法，小臣廉。官职相序，君臣相正，国之肥也。然则，欲正君臣，序官职，其必自大臣始欤？亲民之官莫如守令，守令之贤否，视乎上官之取舍。两汉兴廉举孝，敦崇节行，日计不足，月计有余。所传循吏，郡守为多，而公卿亦出其中。其时玺书褒勉，增秩赐金，载在史册，传为美谈。果可以风厉庶僚，而使之事无废弛而政无操切欤？夫循名责实则人不旷官，朝考夕稽则吏皆勤职。如汉以"六条"察郡国，唐以"四善""二十七最"，宋以"七事"，明以"三等"考察吏治。其因时详略，可得其大旨欤？今欲使大吏勤慎，而僚属咸知奉公，吏胥不敢弄法，其何道之由？

古者帝王劝农，故以田事为急。农田之外，复有屯田。昔人所论，以何说为长？汉之屯以兵，唐之屯以民，宋之屯或民或兵，其因时制宜之义安在？有谓塞上宜屯田，腹里宜垦荒者。然则，屯与垦顾可分不可合欤？说者又谓西北之地，砂石硗确则忧在土，雨泽稀少则忧在旱，霖潦暴涨则忧又在水。夫湖薮陂泽，水所由潴也；沟洫浍遂，水所由泄也。乃或甫挑浚而仍然坍塞，已培筑而复就倾颓。其何术而能一劳永逸欤？且何以因利乘便，使国不费而民不扰欤？

①出自《清实录·光绪朝实录》卷五十，光绪三年"四月丙午"条。

惟民生厚，因物有迁，兴化善俗，致治之本也。唐虞敷教，俾民亲逊，《周礼》以"三物"教民，以"八刑"纠民，风化维持久而弗替。其详可悉陈欤？汉置三老、孝弟常员，征拜美俗使者。唐赐孝义、高年粟帛，遣使观览风俗，用以劝民厉俗。果能行之有裨欤？国家承平日久，芸生日众，若多设科条则易滋扰累，即广颁文告或徒饰观听。将欲训迪而丕变之，其道奚由？昔《吕氏乡约》《袁氏世范》，或牧令以化一邑，或缙绅以教一乡，其言至为浅近，能备举其说欤？今欲使四海之内，狱讼衰息，邪慝不兴，里党辑睦，耆孺和乐。其操何术以收劳来匡直、辅翼振德之效，而致时雍之化欤？

　　凡此四端，逊敏以懋德，考察以任贤，经画以兴氓，渐摩以善俗，皆制治之远猷，保民之本务。多士对扬伊始，其各陈谠论，毋泛毋隐，朕将亲览焉。

李春芳小传

李春芳，四川泸州直隶州（今属四川泸州市）人。祖籍江西黄洲。曾祖相贯，祖国伸，父恩聪，事迹皆不详。

光绪二年（1876）举人，次年（1877）中进士，第三甲第四十一名。授内阁中书。查民国《庐陵县志》卷十五《礼典·选举志》，光绪三年丁丑"王仁堪榜"载："李春芳，黄洲人。四川泸州籍。中书。"其余事迹不详。

李春芳殿试卷

清光绪三年（1877）丁丑科第三甲第四十一名
应殿试举人臣李春芳

应殿试举人臣李春芳，年十六岁，四川泸州人。由廪生应光绪二年乡试中式，由举人应光绪三年会试中式，今应殿试。谨将三代脚色开具于后：

一、三代：
曾祖相贯。祖国伸。父恩聪。

臣对：臣闻建极所以绥猷，察吏在乎课最，重农斯能裕国，立教乃克同风。综稽往籍，《易》著刚中之象，《书》垂考绩之文，《诗》赓多稼之章，《礼》示坊民之准。自古帝王斟元御宇，锡福诚民，以敕几康，懔缉熙于宵旰；以明宅俊，肃纲纪于班联；以厚民生，竭经营于稼穑；以隆风化，勤感发于堂廉。茂矩隆仪，罔不粲然大备。用是惟精惟一，帝学宏焉；兴贤兴能，官方正焉；纳禾纳秸，田赋登焉；无党无偏，德威被焉。所由熙春泳化，函夏归仁，迓蕃厘而膺多祜者，胥是道也。钦惟皇帝陛下球图阐瑞，玑镜凝庥，则古圣以同民，体至仁以育物，固已一中克执而百弼钦承，万宝告成而群黎仰化矣。乃圣怀冲挹，弥切咨询，冀长治而久安，益持盈而保泰，进臣等于廷，而策以绍心传、明吏治、修农政、正舆情诸大政。臣之愚昧，何补高深，顾当对扬伊始之时，敬念拜献先资之义，敢不谨述素所诵习者，本刍荛之一得，效葵藿之微忱乎。

伏读制策有曰：《虞书》执中之训为道统所开，精一之传为学术所始，而推及关、闽、濂、洛，以求进德之阶。诚图治之本原也。臣谨案：虞廷数言，严微危之辨，实宜为千古所取法。观《仲虺》言建中，《洪范》言建极，亦与执中之义可以互证，即与精一之训可以参观。心法之流传，固无异理也。帝王切要之图，莫先于好文稽古，往代令主，能勤于自治，恒有其人焉。故"五经"有同异，会诸儒而讲之，所以析疑而集益也。宏文馆聚书二十万卷，博采详观，求其体要，讲论至于夜分。其与日进《太平御览》三卷者，非皆不自暇逸之心乎？若宋赵普谓半部《论语》可致太平，与谓治道不出《大学》者，均欲以简御繁，守约施博耳。夫三代以还，儒者好言功利，学术违于正即，治术难期于成。惟董仲舒为汉儒之最，正谊、明道二语，可杜小补欢虞之说。虽天人三策，后人不免微辞，而抱匡时之略，其言亦可概见矣。王通著《中说》，固能自发所见，以拟《论语》，诚僭妄耳。能通关、闽、濂、洛之学，心法不有可考乎？皇上抚辰凝绩，恭己垂裳，夕惕朝乾，而会归有极，皆本一中也。

制策又以大臣法，小臣廉，则官职相序，君臣相正，因念乎课吏之法。此诚行政之纲纪也。臣谨案：九经之目，亦列大臣，盖以腹心之寄，公辅之荣，所关系固至重耳。两汉兴廉举孝，以节行为重，日计不足，月计有余。所传循吏，若龚若黄，政所敷布，播为美谈。其余以郡守见称者，尚不乏人，而公卿亦出其中，尤见人才之盛，吏治之良也。其时玺书褒勉，增秩赐金，史册中交相辉映，诚可以风厉庶僚，使其振委靡之习，化操切之举也。夫官不容旷也，必循名而责实；职所当勤也，必朝考而夕稽。汉以"六条"察郡国，唐以"四善""二十七最"，宋以"七事"，明以"三等"考察吏治，详略因夫时，其繁简不能一致。然而有治人无治法，酌于法之至善，而课之必严，用之必当。殿最课以至公，则贤才奋兴，虽一郡一邑，不敢稍懈，而庸愚者亦知自勉矣。大吏勤慎，惟是兢兢业业，荐剡期于得人，操守期于洁己，而僚属有所则效，皆当公而忘私也。吏胥感化，而上与下悉孚以德，岂非国之肥与？圣朝任官惟贤，而吏治尤精核考言询事，固已远继赓歌已。

制策又以劝农有典，田事宜勤，而因虑夫旱涝之忧，期于有备而无患。此诚贵粟重农之仁心也。臣谨案：后稷教民稼穑，树艺五谷，良以食为民天耳。农田自食其力，犹必为之经营。至若屯田，则汉以兵焉，唐以民焉，宋则兵与民迭为用焉。因时制宜之道，惟能权衡于其间，乃能使民与兵不相扰也。而塞上宜屯田，腹内宜垦荒，尤贵因地制宜耳。夫农事甚难也，西北之地，砂石硗确，土足为忧，雨泽稀少，旱足为虑，尤虑霖潦暴涨，水之为患弥剧焉。计惟于湖薮陂泽，潴水以防旱，沟洫浍遂，泄水以防潦，而更期于一劳永逸。督之以挑浚，必不使稍有所壅，则坍塞之患可以御矣。责之以培筑，必不使稍有所懈，则倾颓之忧可以纾矣。顾重农即以理财，理财斯能裕国，若不裁节冗费，而徒扰斯民，其功终为难竣。是必因利而图之，审慎在未事之先，乘便而举之，筹度及既事之后，国可以无费，民可以无扰矣。故农政得其要，正无难于仰观俯察，而获天地自然之利也。皇上惠泽覃敷，皞熙有象，而服田力穑之俦，不将比户可封哉。

制策又以兴化善俗，致治之本，而欲收劳来匡直，辅翼振德之效，以盛继时雍。此化民成俗之至意也。臣谨案：平章百姓之言，著于《尧典》。唐虞敷教，俾民亲逊，其政诚为至美。《周礼》以"三物"教民，既熏陶于德意，以"八刑"纠民，复董戒以科条，皆维持风化之心也。若汉置三老，孝弟常员，征拜美俗使者。唐赐孝义、高年粟帛，遣使观览风俗，用以劝民厉俗，一时盛举，其风不失为厚耳。夫寰宇奠安已久，版图既拓，林总益繁，固不可多设科条，以滋扰累，亦不徒广颁文诰，以饰观听。渐之以仁，摩之以义，训迪而丕变焉，固有由也。若《吕氏乡约》《袁氏世范》，牧令用以化一邑，搢绅用以教一乡，浅近之言固有精理存焉。夫讼狱既息，则闾阎之内可以无争端；邪慝不兴，则郡邑之间可以省刑罚；里党辑睦，则出入守助之际可以无虞；耆孺和乐，则门庭几杖之余亦征有礼。承平之盛，视诸群黎而见也。是惟教戒在平时，斯感发于不觉，仰日既殷，从风弥切，而休嘉之气浃于寰区，所由甘雨和风，悉呈其瑞，昆虫草木，亦著其祥也。而劳之来之，匡之直之，辅翼而振德之，毕收其效，时雍可共庆也。皇上萝图锡祉，松栋垂休，所由平荡，咸遵而讴思之，化悉洽钦。若此者，典学以治心，建官以懋绩，重农以溥利，垂教以训民，扇巍巍、显翼翼，仁圣之事赅，帝王之道备矣。臣尤伏愿皇上治益求治，新又日新，探临宸锡极之原，臻累洽重熙之盛。知仁已裕，而更切讲求；笃棐已昭，而益求辅佐；丰绥已庆，而倍切滋培；德礼已垂，而弥严教诲。于以膺景福，保鸿名，合万国而来同，综八方而立极，体尧蹈舜，甄殷陶周，则我国家亿万年有道之长基此矣。

臣末学新进，罔识忌讳，干冒宸严，不胜战栗陨越之至。臣谨对。

印卷官　礼部员外郎　臣　奎　秀
　　　　礼部主　事　臣　俞培元

陈昌言小传

陈昌言，夔州府万县人。同治丁卯（1867）拔贡，壬申年（1872）以拔贡任贵州大定府通判。光绪丁丑（1877）第三甲第六十名进士，授贵州平远州知州，后转任毕节县知县，己卯年（1879）回任毕节知县。在贵州任职十余年，皆署贫瘠边远之地的基层官吏，因久不晋升，自请解组归里。任毕节知县期间，曾继前任修补《毕节县志稿》。著有《水城厅采访册》十卷，有光绪年间钞本。

陈昌言殿试卷

清光绪三年（1877）丁丑科第三甲第六十名

应殿试举人臣陈昌言

应殿试举人臣陈昌言，年二十二岁，四川夔州府万县人。由增生应同治九年乡试中式，由举人应光绪二年会试中式，今应殿试。谨将三代脚色开具于后：

一、三代：

曾祖世海。祖绍恭。父嘉善。

臣对：臣闻治天下之道，非以长驾远驭为能；平天下之经，非以苟且补苴为事。盖基之宵旰者，有其本；斯措之庙堂者，有其具也。自古贤圣帝王致治之法，史不绝书，而求其要端，则不过懋修之实、考课之方、耕屯之宜、辅翼之道。其兢兢于夙夜者，将以勉主德于至纯，贻大猷于累世，而使天下一道同风，以渐至于长治久安之休也。至于敬怠之几、廉贪之辨、勤惰之分、张弛之用，尤当察之以圣知，行之以实心，则唐虞三代之隆风，庶不难再见于今日也。钦惟皇帝陛下，天行广运，日照无私，则古圣以同民，本至仁以育物，固已单心基命而百职从公，千仓兴歌而九有式化矣。乃圣怀冲挹，倍切咨询，思久道之有成，冀迩言之可察。进臣等于廷，而策之以传心、课吏、屯田、型方诸大端。如臣愚昧，何足以补高深？顾当言路广开之会，正值褐衣登进之年，敢不谨述夙昔所诵习者，本刍荛之一得，效葵藿之微忱乎！

伏读制策有曰：《虞书》执中之训，为道统所开；精一之传，为学术所始。而因求往代稽古好文之治。此诚正位凝命之大原也。臣案，二帝三王之治本于道，二帝三王之道本于心，原其心法之昭垂，要皆本于《虞书》十六字。故执中之训，道统所由开也；精一之传，学术所由始也。《仲虺》言建中，《洪范》言建极，皆与执中之旨相为

181

发明。夫稽古好文，实帝王切要之端。历观往代，或会诸儒而讲五经同异，或聚宏文馆书二十万卷，讲论至夜分乃罢，或日进《太平御览》三卷。其绍遗徽于往圣，垂茂矩于来兹，皆本万几之余以勤念典书，所谓逊志时敏也。乃有谓半部《论语》足致太平，有谓治道不出《大学》一书者，是又守之至约而操之至简也。三代而下，名儒辈出，其最著者莫如董仲舒，其正谊、明道二语不涉功利之私，亦足见其学术之正、心术之纯，乃天人三策，论之者犹有微辞。王通著《中说》，学者拟之《论语》，而僭妄之斥犹不免于后人。若是，则进德之阶，惟濂、洛、关、闽之足法矣，王者欲备内圣外王之规，明体达用之学，曷于斯加之意欤？皇上天亶聪明，日新盛德，考典谟之奥旨，集群言之微意，追踪轩顼，方美勋华，固宜驾汉唐元明之治，统心法而上之矣。

制策又以官职相序、君臣相正为国之肥，而因详求夫前代考察之法，此尤保邦制治之要务也。臣惟天生民而立之君，使司牧之，而一人不独理也，于是设之官而立之长，凡以为民而已。而亲民之官，莫如守令，守令之贤否视上官之取舍。汉承秦敝之后，兴廉举孝，敦崇节行，日计不足，月计有余，所传循吏、传郡守为多，如龚遂、黄霸、召信臣、杜诗辈一时称最，而公卿亦出其中。其时玺书褒勉，增秩赐金，载在史册，传为美谈，是何风之独厚也！其足以风厉庶僚，而使之事无废弛，政无操切也，宜哉！夫循名责实，则人少旷官之虞；朝稽夕考，则朝有勤职之吏。汉以六条察郡国，唐以四善十七最，宋以七事，明以三等。其考察吏治，皆因时制宜，其详固可直指也。惟大吏勤慎倡之自上，则僚属皆知奉公而胥吏不敢弄法。且素餐在位，则奇材限于资格而品望不彰，旷职者去官；则贤士拔于风尘，而设施益当。则考察之法其可不讲也哉？《记》曰："大臣法，小臣廉，官职相序，君臣相守，国之肥也。"故欲吏治蒸蒸，日臻上理，凡大小臣工，莫不守己奉公，以各尽厥职也，要必自察吏始矣。圣朝旁求俊乂，澄叙官方，内而卿尹群司，外而封疆大吏，凡所以董率庶僚，共襄治理，有不矢公矢慎，以日臻于上治哉？

制策又以古者帝王劭农，故急田事，而因进考夫屯田之法，此尤重农务本之深心也。臣案，民以食为天，而食足必自稼穑始。故古者帝王，劭农必以田事为急也，而农田之外复有屯田。盖先王知稼穑之艰难，必使国无旷土，野无游民，而地力尽贡其菁华，昔人论之详矣。而汉之屯以兵，唐之屯以民，宋之屯或兵或民，三朝相沿，而屯政或异者，亦因时制宜之义然也。而塞上宜屯田，腹里宜垦荒，其说各殊，是屯与垦亦可分而不可合也。至于西北之地，砂石硗确，则忧在土；雨泽稀少，则忧在旱；霖潦暴涨，则忧又在水。惟因其地利、顺其天时，使之节宣有道而已。夫湖薮陂泽，水之所由潴也；沟洫浍遂，水之所由泄也。乃或甫挑浚而坍塞仍乘之，已培筑而倾颓又坏之，则节蓄之宜未讲也。我皇上敦劝农桑，廑求民隐，本耕三余九之制，宏有备无患之规，比崇积于楩楠，仓箱盈于万千，谁不含鼓而游于化宇哉？

制策又以惟民生厚，因物有迁，而因详求兴化善俗之本，是又移风易俗之至意也。臣案，唐虞之治尚千古已，而敷教之典，首重亲逊。《周礼》以三物教民，以八刑纠民，遂致于变之休，成康乐之治，此唐虞三代之风所以独隆也。汉置三老孝弟常员，征拜美俗使者，唐赐孝义高年粟帛，遣使观览风俗，用能劝民厉俗，而使天下回心向道，故汉唐之治几于三代。夫承平日久，芸生日众，果能以实心行实政，则正一身，以正百姓，则天下皆革面洗心以观治化之成。科条虽设而不滋扰累，文诰广颁而非饰观听，经正民兴，其在斯乎！何难训迪而丕变之也？昔《吕氏乡约》《袁氏世范》二书，或牧令以化一邑，或搢绅以教一乡，言虽浅近，亦法良意美已。夫四海之内，狱讼衰息，邪慝不兴，里党辑牧，耆孺和乐，非劳来匡直、辅翼振德之兼尽，何由收其效于旦暮哉？皇上子惠黎元，教养兼至，神丕变之风，振位育之化，务使民尊君、亲上、孝弟、力田不已，登熙皞之天，而绍时雍之治也哉！

若此者，懋修以建极，考察以任官，耕屯以足民，劝惩以善世，扬大业、迓宏庥，仁圣之事赅，帝王之道备矣！臣尤伏愿皇上天行不息，日进无疆，本持盈保泰之思，致累洽重熙之治。知仁已裕而益切念典，官方已饬而倍切考课，坻京已歌而更裕仓储，恺悌已孚而益神鼓舞。于以膺福祉、迓蕃厘，恢帝者之上仪，懋丕天之大律，治光玉镜，道握金符，则我国家亿万年有道之长基此矣。

臣末学新进，罔识忌讳，干冒宸严，不胜战栗陨越之至。臣谨对。

印卷官　礼部员外郎　臣　奎　秀
　　　　礼部主　事　臣　俞培元

（十九）清光绪十二年（1886）丙戌科

本科殿试于四月二十一日在保和殿举行，取进士319人。状元赵以炯，贵州贵阳县人。榜眼邹福保，江苏吴县人。探花冯煦，江苏金坛人。

殿试策问① 　清德宗载湉

①出自《清实录·光绪朝实录》光绪十二年"四月甲申"条。

奉天承运，皇帝制曰：朕诞膺天命，寅绍丕基，于今十有二年矣。仰赖皇太后教育之勤，庶政协和，四方安谧。朕朝夕典学，惟日孜孜。求之于经史，以探治乱之原；求之于军旅，以资控制之略；求之于地形，以知险易之要；求之于圜法，以准轻重之宜。尔多士自田间来，学于古训，究心当世。兹当临轩发策，其敬听朕言。

帝王诚正之学，格致为先。若《帝范》，若《群书治要》，若《帝学》，能言其精义欤？《贞观政要》《太平御览》，撰者何人？魏徵《谏录》《续录》，果有裨于治欤？此外，若《政府奏议》，若《尽言集》，若《历代名臣奏议》，孰为优劣欤？真德秀《大学衍义》，何以阙治平？果有待于邱濬之补欤？夏良胜《中庸衍义》，与德秀书同体例欤？司马光《资治通鉴》为治忽之渊林，能举其要旨欤？为《释文》、为《音注》、为《释文辨误》、为《地理通释》者何人？为《外纪》者又何人？李焘、刘时举等所续，足继原书之精博欤？

用兵之法贵乎因地制宜，舟师其尤要也。《左氏传》楚子为舟师以伐吴，实为水军之始。其后楚获吴舟馀艎，则又舟名之最著者。或谓公输般之钩拒，乃战舟之始，然欤？汉时，命朱买臣治楼船，元鼎五年，又诏粤人及江淮以南楼船往讨吕嘉，其时有伏波将军、楼船将军之号，其船曰戈船，曰下濑，曰横海，命名之义，果何所在？其习水战，当在何地？晋武帝时，王濬修舟舰，乃作大船连舫，能受士卒几何人？其飞云舟、苍隼船相去若干步，见于何书？隋文帝命杨素造战舰，其舰何名？其高何若？唐时击萧铣，所用战舰，能举其数欤？宋时福、兴、泉、漳，各有刀鱼船，可修整以备海道，奏陈者何人？当在何年？绍兴时，有飞虎战舰，旁设四轮，其制如何？铁可以为船，晋唐以前见于何书？又有皮船，始于何人？明戚继光亦用之，一船可乘几人？能详之欤？

在昔，虞廷致治，振旅三苗，周道方兴，劳师獯鬻，边防之事，自古为昭。但齐称攘狄，左氏兼美乎和戎；汉重犁庭，扬雄反抑为中策。凡斯张弛，何说为长？且七雄竞爽，资骜牧以绥边；西夏一隅，拒辽金而掎角。地居四战，何道之从？又如汉开西域，力奢乌孙；唐启安西，威扬大食。是则葱岭以西，雷翥以北，握其天险，务得

184

中权。肄业及之，讵无胜算欤？又若汉得卫青、霍去病而奠漠南，唐用李靖、李勣而破突厥，元有旭烈兀诸人而收印度，明资戚继光诸将而靖倭氛。得人者昌，能言其效欤？

钱法始于太皞。或谓之金，或谓之货，或谓之泉，或谓之布，或谓之刀。能各举其所自欤？周制以商通货，以贾通物。其九府圜法，厥制若何？后患钱轻，更铸大钱，始于何年？汉时初铸荚钱，后以钱益多而益轻，乃更铸四铢钱，其文奚若？其年代尚可考欤？后又有三铢、五铢，是否同时？魏晋以后，亦有铸四铢钱者。唐时改五铢钱，每钱一千，计重若何？其钱监设于何地？其罢江淮七监，何人所言？宋时置监铸铁钱，当在何处？其铜钱一当铁钱几何？元丰间，毕仲衍进《中书备对》，言诸路铜铁钱监所增数，果多于宋初欤？自银币行而钱法一坏，自交子钞引行而钱法再坏。元明以来，悉蹈此弊，岂鼓铸之不善欤？抑产于山者，有时而竭欤？子母相权之法，不可不亟讲也。

夫稽古者，出政之本也；讲武者，备豫之方也；设险者，立国之基也；范金者，理财之要也。尔多士条举以陈，勿猥勿并。朕将亲览焉。

邱淮小传

邱淮（1858—？），字峒山，号于均，四川叙州府宜宾人。家士族，幼聪慧好学。从其叔邱晋成攻读，家学渊源，深受教诲。年十六，即入府庠。光绪十二年（1886）连捷，考中丙戌科进士第二甲第五十名。五月壬寅，选翰林院庶吉士，着分部学习。次年（1887）散馆，十四年（1888）授户部主事。后外放，历任云南知县，颇有政声。曾一度充任云南省乡试同考官，后擢升云南省临安府知府，任满调省任督署高级幕僚。

光绪二十三年（1897）正月，《中英滇缅界务商务续议附款》订立后，两国即派员前往滇、缅边界实地勘界。《云贵总督崧蕃咨呈总署文》（光绪二十五年九月十三日）："因英员前曾争执，虑牵混辘轳，饬洋务总办前云南按察使兴禄督同局员，补用知府邱淮、盐提举李训鋐、知县李光远、府经历黄增禄等检齐图约，逐加考证，详细核对。"

辛亥革命后，云南宣布独立，乃弃官回乡。邱淮长于诗文，擅书法，有遗著留世。

邱淮殿试卷

清光绪十二年（1886）丙戌科第二甲第五十名

应殿试举人臣邱淮

应殿试举人臣邱淮，年二十五岁，四川叙州府宜宾县人。由廪生应光绪十一年乡试中式，由举人应光绪十二年会试中式，今应殿试。谨将三代脚色开具于后：

一、三代

曾祖学贵。祖应华。父大成。

臣对：臣闻帝王之御宇也，政无论创守，不以长驾远驭为能；治无论古今，不以苟且补苴为事。盖政必端其本而基之宵旰者深，斯治可清其源而措之庙堂者裕也。崇规茂矩，史不绝书，而求其大要，则不过懋修之实，振旅之方，怀远之法，阜财之道。其勤求于凤夜者，将以勉主德于精纯，登斯民于仁寿，而使天下利，用厚生以驯致于富强也。至于修己之功，整军之条，防边之术，足用之资，尤必揆时度势，行以实心，则唐虞三代之隆，不难再见于今日也。钦惟皇帝陛下卢牟六合，经纬万端，具天亶之明，炳日新之德，固已学问无不懋，军威无不振，穷边无不服，储积无不厚矣。乃圣怀冲挹，犹切咨询，思久道之化成，惟迩言之是察。进臣等于廷，而策之以典学、治兵、靖边、理财诸大政。臣之愚昧，奚补高深？顾当对扬伊始之时，敬念拜献先资之义，敢不谨述？幼学以来，本典册所敷陈者，用效土壤细流之一助乎？

伏读制策有曰：诚正之学，格致为先，此诚穷理尽性之至意，进德修业之实功也。臣谨案帝王之学皆本于心。稽之往籍，唐太宗作《帝范》十二篇，始《君体》《建亲》，终《阅武》《崇文》；《贞观政要》《太平御览》始于李氏；唐魏徵《谏录》《续录》备切时务，均有裨于治法，《政府奏议》与《尽言集》诸书，其中优劣固分；真德秀《大学衍义》略治平不言，明邱濬补之；夏良胜《中庸衍义》与真德秀书，其体例固有同者；司马光《资治通鉴》二百九十四卷又别为《目录》《考异》各一，编阅十九年而成。其它采于诸书有与《史记》不合者，有与前后《汉书》不合者，有与《唐鉴》不合者，然剀切精详，无非为治之要。《释文辨误》系元胡三省作，胡氏《音注》，共九十七卷。王应麟撰《地理通释》，总括为四类，首州城，次都邑，次山川，次形势，外纪十卷，目录五卷。刘恕所撰自《包牺以来纪》一卷，《夏商纪》共一卷，《周纪》八卷，终于成王。李焘续长篇，自建隆至靖康，事靡不备。刘时举等所续，起高宗建炎，书成于理宗时，固不若原书之精确矣。皇上钦崇典学，取法犹多，不难探敬义之原，以绍执中之旨也。

制策又以用兵之法贵乎因地制（宜），遂及夫舟师之可进可止，以期于应机而取胜。臣考楚子为舟师以伐吴，实为水军之始，后楚获吴舟，馀艎又为舟之最著者，公输般之钩拒战舟，即始于此。汉则以朱买臣治楼船，元鼎五年，诏粤人及江淮以南楼船往讨吕嘉，则有伏波楼船，下濑、戈船，各将军之号。岑彭装战船以破蜀，王濬作大船连舫以伐吴，其飞云舟、仓隼船，受士卒各有多少，其相去亦均不一。隋文帝令杨素造战舰，各命以名，其高尤异于古制。李靖帅战舰破萧铣，舟制视前为备。宋时福、兴、泉、漳有鲵鱼船，谓修之可为海道之备，故宋臣有奏陈之者。绍兴时有飞虎战舰，旁设四轮。其制至今尚有可考者，尤莫详于明初太祖于新江口设舟四百，后济州卫杨渠献桨舟图，是为江舟。广东之铁栗木，以及温之苍山铁，为戚继光所用者，是为海舟。后又有以皮为船者，夫舟师自古不废，良以所用，无往不利也。故或以守为利，或以攻为利，皆应机而适宜耳。国家文德武功，渐被中外，偃武不忘武备，养兵不弛兵威矣。

制策又以边防之事，自古为昭，因而求安边靖外之法，此又为治保邦之远谟也。臣惟土地既广，教化难孚，欲治以文，不如先震以武。溯自虞廷有三苗之征，成周有獯鬻之伐，其彰著者也。齐桓创霸，先以攘狄为功，而左氏又美和戎者，各有因时制宜之用焉。汉重犁庭，扬雄以为中策，雄固别有特识。七雄竞爽，可资骛牧以绥边。西夏一隅，能拒辽金而相角战，道必有所从。汉开西域，力耆乌孙，唐启安西，威扬大食，昭然典册，皆有可考。夫葱岭以西，雷翥以北，握其天险则遐荒不难永治。故诘戎先在择将，汉用卫青、霍去病，而汉室已安；唐用李靖、李勣，而突厥遂破；元有旭烈兀诸人，而收印度；明资戚继光诸将，而赖以安。可知绥边先于得人也。夫此不过羁縻勿绝，尚未能永靖殊方也。惟平定之世，悉举其男女，结束田园宫室城市，而丕变之道途无阻，饮食攸同于以见，乾坤无不被之仁，日月无不明之照，所以大一统之规，而示无外之意，夫岂以征代（伐）为能哉！圣朝疆域之广，超乎隆古所由，镜清砥平，而远近咸安康乐欤。

制策又以钱法必求尽善，而曰货、曰金、曰泉、曰刀、曰布，此尤足国裕民之要政也。臣考钱法始于太暤，高阳氏谓之金，有熊高辛谓之货，陶唐谓之泉。周立九府圜法，以商通货，以贾易物。故周泉府一职，与民称贷，真为便民。汉高祖以秦钱太重难用，更令铸荚钱。文帝五年，为钱益多而轻，乃更铸四铢钱。武帝建元元年，行三铢钱，因其轻，易起奸诈，更为半两，已而半两钱重，多磨质取镕，乃为五铢。魏晋后，亦有铸四铢钱者。唐开元初，宋璟请罢恶钱，行五铢，去旧钱不可用者，诏出铜所在，置监铸开元通宝钱。第五琦为相，复命绛州诸炉铸重轮乾元钱，与开元通宝并行，以一当五十。后又罢江淮七监。宋太祖铸宋元通宝，轻重一准唐开元，当时铸钱有四监，饶州曰永平，池州、江州、建州，皆有所号。自元祐初，钱币行而钱法一坏，自交子钞引行而钱法再坏。元明交钞，以丝为本，每金五十两，易丝钞一千两，非鼓铸之不善，亦立法之未良也。夫法以时为变通，制因民为增损，苟能除其弊而使之流行，则天下无贫乏者矣。圣世理大物博，泉流无滞，所以规求至善者，岂汉唐所可及哉！

夫君心之敬肆，其几甚微，而正一心以正朝廷，正朝廷以正百官，正百官以正万民，则政治之张弛，人材之消长，民务之废兴，咸由此而判焉。危微之机，不可儆惧乎！

臣伏愿皇上励精求治，慎厥初终。读经则思帝王制治之意，不徒以记诵占毕为功；读史则知前代得失之由，不徒以殚见洽闻为务。源清则流无不洁，体立而用有以行。主极既端，举凡居敬、存诚、训俗、型方、安民知人之道，可一以贯之焉，则我国家亿万年有道之长基此矣。

臣末学新进，罔识忌讳，干冒宸严，不胜战栗陨越之至。臣谨对。

印卷官　礼部主事　臣　崇良
　　　　礼部主事　臣　王集

徐敏中小传

徐敏中（1860—1910），字紫枬（一说字精一，号紫枬），四川叙永兴隆场小洞人。十三岁入厅学，光绪八年（1882）举人。十二年（1886）进士，第二甲第九十一名。选翰林院庶吉士，散馆，官工部主事。后假归，不再出。诗歌慷慨，有"明七子"之风。书法见称于时。卒年五十。其生年依据殿试履历推算而得。其余诸事不详。

其代表诗作有《送万斐成出都》："劳薪析尽叹天涯，帽影鞭丝落照斜。念我无诗歌下里，浮生何处不京华。秋风惯作幽燕气，鬓里休谈将相家。蜀道若逢相识问，近随牛女泛仙槎！"又如《沪上杂感》："谁将混沌凿天荒？斥卤今成角逐场。灯火万家明月小，楼台四面晚风凉。香车宝马匆匆过，薄鬓鸣蝉淡淡妆。我是江南倦游客，那堪遥夜怨华堂。"

徐敏中殿试卷

清光绪十二年（1886）丙戌科殿试第二甲第九十一名

应殿试举人臣徐敏中

应殿试举人臣徐敏中，年二十六岁，四川叙永厅人。由廪生应光绪八年乡试中式，由举人应光绪十二年会试中式，今应殿试。谨将三代脚色开具于后：

一、三代：

曾祖国玺。祖文开。父杰。

臣对：臣闻政无论大小，必清其源，治无论古今，在端其本。将欲乂安寰宇，丕扬谟烈，鸿源翊运，象构骈厘，岂惟是粉饰升平，侈长驾远驭之略哉！亦且因陋就简，苟且以自安哉！古帝王侧席求贤，临轩称制，莫不欲得直言极谏之臣，为启沃乃心之助，如汉之策董仲舒，唐之策张九龄，后周之策王朴，宋之策苏轼，咸孜孜焉。当巨典之宏开，冀嘉谟之入告，诚以对策者应诏而陈政也。设制科者，非徒试以词章也，其敢涂饰敷衍，虚应故事，上负求言之意耶。钦惟皇帝陛下冲龄践祚，重道亲师，本宵旰之勤劳，求盛德之大业，良法美意，不愆不忘。固已嘉言孔彰，政治厘然毕举矣。乃圣怀冲挹，咨访维殷，举稽古、讲武、设险、范金诸大端，策臣等于廷，而不弃葑菲之下体。如臣庸昧，何足以承大对？特涓壤之微，且裨山海，萤烛末光，增辉日月，况当言路广开之时，复谕以毋泛毋隐，用备采择，则凡时政所关，敢不缕举陈之。

伏读制策有曰：帝王诚正之学，格致为先，因进求审端致力之方。此诚正位凝命之本也。臣案：《帝范》一书，言主极者甚详；《群书治要》以及《帝学》所纪，无非以二帝三王之心法，引而伸之，其中所有精义，大有益于家国。此外若《太平御览》《魏徵谏录》《续录》《政府奏议》《尽言集》《历代名臣奏议》，其中优劣明明可考矣。真德秀《大学衍义》，意在以本贯末，故于治平不言，明邱浚补之，体用始备。夏良胜《中庸衍义》，其体与德秀少有异同。宋司马光撰《资治通鉴》，为治忽之渊林，上起战国，下终五代。故神宗之叙《通鉴》曰"典刑之总会"，孝宗之读《通鉴》曰"法其所兴，戒其所以亡"，盖嘉其有益风会，足以为千古之殷鉴。后人苟得其要旨，何患天下不治耶。《释文》为宋史照作，《音注》为胡三省作，《释文辨误》十二卷，亦为胡三省作。撰《地理通释》则有王伯厚焉，撰《外纪》则有刘恕焉。至李氏所续《通鉴长编》，刘时举所续《宋编年资治通鉴》，虽间有可取，以司马光所作相提并论，似难及原书之精博矣。皇上天亶聪明，勤修上理，固已统千古相得之益，一以贯之矣。

制策又以整军经武，国之大经，而欲因地制宜，以期于应机而决胜。此诚当世之要务也。臣考《左氏传》"楚子为舟师以伐吴"，实为水军之始。其后楚获吴舟艅艎，则为舟名之最著者。汉时命朱买臣治楼船，元鼎五年，诏粤人及江淮以南船，往讨吕嘉，故汉有"伏波将军""楼船将军"之号。船之命名，分为三等：曰"戈船"、曰"下濑"、曰"横海"，皆可用以习水战。晋武帝时，王濬修舟舰，乃作大船连舫，又有"飞云""舟仓""隼船"诸名。隋文帝时，杨素亦造战舰。唐击萧铣，所用之数最多。宋之舠鱼船，惟福、兴、泉、漳有之，可以备海道。飞虎战舰，见于绍兴时。他如铁可以为船，晋唐以前即有是说。广东之铁栗及温之苍铁，为戚继光所用者，是为海舟，又不独皮可为船也。夫舟师历代不同，要必器械精、形势审，斯进而剿除大敌，有投鞭断流之势，退亦控扼冲要，异设锁横江之陋，连樯千里，陆师应之，风疾驰而莫御，川利涉而有功矣。皇上仁育义正，威震华夷，岂徒夸士卒之猛健，以大张声色乎。

制策又以设险守国，自古为然，而因以边防之要，策证往古之隆规。此诚绥靖疆邑之善道也。臣案：昔者虞廷致治，三苗逆命，犹烦振旅。周室之仁，玁狁之顽，上劳挞代。防边之事，亘古以来，得失明如左券。《左氏传》美齐桓公攘狄，而魏绛和戎，并存两说。扬威异域，贵能犁庭扫穴，以张中国之军，而扬子云独抑为中策。且七雄竞爽，资骛牧以绥边，西夏一隅，拒辽金而掎角，四战之地，从之苟不得其道，鲜有不偾事矣。夫以葱岭以雷蠹之险固，得其中权，自能握其天险。故汉开西域，而威力远詟夫乌孙；唐启安西，而声教远通夫大食。自非善于将兵，明于地利，安能如此耶。至若汉用卫青、霍去病，后先数年，漠南诚服。唐用李靖、李勣，突厥之强且为之破。元之有天下，土宇之宽甲乎前代，其开印度也，用旭烈兀诸人。明之有天下，倭氛甚急，自用戚继光诸人，而倭国遂平矣。夫边防之要无他奇，历观古人，不出于守隘得地，驭兵得人，国无内患而外患自消，民有余粮而饷自不竭。加以赏功必当，戮罪不贷，不独宇内之人帖耳而服，即素不相下之国，行且感于大德，泥首于阙庭矣。皇上小心翼翼，防患未然，身为疆臣者，敢不慎守以重厥职哉。

制策又以生财之道，在于善权，而欲以开源节流之方，为富国强兵之计。此诚理财之大法也。臣考钱法始于太皞，即谓之金，有熊氏、高辛氏谓之货陶，唐则谓之泉，商人谓之刀。周制以商通货，以贾通物，其九府之法，以为货宝，于金利，于刀流，于泉布，于布束，于帛。至周景王时，患钱太轻，更铸大钱。汉时初铸荚钱，后以钱益多而轻，乃更铸四铢钱，其为文曰"半两"，孝文五年铸也。厥后，三铢、五铢相映先后，魏晋以后，亦有铸四铢钱者。唐人改五铢钱，每钱一千，其重有定。复设钱监督之，后复罢江淮七监。宋初铸"宋元通宝""太平兴国"，轻重一准唐开元。当时铸钱有四，后许申建议，请以药化铁与铜相杂，铜三分有奇，铁六分有奇。毕仲远进《中书备对》，言诸路铜铁、钱监所增之数，均班班可考。自银币行而钱法一坏，自交子、行钞而钱法再坏，欲救其弊，当先自京师始。何也？京师为首善之地，京师钱法正，则天下之钱法皆可，仿而行之，是在为政者之工于裁制焉尔。

皇上节用爱人，四方共仰，凡属中外大小臣工，其体理财之意，以生无穷之利，民物康阜，庶锱铢不较，财赋倍于常供矣。若此者，敬慎以治心，奋发以讲武，防范以保国，撙节以生财，"扇巍巍，显翼翼"，仁圣之事赅，帝王之道备矣。臣尤伏愿皇上璇衡默运，熏轸常调，本宵衣旰食之心，臻一道同风之盛。心志已诚而犹怀慎独，军容已壮而犹切防闲，斥候已严而倍加守护，铜山不竭而常虑空虚。于以宣洪畅之德，茂隆备之规，畅八垓，泝九埏，信丕天之大律，帝者之上仪，我国家亿万年有道之长基此矣。

臣末学新进，罔识忌讳，干冒宸严，不胜战栗陨越之至。臣谨对。

印卷官　礼部主事　臣　崇良
　　　　礼部主事　臣　王集

郑宝琛小传

郑宝琛（1853—?），字子珍，号越舫，四川成都府新都县人。曾祖华文，祖元士，父恩浚，本生父恩敬。光绪二年（1876）举人，十二年（1886）进士，第二甲第九十四名。曾任四川矿务主事。据史料记载，光绪十五年（1890），郑宝琛请求开采四川雅州府矿山，结果被四川总督刘秉璋极力反对，并强加阻拦，最终只好作罢。

光绪八年（1882），郑恩敬、郑宝琛父子倾力整理杨慎（字升庵）著作，将《升庵全集》《升庵遗集》《升庵外集》和《函海》中所载杨氏著作，汇编为《总纂升庵全集》，共240卷，这是历代整理杨慎别集中比较全面、翔实的版本。

郑宝琛殿试卷

清光绪十二年（1886）丙戌科第二甲第九十四名

应殿试举人臣郑宝琛

应殿试举人臣郑宝琛，年三十四岁，四川成都府新都县人。由附贡生应光绪二年乡试中式，由举人应光绪十二年会试中式，今应殿试。谨将三代脚色开具于后：

一、三代：

曾祖华文。祖元士。父恩浚。本生父恩敬。

臣对：臣闻策者，谋也。对策始于西汉，晁错、董仲舒、贾谊、匡衡杰出其间。厥后，策问取士，世代相沿。唐则刘蕡，宋则苏轼，类能指陈利弊。然则制科之设，原以求敢言之士，非校文字也。自古帝王斟元御宇，统朝野而兼治，而欲图化理，先廑懋修。故致治必先讲学，而学修何以进也；宣威必先习武，而武备何以修也；制敌必先防边，而边陲何以固也；理财必先铸钱，而钱法何以善也。其本正者，其末治；其纲举者，其目张。则天下之重，庶务之殷，可安坐而理也。钦惟皇帝陛下以圣哲之资，荷艰大之业，揆文奋武，四海治安，固已理学无不明，军政无不严，边疆无不靖，钱制无不善矣。乃圣怀冲挹，犹切咨询，罢去对策成格，不限字数多寡，进臣等于廷，策之以经史、军旅、地形、圜法诸大政。臣一介愚贱，何敢妄陈天下大计？特自束发受书，稍知大义，若逆亿为言，苟窃一命之荣，不敬孰大，用敢举所素习以为敷陈耳。

伏读制策有曰：帝王诚正之学，格致为先，而因求夫往哲粹语，昔圣微言。此诚正位凝命之极功也。臣谨案：《帝范》《群书治要》以及《帝学》，精义具在；《贞观政要》《太平御览》《谏录》《续录》，皆有可取。此外，若《政府奏议》，若《尽言集》，若《历代名臣奏议》，各有优劣，彰彰可考。《大学衍义》一书，真德秀所著，意在于正本清源，故言本而略其末，治平之事实有关焉。是固真知为学之本，而独揭其要矣。至邱濬补其书目，凡十有二，此又因人已发之绪，而更畅其意，即先哲未尽之蕴，而更申其旨。夏良胜《中庸衍义》，与德秀书同体例。司马光《资治通鉴》，为治忽之渊林，又有《释文》，有《音注》，有《释文辨误》，有《地理通释》，有《外纪》。李焘、刘时举等所续，足继原书而昭其精博矣。夫帝王之学，与儒生不同，儒生终岁讲贯，穷年励学，不过勉为大儒、纯儒而已。若帝王，则不必用心于微末，校理于分寸，而实事求是，明达体用，敬肆分，则理欲自判，邪正辨，则君子、小人自见。勿以顺逆为喜怒，勿以喜怒为从违。发一言则如纶如丝，行一政则可大可久，即妇寺之间、服御之微、宫闱燕处之地，皆兢兢以学修为事。常御经筵，多置讲官，而何事工辞章之末，矜记诵之博，为有裨于圣学也哉。皇上冲龄毓德，念典方新，讲性理之学，不必求章句之微，异日亲裁大政，扩而充之，懋德建中，本诚正以致治平，远轶前古矣。

制策又以用兵之法贵乎因地制宜，而详求夫舟师之制。此诚威靖四方、保安天下之至计也。臣惟《左氏传》"楚子为舟师以伐吴"，实为水军之始。其后楚获吴舟艅艎，则又舟名之最著者。又有谓公输班之钩拒，乃战舟之始。汉时命朱买臣治楼船，元鼎五年，又诏粤人及江淮以南楼船往讨吕嘉。其时有"伏波将军""楼船将军"之号，其船曰"戈船"、曰"下濑"、曰"横海"，命名之义各有所取，其习水战亦各有地。晋武帝时，王浚修舟舰，乃作大船连舫，以练士卒，其"飞云""舟仓""隼船"相去悬殊，有书可稽。隋文帝命杨素造战舰，其舰亦命有名，其高可考。唐时击萧铣，所用战舰有数可征。宋时福、兴、泉、漳各有鲫鱼船，可修整以备海道，奏陈之人及其年岁均可考也。绍兴时有飞虎战舰，旁设四轮，其制具在。铁可为船，晋唐以前即见于书。又有为皮船者，明戚继光亦用之以行军焉。伏思外夷轮船，诚为利器矣，然能聚而不能散，能正而不能奇，一舟失事，损人无数，费财不赀。内地船身略小于夷，乘间趋隙，厥用甚便，虽涉海或虞倾覆，然不与外夷海中争利，而于岛屿、洲渚扼奇守险，彼舟则胶，我舟则利，小能制大，莫切于此。故其制也易，其失也小，其散也巧，其合也奇。自古无徒恃舟巨，而水战遂无不胜者。皇上仁育群生，扬威寰海，蠢尔之夷，咸奉正朔而莫不宾服矣。

制策又曰：虞廷致治，振旅三苗，周道方兴，劳师獫狁，而因详求自古防边之事。此尤保太平之至计也。臣案：齐称攘狄，左氏兼美乎和戎；汉重犁庭，扬雄反抑为中策。且七雄竞爽，资弩牧以绥边；西夏一隅，拒辽金而掎角。地居四战，镇守维艰。又如汉开西域，力詟乌孙；唐启安西，威扬大食。是则葱岭以西，雷翥以北，握其天险，务得中权，肆业及之，其胜算可独操矣。又若汉得卫青、霍去病而奠漠南，唐用李靖、李勣而破突厥，元有旭烈兀诸人而牧印度，明资戚继光而靖倭氛。得人者昌，其效可历指也。夫兵危事也，不得已而用之，须策出万全，方为无害。惟未雨绸缪，于四夷安靖之时，预筹防边之策，庶边塞既固，外侮无虞，而天下安矣。皇上训饬戎行，将帅得人，从此天下乂安，威振六军，岂不懿欤。

制策又以钱法始于太皞，或谓之金，或谓之货，或谓之泉，或谓之布，或谓之刀。此诚便民裕国之要务也。臣惟周制，以商通货，以贾通物，其九府圜法，厥制綦详。后患钱轻，更铸大钱，其年可考。汉初铸荚钱，后以钱益多而轻，乃更铸四铢钱，其文昭然可稽，其年代亦有可征。后又有三铢、五铢之名。魏晋以后，亦有铸四铢钱者。唐时改五铢钱，每钱一千，其重可计，其设钱监之地，亦有可征。又有进言罢江淮七监者。宋时置监铸铁钱，其铜钱则仍贵于铁钱焉。元丰间，毕仲衍进《中书备对》，言诸路铜铁、钱监所增数，多于宋初。自银币行而钱法一坏，自交子、钞引行而钱法再坏。元明以来，率蹈此弊，岂鼓铸之不善欤，抑产于山者有时而竭欤。子母相权之法，足以富民，实足以富国，不可不亟讲也。盛朝户、工二部，设宝源、宝泉两局，藉以剂食货之用，诚美法矣。夫以稽古精学业，以讲武靖邦家，以设险防夷狄，以范金足财用，推而行之，何政之不修，功之不举也哉。臣尤伏愿皇上天行不息，日进无疆，毋谓劫悷已深，而稍疏学力，毋谓寰宇已靖，而遂驰武备，毋谓戎狄已服，而忘思患预防之谋，毋谓钱制已定，而疏革弊除私之令。有初有终，可久可大，于是综八方而为极，合万国而攸同，畅皇风，熙帝载，则我国家亿万年有道之长基此矣。

臣末学新进，罔识忌讳，干冒宸严，不胜战栗陨越之至。臣谨对。

印卷官　礼部主事　臣　崇良
　　　　礼部主事　臣　王集

屈光烛小传

屈光烛（1861—?），字泰阶，号见奎，重庆府荣昌县（今重庆市荣昌区）人。曾祖绍良，祖应坤，父达人，事迹不详。

光绪十一年（1885）举人，十二年（1886）丙戌科第三甲第二十名进士。签发江西，待补知县。十四年（1888），出任德安知县。离任之时，有长诗《留别德安同寅暨各士子》，"传唱骊歌不忍听，行云犹为此间停"，颇具深情留恋。另有《重游德安感怀》诗，"且喜重来旧游处，相逢应比故乡亲"，风格更显多彩。工于书法，作品见称于时，有作品传世。《清代人物生卒年表》《清代四川进士征略》及《中国美术家大辞典》有简介，然并不详尽。

屈光烛殿试卷

清光绪十二年（1886）丙戌科第三甲第二十名

应殿试举人臣屈光烛

应殿试举人臣屈光烛，年二十五岁，四川重庆府荣昌县人。由附生应光绪十一年乡试中式，由举人应光绪十二年会试中式，今应殿试。谨将三代脚色开具于后：

一、三代：

曾祖绍良。祖应坤。父达人。

臣对：臣闻显道所以立极，保乂所以诘戎，设险所以保邦，理财所以富国。稽诸载籍，于《易》而言修业，于《书》而重誓师，《诗》有幅员之颂，《礼》存泉货之经，握矩崇仪，灿然赅备。自古帝王锡福诫民，斟元御宇，以崇德性而道统常垂，以壮声灵而千城足用，以固疆圉而区夏咸安，以通财货而度支胥裕。用是为陶为淑，蛾术勤焉；有翼有严，虎威奋焉；无偏无党，九围式焉；职出职入，百货充焉。所为扬骏烈，畅鸿庥，规矩二仪，陶甄万类，胥一世而跻诸仁寿者，恃此也。钦惟皇帝陛下聪明天禀，宵旰勤劳，则古圣以同民，体至仁以育物。固已文教聿修，而武功丕著；地舆大启，而国宝充盈矣。乃圣怀冲挹，弥切畴咨，思至善之无遗，冀迩言之可察，进臣等于廷，而策之以典学、治军、略地、理财诸大政。如臣愚昧，譬诸涓流撮壤，奚补崇深？顾当对扬伊始之时，敬维拜献先资之义，敢不谨述素所诵习者，用效管窥蠡测之微忱乎？

伏读制策有曰：帝王诚正之学，格致为先，因进详考后世有所裨益之书。此诚端本善则之切务也。臣案：帝王之德，虽与时殊，而所以同条而共贯者，亦不外乎"人心惟危，道心惟微，惟精惟一，允执厥中"。十六字为治平之本，而帝王之学于以有真焉。若《帝范》，若《群书治要》，若《帝学》诸籍，采其精意，皆可有裨于治初，不但《贞观政要》《太平御览》，及夫魏徵之《谏录》《续录》，惟有益于治天下也。此外，若《政府奏议》，若《尽言集》，若《历代名臣奏议》，皆发于忠悃，出于肫诚，以之疏瀹性灵，补救遗失，固无不可。而其中浮实杂出，诚伪攸分，则又不无优劣之辨也。真德秀作《大学衍义》，专以正心诚意为主，以为若操其本也，而末自随焉，若提其纲也，而目自理焉，故略治平不言。明邱濬补之，则治法于以详备矣。夏良胜《中庸衍义》，亦仿德秀之书，而体例自同。司马光总古来治忽之端，兴衰之事，汇为《资治通鉴》，此诚求治者之渊林也。至于为《释文》，为《音注》《释文辨误》《地理通释》，与乎《外纪》诸书，充栋汗牛，难以枚举，而其间尽有可采，以助治法者。至若李焘、刘时举辈所续，较之原书，不惟足以相继，更为精博矣。皇上崇儒重道，精意懋修，所由博采旁搜，而郅治遂臻上理已。

制策又以《六韬》有《水战篇》，遂及舟师之因地制宜，以期于应机而决胜。臣考水战之制，上古未详，《左氏传》"楚子为舟师以伐吴"，实为水军所自始。其后楚获吴舟馀艎，则又舟名之最为著者也。或谓公输般之钩拒，即战舟之至巧者，人即以为战舟之始。汉时，命朱买臣治楼船。元鼎五年，又诏粤人及江淮以南楼船，往讨吕嘉。是战舟至汉而盛，故其时为舟师将者，有伏波将军、楼船将军之号。其船曰"戈船"，曰"下濑"，曰"横海"，各有命名之义。晋武帝时，王濬修舟舰，乃作大船连舫，以其能受士卒多也。至其飞云舟，舟楫如飞，与苍、隼船同为矫捷之器。隋文帝命杨素，亦造战舰。李靖帅战舰破萧铣，舟制视前为备，而江海各异，制尤莫详。于宋时之福、兴、泉、漳，各有鱼鲴船，可修整以备海道。绍兴时，有飞虎战舰，旁设四轮，其行甚迅，是又战舟之最捷者矣。明戚继光用苍山铁为船，又用皮船，则舟制为不少矣。诚使器械精彩，审势，斯进而剿除大敌，有投鞭断水之奇，退亦阻阨要冲，异设锁横江之陋。而舟师之盛，真觉有赫厥声，有濯厥灵，其运筹决策，更足以平夫蛟窟，静夫鲸波。恭逢圣天子仁育群生，威加寰海，而用奏肤功，岂徒夸士卒凫藻乎？

制策又以地舆广远，边防不可不修，防边之策，地利不可不晓。此诚保固疆圉之远谋也。臣案：虞廷致治，振旅三苗。周室方兴，劳师玁狁。边徼跳梁，自古皆有。特思患预防者，先于要害之地，有以抚其背而扼其喉，故虽桀骜难驯，亦不敢窥中原而牧马。他若齐称攘狄，左氏兼美乎和戎；汉重犁庭，扬雄反抑为中策。识有远近，斯所论各有不同。至于七雄竞爽，资鹜牧以绥边，西夏一隅，拒辽金而犄角。彼地居四战，计善从长。又如汉开西域，力奢乌孙；唐启安西，威扬大食。是则葱岭以西，雷翥以北，握其天险，务得中权，则操纵之机在我，臂使指挥。无远弗要之地利虽得，择将尤为难事也。故汉得卫青、霍去病而奠漠南，唐得李靖、李勣而破突厥。汉唐而后，鲜有为之继者。嗣后，元有旭烈兀诸人而收印度，明有戚继光诸人而靖倭氛，则择将顾可缓乎。圣代勤修武备，筹划宏深，所以合八方而献颂，遍四海以归仁，野有绥丰之庆，民无锋镝之忧，盖承平之世，有所自来矣。

制策又以储蓄之经，流通之法，为理财所不可易，而因及夫古来钱法，所以阜民财而裕国用也。臣考钱法始于大皞，其后为金、为货、为泉、为布、为刀，轻重既因乎时，名号亦随之而变。总之，初铸时法皆美备，而愈趋愈下，其弊遂至于不可问。夫周制为尽美矣，以商通货，以贾通物，九府圜法之设，更为平允。后患钱轻，又铸四铢钱，其后三铢、五铢、六铢之名，互相迭起。汉唐时，五铢最为便用，故北齐孔觊请铸五铢之钱也。唐陆贽云钱之多少，在于官之盈缩，请广开采、严铜禁，其言皆有益于钱法。周景王铸大钱以便民，蜀刘巴铸大钱以富国，诚以鼓铸之工费易于稽核，易市之价值便于流行。至若以一当十，乾元有重宝之文；以一当五十，乾元有重轮之异。盖法与时为变通，制因民为增损，固不同孙权有当千、当百之殊，晋文有比轮、四文之别也。又或疑私铸难禁，不知官收铜器，铜价贵则私铸自止矣。盛朝户、工二部，设宝源、宝泉两局，藉以剂食货之用，诚美法也。若此者，稽古以立政，讲武以备豫，设险以立邦，范金以足用，握乾符、阐坤珍，仁圣之事赅，帝王之道备矣。

臣尤伏愿皇上治益求治，新又日新，本励精图治之思，臻累洽重熙之盛。道德已至而更凛敬诚，军旅已强而弥勤简阅，远迩已安而愈廑绥缉，源流已裕而益妙权宜。于以膺景福，保鸿名，合万国而来同，综八方而为极，熙春泳化，函夏翔和，则我国家亿万年有道之长基此矣。

臣末学新进，罔识忌讳，干冒宸严，不胜战栗陨越之至。臣谨对。

印卷官　礼部主事　臣　崇良
　　　　礼部主事　臣　王集

（二十）清光绪十五年（1889）己丑科

> 本科殿试于四月二十一日在保和殿举行。取进士296人。状元张建勋，广西临桂人。榜眼李盛铎，江西德化人。探花刘世安，汉军镶黄旗人。会元许叶芬，河北宛平人。

殿试策问① 清德宗载湉

奉天承运，皇帝制曰：朕仰膺天眷，寅绍丕基，荷列圣之诒谋，承慈闱之懿训，兢兢业业，十有五年矣。思欲登群生于衽席，筹九府之丰盈，绥八表于安全，阜四民之货殖。兹当临轩发策，尔多士其敬听朕命。

《洪范》八政，食货为先，平世三登，丰穰偶歉。故《王制》有余三之政，儒家详缓二之文。《救荒活民书》，撰者何人？补者谁氏？《救荒本草》《拯荒事略》《救荒事宜》《救荒策会》《煮粥参议》《野菜谱》《野菜博录》诸书，孰详孰略？能援其最要之说，举其易辨之条欤？三国当涂，北朝拓跋，移粟不劳于江左，泞饥未害于偏灾。稽古者，岂宜无所考见欤？元明以后，每恃南粮，踵河运者虞海道之难，崇海运者虑河漕之缓。或谓宜于兼用，通知时事者，讵能拘成法欤？

自昔行师，端需理饷。汉时全盛，犹收孔仅之功。唐室中兴，实用杨炎之策。必欲远师平准，无凋耗之虞，近足度支，有饱腾之便。通材硕学，岂无成法欤？或谓九牧贡金，明征《禹贡》。铁官列郡，亦著《汉书》。中古以还，代传开凿，权其利害，可得言欤？又如七雄并峙，铁冶纪于史迁。三国争衡，食货缺于陈寿。述其邦计，能悉源流欤？又如建炎南宋，利擅于榷场。中统元初，用资于宝钞。熟知古事，讵无藉于博闻欤？

自古大一统之世，必为亿万年之图。西逾葱岭，汉通凿空之官。北界金山，唐设北庭之府。轮台屯戍，外辑乌孙。金满建城，远收伊列。凡兹经略，能略言欤？苏定方之讨沙钵罗，速不台之穷默尔奇，此其功烈，近在何时？吐蕃会盟之碑，刻于何代？《筹海图编》之绩，著自何年？又如蒙冲、楼橹，肇起《汉书》。翼轸毕箕，权舆孙武。兵家水战，能举其要义欤？《诸蕃记》《西使记》沿革多可考欤？《武备志》《火器图》遗法尚可用欤？

古礼先蚕是享，献茧登功。所以通羡余，重国计也。《尔雅》蚕类不一，不皆饲桑。《太平御览》引《永嘉郡记》亦同，能区别其地利物宜欤？《淮南子》谓王法禁原蚕，以其残桑。然乡贡八蚕之绵，何害于一岁再登欤？《御览》引谢承书，称范充为桂

①出自《清实录·光绪朝实录》，光绪十五年（1889）"四月丙申"条。

阳太守，教民植桑养蚕。《宋史》称张咏令崇阳，教民拔茶植桑。得无纺织之兴，亦资循吏欤？《御览》引《吴录》，称南阳郡一岁蚕八绩。《隋书》称江湖之南，一年蚕四五熟。岂非锦绣纂组，反助女红欤？《蚕书》及《农桑辑要》《农桑衣食撮要》，何代何人所撰？良法美意，今尚可行欤？

夫振给补助，仁政之经也；阜通消息，强国之资也；安攘训练，边围之图也；纺绩织纴，生民之本也。多士博览古今，讲求实用，其各以素所蕴蓄者著于篇，毋泛毋隐。朕将亲览焉。

徐心泰小传

徐心泰（1858—?），字陛云，号尊虞，四川叙永厅（今叙永县）人。少从广东南海学者谭宗浚学，肄业于成都尊经书院。光绪八年（1882）举人，十五年（1889）中进士，第二甲第二十八名，选翰林院庶吉士。《四川尊经书院举贡题名碑》载有其名，作字阶云。

《清实录·德宗实录》卷二百七十、《引见新科进士名单》《光绪十五年己丑科会试同年齿录》，皆有其名，作"徐心泰"。而《清代进士题名碑》及《索引》则将其写作"徐心秦"，或为讹误。

光绪十七年（1891），徐氏任散馆，授刑部主事。因父母年老，辞官归养，居家不复出。当道延聘，掌教丹山书院，凡七年，教学以"实学诱导"为原则，平日课士严谨，学风纯正。徐心泰为人外和而内峭刻，遇事正气懔懔，不屈不从，不随大流，常面折人之过错，不留情面。未五十而卒。

徐氏长于书法，叙永境内尚有其书法佳作存世。著有《说文补释》一书，另有诗歌、杂文、时文、联语等著作藏于家，未及付梓。有代表散文《丹岩赋》，这篇赋文正面描述风景，侧面衬托、赞咏红岩之丹，以山自勉，以山立志，表达了"永矢其丹心"的节操和愿望。

徐心泰殿试卷

清光绪十五年（1889）己丑科第二甲第二十八名

应殿试举人臣徐心泰

应殿试举人臣徐心泰，年二十八岁，四川叙永厅人。由廪生应光绪八年乡试中式，由举人应光绪十五年会试中式，今应殿试。谨将三代脚色开具于后：

一、三代：

曾祖文章。祖伦。父敏功。

臣对：臣闻治天下者，不恃有长驾远驭之略，而恃有德盛化神之方；不贵有横被无外之规，而贵有善建不拔之计。伊古帝王，缵承大统，鸿灵洋洋，螾龙螾鹿，则帝德懋焉；箧金箧玉，则帝范昭焉。八会之书，十言之教，户牖之戒，盘杅之箴，莫不夕惕朝乾，日新月异，粲乎隐隐，可得而详矣。迨稽往牒，懿考前闻，补助者仁政之经，制用者保邦之要，训练者安边之本，蚕缫者裕国之原。是以郅隆之世，所恃以经纬六合，纪纲八垓，上迓蕃厘而下膺多祜者，此也。钦惟皇帝陛下庞禠桃被，协气蕴敷，涣汗布其经纶，蒙养敦其教化，兢兢焉措海宇于安全者，固已抉经之心，以古为鉴矣。乃圣怀冲挹，弥切咨询，撮土壤以崇山，导涓流而益海，进臣等于廷，而策之以赈饥馑、通货财、饬边防、课蚕绩诸大政。臣学识庸陋，何足以承大对？然幸值广开言路之时，敬念拜献先资之具，敢不谨述平日所诵习者，抒葵藿之微忱耶！

伏读制策有曰：《洪范》八政，食货为先；平世三登，丰穰偶歉。而因详求余三之政，缓二之文。此诚轸念黎民之至计也。臣案：《周礼·大司徒》以"荒政十二聚万民"，自散财、薄征，以及蕃乐、多昏、索神、除盗，下逮庾师、仓人、虞人、遗人，皆加意恤民，此周室赈饥之法也。自时厥后，则董煟所撰之《救荒活民书》，以及周定王朱橚所撰之《救荒本草》二卷，举凡草之可以充食者，莫不载于编。其取诸《本草》者，一百三十八种，橚所采访新增者，二百七十六种而已。至鲍山之《野菜博录》，与《救荒本草》互有出入。然周王多得于采访，山则皆得于亲试，固可相辅为用焉。至如《拯荒事略》《救荒事宜》《救荒策会》《煮粥参议》《野菜谱》诸书，虽甚详备，然必择易辨者而用之，则集于中泽之民，斯不至倒悬莫解也。元明以降，每恃南粮，踵河运者虞海道之难，崇海运者虑河漕之缓，使兼而用之，何必拘成法哉。夫拯荒之策，或移粟以济其不足，或蠲租以缓其宿逋。要不如林希元《荒政丛言》洞中利害，其言"三难""六急""三便"诸条，实与程子赈济之论，曾巩救荒之文，朱子画一之说，互相发明，用以纾民之困，诚足登诸纻席也。皇上赈恤民生，恩出自上，惠流于下，不已孚惠心，孚惠德也哉。

制策又以自昔行师之要，端以理饷为先，而并详求夫宝钞、榷场之利。此又足国裕民之大本也。臣考汉时全盛，犹收孔仅之功，唐室中兴，实用杨炎之策，其粮饱之富，赡不待言矣。然非远师平准，未必无调耗之虞；非近足度支，未必有饱腾之便也。至如铁冶之兴，尤资利赖，九牧贡金，既有明征于《禹贡》，铁官列郡，复有纪载于《汉书》。夫行师以筹饷为要，而筹饷之方，则以开矿为先务，诚能日核其煎炼之数，自无侵蚀之弊矣。故经理非人，则蠹吏、奸商相为欺伪；苟稽查有法，则铜苗、沙穴最易搜寻。取天地自然之财，助军国必需之用，则开凿诚国之利源也。行钞亦济世之谋，私造禁以明刑，腐烂许其更换。恐胥吏之有克扣，则收放之需索必惩；虑商贾之难通行，则出纳之持平必准。化无用为有用，本至公为至平，则钞币之流通必远也。虽三国争衡，《食货》缺于陈寿；而七雄并峙，铁冶早纪于史迁。史家之详略，殆各不同耳。厥后，宋开茶榷之场，以充足国帑；元制中统之钞，以便益民生。货布流通，古人均有成效在，盖将与贾谊"七福"之《疏》，刘秩"四美"之《论》，同为利于民生国计也。圣朝府事交修，权衡至当，所以规求无弊者，岂汉唐所能及哉。

制策又以自古大一统之世，必有亿万年之图，而因详究夫绥边之善策。臣惟幅员既广，约束虽难，声教攸同，抚绥自易。古来善治天下者，欲敷文治，先奋武功，虞之三苗，殷之昆吾，周之猃狁，其彰著者也。自此以下，则西逾葱岭，汉通凿空之官，北界金山，唐设北庭之府，以及轮台屯戍，外辑乌孙，金满建城，远收伊列，均能扼其要害，铭功于沙漠之区，善厥怀柔，谕德于匈奴之域者也。至若苏定方之讨沙钵罗，速不台之穷默尔奇，其功烈则又照人耳目矣。夫汉唐之通西域，不过羁縻，勿绝且非，迥极遐荒。况闭关谢绝，仅仅内完，安西、高昌得而复失，未能永作边陲也。惟明之平倭寇，其战绩备著于胡宗宪《筹海图编》，殆与宋赵汝适之《诸蕃志》，元刘郁之《使西域记》并传不朽矣。又况蒙冲楼橹，肇起于《汉书》，翼轸毕箕，权舆于孙武，尤见兵家水战之法哉。圣朝疆域之广，远过隆古，所由镜清砥平，而中外咸庆乂安矣。

制策又以先蚕是享，献茧登功，为古礼之所重，而因求所以通羡余、重国计者。此又因利而导之远猷也。臣案：蚕之种类不一，而不皆饲之以桑，《尔雅》言之详矣。《太平御览》引《永嘉郡记》亦同。是地利物宜，有不同也。《淮南子》谓王法禁原蚕，以其有残于桑也。然乡贡八蚕之绵，又何害焉？其有讲求实政者，如范充之为桂阳太守，教民植桑养蚕，见于《御览》。张咏之令崇阳，教民拔茶植桑，见于《宋史》。此循吏之勤于教化，故公桑之利大溥于闾阎也。所以《御览》引《吴录》，称南阳郡一岁蚕八绩。《隋书》称江湖之南，一年蚕四五熟，其得利之厚若此，宜乎女红之无旷，而锦绣纂组之充于筐篚也。《蚕书》一卷，宋陈旉撰，附《农书》末，或曰秦湛所作。《农桑辑要》七卷，元至元十年官撰者也。《农桑衣食撮要》二卷，元鲁明善所撰者也。良法美意，今果踵而行之，利岂浅鲜哉。我国家子惠黎元，教养兼至，衣食之源，固早为斯民熟计之也。夫振给则民困苏，理财则国用足，怀远则梯航集，劝农则纺绩兴。人谓创与守事势各殊，古与今升降又别。不知有尧舜之君，而风动时雍，聿昭上理；有成康之德，而重熙累洽，用迪前光。永言配命，自求多福，顾力行何如耳。臣伏愿皇上天行不息，日进无疆，丰亨已卜，而弥切夫恫瘝；财用已充，而益思夫撙节；声威已震，而犹善夫绥辑；织纴已勤，而愈课夫农桑。《书》曰："兢兢业业，一日二日万几。"《诗》曰："敬之敬之，天惟显思。"本此意以出治，则保世滋大之道为已得，而我国家亿万年有道之长基此矣。

臣末学新进，罔识忌讳，干冒宸严，不胜战栗陨越之至。臣谨对。

印卷官　礼部员外郎　臣　象厚
　　　　礼部主事　　臣　刘果

江俶小传

江俶，生卒年不详，号少鄙，字梦华，四川酉阳直隶州秀山县（今重庆秀山）人。祖籍江西。光绪五年（1879）己卯科举人，光绪十五年（1889）己丑科进士，第三甲第二十三名，分发河南实光山县知县，任职两年，政绩显著，升为汝阳知府。后到京晋见，死于北京。

江俶出身于工商业家庭，父江天生，随祖于清朝同治年间来秀山石堤经商，成为"江西帮"一商号老板，在石堤半边街设有"天生"油号（是秀山最早的油号之一），在秀山及湖南保靖拥有榨房十八家。光绪十年（1884）左右在秀山的龙池镇开有"天泰贵"商号。

江俶少年聪明伶俐，青年时期便是王闿运掌四川尊经书院时的得意门生。他学识渊博，藏书最富，但凡阅过的书籍均有他写的顶批，或注释或质疑。后任湖南衡山岳麓书院山长。江俶初任山长，诸生有意探其学识深浅，请出一对联作对，江俶不谦让题书："孤雁南来，一声叫破衡山月。"诸生无一应对，均信服。李传胪（稷勋）曾受业于门下，深为江俶器重，适李伤偶，江以妹妻之。

江俶1879年中举后，参与采访编校《秀山县志》光绪版。

江俶课其两子及弟江倩甚严。弟江倩，号季粲，举人，曾任酉阳书院山长、湖南洪江电报局局长，后捐道台。

江俶殿试卷

清光绪十五年（1889）己丑科第三甲第二十三名

应殿试举人臣江俶

应殿试举人臣江俶，年三十五岁，四川酉阳州秀山县人。由廪生应光绪五年乡试中式，由举人应光绪十五年会试中式，今应殿试。谨将三代脚色开具于后：

一、三代：

曾祖咏唐。祖粟。父祖训。

臣对：臣闻管子有言，"明一者皇，察道者帝，通德者王"。自古有天下者，以一身立乎巍巍之上，以一心运乎茫茫之中。其自朝廷百官以逮草野士庶，皆得纳谏陈书，建言论事，各摅其意，以尽其辞。凡若此者，非以博延访之虚名，将深求天下之利弊，周知闾阎之疾苦，使不至扞格而难通已耳。夫振助为行仁之本，阜通为富国之资，安攘为固圉之规，蚕织为裕民之要。苟上以实求，而下以虚应，则孟子所谓不以尧舜之道事其君者，岂诚愚昧之所敢出哉。钦惟皇帝陛下运启中兴，躬裁大政，惟时

内外大小臣工，殚虑竭诚，各勤职事，固已岁事登而利源溥，武备整而嫔贡修矣。乃圣怀冲挹，犹切咨询，举救荒、理饷、绥边、植桑诸大端。进臣等于廷而策之，臣诚暗陋，何裨高深，然窃思制科之设导之，使言时政之得失。际兹言路广开，而徒摭拾浮词，虚应故事，不敬莫大焉。用敢披陈，竟其辞指，愚者千虑，倘有一得。

伏读制策有曰：王制余三，儒家缓二，因博及拯荒、粮运诸策，此诚轸念群黎之至计也。臣惟荒政条目始于黎民阻饥，舜命后稷播时百谷。若禹之水，汤之旱，民无菜色，其荒政制度不可考。《周礼》荒政十二，其中如散财、薄征、缓刑、弛力，实为备荒诸政之祖。自两汉而降，言荒政者，史不绝书矣。虽古今异宜，南北殊尚，然若《救荒活民书》《救荒本草》《拯荒事略》《救荒事宜》《救荒策会》《煮粥参议》，以及《野菜谱》《野策（菜）博录》诸书，其说多要其事易行，略可采取。夫古者之所谓荒政，以三十年之通制，用则有九年之蓄。春秋战国秦晋齐鲁告饥，乞籴邻邦，九年之制已坏，且移民移粟，孟子指为苟且之政，王道所不尚。而秦汉以下，谓之善政，三十年之通制须百年，必世乃可行。故李悝之籴法即思其次之说也，移民粟又其次也，至若设粥糜计斯下矣。当涂拓跋，事具史文，霸朝之制，时有可览。统而论之，有治人无治法，今古皆然。若海运河漕，法宜兼用，相辅而行，则缓急足恃，策之上也。皇上隐念民生，勤施惠泽，固已家给人足，而绝无歉岁之虞矣。

制策又以理财储用必广其源，而推求夫开凿之利害，此宜民裕国之大计也。臣惟《周官》："卯人，掌金玉锡石之地，而为之厉禁以守之。若以时取之，则物其地图而授之。"汉置铁官，凡四十郡。后魏置银官，采铸骊山白登之银。唐代凡金、银、锡、铁之冶，一百八十六。宋兴诸军，铜、铁、金、银、铅、锡之货，凡金有五场；银有三监，五十一场，三务；铜有三十五场，一务；铁有四监，十二冶，二十务，二十五场；铅有三十六场；锡有九场。元代，凡金、银、珠玉、铜、铁、水银、朱砂、碧甸子、铅、锡之类，皆因土人呈献而定其岁入之课。明置银场、铁冶、银矿、珠池等监，以司征榷而收其税。夫天地之菁英，有时必发，山川之灵秀，有待而开。神皋奥区，磅礴郁积，金沙银砾，符采彪炳，货财之所殖，宝藏之所兴。山破而出铜，溪涸而出锡，扇鞴以鼓铁，披沙以拣金，其来久矣。至如汉室收孔仅之功，唐代用杨炎之策，南宋擅利于榷场，元初资用于宝钞，事并出一时权宜，初非万世不易之则，考者宜分别观焉。圣世川岳效灵，瑰奇呈瑞，固将利尽山海，而采取各以其时也。

制策又以边防重大，详考经略，尤切时之要务也。臣惟千秋边政，不外控御、和辑二事。然控御不可遽畏其势，和辑不可轻受其恩。惟李牧击匈奴，诱其无备而攻之，则又以不畏为畏。汉武帝频年征伐，使其痛巨创深，而后汉宣继以和辑，故呼韩邪一服，而数世承平，是先威后恩，亦不畏之善法。和则如汉光武，因呼韩邪争立而许其和，乃不受愚。若宋钦宗日主和议，入尼玛哈等之计而不觉，是罔识情理也。他如秦筑长城，北魏加以戍守郡县，汉通西域，以制匈奴，唐置安西北庭都护等官，以制吐蕃，是以和辑资控御也。至若太宗征服诸国，而置突厥、高丽、新罗、百济之降人，又遭反复，是控御而又失和辑之方。宋则控御辽夏，百无一胜，和辑金人，愚无以加，是二者俱废也。至于以海防为控御，则有明太祖置卫所，聚步兵，具战舰，筑寨垒及海城，毋许傅岸。以互市为和辑，设市舶提举司以平其直服则交易，否则斩交通者而严海禁，是亦和辑而兼控御也。要而言之，以中国所长，攻敌人所短，则百战百胜，御固可，和亦可。舍中国所长，而效敌人之短，则日危日蹙，御不能，和亦不能。是故谈边务者，以自强为主而已。若夫《武备志》《火器图》遗法具存，未始不可用，然以为可恃之，胜敌则未矣。国家仁威并用，控御和辑，度越千古，何难统中外而乂安哉！

制策又以享茧献茧，国计所关，因熟计乎桑织之利，此生民之本也。臣惟蚕之名见于《尔雅》，其类不一，然不皆饲桑。《太平御览》所引亦略相同。盖地利既殊，物情亦异也。《淮南子》原蚕之禁，以其残桑，然乡贡八蚕之绵，一岁再登，亦复何害。后世纺织之兴，虽由民风，而实倡于循吏。若范（茨）充为桂阳太守，教民植桑养蚕；张咏令崇阳，教民拔茶植桑。史册所称，班班可考。若《蚕书》以及《农桑辑要》《农桑衣食撮要》诸书，良法美意可行于今。诚各郡县能取而效之，将无贫民矣。夫桑之利，与农相等，而无衣之困，亦与无食等。乃天下之人多言农政，而不讲求桑利，无怪乎商贾逐末之徒，转贩外洋布匹、羽毛各货，以自耗中国之利源也。中国布帛菽粟，相承已久，而一旦乃见夺于客物，此亦大可爱惜者矣。圣怀教诫，首重农桑，诚令实力行之，有不风俗厚而民计康哉。

若此者，救荒、阜用、备边、兴蚕，皆仁政所先，而武功所急也。抑臣更有进者，夫君心之敬肆，政治之得失系焉。政治之得失，臣民之安危系焉。今者遐荒企踵，四方拭目，尤伏愿皇上日亲讲幄，慎密枢机，隆重师儒，妙简左右。优待直臣，以作敢言之气；严稽疆吏，以消外重之虞。屏玩好，戒逸游，以崇一代中兴之业。惜物力，重民事，以慰万方爱戴之私。不以目前无水旱之告为可恃，塞外无风尘之警为可宽，则我国家亿万年有道之长基此矣。

臣末学新进，罔识忌讳，干冒宸严，不胜战栗陨越之至。臣谨对。

印卷官　礼部员外郎　臣　象厚
　　　　礼部主事　　臣　刘果

谢临春小传

谢临春（1862—?），字起三，号莅堂，四川夔州府开县人。光绪十四年（1888）戊子科举人，十五年（1889）己丑科第三甲第六十一名进士，铨选知县。

谢临春曾就学于成都尊经学院。尊经学院在张之洞等人的支持下，于光绪元年（1875）春落成，首任山长薛焕。尊经书院从一开始便是四川士子、人才荟萃之地。《光绪乙酉科四川乡试同门录》："中式第六名举人谢临春，系夔州府学廪生开县民籍（肄业尊经书院）。"《光绪十二年丙戌科会试同年录》《清代人物生卒年表》《清代四川进士征略》有传。

谢临春殿试卷

清光绪十五年（1889）己丑科第三甲第六十一名

应殿试举人臣谢临春

应殿试举人臣谢临春，年二十九岁，四川夔州府开县人。由廪生应光绪十一年乡试中式，由举人应光绪十二年会试中式，今应殿试。谨将三代脚色开具于后：

一、三代

曾祖南枝。祖春帆。父云集。本生（父）耀廷。

臣对：臣闻制科之设，昉于西汉文帝十五年，诏举贤良对策者百余人。武帝元光五年，对策者亦百人。皆天子道其所欲问而亲策之，使言时政之得失，而非徒以试其词章也。顾善言天者，必有验于人，善言今者，必有证于古。诚以神圣代兴之朝，天人交应，中外禔福，而求其所恃以经世宰物者，不外救荒之政，阜财之方，与夫防边裕民之道。要其事，皆前代已行之事；其理，皆昔人已言之理。变而通之，化而裁之。斯因时制宜，而百王之大法，胥备于此矣。钦惟皇帝陛下亶聪作后，重道亲师，先天下而课其功，乃后天下而收其效，固已裕文武之资，炳登咸之治而化昭上理矣。乃亲裁大政，犹切咨询思执，两而用中，期抱一以为式。进臣等于廷，而策以备荒、理财、足兵、养蚕诸大政，如臣愚昧，何足以承大对？然牛涔之细，或资润于河海；萤烛之微，冀增光于日月。况当言路广开之时，何敢摭拾浮词，以应故事耶。

伏读制策有曰："《洪范》八政，食货为先，平世三登，丰穰偶歉。"而因进求夫历代救荒之成法，此洵保赤诚求之至意也。臣惟《王制》有余三之政，儒家重缓二之文，三代以上藏富于民，尚已降及后世，此风已古，于是不能备于先而急思救之于后。若《救荒活民书》《救荒本草》《拯荒事略》《救荒事宜》《救荒策会》，有父母斯民之责者，所当留心也。至《煮粥参议》《野菜谱》《野菜博录》诸书，虽详略不同，要皆切，要易辨，亦足济荒政之穷也。三国当涂，北朝拓跋，移粟不劳于江左，泲饥未害于遍灾，固救荒者，前事之师也。元明以来，尤重运，曰河运、海运。海运初行之时，最易失事，故明自永乐十二年，会通河成，海运遂罢。至今日海运畅行易而且速，河运缓而难，似有海运无烦，河运不知。海疆多故，一旦有事，则海运不可恃。故不惟海运与河运，始终不能偏兴废，且有请开陆路以通运者，洵深知海运易阻，河运难通，因以思患预防之计，为深谋远虑之方，夫岂书生目前之见所可同日语也。皇上慎重仓储，海运河运并行不废，其为国计者，至深且远矣。

制策又以"自昔行师，端需理饷"，而因考其条流，酌其利弊，此又裕国富民之要务也。臣惟《易》言美利，《礼》重生财，五行百产之精，祇（只）有此数，非交易而使之平，此有余彼必不足矣。故汉时全盛，犹收孔仅之功，唐室中兴，实用杨炎之策，将欲远师平准，上下无凋耗之虞，近足度支士卒，有饱腾之便，是在通材硕学之观，其会通而不徒专执于成法也。夫九牧贡金，征于《禹贡》，铁官列郡著于《汉书》，中古以还，可详言焉。七雄并峙，铁冶纪于史迁，三国争衡，食货缺于陈寿，至于建炎南宋，利擅于权场，中统元初，用资于宝钞，古鉴不远，当局者宜知所从事矣。夫中国至大，地土至沃，物产至饶，人民至众，固财赋之渊薮也。又况正粮之外，复有捐输；正税之外，兼收厘金。加以开矿行钞，权救目前，仍不免财用不足者，固由出款新添过多，与有司之中饱，胥吏之侵渔，均在所不免。所以酌万物之盈虚，通一时之消息者，又或专以因循胶固之见行之，斯不至士鲜宿饱不止也。我皇上府事交修，权衡至当，法良意美，天下有家给人足之乐矣。

制策又以"自古大一统之世，必为亿万年之图"，而因考历代备边防海之要。臣惟要荒之服，古圣不强被以声教。向化者，端拱受之；逆命者，则度外置之。秦楚之际，始有边患，至汉高帝以三十万众困于平城，而其势益横，枕戈之士争言扫除矣。自后西逾葱岭，汉通凿空之官；北界金山，唐设北庭之府。屯戍轮台，而乌孙咸归统驭，建城金满，而伊列亦入版图，经略所及，较三代为广矣。若夫苏定方之讨沙钵罗，速不台之穷默尔特，奇功伟烈，著于一时。吐蕃会盟，刊碑以垂久远。《筹海图编》，著绩以示将来，流传既久，时代为昭也。若水师之法，尤兵家之要务。试观蒙冲楼橹，肇起《汉书》。翼轸毕箕，权舆孙武。水战之良规，自古已有成法。然而论兵于今日，则训练之方正，有未易言者矣。昔之练陆兵者，明步伐，齐进止而已。今则火器之利，远及于百数十里之外，而坚城利兵举无足恃，则古之所谓因势乘便，以及阵伍诸法，皆当思所以变通矣。昔之言水师，明沙线望风色而已，今则勿论长江之险，于势无济，重洋万里，亦朝发夕至，而无门户之阻。互市之国以十数，非《诸番记》《西使记》所能纪其详也。制器之精，日新日巧，非《武备志》《火器图》所能法其巧也。则欲安内以攘外，夫岂泥古所能奏厥功也。皇上武备聿修，德威远播，夫是以干戈永靖，而中外咸乂安也。

制策又以"先蚕是享，献茧登功，所以通羡余而重国计"。臣考《尔雅》，蚕类不一，不皆饲桑，《太平（御）览》引《永嘉郡记》亦同。《周礼·夏官》禁原蚕。原蚕，再蚕也。郑注谓伤马。盖马与蚕皆秉房宿之精，二者本同一气，俗祀其神，曰马头娘，其证也。《淮南子》谓王法禁原蚕，以其残桑，则乡贡八蚕之绵，何害于一岁再登。不若伤马之说，于理为当也。《御览》引谢承书称范（茨）充为桂阳太守，教民植桑养蚕。《宋史》称张咏令崇阳，教民拔茶植桑，循良之绩班班可考矣。诏有云锦绣纂组害女红者也。然考《御览》引《吴录》称南阳郡一岁蚕八绩，《隋书》称江湖之南一岁蚕四五熟，则不惟不害女红，而反助女红矣。夫缫盆有典，而分茧称丝之必详，典植维时，而采柘采蘩之必备，不独《蚕书》及《农桑辑要》《农桑衣食撮要》足以征也。圣朝耕桑并重，崇本抑末，所以广小民之生计者，至周且密矣。抑又闻法令者治之具，而非制治清浊之源也。盖必基之宵旰者，本正而源清，斯措之庙堂者，法良而意美，其几至微，其效至速，为治不在多言，古人岂虚语哉。

臣愚，尤伏愿皇上治益求治，新又日新，读经则师其意，不徒以记诵占毕为功，读史则师其迹，不徒以殚见洽闻为务。《诗》曰："敬之敬之。"《书》曰："兢兢业业，一日二日万几。"诚能本此意以出治，则源既清而流自洁，本既正而末自端，明德新民，止于至善。我国家亿万年有道之长基此矣。

臣末学新进，罔识忌讳，干冒宸严，不胜战栗陨越之至。臣谨对。

印卷官　礼部员外郎　臣　象厚
　　　　礼部主事　　臣　刘果

（二十一）清光绪二十年（1894）甲午恩科

本科殿试于四月二十一日在保和殿举行。取进士314人。状元张謇，江苏海门人。榜眼尹铭绶，湖南茶陵人。探花郑沅，湖南长沙人。会元陶世凤，江苏金匮人。

①出自《清实录·光绪朝实录》卷三三九，光绪二十年"四月丁卯"条。

殿试策问① 清德宗载湉

奉天承运，皇帝制曰：朕寅绍丕基，仰昊苍眷佑，兢兢业业，今二十年。恭逢皇太后六旬万寿，上维《鲁颂》寿母之诗，俯思《大雅》作人之化，特开庆榜，策试多士。又尝恭读康熙戊戌科圣祖仁皇帝策问：天子以乂安海宇为孝，是以夙兴夜寐，勤求至理，政事之余，留意经术。圣训煌煌，为万世法。兹举河渠之要，经籍之储，选举之方，盐铁之利。揆时度势，酌古衡今，尔多士其扬榷陈之。

治水肇于《禹贡》。畿辅之地，实惟冀州，水利与农事相表里。后汉张堪为渔阳守，开田劝民，魏刘靖开车箱渠，能备述欤？至营都亢渠，引卢沟水资灌溉，能各举其人欤？唐朱潭、卢晖，宋何承矩，浚渠引水，能指其地否？元郭守敬、虞集议开河行槽，其言可采否？汪应蛟之议设坝建闸，申用懋之议相地察源，可否见之施行？能详陈利弊欤？

汉世藏书，中秘最善。刘向所校，仅名《别录》。至其子歆，始总群书而奏《七略》。传、注所引，秩然可征。班志《艺文》，与刘《略》出入者何篇？魏晋以后，郑默《中经》，荀勖《新簿》，体例若何？梁华林园，兼五部以并录；隋修文殿，分三品以收藏。唐承砥柱之厄，始付写官；宋籍建业之余，尽送史馆。此皆册府遗文，可资掌录。明《永乐大典》所收之书，今不存者见于何目？能备举以资考证欤？

选举为人才所自出。翰林以备顾问，六曹以观政事，县令以司赏罚，三者皆要职也。翰林始重于唐，其实学士出入侍从，参谋议，知制诰，能详其品秩欤？宋儒馆有四，地望清切，非名流不得处。其选用之制若何？六曹昉自《周官》，秦、汉、隋、唐互有沿革。能陈其异同欤？晋制，不经宰县，不得入为台郎。而后世或缙绅耻居其位，或科甲无不宰邑。岂轻重各因其时欤？抑增重激劝，或得或失欤？

盐铁之征，始于管子。论者谓其尽取民利，而行之数千百年，卒不能废。至汉武帝用孔、桑之法，与管子异矣。其时所置盐官二十八郡，铁官四十郡，能指其地欤？终汉之世，屡罢屡复，其年代皆可考欤？唐贞元中，检校盐铁之利，其议发于何人？若第五琦、刘晏、裴休之论，固无足采欤？请引受盐，而商擅利权；禁民贸铁，而官多侵蚀。其流弊能指述欤？

　　凡此皆御世之隆谟，经国之盛业也。夫朕以藐躬，加于臣庶之上。受祖宗托付之重，惟思恪遵慈训，周知民隐，旁求俊乂，孜孜为治，以跻斯世于仁寿之域。尔多士各抒谠论，毋泛毋隐。朕将亲览焉。

周宝清小传

周宝清（1860—？），字淡如，号澹余、行一，四川成都府成都县（今四川成都市）人。廪生。民籍。入学四川尊经书院。少有才干，家学渊源。

曾祖鉴，字朗庭，恩贡生。曾任潼川府训导，敕授修职郎。祖庭祥，字友衡，国学生。选授广东、河南巡检。亲老，未赴任。父承诰，字凤岐，候选县丞。著有《小蒿居士诗稿》，敕授登仕郎。

光绪十四年（1888）优贡生，朝考一等。十七年（1891）举人，第四十八名，覆试第一等第三名。二十年（1894）会试，中式，第一百七十九名。覆试，第二等第七十五名。后中进士，第三甲第十二名。朝考二等。钦点内阁中书。选翰林院庶吉士。二十二年（1896）散馆，次年（1897）授职编修。

顾廷龙先生主编的《清代朱卷集成》第81册、页207—217，载有其详细家族谱系、受业过程及科举履历。

周宝清殿试卷

清光绪二十年（1894）甲午恩科第三甲第十二名
应殿试举人臣周宝清

应殿试举人臣周宝清，年三十一岁，四川成都府成都县人。由优贡生应光绪十五年乡试中式，由举人应光绪二十年会试中式，今应殿试。谨将三代脚色开具于后：

一、三代：
曾祖鉴。祖庭祥。父承诰。

臣对：臣闻六艺于治一也。《书》以道事，《春秋》以义。是以古之王者，世有史官，君举必书。左史记言，右史记事，言为《尚书》，事为《春秋》。《书》记二帝三王，推其期运，明授命之符。《春秋》述十二世事，人道浃而王道备。是二经者，经世之大法，后王之宪典也。夫平水土，式谟训，《书》之旨也。核文实，谨出入，《春秋》之义也。王道正而百川理，天工亮而庶绩熙，是又仁政所由推，而休风所由懋也。有国家者，诚能上溯轩徽，下征柱史，动民以行不以言，应天以实不以文，则庶几已。钦惟皇帝陛下，达协四聪，元贞五始，揆文奋武，海内乂安。固守几康之训，而举措得其宜；酌文质之中，而敷锡建其枢已而。乃圣怀冲挹，犹切咨询，举河渠、经籍、官制、盐铁诸大政，进臣等于廷而策之，以觇其献纳。臣庸才占毕，谢济南之研经，推度宏同，愧胶西之邃理。第以刘䶮有言对策者，应诏陈言也。值兹言路之广

211

开,忝与贤良之末选,敢不抒其愚心乎?

伏读制策有曰:治水肇于《禹贡》,畿辅之地,实惟冀州,而因求水利、农事之相为表里。此诚首善之要治也。臣谨案:《尚书刑德放》曰:"禹长于地理,水泉九州,得《括象图》,故尧以为司空。"《春秋考异邮》曰:"河者,水之气,四渎之精也,所以流化。"故曰河润千里,引渠溉田,爰兴水利。后汉张堪为渔阳守,开田劝农。魏刘靖始开车箱渠,皆冀北之水利也。冀北各水,以卢沟为著,源远流长,经历数州,自源出太行山,流入燕地,会漳河、子牙河、滹沱河、易水各流,盛涨之际,不免决溢。然即以为潴阂,则斥卤亦良沃也。唐代若朱潭、卢晖,皆浚渠兴水利。宋何承矩督戍兵,自霸州界,引滹沱水灌稻,为屯田,以足军食。至元代至元中,以郭守敬为都水监,以为漕渠宜引运河,自昌平县白沙村,至烟墩港入浑河东下,每十里制一闸,以时启闭,漕舟自通州直抵京城。英宗时,虞集以国子祭酒上言,京师恃东南漕粟,竭民力以航不测,非所以宽远人而因地利。欲令滨海各郡县,仿江浙海塘、圩堤二法,捍水为田,以实西北纾东南。惜当时但见之空言而已。皇朝海定安澜,河清如镜,则塞防而万福来,涤原而荣光出也。

制策又以汉世藏书,中秘最善,因以详前代簿录之名。此征文考献之盛心也。臣谨案:《尚书璇玑钤》曰:"帝喾以上朴略,有象难传。帝尧焕炳,隆兴可观。"《春秋说题辞》曰:"六经所以明君父之尊,天地之开辟,皆有教也。"三代文治尚已。秦以燔《诗》《书》,愚黔首,而典册几于荡然。汉兴,下求书之诏,人人能自上之,故中秘书最多。元帝时,刘向奉命校书天禄阁,区别部分,自为《别录》。至其子歆,始总群书而奏《七略》,是为后世目录家之祖。班固作《汉书·艺文志》,全仿其法。歆《略》虽佚,传注所引,犹秩然可征也。厥后,王俭作《七志》,阮孝绪作《七录》,并祖述刘歆。晋荀勖为秘书监,分甲、乙、丙、丁四部,甲纪六艺,乙志诸子,丙史书,丁诗赋,其区别部分,致有条目。六朝经、史、子、集之分,殆由于此。梁华林园增为五部,隋修文殿区分三品。唐承砥柱之厄,始付写官,宋籍建业之余,并送史馆。《册府》遗文,兹其掌故。若明之《永乐大典》,尤繁博矣。皇上辰居念典,乙夜披文,固征鸟纪以修文,抚麟图而括运已。

制策又以选举为人材所自出,而因究中外轻重之职。斯又澄叙官方之至意也。臣谨案:《尚书中候·握河纪》曰:"尧励德匪解,万民和欣,文命咸得,俊乂在官。"《春秋繁露》曰:"举贤良,上茂材,官得其能,任得其力。"三代以下,乡举里选之政,易为科目,而人材愈众。沿明代之制,进士最重。举人释褐,出身之途有三。上入翰林,备顾问与侍从之班,盖翰林之职,昉于唐初,召文学士草诏,时号"北门学士"。开元中,始改供奉为"翰林学士",参谋议;知制诰,号为"内相",无异同三品也。而宋代之儒馆，地望清切，有非名流不得与者。如崇政殿说书，其一也。六曹之职，于《周官》备具，历代增损，互有沿革。以县宰入为台郎，乃西晋之制。汉兴，循良辈出，原以令仆出为郡守，入为三公，诏书褒勉，增秩赐金者，不可胜计。于时取材，专尚节行，意主风化，吏治蒸蒸，最为近古。夫中外相维，大小相系，自然之势也。亲民从事，非二道也。而后世矫情之搢绅，至耻居郎官之位，偏重科甲者，又无人不宰邑。不思文武之道，一弛一张，因时制宜，岂独吏治哉。朝廷文治蔚兴，承学之士，得以揄扬雅颂，而鸣盛以和声也。

　　制策又以盐铁之征，始于管子，而因详古今征榷之宜。是又足用所先资也。臣谨案：《尚书中候》云："政与天合志，万物咸理。"《春秋繁露》曰："行什一之税，进经术之士。"什一者，天下中正也。盐富于海，管仲因以伯齐；铁茂于山，程卓采而致富，以其为自然之利也。盐铁之税，见于《管子》之书者，较之他物，不啻十倍。论者谓尽取民利，不诬也。汉文帝尝罢铁官，武帝用孔、桑之法，与管子异。时所置盐官二十八郡，铁官四十，盐官多在东北海，而铁官尽巴蜀、宕渠。终汉之世，屡罢屡复。魏因卫凯之言，而立盐官；陈因虞荔之请，而增盐税。唐贞元中，检校盐铁之利弊，若刘晏、若第五琦，与裴休之论，皆不无可采者。宋制，江浙、湖广以船运米回真州，真州以船行盐而散江浙、湖广，此李沆良法也。夫请引受盐，则商擅其利；禁民贸铁，而官且侵蚀。诚以利之所在，众必共争，能使商吏各操其利权，则弊端可去也。皇朝金华灼采，银瓮胚祥，则抱蜀而上理臻，由庚示而颂作已。

　　抑臣闻"疏通知远，《书》教也。属辞比事，《春秋》教也"。《书》纪先王之事，故长于政。而拨乱世，反之正者，莫切于《春秋》。是以执中之旨，恒性之善，皆自《书》肇其端。而《春秋》之学，至引之以制礼，考文所由藻发，儒林则经纬，皆载道器也。臣尤伏愿皇上博览经编，广延规谏。《皋陶谟》曰："兢兢业业，一日以万几。"《公羊说》曰："君人者，国之元，发言动作，万物之枢机。枢机之发，荣辱之见端也。"诚即宣防、稽古、官人、裕国诸政，谨于几先，措之至万，将使八埏静谧，万宇和同，天休降，地符升，则我国家亿万年有道之长基此矣。

　　臣末学新进，罔识忌讳，干冒宸严，不胜战栗陨越之至。臣谨对。

印卷官　礼部郎中　臣　文麟
　　　　礼部主事　臣　李浚

（二十二）清光绪二十一年（1895）乙未科

本科殿试于四月二十一日在保和殿举行。取进士279人。状元骆成骧，四川资中人。榜眼喻长霖，浙江黄岩人。探花王龙文，湖南湘乡人。

殿试策问① 清德宗载湉

①出自《清实录·光绪朝实录》卷三百六十六，光绪二十一年"四月壬戌"条。

奉天承运，皇帝制曰：朕寅绍丕基，俯临寰宇，仰荷昊穹垂佑，列圣诒谋，夙夜孜孜，于今二十有一年矣。惟是时事多艰，人才孔亟，期与海内贤能，力矢自强，单心图治，上无负慈闱之训迪，下克措四海于留言乂安。若涉渊冰，实深祗惧。兹当临轩策问，用集多士，冀获嘉谟。

兵所以威天下，亦所以安天下，然非勤加训练，则无以制胜。汉法曰"都肄"，唐法曰"讲武"，宋法曰"大阅"，果不失搜苗狝狩遗意欤？孙子练士，吴子治军，李靖之问对，所以详手法足法；明王骥、戚继光所论练兵之法，其目有五有六，能备举之欤？至于究极精微，谙求韬略，若《淮南子·兵略训》、杜牧《战论》、苏轼《训兵旅策》，见诸施行，果能确有成效否？

国用必有会计，禹巡狩会诸侯之计，其说何征？《周礼·小宰》："岁终，令群吏致事。"郑注："若今上计，司会逆群吏之治，听其会计。"有引伸郑注，受而钩考，可知得失多少？见于何书？汉初，专命一人领郡国上计，膺选何人？武帝遣使诣京师，上计簿，帝都方岳，试悉数之。光武遣吏上计，但言属郡，不言远方。唐初犹上计，废于何时？宋时，天下财赋皆上三司，后选吏专磨文帐，议始何人？会计录前后凡几？明代会计何人编录？自洪武以来，通为一书者何人？能详述欤？

自古求治之主，每以躬行节俭为天下先。然核其心迹，诚伪不同。尧之土阶，舜之土簋，禹之恶衣，文之卑服，尚已。汉文帝衣绨履革，蒲席韦带，屏雕文之饰，成富庶之业，享世久长，治犹近古。后世人君，焚翟裘，毁筒布，却珠贡，甚至一冠三载，一衣屡澣，非不慎乃俭德，而究不能广声教于寰区，希治功于隆古，岂徒俭不足以为政欤？抑岂务其名而未求其实欤？夫国奢则示之俭，国俭则示之礼。今欲崇本抑末，易俗移风，士庶无逾制之嫌，闾阎有藏富之实，果何道以致之？

民生以农事为本，农事以水利为先。周命遂人，齐立水官，秦治泾水，汉穿渭渠，经画详至，史册可征。自后，或修芍陂、茹陂，或开利民温润，或决三辅，或引漳沱，其经时久暂，因革异宜，试为条列。虞集请兴北方农田，自辽海以迄青齐，因何不行？托克托言京畿近水地利，可设农师佃种，其法若何？徐有贞所陈潞河等处水利，左光斗请复天津屯田，申用懋请疏滦河诸水，言皆切要，能详举之欤？

凡此皆宰世之宏纲，济时之实政也。朕以藐躬，膺祖宗付托之重，宵旰忧勤，惟思仰慰慈怀，抚绥兆姓，天人合应，景运常新。

尔多士来自田间，夙怀忠谠，其各直言无隐，朕将亲览焉。

邹增祜小传

邹增祜（1851—1910），字受丞，一字吉甫，重庆府涪州（今重庆涪陵区）人。曾祖治仓，祖楣，父笃勋，事迹不详。

光绪二十一年（1895）乙未科进士，第三甲第八十四名。签分广东，任新兴县知县。二十五年（1899），升嘉应直隶州（治今梅县）知州，加知府衔。两次奉保循良，传旨嘉奖。

生平研精汉学，淹通经史，词章典雅，作文皆有师法，不同凡响。并长于医学。工书。楷学柳，草学怀素。曾楷书《圣门传诸贤赞序》《募补成都郭外义螺启》《哀菊北文》等，笔法遒逸，着墨较深，精隽超群。

素来忠心爱国，满腔热忱。他得知清政府在甲午海战中败于日本、被迫签订丧权辱国的《马关条约》后，悲愤万千，慨然作诗《闻和议定约感赋》三首。他在诗中不仅痛斥了日本侵略者的丑陋行径，还愤怒鞭挞清朝统治者的卖国求和："圣主终神武，其如国贼何？……向来无一策，富贵只求和。"读之令人感慨难平。

晚岁继承祖父之志，潜心研究医学，并撰有医书《医学丛钞》。另有文学作品集《薏言》《天风海水楼诗文集》。惜多亡佚，未见刊本。民国《涪陵县续修涪州志》卷十二《人物·文范》有传，卷十九《艺文志》有作品存目。

邹增祜殿试卷

清光绪二十一年（1895）乙未科第三甲第八十四名

应殿试举人臣邹增祜

应殿试举人臣邹增祜，年三十八岁，四川重庆府涪州人。由廪生应光绪十七年乡试中式，由举人应光绪二十一年会试中式，今应殿试。谨将三代脚色开具于后：

一、三代：

曾祖治仓。祖楣。父笃勋。

臣对：臣闻维天轴地，一人总宗动之枢，孕海陶山，四极协大同之轨。人君柄真抚类，建极绥猷，将纳众庶于福禄之林，跻群生于仁寿之域，一时瞻就者如日如云，颂美者式金式玉。桐生茂豫，泽深南国之鲂；藻耀高翔，瑞启西岐之凤。敷厥要旨，揆所由来，则不外整军以宣其威，积储以利其用，搏节以端其俗，疏浚以奠其生，无怠无荒，其难其慎。用是铙歌不警，货布咸充，丹扆黜华，黄流效顺，于以扬骏烈而迓鸿庥，此诚为万世之崇规，而百王之茂矩也。钦惟皇帝陛下，经纬六合，舆盖两仪，折冲而纪律明，核实而帑藏裕，反朴而民风厚，朝宗而海宇安，固已持大象、调泰鸿矣。乃圣怀冲挹，畴咨犹殷，举经武、理财、崇俭、治水诸大端，进臣等于廷而策之。如臣愚昧，何足以承大对？然自诵习以来，尝于经籍所载，史传所编，略解其意，顾当对扬伊始之时，敬懔敷奏以言之义，敢不以刍荛之一得，效葵藿之微忱乎？

伏读制策有曰：兵所以威天下，亦所以安天下，而因讲求夫训练制胜之要道。臣谨案：练兵之法，汉曰"都肄"，唐曰"讲武"，宋曰"大阅"，犹有蒐苗狝狩遗意。孙子练士，吴子治军，李靖问对，所详手法足法。及王骥、戚继光论练兵，其目有五有六，皆能究极精微，谙求韬略。若《淮南·兵略训》、杜牧《战论》、苏轼《训兵策》，见诸施行，亦确有成效，专阃者苟深明其意，自能化怯为勇也。然自古承平日久，中外无事，武臣边帅往往奉行具文，不知兵可百年不用，不可一日无备。故兵以义勇为主，而以训练为先，临敌胜负不在众寡，而惟系于法立令行，忠义激发，与节制不乱。盖督率有素，则弓马、技艺皆熟娴；校阅有恒，则乡勇、团练皆精壮。而况水操始于汉之习楼船，火器始于金之用铁罐，用兵不一，而惟期乎所去者少，所利者多。精锐宜选，则老弱不可不汰也；器械宜备，则行阵不可不演也。俾其将作士气士识，将心无不裕于平日，是在有统兵之责者，尽心简阅，而后能使军实严也已。皇上几暇习劳，躬亲校射，以明诘戎，诚偃武而不忘乎武备矣。

制策又以国用必有会计，而因广征夫前代理财之术。臣谨案：禹巡狩于会稽，为后世会计之始，故《周礼》郑注"若今上计"，司会亦云听其会计。汉初专命一人，领郡国上计。至武帝，遣使诣京师，上计簿。光武遣吏上计，唐初犹然，其后制乃废。宋时，天下财赋皆上三司，后乃选吏专磨文帐，于是有《会计录》之作。沿及明代，财赋尤亟编录会计者，自洪武以来，通为一书，度支益绌，由不知酌盈剂虚之理也。夫国之贫富在财，故利权宜合不宜分，利源宜公不宜私。敛散及时，出纳由己，此利权也。若十羊九牧，则彼此不通矣。视人犹己，损上益下，此利源也。若山夷渊实，则上下俱困矣。尝观古来，自《周官·六典》有太府，又有玉府、内府，且有"惟王不会"之说，后为国者因之。两汉财赋曰"大农"者，国家之经费也；曰"少府"、曰"水衡"者，人主之私蓄也。唐既有转运、度支，而复有琼林、大盈，宋既有户部、三司，而复有内藏。于是天下之财，其归于上者，复有公私。此皆列代国用之大较者也。圣朝安民和众，节用爱人，固裕不竭之泉源，著生财之大道矣。

制策又以自古求治之主，每以躬行节俭为天下先，而因核夫心迹诚伪之别。臣谨案：尧土阶，舜土簋，禹恶衣，文卑服，尚已。汉文衣绨履革，蒲席韦带，以成富庶之业，治犹近古。后世焚翟裘，毁筒布，甚至一冠三载，一衣屡澣，非不俭德可风，而声教未广于寰区，治功未希于隆古，盖徒俭不足为政也。然则崇本抑末，士庶无逾制之嫌，闾阎有藏富之实，在礼而不在俭矣。夫人主有清心寡欲之功，而后有制节谨度之事。故自其末言之，则所以裕财而足国，而自其本言之，则必有不敢纵欲、不敢厉民之意。而后去声色，戒游畋，一意纯朴，息息以裁制为心，使天下回心向道。君子爱其礼，小人爱其财，由朝廷以及百官，由百官以及万民，习俗之偷，有不期其化而自化者。将见家给人足，比户可封，宾祭、冠婚不致有僭侈之举，衣服、饮食不敢有违礼之端。念明旦之不远，恐一夫之胜予。雕文刻镂，不以妨农事；锦绣纂组，不以害女红。形端则影正，何至蟋蟀见刺于瞿瞿，蜉蝣贻讥于采采，不能跻一世于敦庞，以追皇古之盛也。圣朝节用爱人，崇尚俭朴，所由上行下效，莫不观感而兴起已。

制策又以民生以农事为重，农事以水利为先，而因切究夫河渠之法。臣谨案：周命遂人，齐立水官，秦治泾水，汉穿渭渠，经画详至。自后，或修芍陂、茹陂，或开利民温润，或决三辅，或引溆沱，虽因革异宜，而民便则一。虞集请兴北方农田，自辽海以迄青齐，于民尤利，惜其说不行。托言京畿近水地利，可设农田佃种，皆有良法。至明，则徐有贞所陈潞河等处水利，左光斗请复天津屯田，申用懋请疏滦河诸水，尤切要之至言，济时之实政也。夫沟洫之法，创于神禹，故终夏之世，无堤无堰，而河水安澜，诚能顺其下流之性也。后世不知，任人徒采浮议，建言者接踵，而纸上之川原如缕，地中之渠渎成墟，不知湖薮、陂泽，水所由潴也，江河、浍遂，水所由泄也。而豪民占之，以获丰殖之资；官司仰之，以享输租之入。使流衍之地，化为创置之田，至潦则巨浸，旱则赤地，夺农而伤课者，盖不知凡几矣。今诚于闸坝涵渠，务为疏理，田畴之间，皆为仓庾之积。西北有一石之入，即东南省数石之输，使沮洳皆成沃野，则利赖无穷已。

皇上俯念民依，勤求底绩，不且河流顺轨，旱潦于以有备也哉。若此者，治益求治，新又日新，故军政虽修，度支虽核，侈靡虽革，沟渎虽通，律以安不忘危之义理。臣之愚，尤伏愿我皇上德同乾健，治协坤贞，比尧舜之上仪，超汤武之盛轨，甲兵已饬而愈思讲练，财求已阜而愈谨盖藏，搏节已至而愈戒满盈，浚导已修而愈精相度。于铄哉，蕃厘懋介，嘉祉丕臻，郿皇风，廓帝则，本保泰持盈之意，致重熙累洽之隆。我国家亿万年有道之长基此矣。

臣末学新进，罔识忌讳，干冒宸严，不胜战栗陨越之至。臣谨对。

印卷官　礼部员外郎　臣　世　杰
　　　　礼部主事　　臣　胡寿荣

（二十三）清光绪二十四年（1898）戊戌科

本科殿试于四月二十一日在太和殿举行。取进士346人。状元夏同龢，贵州麻江人。榜眼夏寿田，湖南桂阳人。探花俞陛云，浙江德清人。会元陆增炜，江苏太仓人。

殿试策问[①] 清德宗载湉

奉天承运，皇帝制曰：朕仰承天眷，寅绍丕基，于今二十有四矣。荷列圣之诒谋，慈闱之训教，夙夜兢兢，不敢康逸，思与海内贤士酌古剂今，共图上理。兹当临轩发策，冀得嘉谟，以裨实政。尔多士各摅己见，启沃朕心。

天工人代，俊乂所以贵旁求也。汉代得人最盛，以策科显，如贾谊、董仲舒者，更有何人？汉唐经师授受相承，以科第进者几人？宋之儒修，上感星精，下立人纪，或以保举，或有科目，流光史策，最为人材渊薮，试分别言之。明代取士以制艺，贤才之及于古昔者，岂无其人？其流别同异，可一视欤？人才出则国运昌，不可不亟讲求也。至于将帅之才、艺术之事，古或以之命科，或随时录用，孰为妥善，曷昌言之？

古之帝王，有征而无战，《司马兵法》，动静繁简之数若何？军礼为五礼之一，今之存者，见于何书？《阴符》《六韬》《穰苴》《尉缭》《孙》《吴》之书，孰为近道？唐太宗、李靖论兵之语，有裨实用否？《左氏》兵法、《通鉴》兵法，有裒集之者否？《武备志》《金汤十二筹》《纪效新书》《练兵实纪》，孰为精审？《寰宇志》《郡国利病书》《筹海图编》，所言险要，孰为精妥？岩防江防之制，屯田转运之法，攻守战伐之器，侦探闲诱之变，风雨冥晦之夕，悬岩绝壑之境，果何以悉合机宜欤？

惟德动天，无远弗届，干羽之所以绥有苗也。风不鸣条，雨不破块，知中国有圣人也。白雉何以贡于越裳？砮矢何以贡于肃慎？白环何以贡于西国？莫敢不来享，莫敢不来王，非有以慑之而戢其敢心欤？冒顿之子复请和亲，何以书于《纲目》？遣兵出塞，尽境而止，何以称为盛德？陈汤击郅支，何以不讥其矫制？登燕然而刻石，何以等消于金微？诸葛亮何以屯汉中，而自请贬官？李郭宣力效忠，何以纪入援之回纥？孰得孰失，盍析陈焉？

《周礼》一书，半论理财，岁终则会货贿之出入，善政可得闻欤？两汉时，武帝创均输之法，以布帛为租，果施行而无弊欤？唐之财赋归于左藏，综核之计甚详，何以假取听之豪将，帑藏主以中官？刘晏理财，亚于管、萧，其立法有上下交得者，试详述之。苏轼策别，有或去或存之议；曾巩议经费，有或杜或从之谋。何其指陈国计，

[①]出自《清实录·光绪朝实录》卷四百十八，光绪二十四年"四月癸卯"条。

纤悉靡遗欤？夫理财之政，不外开源、节流两端，乃或广利源而成效难期，裁浮费而卒归无补，二者果何道之从，俾实有济于国用欤？

凡此皆宰世之宏纲，经邦之要务也。朕以藐躬，膺祖宗付托之重，宵旰忧勤，辟门吁俊。尔多士各殚见闻，毋泛毋隐，朕将亲览焉。

罗琛小传

罗琛（1862—？），字笠农，四川叙州府富顺县回龙场人。光绪十五年（1889）举人，任新津县教谕。二十一年（1895）中贡士，第二十七名。二十四年（1898）中进士，第二甲第五十七名。选翰林院庶吉士，庚子年（1900）散馆，辛丑年（1901）授编修。曾祖安清，祖国权，父正发，事迹皆不详。

他淡泊名利，热心家乡教育事业。光绪二十三年（1897），他受聘于富顺县官立小学堂任监督（校长），后改任富顺县立中学堂监督。他善榜书，县内匾额、对联对多出其手，书法见称于时。

位于自贡市大安区大山铺的颜氏节孝坊，其所书楹联即出于罗琛之手笔，其内容为："金石比贞操，彤管扬庥，旌谙特褒闾阎范；竹松符劲节，丹忱著美，义气弥增井里光。"

罗琛殿试卷

清光绪二十四年（1898）戊戌科殿试第二甲第五十七名

应殿试举人臣罗琛

应殿试举人臣罗琛，年三十六岁，四川叙州府富顺县人。由廪贡生应光绪十五年乡试中式，由举人应光绪二十一年会试中式，今应殿试。谨将三代脚色开具于后：

一、三代：

曾祖安清。祖国权。父正发。

臣对：臣闻忧盛危明，圣主之所以图治；责难陈善，人臣之所以效忠。方今海内多事，时局艰难，言复古则胶柱鼓瑟，无以涤积弊而策富强；言救时则舍旧谋新，又未能化裁变通，期于尽善。二者交失，而国愈不可为。夫医者之疗疾，必洞其症结，而后针砭可施；匠者之攻坚，必辨其肤条，而后斧锯可用。自古哲后中兴，如夏之少康，殷之高宗，周之宣王，莫不转弱为强，光复旧物，岂别有神奇哉，亦于取士之途，诘戎之要，柔远之经，理财之端，实事求是而已。钦惟皇帝陛下禀圣哲之资，荷艰大之业，宵旰勤劳，思所以攘外安内者，中外臣民浃髓沦肌，虽主称尧舜，蔑以过之已，犹复圣德谦冲，不遗卑迩，孜孜求治，以公听并观为急务，进臣等于廷，而策以选士、讲武、绥远、阜财诸大政。如臣愚昧，奚足以备顾问？而不揣固陋，窃欲以壤流之细仰赞高深。乃者屡奉特诏，荐保人才，若惟撺拾浮辞，无补万一，诵习果安在乎？

伏读制策有曰：人才出则国运昌，而因考历代得人之盛。臣案：汉代去三代未远，选举不详，策科则有贾谊、仲舒。汉唐经师，授受相承，亦有以科第进者。宋之儒修，或以保举，或以科目，则不一其途。明代取士，始以制艺，贤才辈出，不让于古焉。夫三代而下，舍科目更无取人之法，两汉举孝廉，举茂才，明经制，犹近古。唐以明经、进士，设科得人，尤称极盛。宋时法令始密，然其中或用于常格之外，或由于特达之知，亦不必尽由科目也。惟是居今日，而论秀书升，行之亦不能无弊。窃谓试士之法，策论、诗赋、经义虽不尽同，要其糊名易书，大公则一，且天下之大、人材之众，岂必借才异代，始足臂使？臣愚以为，科目不可改，而资格则不必拘，盖循例而至卿相，仅得谨厚之儒，破格而秉均衡，可得非常之士。若谓制艺为无用，则自唐宋至今，以诗文、词赋为名臣者，不可胜数，果何负于天下，而必欲废之也？亦逆理之甚矣。皇上设科取士，立为一定之程，近复广经济一科，以拔异材，则虽以将帅、艺术、命科录用者，安有如此之妥善而美备乎？

制策又以古之帝王有征无战，而因思古来武备之修，此诚整军经武之要也。臣惟《司马兵法》尚已，军礼为五礼之一，散见于《书》。至《阴符》《六韬》《穰苴》《尉缭》《孙》《吴》之书。唐太宗、李靖论兵之语，亦合机合势。彼《左氏》兵法、《通鉴》兵法、《武备志》《金汤十二筹》《纪效新书》《练兵实纪》，无不详审。《寰宇志》《郡国利病书》《筹海图》篇亦能各抒所见。然居今日而言兵，则以海防为要务。夫自开辟以来，天生海以限中外，乃自西人创造轮船，遂使溟、渤数万里履之如掌，杭之如苇。凡若长鲸、若蛟龙，初不闻有乘风吸浪，一覆其舟者，虽曰人事，岂非运会使然哉？然而海不能限之，而我正因其不能限，更不得不限之以人事也。防海甚于防江，自海氛不靖，彼竟以一兵轮船游弋于海，或南或北，而我征兵半天下矣，糜饷数千万矣。彼处于逸，我处于劳，彼用其长，我用其短，计亦左矣。拟于各口内要地，择险而守，一旦海上有事，徙沿海居民去之三四十里，使之野无可掠。俟其舍舟登陆，或设伏以擒之，或乘间以击之。即使兵船入口，内河水势较浅，已不似海中之进退自如，则我更得断绝其归路，聚而歼之矣。岂不胜守海口板滞之炮台，以击彼灵活异常之兵船也哉？然必平时练习士卒，有勇知方，务使短兵相接，以争冒炮矢为乐，始足语此。若徒学习枪队，遥相轰击，见敌则奔，则虽守口内天险，何异守海口炮台委而去之，何异乎？皇上崇文宣武，干城之选，悉备海防，固极一时武备之修也已。

制策又以"惟德动天，无远弗届"，干羽所以绥有苗，风不鸣条，雨不破块，知中国有圣人，而因求夫怀远之宏谟。臣案：白雉贡于越裳，砮矢贡于肃慎，白环贡于西国，其所以莫敢不来享，莫敢不来王者，夫岂有他道哉？不惟有以慑之而戢其敢心，并有以服之而生其敬心，且更有以绥之而生其爱心，故其时中外几若一家已。厥后冒顿之子，复请和亲，大书于《纲目》，遣兵出塞，尽境而止，亦称为盛德。陈汤击郅支，不讥其矫制，登燕然而刻石，等诮于金微。诸葛亮屯汉中，而自请贬官。李郭宣力效忠，而纪入援之回纥。凡此皆无一定之经营，或视其时，或因其势，苟可以伸国威而使其相安于无事，则又何必穷兵绝域，贻好大喜功之诮乎？所以南人但求不反，宇内无不乂安，何至有外夷之患耶？皇上恩威并用，四海之外一视同仁，夫固有中外一统之象矣。

制策又以《周礼》一书，大半理财，而因求财用之大经。臣案：《周礼》善政，非武帝、章帝之为均输、布帛之租可同日而语。唐之财赋，归于左藏，刘晏理财，亚于管萧。苏轼有或去或存之议，曾巩有或杜或从之谋，诚以国用不可竭也。然我有自然之利，一变通转移间，即有较之古人有过之无不及者：改漕运归之商，设关而权其税，东南漕粮悉征折色，裁汰漕督、仓督，省款之出，增款之入，当不下千万；由是则不借黄济运，河顺其性，不致年年告决，岁可省宣防之数又数百万；淮盐直卖与商，私化为官，岁可增课又数百万；开边外之屯田，以养闲散，给数年之俸饷，以遣汉军，旗户分居，自食其力，太仓之粟，仍复充盈，岁所省者亦不下数百万。然而难行之者，官吏无所中饱，故多方以挠之，援例以格之，相承莫能易坐，使自然之利销归于无形，亦良可慨已。皇上诚能变通旧章，简贤任能，认真经理，又于商务、矿务而次第推广，则府库充盈，而豫大丰亨之庆，其效可立致也已。若此者，本发奋有为之心，为行健自强之策，慎之于几微，而求之于实事，煌煌乎中兴大业，不可不察也。臣尤伏愿皇上至诚无息，立政有恒，勤振刷而务济时艰，酌变通而仍守成宪，毋曰贤已登而疏考察，毋曰武已讲而懈简阅，毋曰远已来、用已足而宽驾驭经营。《皋陶谟》曰："兢兢业业，一日二日万几。"常持此敬畏之心，以大一统而君万国，则我国家亿万年有道之长基此矣。

臣末学新进，罔识忌讳，干冒宸严，不胜战栗陨越之至。臣谨对。

印卷官　礼部员外郎　臣　伊精额
　　　　礼部员外郎　臣　欧阳熙

马桢小传

马桢（1854—？），重庆府巴县（今重庆主城区）人。光绪十四年（1888）举人，二十四年（1898）中进士，第三甲第六十六名。曾祖万洪，祖兴顺，父德美，事迹不详。

光绪二十七年至二十九年（1901—1903），任贵州龙里县知县。后改任八寨厅同知，任期较短。三十年至三十四年（1904—1908），任遵义县知县。宣统元年（1909），任余庆县知县，宣统三年（1911），署独山县知县。辛亥革命爆发，独山光复，马桢交印出走。民国五年（1916），任平坝县知事，在职八个月。后调任长顺县知事，任期三年。后回籍，不再出仕，终卒于家。其余诸事不详。

马氏工于书法，作品见称于时，是清末著名书法家。

马桢殿试卷

清光绪二十四年（1898）戊戌科第三甲第六十六名

应殿试举人臣马桢

应殿试举人臣马桢，年四十四岁，四川重庆府巴县人。由廪生应光绪十四年乡试中式，由举人应光绪二十四年会试中式，今应殿试。谨将三代脚色开具于后：

一、三代：

曾祖万洪。祖兴顺。父德美。

臣对：臣闻致治不崇实效，官礼亦粉饰之文；敷奏不陈谠言，典谟亦撦拾之语。自古帝王励精图治，所以致天下于隆平，凡纪纲法度，非徒务虚名而已。其时翼赞之臣，谟献入告，又皆以有犯无隐之衷，匡救其不逮。后世竞喜颂扬，多尚谀词，泥常格而拘牵忌讳，非所以指陈得失也。夫承平久则人心怠，号召亦视为具文，运会殊则几务繁，朝野只循夫故事。诚使人主振作于上，臣僚奋兴于下，务在举积习而尽除之，庶有以收实效，而长享太平之福也。钦惟皇帝陛下夙夜忧勤，力求上理，固欲使中外大小臣工各就其职，所当为实事求是，而不徒以虚文虚意，负我国家也。乃圣德涵濡，更遍及穷檐之士，冀有以共效其悃忱，因进臣等于廷，而策以举贤、治兵、怀远、理财诸大政。如臣愚昧，何足以知体要？顾观古人懋建勋业，无非尽实心，竭实力，以务求实效也。敢不即夙昔之所见者，聊效刍荛之进献也乎？

伏读制策有曰：为政以得人为要，因详考历代取士之法，此诚制治保邦之本也。

臣案：汉代得人最盛，如贾谊、董仲舒，俱以策科显。汉唐经师，授受相承，又以科第进。宋之儒修，上感星精，下立人纪，凡保举科目，类能流光史策，诚人才渊薮也。至明代则以制艺取士，洪武三年始罢之，十七年复行。而进士一科，与荐举、岁贡定为三途。其时贤才倍出，较古昔不甚相远。至若将帅之才，艺术之士，或以命科，或随时录取者，盖人才出则国运昌，不可不亟讲求也。夫古取士，原非一途而要，不独以科目为重。即云科目，如士之蓄道德而能文章者，本其得力之素，亦足以阐圣贤之奥蕴，以羽翼夫经传，其为功于名教者不少。一旦出其所学，以措理民社，亦非等不学无术、泥古变今者之所为。故士之所以自命者，先立品以正其趋向，继力学以储其经济，行见挟持有具，抱负有真，而不徒负文采风流之虚誉求闻达也。皇上崇儒重道，明目达聪，抱求贤若渴之志，溥雅化作人之休，多士观光鼓舞，自必崇实学、务实修，以同期于有实用矣。

制策又以"古之帝王，有征无战"，因详军政之大法，以为有备无患之谋。此尤自强之良策矣。臣案：司司兵法，凡动静繁简，各有其数说者。谓军礼为五礼之一，《阴符》《六韬》，穰苴、尉缭、孙、吴，各著有成书。至若严防江防之制，屯田转运之法，攻守战伐之器，侦探间诱之变，风雨冥晦之夕，悬岩绝壑之境，种种良法，各相机宜。然《周礼》有乡遂之兵，郊甸之兵，悉因井田制为军赋，有兵之实，无兵之名，立法最善。汉有京师之兵，有郡国之兵。晋以后无足言者，惟宇文氏仿周制，为六军，犹有互相维持之意。唐有府兵制，与古合。宋之兵制有四，曰禁兵、厢兵、蕃兵、乡兵，内外轻重，犹协其宜。明兵，设都督以统之，制亦屡变。夫兵制之设，历代相沿，其间或增或减，或强或弱。卒弁之得用力不用力，惟视乎将帅；将帅之用命与不用命，惟视乎人主。果其坚自胜之心，立自强之志，而干城备选，弧矢扬威，则国之人皆神武不杀矣。皇上声灵赫濯，简阅精严，奋整军经（武）之志，明赏功戮罪之条，既武备之聿修，亦德威之远播所由，中外率服，边陲永靖耶。

制策又以"惟德动天，无远弗届"，因欲求古帝王绥远之猷。臣案：尧之时，有苗弗率，禹徂征，格以干羽。知中国有圣人，不独以风不鸣条，雨不破块，征天祥之应也。而人之来服，实梯航而殷，贡献之忱。试观白雉贡于越裳，楛矢贡于肃慎，白环贡于西域，其莫敢不来享、莫敢不来王者，使非有以慑之，未必能戢其心志也。夫以三代盛时，封建既立，疆宇既定，四方诸侯，罔不祇畏，而更有以慑服蛮夷，识者谓，德之感人者远矣。夫"非我族类，其心必异"，殊方之俗，诚不可强为化导者。汉时匈奴最强，而冒顿之子复请和亲，至是遣兵出塞，境尽而止，盛德之称所由来矣。他如陈汤击郅支，原非矫制，登燕然而刻石，反等消于金微，此又不可概示以柔也。昔诸葛亮屯汉中，而自请贬官；李郭宣力效忠，乃纪入援之回纥。一得一失之间，固未可概论，而不求至当也。今之外洋诸国，虽有轻视中原之意，而自航海通商以来，其不敢有所觊觎者，盖以柔远之道，实深有以感之矣。皇上抚有中外，招携以礼，怀远以德，敢不庭者，不将讨其罪耶。

制策又以"《周官》一书，半论理财"，而因求开源节流之道。此又足国之至计也。臣案：两汉时，武帝创均财之法，章帝以布帛易租。唐时，财赋归于左藏，总核之计又甚详焉。然假取听之豪将，帑藏主于中官，则又未尽善也。刘晏理财，亚于管、萧，其立法有上下交得者。苏轼策别有或去或存之议，曾巩议经费有或杜或从之谋，其于国计非不周且详矣。夫以国之有财用，不可一日或缺也。财用足则国自强，国用歉则国将弱，亦既于财用觇强弱之形。苟非留心开财之源、节财之流，则自然之利恐秘而不泄，易尽之藏恐散而难继，将何以供度支乎？然则欲广利源而收成效，裁浮费而求有济者，非无其道矣。臣思今之租税，未尽缓征，今之精腴，时虞剥尽。非贡赋之无极，实縻费之未裁，而奇货且为他人居也。譬如漏卮焉，有充盈而常足，视彼利薮，且将扼要以自图于此，而欲财用恒充，富强日盛，不綦难也乎？皇上守《羲经》节制之训，念《尚书》府事之修，节财之流，而勿使虚縻；开财之源，而勿使或塞。庶阜财是歌，而熏琴可再谱已。夫运会以人心为转移，人心以治化为变易，治化兴则人心奋，人心奋则运会无权。凡以君上之所议立，臣下之所奉行，在在责以实效，而不惟虚名之仅存也。汉申培曰："为治不在多言，顾力行何如耳。"夫亦可味乎其言矣。

臣伏愿皇上浚聪明之德，奋神武，即选举、简练、怀柔、费用诸大端，以力除蹈常习故之弊，俾内而权要，外而藩镇，以及道、州、府、县，无不各效其职，实力任事。则人心益以励，运会益以隆，将见声教通于海甸，恩威播于遐荒，四方蛮夷，罔不率服，我国家亿万年有道之长基此矣。

臣末学新进，罔识忌讳，干冒宸严，不胜战栗陨越之至。臣谨对。

印卷官　礼部员外郎　臣　伊精额
　　　　礼部员外郎　臣　欧阳熙

巴蜀籍考生殿试卷赏析

◎重庆图书馆馆藏清代殿试卷试诠

阮爱东

> 日前，重庆图书馆在文物普查中发现了81份清代殿试考卷。这批考卷是由著名教育家傅增湘先生捐赠给重图的，也是目前国内极少的成规模收藏的清代殿试考卷。它们所属的年代上起顺治朝，下讫光绪朝，时间上以乾隆、光绪两朝居多，地域上则以川渝籍考生为主。
>
> 这批清朝殿试考卷的重现天日，引起了公众的极大关注。传说中才子云集的殿试究竟是怎么考的？监考、判卷机制是如何运行的？才子们交上来的答卷是什么样子？他们写的是不是八股文？其实，这些都与我们平素从影视剧里得出来的神秘印象很不一样。

（一）清代殿试机制

殿试最早起源于武则天时期，即由皇帝亲自主持最高级别的考试。实行殿试的原因，一是为了表示对考生的重视，二是为了从主考官手里夺回考生的效忠权，后者尤其实际而重要。唐代科举考试中，主考官在录取过程中拥有决定性的权限，所以考上的人会对主考官感恩戴德，自称"门生"，从而形成座主门生关系，继而结成错综复杂的政治派系，非常不利于专制统治。北宋时期，为了避免这种情况出现而将殿试常态化，殿试因而成为最高级别的考试。殿试名义上由皇帝亲自主持，有的皇帝甚至亲自命题、亲自阅卷，所以通过的考生就成了"天子门生"，帝王成了他们唯一的效忠对象。殿试机制正式形成以后，历明清数百年而不变。

1. 殿试在科举中的地位

清代正式的科举考试分为三级：乡试、会试和殿试。乡试以省为单位，每三年一科，逢子、卯、午、酉年举行。有资格参加乡试的是地方各级官校的生员（俗称秀才），生员通过乡试，即获得举人身份；举人通过了磨勘和复试，就可以参加翌年的会试。会试是全国性的考试，由礼部主持，逢丑、辰、未、戌年举行。举人通过会试，即获得贡士身份；通过磨勘和复试，即可取得最后的殿试资格。殿试在会试放榜之后不久举行。一般情况下，殿试只是贡士的排名考试，只要参加殿试就不会落榜，考完即获得进士身份。

经过殿试确定最终排名的进士，被分为三榜：一甲三人，分别称状元、榜眼、探花，赐进士及第；二甲若干人，赐进士出身；三甲若干人，赐同进士出身。除固定年份的考试以外，如果遇到重大庆典（如皇帝登基、大婚、立太子等），朝廷还会特诏开科，这称为"恩科"。

三级考试中，乡试第一名称解元，会试第一名称会元，殿试第一名称状元。在乡试、会试、殿试连续考取第一名，称为"连中三元"或"三元及第"，这是科举时代的最高荣耀。整个清代，只有钱棨、陈继昌两人曾获此殊荣。

2. 殿试的考试内容

几乎所有人都知道明清科举考八股文，但很多人却不知道，殿试考的并不是八股。

八股文在清代科举中的地位的确非常重要，但它其实只是众多考试科目中比较重要的一个而已。清代科举中，乡试、会试的规则都是三场试，每三天一场考试。清朝大部分时间里，乡试、会试第一场考《四书》三道加试帖诗一首，第二场考《五经》四篇加《性理》论一篇，第三场考时论策五道。所谓八股文，是指从《四书》《五经》中命题，严格要求考生"代圣贤立言"，并且在文章格式上分成破题、承题、起讲、领题、起股、中股、后股、束股等八个部分的一种考试文体。乡试、会试的第一场、第二场从《四书》《五经》中命题的才是八股文。

乾隆四十七年（1782）规定："若头场诗文既不中选，则二、三场虽经文策问间有可取，亦不准复为呈荐。"也就是说，第一场的八股文、试帖诗是决定性的考试内容。从这个角度来看，八股文确实很重要，能够决定考生究竟能不能从考试中脱颖而出。

但到了殿试，考试内容却不再是八股文了，而是经史时务策一道。策论一般包含四道题目。以乾隆二十八年（1763）癸未科李调元的殿试考卷为例，考卷中以"伏读制策有曰""制策又以""制策又曰"领起的就是策论题目，四道题分别是：

1）圣学之传，首崇心性，而因及乎人心道心之所以判，义理气质之所以岐。

2）史有二体，纪传法《尚书》，编年法《春秋》，而因及乎《资治通鉴》，与夫各家纂要之得失。

3）质剂致民，若委积所在，与在官在民之利病及大贾居奇驵牙登垄之流弊，此诚经国之要务也。

4）沟洫所以备水旱，因考《禹贡》《周官》之遗制，而筹节宣疏泄之要术。

第一道题讨论心性义理，第二道题讨论修史撰书，第三道题论粮食贮积，第四道题考水利营造。考生需要把这四道涉及哲学、史学、农本和水利的题目写成一篇论文，发表自己对于经史时务的见解——因为这是考生们进入官场以后所要面对的重要事务。可见，殿试的考试内容并不是人们心目中"腐朽"的八股文，而是牵涉到国计民生的具体事务。

3. 殿试的考试过程

清代科举一般是二月会试、三月放榜、四月殿试，殿试的日期从乾隆二十六年（1761）起确定在四月二十一日。殿试的地点，从乾隆五十四年（1789）起，定在保和殿内举行。

因为殿试名义上的主考官是皇帝，所以真正的考官被称为"读卷官"。清代殿试一般有八位读卷官，其中两位大学士，另外六位也都是从六部九卿的高级文官中选用。殿试前一天，读卷官们在文华殿拟定好八条考试条目，由皇帝御笔圈定四条。读卷官将圈定的条目撰写完整，密封呈送内阁，在御史的监督下用黄纸誊写好。晚上，护军统领在内阁门外领兵巡查，工匠在内阁大厅里连夜刊刻印刷。第二天考试的时候，刚印出来的考卷被分发给列队等候的贡士。

殿试是一场制。考卷收上来后，由监考官画押，弥封官弥封（封住考生姓名等信息以防作弊），然后送至文华殿，交由读卷官评卷。读卷官与其他所有与殿试相关的官员一起在文华殿住宿，两天之内完成考卷评阅。评阅的时候，八位读卷官每人分一部分，阅完自己桌上的考卷后转桌，直至阅卷完毕。

阅卷完毕后，读卷官从中挑出最好的十份考卷，并且在考卷上用黄签拟定名次，交由皇帝审核。经皇帝审核并确定排名的十份考卷，前三名即状元、榜眼、探花，后七名依次是二甲的一至七名。名次全部确定后，拆开弥封，按照名次书写榜文，然后由大学士将金榜捧至乾清门请印。

读卷后一天，朝廷在太和殿举行传胪礼，新进士集体陛见皇帝。传胪礼结束后，状元率新进士上表谢恩，并集体拜谒孔子庙。工部拨银一百两给国子监，为新进士勒石题名。今天，我们去北京国子监，还能在院子里看到很多明清时期的进士题名碑。

4. 殿试的考卷形制

清代殿试考卷用雕版印在白色宣纸上，开本大小是 14 厘米 × 47.5 厘米。考卷的第一页是白纸，用来书写考生的身份及其上三代履历。从第二页开始，每页外有红框、内有墨线，每页 12 行，每行书写 24 字，用来书写策文。考卷之外，官方还提供尺寸略小的草稿纸一本，形制与考卷差不多。

贡士们打好草稿，然后誊写在考卷上。考卷的正文部分，以"臣对臣闻"领起，先就四道题目的本义立论，将四道题目所论的内容大致串接到一起，其中可以有详略之分。之后，从"钦惟皇帝陛下"部分开始，大略将题目所论之事与时政结合谈论，但不展开。

从"伏读制策有曰"开始，考生按顺序阐发自己对四道题目的见解，分别以"制策有曰""制策又以""制策又曰"等套话展开。策文书写完毕，最后以"臣草茅新进,罔识忌讳,干冒宸严,不胜战栗陨越之至。臣谨对"结尾。

殿试考卷中,凡是涉及任何与皇帝及御用物事相关的名词,如"圣德""廷""清问""制""皇上""宸衷"等,均需另起一行,以表对皇帝的尊敬。

考卷结尾,一般都有红色的印卷官信息。印卷官一般都是礼部官员,如光绪二年(1876)丙子恩科陈昌言的殿试考卷,卷末注明的印卷官就是礼部员外郎奎秀和礼部主事俞培元。

考卷尾页还有一个重要内容,那就是读阅官对考卷的等级评判。清代殿试考卷等级评判的方式前后经历过多次变化,最初是将所有读卷官的官衔和姓名刻成章印在考卷背后,后来改为在考卷上贴上写有读卷官姓氏的黄签条以供评判,乾隆五十八年(1793)改为在弥封页外列读卷官姓氏。嘉庆十九年(1814)后,定为将八位读卷官的姓氏刻成章,印在考卷末页空幅的背面。每份考卷都要经过读卷官的评判,他们会在自己的姓氏后面画上符号,标示出考卷等级。

不管评判的位置在哪里,清朝基本的评判方法基本没有变化。读卷官将考卷质量分成五等,在自己的姓氏后面分别用圈(〇)、尖(△)、点(、)、直(丨)、叉(×)五个符号标示出来。一般来说,第一个读卷官给出评判结果以后,其他读卷官会给出同等或上下一个级别的评价,这叫"圈不见点,尖不见直",意思是前面的读卷官给了第一等后面就不会给第三等,前面给了第二等后面就不会给第四等。因为圈(〇)代表最高等级成绩,所以可以简单判断,考生们获得的圈(〇)越多,排名就越靠前。乾隆二十六年(1761)辛巳恩科,适逢将军兆惠平定了大小和卓的叛乱返京,乾隆给予他特殊礼遇,让他以协办大学士的身份参预读卷。兆惠推辞说自己不懂汉文,乾隆皇帝回答说:"诸臣各有圈点为记,但圈多者即佳。"兆惠使用这个办法,挑了一份画圈最多的试卷为第一。拆开弥封后,大家发现这个人就是江南名士赵翼。可惜乾隆帝为了表示对西部的重视,将赵翼与第三名王杰的名次互换,导致赵翼与状元失之交臂。

汉唐以来的射策,基本都以考生的见识作为评判标准,但清代殿试策论的评判却不是这样。因为读卷官要在短短两天内读完2~400篇策文,想要每篇都读得非常透彻,几乎不可能,所以就只能以书法作为比较直观的评判标准了。因此,那些擅长书写"院体""馆阁体"的考生,就占尽了便宜。尽管清朝《钦定科场条例》明文规定应该将字写得不太好但见识超群的考卷判为上等,但在执行的时候总不免会被打折扣。道光以后,更是"殿廷考试,专尚楷法,不复论策论之优劣",完全沦为书法的比拼了。

(二）殿试考卷试诠

大概了解了清代殿试的基本常识，我们再来看几份殿试考卷，具体了解一下他们在治国理政方面的见解。

1. 李调元考卷试诠

李调元（1734—1803），四川罗江县人，与张问陶、彭端淑合称"蜀中三才子"。李调元出身于诗礼之家，其家族更广为人知的轶事是"叔侄一门四进士，弟兄两院三翰林"，即罗江李氏家庭里，李调元与其父李化楠（乾隆七年进士）以及两位族弟李鼎元（乾隆四十三年进士）、李骥元（乾隆四十九年进士）都是进士出身，在当时传为一时之佳话。重庆图书馆收藏的这批清代殿试试卷中，李调元以第二甲第十一名中式，是其中名次最高的一个。值得一提的是，本榜二甲第一名董诰，就是后来的《四库全书》副总裁、《全唐文》的总主编。

试卷第一开前半页，是李调元自书籍贯及三代履历。根据履历，李调元四年前在四川乡试中中举，应该参加过之后的庚辰科、辛巳恩科进士试，但没有考取，终于在乾隆二十八年（1763）癸未科金榜题名。李赴试时的身份是国子监学录（执掌学规的低级文官）。其上三代中，曾祖李攀旺、祖父李文彩已经去世，其父李化楠现在朝廷为官。

然后是签条，这是八位"读卷官"签署判卷意见的地方。黄签上有八名读卷官的姓氏，其中，"来"是文华殿大学士来保，"来"字左边的"刘"应当是东阁大学士刘统勋。八位读卷官中，四人给李调元的考卷打了一等（○），四人打了二等（△）。这是一个相当不错的成绩。

再看试卷正文。乾隆癸未科殿试的策论题目已如上文所述，答题时先以"臣对臣闻"四字领起。开头部分（从"臣对臣闻"至"以对扬天子之休命乎"）大致阐述考生对四个题目的见解。"惟天聪明，惟圣时宪。国家当太平极盛，有持盈保泰之心，尤必有震动恪恭之气，然后庞风淳化，洋溢中外，颂声作而瑞应臻也"数句，是概述当今政治，恭维乾隆皇帝治下政治清平，祥瑞屡现。为什么会有这么好的治效呢？下文顺理成章地指出原因："而要其忧勤惕厉，至诚无息，千圣之心，源如一辙焉。"这几句概述今上勤于国事，所论较虚。之后马上在实际事务上展开，并且将实际事务与策问题目挂钩："是以德底生安，尚凛危微之懿训存，炯鉴审订历代之遗编。民食已裕，而补救弥详，备旱已周，而疏导犹切。""危微之懿训"，指《尚书·大禹谟》里说的"人心惟危，道心惟微。惟精惟一，允执厥中"，这是儒学所谓"十六字心传"，正切合第一题的"圣学之传，首崇心性"；"审订历代之遗编"，切第二题的撰述之事；"民食已裕而补救弥详"是说当今在粮食丰裕的情况下仍然居安思危，切第三题；"备旱已周

233

而疏导犹切"是说要进一步加强水利建设,切第四题。这样,就巧妙地将当今皇帝的治功与题目结合起来了。接着,李调元引用晁错的话和《尚书》的记载,进一步申述其理,但仍然不离"道源""义例""仓储""水道"四者,然后再次将当今的"文德礼乐"归结为"心传遥接,史册维昭。闾阎之生息已盈,水势之利导已久"。开头部分两开两合、两虚两实,为下文蓄势。

接下来转入朝堂对策的正题,"顾私念伏处草野,即慕夫贾谊董仲舒之对策,陆贽之奏疏,非徒托空谈,皆可见之实事"几句,表明自己的策论将遵先贤遗风,绝不会为了邀名而夸夸其谈。

"兹幸承清问,拜献有资,敢不效管窥蠡测,以对扬天子之休命乎"以下,分别就四个具体问题展开讨论。

首先是心性。李调元从《大禹谟》"惟精惟一,允执厥中"切入,分别引入董仲舒、张载的理论,得出"心、性一致"的初步结论。然后以此批判"谓善恶混者""谓性有三等三品者""谓性如禾"等"纷纷无当"之论,严厉指责荀子"性恶论"那样与"圣人"之论相悖的观念。接着,他又从二程"论理不论气,不备。论气不论理,不明"的理论出发,赞扬乾隆帝"于千古圣王心法之相传"的高妙境界,最后引《尚书》《周易》来说明修习心性之学的艰难和重要。

心性之学是明清文人研究最深的领域之一。李调元的这段对策,在没有参考书的情况下引经据典、信手拈来,理论虽然艰深却又犁然有当。可以看出,时年30岁的李调元的确已经具备了相当高的学术水平。

第二个议题是修史撰书。李调元从《资治通鉴》的角度切入。司马光"自谓尽力此书",但刘恕、陈桱、袁枢等人,却能各自著书,以补《资治通鉴》之不足。朱熹又以《通鉴》为主要基础,删繁就简,撰成《资治通鉴纲要》。由此可见,修史撰书的境界是无穷的,永远有进步的空间。最后引刘知幾的话,得出"贵直而不阿"的修史原则。

第三个议题是如何通过粮食交易来平抑粮价。李调元从《尚书·尧典》中舜命弃"黎民阻饥,汝后稷,播时百谷"这个"荒政所由来"的最早事例出发,讨论在饥荒年代赈济百姓、平抑粮价的办法。作为书生,李调元仍然以引经据典的方式展开这个话题。周官司徒设置廪人掌粮食积贮、李悝注意籴粜平衡、耿寿昌置常平仓、长孙平立义仓、朱熹行社仓等等,最后以苏轼"千斛在市,则物价自平"之言作结。接着,他以乾隆二十七年(1762)直隶省赈济灾民的做法为实例,讨论这些理论的现实可行性。

最后一个议题是兴修水利工程。在这个问题上,李调元讨论得很实际,大略说了一下《周礼》中的"遂人治野之法",便直接切入滹沱河的治理。他从北宋何承炬治河的经验里得到启示，又具体分析了滹沱河容易泛滥成灾的地理原因，然后提出使用虞集的"圩曲之法"来治理。最后，李调元指出，欲使滹沱河水旱无忧，还必须同时治理运河、南运卫河和北运白河以及永定河，因势利导，才能永久根绝水患。从治水的讨论可以看出，李调元并不是一个只会坐而论道的腐儒，他对大清帝国的情势可谓了若指掌，水利方面尤其可称专家。

李调元书法师法初唐虞世南，笔势遒劲而外柔内刚，是乾隆年间名噪一时的书法家。从他的殿试考卷来看，他的书法的确有过人之处，也大约也是他殿试排名较高的原因之一。可惜他的考卷最后一页阙失，这是个小小的遗憾。

2. 李鼎元考卷试诠

李鼎元（1752—1812），字和叔，是李调元的堂弟。李鼎元进士及第后授翰林院庶吉士，曾任内阁中书、宗人府主事等职。他最知名的事，是曾于嘉庆五年（1800）以册封琉球副使的身份，与赵文楷一起出使琉球，期间著有《使琉球记》。这是中国较早的记录钓鱼岛、赤尾屿信息的文献。

李鼎元的考卷首页，是他的个人信息及三代脚色介绍："应殿试举人，臣李鼎元，年二十七岁，四川绵州人。由廪膳生应乾隆三十五年乡试，中式；由举人应乾隆四十三年会试，中式；今应殿试。"其三代脚色分别是：曾祖李攀旺，祖父李文彩，父李化樟。他的父亲与李调元的父亲是亲兄弟。所习经书方面，李鼎元习《春秋》，而李调元习《礼记》。

李鼎元是乾隆戊戌科殿试第三甲的传胪（第一名），八位读卷官阿、程、梁、蔡、嵇、董、胡、巴给出的成绩全是二等（△），其中"阿"应当是武英殿大学士阿桂，"程"是协办大学士程景伊。

戊戌科殿试策论也是四道题：

1）治法莫盛于唐虞，而欲使士敦廉让，民知礼教，愚蒙咸识纲常，顽悍潜消犷戾，此诚表正风俗之大要也。

2）士者，民之望也。化民者，先训士，而欲学者笃潜修而杜私党，此诚风励士行之盛心也。

3）前言往行悉载于书，而因欲网罗放失，正其舛伪也。

4）都邑蕃昌，人民和乐，由奢入俭，其势较难，而因计还淳返璞之术，此真勤恤民隐之至意也。

四道题的内容分别是正民风、绝朋党、理图籍、节财用，与李调元的考卷比起来，既没有论心性这样大而虚的题，也没有抑粮价、兴水利这样非常实际的题，显得颇为中庸。

策文开头略作虚套,即以"古哲后"创业守成不止"渊默无为""恭己正南"而已,更重要的是"庶明励翼于朝,多士敦行于野,书籍荟其要,礼制协其中",点明四道题目所蕴内容的重要性。接着指明,古今帝王之所以如此勤勉,是因为"深明乎天人相与之故"。也就是说,因为天人感应,人间天子不敢不朝乾夕惕、孜孜矻矻。然后引《白虎通义》语"王者无外,以天下为家,故称天家",转入当前现实,以"时当太平极盛而深宫宵旰"恭维乾隆帝效法"古哲后",阐述当今盛世景象之由来。这部分仍然紧扣四道题目:"不以官方董正而弛小法小廉之诫也,不以士敦谒吉而忘循名责实之规也,不以藏书已富而宽搜访之情,不以风俗已淳而懈黜奢之训。"

从"钦惟皇帝陛下"开始,开头部分由实转虚,但仍然紧扣"励官箴""端士习""求遗书""严礼节"四题,然后谦许自己"窃有慕于贾谊董仲舒之对策、陆贽之奏议",将"竭管蠡之愚见","仰副高深于万一"。

第一题,"表正风俗"。李鼎元引《尚书》的《尧典》《舜典》之语破题,点明"教民"之法,然后引《诗经·小雅·南山有台》"乐只君子,民之父母"申成其论。接着指出,天下之大,天子不能事必躬亲("一人遽能独理"),所以更重要的是要拣择称职的"良二千石"帮助治民。又引苏洵的话,引出"激励人才"之法,进而提出,要与现行政治体制"三岁一举""随时荐劾"结合起来,引导官场风气逐步进入良性循环。

第二题,"风励士行"。开头引《周礼·乐正》语,介绍上古"文行并重"的教育方式,要求"学臣"黜落"学问纰缪"的举子、"有司"将"行止颇僻"的人绳之以法,以敦励士行。接着讨论历史上以东林党为代表的"分别门户,骛虚名而受实害"的结党活动的危害,提出要"杜弊"于"未萌"之时,即将党争势头消灭于萌芽状态,以达到"正学术、绝朋党"的目的,维护皇帝的绝对权威。

第三题,"网罗放失",校理图籍。李鼎元从李聃为柱下史开始,说到刘向、刘歆、阮孝绪、荀勖等人整理图书的活动,大致梳理了"往代藏书之大略"。接着从乾隆帝开馆编《四库会书》的时事出发,介绍当今校理图书的文化盛况,再次指出校书活动中"任校雠之责者"的重要性。

第四题,"由奢入俭",厉行节约。作者从康雍乾三朝《会典》《大清通礼》等典章、政书"别贵贱,辨等威,防奢僭"的目的切入,解释当前"服舍之违""人工物力之糜费"难以抑制的原因,顺势提出"天地之生财有数,无以节之,又恐其易尽也"的忧虑。李鼎元进而指出,"欲求用之有节,必先求其事之有制",即当今所行的法律制度在抑制奢华风气方面的积极作用。

最后,李鼎元向乾隆帝提出了自己的期望:"臣尤伏愿皇上履盛思谦,安不忘危,治法昭矣，而考课不懈；学校盛矣，而防范愈周；遗文大备，而益切其搜罗；世道日隆，而更崇乎节俭。敕天命，惟时惟几，我国家万年有道之长基诸此矣。"这既是对当今施政的期望，同时又是四道题目主题的精练概括。

李鼎元的书法劲健厚重，与李调元书法各擅胜场，也是乾隆、嘉庆间的著名书法家之一。他的书法不逊李调元，但殿试排名差了不少，这应该是文章本身的缘故。毕竟他这篇策文行文更为平实，不论是理论的高度还是对实际政务的见解，都比李调元落后不少。

◎重庆图书馆藏殿试卷的书法风格及其渊源

曹 建

> 从其诞生开始，文字作为交流工具的功能就占据主要。随着字形美化需要的日益突出，文字书写的艺术功能与人文价值日渐体现。在漫长的历史进程中，突出实用价值的书写行为与艺术表达往往有着密切的关系。官定字体及其规范化总有着相当数量的书法代表作。无论是殷商时期占卜使用的甲骨文，还是周朝用于记功、记事的金文，或者秦朝基于统一目的的小篆、汉朝通行的隶书、魏晋以后官定通行字体楷书，都有着实用性居于第一位的特色。隋朝以后，随着科举考试的不断推进，实用书写主要以楷书为主。大体而言，科举实用体楷书的书写基本遵循平正的总基调。不过，由于每一时代风气不同，科举考试的书写行为及其风格也有着不同的特点。

（一）从干禄体到馆阁体：科举书写传统的形成与程式化

一般而言，人们对于唐代楷书的认识集中于"唐人尚法"几字的总结。颜真卿为"唐法"的确立起到了关键性的作用。在颜真卿所有书法作品中，《干禄字书》又有着标志性意味。

唐代颜元孙的《干禄字书》主要是从文字学意义上为科举等实用书写提供的范本，而颜真卿手书《干禄字书》则为千多年科举书写树立了楷模。不过，从书法艺术角度而言，《干禄字书》的出现似乎并非好事。正如汤临初所批评的那样：

> 唐自欧、虞、褚、薛而下，迨乎颜柳，亦犹诗之有晚唐矣。二公见前代作者，法度森然，不师其意而泥其迹，乃创作一体，务以雄健加人，遂使晋魏萧散温润之风一切委地。在当时即称为干禄书。[①]

从艺术上说，颜柳书干禄体"使晋魏萧散温润之风一切委地"，并不利于书法艺术的发展。不过，作为科举用字的标杆，颜体与柳体在唐代就已经确立了其独特地位。颜柳干禄书，与唐初楷书一样有着"应规入矩"的特点。宋人姜夔很明确地指出，这种出入规矩的书写实际上弥漫着一种"科举习气"：

> 真书以平正为善，此世俗之论，唐人之失也。古今真书之妙，无出钟元常，其次则王逸少。今观二家之书，皆潇洒纵横，何拘平正？良由唐人以书判取士，而士大夫字书类有科举习气。颜鲁公作《干禄字书》，是其证也。矧

[①]（明）汤临初：《书指》卷下，见倪涛撰《六艺之一录》卷二百九十六，文渊阁四库全书本。

欧、虞、颜、柳，前后相望，故唐人下笔应规入矩，无复魏晋飘逸之气。①

以牺牲魏晋"飘逸之气"为代价的干禄体书，虽然与艺术相去渐远，但却建立了以书取士制度的"书"的标准。其后历朝科举试子，取法唐楷各家，尤其颜、柳、欧、褚诸家者代不乏人。

宋朝科举考试的取法就在"干禄体"之外，新增了取法皇帝、朝中大臣书法的"流行书风"：

> （真宗）谓王钦若曰："古今风俗，悉从上之所好，国家法令不可不谨。"
>
> 钦若曰："近者四方之人颇工习笔札，盖由太宗崇尚文教，精于书翰所致也。
>
> 五代有朝体书，绝无楷法，今则尽学钟王欧柳之迹矣。"②

或许因为国家分裂的原因，五代朝体书不讲法度。宋代以后书法因为帝王的喜好而变得习古日深了。在追慕太宗、学习钟王欧柳之外，北宋科举考试中还有一种追慕当朝大臣的"流行书风"：

> 本朝太宗，挺生五代，文物已尽之间，天纵好古之性，真造八法，草入三昧，行书无对，飞白入神，一时公卿以上之所好，遂悉学钟王。至李宗谔主文既久，士子始皆学其书，肥褊朴拙，是时不誊录，以投其好，用取科第，自此惟趣时贵书矣。宋宣献公授作参政，倾朝学之，号曰朝体。韩忠献公琦好颜书，士俗皆学颜书。及蔡襄贵，士庶又皆学之。王荆公安石作相，士俗亦皆学其体，自此古法不讲。③

从追慕太宗而及钟王到趋时贵书、朝体、颜（韩）体、蔡襄体、王安石体等诸体的更替，一方面可见出宋人的"实用主义"取向。另一方面，其中所表现出来对于科举实用体书写的跟风，也反映出宋代科举书体的多样性存在。这两个特征在以后各朝尤其清代表现得更为突出。

元代科举恢复稍晚，朝野风靡赵体。一方面，这归因于元仁宗对赵孟頫乃"我朝王羲之"的美誉；另一方面，这也与奎章阁的风气有关。奎章阁书家对于赵字的推举与学习无疑是赵体风行的重要原因。其中，享有大名的奎章阁书家有柯九思、虞集、揭傒斯等。当时朝野学赵者之名流还有郭畀、钱良佑、张雨、俞和等人。

明代台阁体书法的形成与台阁体文学有着近似之处。台阁中以"二沈"为代表的中书舍人是催生台阁体书法的重要推手。台阁体书法对于法度的讲求是第一位的。可以说，明代台阁体的形成使书写的规范化达到高峰，科举书法之"法"才得以最终确立。"明代台阁体虽然至明中期后不再为书坛看重，但绵延至有清一代的馆阁体、状元字，实滥觞于沈度。"④或许，正因这种法度的确立在朝廷的认可度很高，才导致类似祝枝山、文徵明等书法家科举考试的不顺利，也才会有晚明大书家董其昌最初因为书写不规范而名落孙山。艺术书写与实用书写的矛盾与指向在明代中后期日益突显。在

---

① （宋）姜夔：《续书谱》，明刻百川学海本。

② （宋）李焘：《续资治通鉴长编》卷六十八，清文渊阁四库全书本。

③ （宋）米芾：《书史》，明刻百川学海本。

④ 黄惇：《中国书法史·元明卷》，江苏教育出版社2001年版，第209页。

二者不能兼顾的情况下，通向法度的台阁体与指向自由的艺术创作便成为了人们的不同取向。当然，更多的人却选择了尽量兼顾二者。不误功名与不误了自由表达，成为了更多成功的官员书家们不同阶段的书写需要。在此意义上，董其昌又可谓二者兼顾的佼佼者。

大体而言，从隋唐迄于明朝，科举考试书写传统基本固化。台阁体用笔、结体、章法形式几乎成为"程式化"的技法。这些较为固化的技法，一方面在告诫着士人何谓法度，另一方面也使科举考试的试卷有着更为统一的卷面。这种风气在清朝馆阁体达到顶峰。

（二）清代馆阁体的兴盛与反思

清人对于馆阁体的"爱"与"厌"贯穿于有清历史之中。如果说，清前期馆阁体书写还可能有书写者的自由表达的话，那么晚清馆阁体"程式化"的程度可以说是到了极致。

1. 清代馆阁体书风

与此前各朝相比，清人馆阁体书法的来源涵盖了几乎可能有的取法途径：学习皇帝与朝臣之书，学习欧颜柳苏等史上楷书名家，学习同时代馆阁体书家，学习前科状元书法等。

学习皇帝之书以康乾盛世的"赵董书风"为典型。由于康熙皇帝对于董其昌的喜爱，天下风靡董书；后来又由于乾隆对于赵体的偏好，天下"赵体"一统。在清朝近280年的历史进程中，康乾居半，而"董赵之风"可谓清朝科举的主要书体。

乾隆时代，四库馆开，四库全书刊刻所需的"规范之书"对于馆阁体的盛行可谓是重要的制度保障。清人洪亮吉在《北江诗话》中说："今楷书之匀圆丰满者，谓之'馆阁体'，类皆千手雷同。乾隆中叶后，四库馆开，而其风益盛。"[①]

嘉道以后，欧体渐盛。康有为《广艺舟双楫·干禄第二十六》有云："嘉、道之间，以吴兴较弱，兼重信本。故道光季世，郭兰石、张翰风二家大盛于时。"由此可知，嘉道年间，欧赵二体盛行。道光中，时人郭尚先、张琦书风大盛。

咸同年间，风气略变："欧、赵之后，继以清臣。……自兹以后，杂体并兴，欧、颜、赵、柳诸家揉用，体裁坏甚。"咸丰年间先推崇欧、赵、颜三家，后则糅用欧、颜、赵、柳诸家。所谓"糅用"，也就是在一幅作品中参以各家笔法、字法，这在咸丰以后的碑版中常见。这种书体互渗现象在书法史上屡见不鲜，馆阁体中也时见端倪。

光绪年间，北碑、欧体、赵体、苏体并存。"同、光之后，欧、赵相兼，欧欲其整齐也，赵欲其圆润也。二家之用，欧体尤宜，故欧体吞云梦者八九矣。然欲其方整，

①（清）洪亮吉：《北江诗话》卷四，清光绪授经堂刻本。

不欲其板滞也；欲其腴润，不欲其枯瘦也，故当剂所弊而救之。"①康有为《广艺舟双楫·体变》篇记载了北碑与欧、赵并存的局面："至于今日，碑学益盛，多出入于北碑、率更间，而吴兴亦踸踔伴食焉。"同时又称："今京朝士夫，多慕苏体。"②清人馆阁体书风的取法时人也是一时风气。取法"前科鼎甲"或为此风之极：

> 近数十年，殿廷考试专尚楷法，不复问策论之优劣，以致空疏浅陋，竟列清班，甚至有抄袭前一科鼎甲策仍列鼎甲者。而读卷诸公评骘楷法，又苛求之。点画之间有一字古体、帖体，依《说文》篆隶而不合时式者，即工楷亦置下等。③

今天看来，当今书法界取法评委书法与展览获奖书家书风的风气与此何其相似。从学书途径而言，清代馆阁体书法可谓"集大成"者。不过，仅有此点似乎并不能解释清代馆阁体风靡之因。按今天的话来说，没有制度化的设计，馆阁体的风行天下几乎是不可能的。与其相关的制度化设计来源于道光年间的重臣曹振镛。据陈康祺《郎潜纪闻》记载：

> 宣宗初登极，以每日披览奏本外，中外题本，蝇头细书，高可数尺，虽穷日夜之力，未能遍阅，若竟不置目，恐启欺蒙尝试之弊。尝问之曹文正公振镛。公曰："皇上几暇，但抽阅数本，见有点画谬误者，用朱笔抹出，发出后，臣下传观，知乙览所及，细微不遗，自不敢怠忽从事矣。"上可其言，从之。于是一时廷臣承望风旨，以为奏折且然，何况士子试卷？而变本加厉，遂至一画之长短，一点之肥瘦，无不寻瑕索垢，评第妍媸，以朝廷抡才大典，效贱工巧匠雕镂组织者之程材。而士子举笔偶差，关系毕生荣辱，末学滥进，豪杰灰心，波靡若斯，虽尧舜皋夔之圣贤，岂能逆料与？文正晚年颇以为悔。④

费正清《剑桥中国晚清史》注意到了这则材料，其中述及曹振镛建议道光帝"不必要为官员们每天进呈的潮水般的上疏言事而大感痛苦；因为官员们认为他们的职责就是要把问题条陈上来，不管有事无事都得这样做。""皇帝只要粗粗看看奏折中书写和行文的错误，然后惩戒那些疏忽者就行了。用这种办法，他就能够显示他自己已注意到了奏折中的细节，同时又能严惩那些庸人自扰的人，而对所请示的问题则可以轻轻带过。"⑤因为这条建议形成的奏折报批制度，无意间形成了道光以后馆阁体书法走向死板、教条的法度极端。正因这一历史性的建议，促使馆阁体走向高峰进而走向末路。

徐珂记载了当时人们对于过分注重小楷取士的调侃：

> 太医院考医士，亦用八股试帖，以楷法工拙为去取。时人为之语曰："太

---

① (清)康有为：《广艺舟双楫》卷六，清光绪刻本。
② (清)康有为：《广艺舟双楫》卷二，清光绪刻本。
③ (清)陈康祺：《郎潜纪闻二笔》卷十一，清光绪刻本。
④ (清)陈康祺：《郎潜纪闻二笔》卷十一，清光绪刻本。
⑤ (美)费正清编：《剑桥中国晚清史：1800—1911》，中国社会科学出版社1985年版，第155页。

医院开方,但须字迹端好,虽药不对症,无妨也。"①

以书取士向以书选医之类的极端转换案例,加速了馆阁体在清代末年的衰退步伐。

2.清代馆阁体书风之反思

对于馆阁体书风的批评由来已久。清人洪亮吉在其《北江诗话》中对馆阁体介绍之后就有不解:"然此体唐、宋已有之,段成式《酉阳杂俎·诡习》内载有官楷手书。沈括《笔谈》云:'三馆楷书不可谓不精不丽,求其佳处,到死无一笔是矣。'窃以为此种楷法在书手则可,士大夫亦从而效之,何耶?"②洪亮吉对于馆阁体书家的身份有所不解。他不解的是,如果是书法家们写写就算了,为什么还有那么多士大夫乐此不疲?与洪亮吉的观照点不同,周星莲则从书写法度与意趣的比较角度加以批评:"自帖括之习成,字法遂别为一体,土龙木偶,毫无意趣。"③周星莲《临池管见》敏锐地指出:"古人作书遗貌取神;今人作书貌合神离。……近来书生笔墨,台阁文章,偏旁布置,穷工极巧,其实不过写正体字,非真楷书也。"④朱和羹《临池心解》指出时弊:"今人笔法且不论,试与论墨法,犹忙乎若迷矣。……近世每临一家,止摹仿其笔画。至于用意入神,全不领会。"周、朱二人明确地指出了馆阁书法不讲笔法、字无精神的缺点,这只能称为"写正体字"而不能称为楷书。不过,我们应该看到,因实用而逐步固化的馆阁法度与书写意趣本来就是不同的取向。此点似乎无可厚非。对于馆阁体技法的批评,与选人用人制度的不当,清人多有注意。李岳瑞《春冰室野乘》已经注意到偏重书写忽视策论的负面影响:

> 嘉庆以前,殿廷考试,大臣奉派阅者,皆先文词则后书法,未有摘一二破体字,而抑高文于劣等者。至歙县始用此术衡文,不但文词之工拙,在所不计,即书法之优劣,亦不关重用。但通体圆整,无一点画讹错,即可登上第。盖当时承乾嘉考证学派之余波,士子为文,皆以博奥典实相尚。歙县素不学,试卷稍古雅者,辄不得其解,故深恶而痛绝之。后来主文衡者,乐其简易,相率效尤,于是文体颇而学术因之不振矣。道咸两朝功令文字,最为卑陋,皆歙县一人启之也。⑤

李慈铭则对道光后所选拔出来的状元进行梳理,认为这种选人用人制度有着严重不足:

> 嘉庆至今七十八年,状元三十七人,官至一品者,仅三人,二品者十人……嘉道间之龙头,士大夫已不能举其姓氏,除姚文值外,著作亦无一字流传。朝廷取此等人,果何用也。⑥

光绪年间,有官员给光绪皇帝建议殿试中停止以小楷取士,应该以考查实学为主:

> (殿试)断不宜以小楷为去取。……及通籍之后,无论翰苑部曹一应职

---

① (清)徐珂:《清稗类钞·考试类》,中华书局1984年版,第721页。

② (清)洪亮吉:《北江诗话》卷四,清光绪授经堂刻本。

③《历代书法论文选》,上海书画出版社2009年版,第726页。

④ 黄宾虹、邓实辑:《美术丛书》)(第一册),江苏古籍出版社1997年版,第317页。

⑤ 辜鸿铭、孟森等:《清代野史》第三卷,巴蜀书社,第1177页。

⑥ (清)李慈铭:《越缦堂日记·桃华圣解庵日记》壬集。

官,皆以讲求实学实政为主,凡考试文艺小楷之事,断断必宜停免。……朝廷需用此项人员之时,特颁谕旨偶一行之,不为常例。[①]

对于馆阁体的肯定意见来源于沈曾植。沈曾植认为,不论实用之书还是艺术之书,都离不开"横平竖直"四字,馆阁体并非一无是处:

> 明季以来有馆阁书,并以工整专长,名家薄之于算子之诮?其实名家之书,又岂出横平竖直之外?推而上之唐碑,推而上之汉隶,亦孰有不平直者?虽六朝碑,虽诸家行草帖,何一不横是横,竖是竖耶?算子指其平排无势耳,识得笔法,便无疑已。永字八法,唐之间阁书师语耳。作字自不能出此范围。[②]

今人丛文俊认为,"馆阁体榜书除缺乏个性及变化之外,往往能做到温醇儒雅,有书卷气息,亦非全无是处"。[③]

(三)重图藏四川进士卷的书法风格

重庆图书馆藏有一批清代殿试卷,其中的四川人殿试卷大抵从康熙直到光绪,共37本,二甲12人,三甲25人。殿试人员均为四川籍。殿试人员来自四川绵州罗江县、四川叙州府富顺县、四川泸州、四川重庆府巴县、四川潼川府蓬溪县、四川雅州府荥经县、四川顺庆府营山县、四川成都府华阳县、四川成都府金堂县、四川成都府崇宁县、四川夔州府开县、四川叙州永厅、四川酉阳州秀山县、四川成都府新都县、四川叙州宜宾、四川重庆府涪州、四川成都府成都县、四川重庆府荣昌县、四川忠州垫江县、四川成都府灌县、四川叙州府庆府县、四川重庆府南川县、四川重庆府合州、四川重庆府长寿县。[④]

此批试卷形制大同小异,皆经折装,整体书法风格亦有各时期的明显特征。每份殿试卷由卷面、履历、试策正文、卷底四部分组成。卷面即封面,上盖满汉合璧的礼部官印,写有殿试举人的姓名,履历包括应试举人的姓名,年龄,籍贯,乡试、会试中式时间,祖上三代基本情况,卷底为印卷官姓名。大体而言,康熙年间的殿试卷尚有个人书写意趣,道咸以后逐渐趋于标准化版刻画。这与上文所分析的清朝馆阁体风格演进是一致的。

众所周知,科举时代读书人的"修齐治平"理想实现的基本条件就是考中进士,而殿试卷则是士子进身之阶最为关键的一步。殿试卷的作者为考生本人。清代科考制度中,乡试和会试采取试卷誊录制度,而童试和殿试试卷,皆为考生亲笔,不用书手另为誊抄。殿试卷的阅卷者为大臣,而进士候选者则要经皇帝过目。在此前提下,可以想见,士子们书写试卷的恭谨之心。谨慎而又持敬,是殿试卷书写的主要心态。这

[①] 朱寿朋《光绪朝东华录》光绪二十一年六月癸未,总第4138—4141页。

[②] 沈曾植:《海日楼札丛》卷八,辽宁教育出版社1998年版,第321页。

[③] 丛文俊:《书法史鉴》,上海书画出版社2003年版,第177页。

[④] 本段论述依清朝区划,现在这些地区或属于四川省,或属于重庆市。

种心态的保持往往成为许多进士一生的书写习惯。因此，在进士们这里，狂狷、豪放往往与大不敬为同义词。或许因此，持敬慎书成为进士们的共性。

在书法上，这种心态表现为：点画形态的完整、结构的谨严、章法的统一、墨法的一致。

就点画形态的完整性而言，其主要表现为每一点画起行收用笔之完整性，提按较为一致、对比不强。整体呈现用笔的理性色彩。换句话说，所有的点画都是在掌控之中、思考之后完成的。这与书斋中书法创作的点画表现有着较大的差异。在许多具有表现性的书家那里，书写点画时的意外之笔远比点画本身的预想更为重要。从某种意义上说，具有表现性的书家追求的是书写过程的愉悦，而殿试卷作者则关心书写结果的规范性。目的与选择的区别导致二者差别巨大。由此反观殿试卷作者的书写，其用笔的设计感遮蔽了其随意性。

就用笔节奏而言，馆阁体的书写普遍要舒缓得多，节奏的变化也要少得多。这与草书节奏变化的外显有着很大的不同。节奏变化小与节奏的单一是一体多面。从艺术性而言，这可谓是一大缺点。但从考试试卷书写而言，节奏变化小，恰恰是其特点所在。这足以使书写风格前后一致。也正因此，前后节奏的一贯性往往是判定殿试卷好坏与心理素质的一个标准。

用笔上的一致性也影响到单字结构的处理。因为用笔上的动作到位，导致字形处理上的四平八稳，进而使方块汉字的手书具有了工艺性质。一般而言，书法的用笔与结构有着不同的内涵与所指，但二者的联系却很少有人论及。实际上，用笔的方法对于字形的影响是多方面的。谨小慎微的书写心态必然使殿试卷字形有着密不透风的严谨结构。虽然试子们的性情在用笔的轻重，点画的粗细、收放中略有所见，但结构上的稳妥统一却言说着来自朝廷的规矩与皇家的尊严。这种规矩与尊严充分显示出儒学传统视野中的"君臣"关系。那种密不透风的字形或许正显示出封建官场游戏规则中的"节制"与"自由"。字形大小的趋于整齐，笔画粗细的化多为一，均映射出皇权独尊与朝廷的大一统影响。

同样，章法上的不越界格也处处彰显着"规矩"。印制试卷的竖格线将试卷分成单页多行格式。考生书写时严格按照格式要求，表敬词分行顶格书写，字间距较为一致，而行间距则以界格为限不得突破。整体章法的程式化与规范性在殿试卷中几乎无一例外。

从某种意义上来说，馆阁体是对于唐楷法度的"过度"表现。众所周知，"唐尚法"是与"晋尚韵""宋尚意"并举的书法时代特征。"唐法"最为集中地表现在唐代楷书之中。唐楷之提按用笔、聚散关系处理为其基本特点。这些特点在馆阁体书法中有过之而无不及，尤其表现在对结构疏密关系的处理上。在唐楷中还常常可以见到的点画之间的空白处理，在馆阁体中已经处理成点画之间的"密不透风"。这种对于法度的极端"表现"，在历史上被极端地批评笼罩过。书法史上对于馆阁体笼统而一致的批评意见集中在其对于法则的强调与对于个性的抹杀之一体多面。不能忽视的一个现象是，包括许多进士在内的书法家个人，也具有法与意表现的双重需要。譬如，康有为殿试卷的工整与其书法创作的"随性"就很一致地统一在其身上，只不过有着时空距离而已。因此，当我们面对恭楷试卷，试图要解读书写者内心的时候，他们对于法度的尊崇之心就跃然纸面了。纵使其中有着被动的成分，但其重法之意并不弱于唐楷。就此而论，那种认为明清书法尚态的观点或许只是"一偏之见"了。

综合而言，无论用笔用锋的单一性，还是节奏的一致性，抑或结体、章法的统一性，无不印证来自朝廷的权威与规范。这种规范性恰恰是殿试卷的特点所在。可以说，来自于持敬之心的审慎书写是殿试卷风格形成的主要心理基础，规范严谨则为其风格特征。

延伸阅读

◎科举逸闻趣事

> 本部分从大量古籍中辑出相关片段，内容涉及科举考试的方方面面，诸如选才用人、考试制度、名衔称谓、逸闻趣事等等，藉以开拓眼界，增广见闻。资料主要来自《易学辨惑》《孔子改制考》《大学衍义补》《经学通论》《春秋公羊传注疏》《读四书大全说》《孟子字义疏证》《尚书古文疏证》《孟子私淑录》《船山经义》《汉学师承记》等经学注疏，《新元史》《辽史》《宋史》《旧唐书》《元史》《明史》《清史稿》等正史，以及《榕村语录》《庄谐丛话》《松窗梦语》《谷山笔麈》《春明梦录》《楹联述录》《皇华纪闻》《谏书稀庵笔记》《眉庐丛话》等笔记小说。

（一）选才用人

汉世用人之法，皆自州县补署，公府辟召，然后升于朝廷。当时未设选部，百官进退，属之丞相。魏、晋以来，始专委选部。及唐亦然，犹分东西两铨，使左右侍郎分领。及东都、岭表复别有铨选，不尽领于吏部，而吏部侍郎魏玄同上言铨选之弊，犹谓以天下之大、士人之众，而委之数人之手，力有所极，照有所穷。后世以天下之大，士人之众，而委之一郎之手，不尤舛耶。

宋法文选属审官院，武选属枢密院。王安石欲夺枢密之权，乃以文选、武选皆属吏部。尚书左选主文，侍郎一人主之，谓之审官东院。尚书右选主武，侍郎一人主之，谓之审官西院。盖文彦博为枢使，安石为此以阻之耳。

唐天授元年，武后亲策贡士于洛城殿，此殿试之始也。长安二年正月，初设武举，其制有长垛、马射、步射、平射、不同射、马枪、翘关、负重、身材之选，此武举之始也。

宋时临轩策士，本用诗赋，熙宁三年，用吕公著之请，殿试进士专用制策，至今遂为定制。

熙宁四年，更定科举法，罢诗赋、帖经、墨义，令士各占《易》《诗》《书》《礼》一经，兼《论语》《孟子》，每试四场，初本经，次兼经，次论一首，次策三道，此即今科场之始，而四场不同耳。殿试则专以制策，罢去诗赋，分为五甲：第一第二等赐进士及第，第三等赐进士出身，第四等赐同进士出身，第五等赐同学究出身。此即今殿试之法，而五甲不同耳。盖宋初学校之制原未大备，而科举试士，惟以明经词赋为主。安石以为，古之取士必本于学，请兴建学校，讲三代教育之法，专以经术取士，而科场之法遂为近代创始矣。此岂可以新法少之哉！

熙宁四年，广太学斋舍，增置官师，分生员为三等：始入太学为外舍，定额七百人；外舍升内舍，员三百人；内舍升上舍，员百人。每月考试其业，以此升舍。上舍免其发解，及礼部试，召对赐第。此即近代积分之法也。至于免解、免试、径召廷对，则上舍生即礼部进土矣。荆公此法甚善，宋人行之，甚著得人之效，恨今不能举尔。

司马光在位，尽变安石之法，惟经义取士则不以为非也。光谓："神宗颛用经义论策取士，乃复先王令典，百世不易之法。但安石不当以一家私学，欲盖先儒，令天下师生讲解。"此大公至正之论，安石复起，亦当心服也。经义之法至今遵用，安石于选举之制，可谓一开创矣。

宋初用词赋取士，安石变为经义。及元祐初，吕大防、范纯仁当国，乃立经义、词赋两科。凡诗赋进士，习一经，试本经、《论》《孟》义及诗赋、论策，凡四场；经义进士，习两经，试本经、《论》《孟》义及论策，亦四场。两科通定高下，而取解中分之，各占其半，此亦调停之法也。绍圣初年，尽复熙、丰之政，又令进士纯用经义，而改置宏词一科，于进士登科后试之，所取不过数人，即今之馆选也。

宋自熙、丰以后，经义、词赋二科更为废兴，已而合为一科，至绍兴之末，复分而为二，盖宋时取士之途惟此两科，而离合不一如此。本朝以经义为主而尽黜词赋，则学醇而路狭矣。

元时，科举之法至仁宗始定，从李孟之请也。其制，三岁一开科，以八月郡县乡试，明年二月会试京师，中者策之于廷，赐及第、出身有差，即今制所由始也。但彼有两榜，以蒙古、色目为右，汉人、南人为左，各命题耳。

嘉靖壬戌，一甲三人皆至宰相一品，隆庆戊辰，一甲三人，一为元辅，二为正卿，自世庙以来所未有也。戊辰会魁五人，张、沈、陈三公同时为相，亦往时所未有也。

嘉靖己酉，浙江举人内唐公汝楫为状元，陶公大临为榜眼，赵公志皋为探花。南直甲子举人焦公竑为状元，余公梦麟、刘公瑊皆为榜眼。一榜三及第，亦异事也。

万历丙戌，乙酉以后，内阁三公俱南直人。申瑶泉状元，王荆石会元，许颖阳解元。内阁三公应三元之数，皆出南直，又大奇事。

国家以科举取士，视为重典，其中得失去取，皆有成数，非人所能为。姑举一二事于左：嘉靖丙午，浙江省试，主者已如额取足九十人，每十卷一束，置之榻上。偶主者困卧，梦一朱衣达官，自称杭州知府，直入卧内，云"尚有一卷未取"。主者寤而疑之。少间，又梦如前。寤而案上有一卷，不知所自来，因于九十卷中抽取一卷，以较案上卷，良不及也，遂以易之。其后所梦者得第为显官。又浙中士夫相传：嘉靖初年,浙江省试,主者灯下阅卷,不中者皆掷地下,忽见一披发妇人取地下一卷返置案上,主者不惊,取而复投之者再,妇人长跪而泣,主者感动,即取中。此卷乃余姚一生名田麟者。榜后,问田生以状,生哽咽久之,乃对:"母本侧室,为嫡挞杀,死时状正如此。"即此二事,场中皆有鬼神,主者亦不得与也,可不畏哉!

万历己丑,科场覆试,予(于慎明)获与事。先是,戊子,京兆都试黄宫庶洪宪主考,黄游申、王二相君间甚欢,而太仓公子雅有家学,即非黄典试举首,亦其分内,徒以出于黄,所为众指目,而榜中复多黄所厚士,关节居间,都人悬书于衢。及京兆试卷呈送礼部,宗伯朱公命郎吏检阅,于仪郎孔兼因摘其两卷以呈,其一李鸿者,吴门之婿也,朱公语予其状,予谓:"郎吏既闻,公即当奏,不奏,即当密止,亦不可向予道也。"朱公犹豫久之,密以白吴门,因寝其事。于复封送礼科,令其参劾。礼科苗给事朝阳,吴门之客也,亦寝不奏。于见形迹已露,不可中止,因风郎中高桂。桂,抗直人也,遂上疏劾黄及太仓公子、吴门东床,凡八人。诏下礼部查核,且会都察院及科道覆试。御史大夫吴公、中丞詹公皆为二相、宗伯称病,亟不出,右堂田公转自祭酒,以八人皆国学所选,避不阅卷,惟予及台长司其事。试毕阅卷,予先阅毕,稍定次序,以送吴公,吴公即送台省诸君,令其校定,而所指屠大壮者次为第八,与予所定相合。予因谓吴公曰:"甲子举场覆试,丙戌午门覆试,皆分二等定去取以闻,今奉旨覆阅,虽不定去取,亦宜分作二等,请自上裁"。乃召郎吏具草,以七人为"平通",一人为"亦通",其人即屠也。旧例,"亦通"者黜。吴公见屠在黜例,惧无以复二相,即起取卷再阅,曰:"此卷之文义甚优,老夫亦不能作,奈何弃置?就不作官也罢,要全天理",揖台谏诸君共阅。都谏黄县王君指卷对曰:"卷内数语老先生所称者,以某观之,正是极不通处。"都谏苗君取视,指曰:"如此数语,却亦甚好。"都谏张君曰:"数语若是秀才,可居五等。"于是吴公大愤,嗫不能语。而仪司吕正郎兴周与高直前力争,请落其二三卷。予因谓吴公曰:"郎官所请黜落太多,惟此卷差下分别不妨,既奉旨品阅,岂得尽无可否"。吴公犹欲持之,予即厉声命吏书奏,即可印封,俟阙门开即上,时已三鼓矣。予甫抵舍盥漱,即入候讲,黎明在文华直庐,三相已至,延予问状,相顾失色,新都曰:"奏可追否?"曰:"已上矣。纵未上,众印封,亦不可改。"二相公曰:"然。"退而大怒,谓予曰:"如屠生文义,可作程式,奈何黜之。"予笑谓曰:"郎中云不通亦过,老先生云可作程式亦太矫枉。总之,非甚不通,但要京兆中式,亦属滥进。"二相默然。自是,高、吕、王、张诸子皆二相所切齿,而吴、詹、黄、苗诸君皆为公论所扼腕。其持二相或末次于黄,而衔予者次于高、于矣。覆试奏既上,次日,即以查核疏奏,大略云:连日查访,关节未有明据,事属暧昧,遽难指名。但科场去取原凭文艺,今诸生试卷既经多官会阅,无甚相悬,可知当

251

日科场未必有弊云云。二相以其辞微，亦不悦也。而吴、詹二公以不能全胜，复有从臾，滋不见与云。

唐时牛、李之党起于对策，成于覆试。盖宗闵对策讥切吉甫，为德裕所恨，又与元稹争进，平日有郤，及杨汝士、钱徽知贡举，不受段文昌、李绅之属，为其所嗛，而宗闵之婿及第，故德裕、文昌、绅、稹皆以科场之事攻击主司，而宗闵亦谴焉。由是宗闵、德裕各分朋党，更相倾轧，垂四十年，其机括所发，惟借科场一事以倾之耳。古今事体，大略不远如此。①

① (明)于慎行：《谷山笔麈》卷八，中华书局1984年版，第90—95页。

(二) 科举考试之制

【贡举】

贡举之制，建隆初始禁谢恩于私室。(北宋)开宝五年，召进士安守亮等三十八人对于讲武殿下，诏赐其第。六年，又召宋准等覆试于讲武殿。殿试自此始也。自隋大业中，始设进士科，至唐以来尤盛，岁取不过三十人。咸亨、上元中，增至七八十，寻亦复故。开成中，连岁取四十人，又复旧制。进士外以经中科者，亦不过百人。至太宗即位，兴国二年，以郡县阙官，旬浃之间，拔士几五百，以补阙员而振滞淹。又未命官，而赐之绿袍靴笏，使解褐焉。八年，进士万二百六十人。淳化二年，万七千三百人。始命知贡举苏易简等受诏即赴贡院，不更至私第，以防请托。至殿试，又为糊名之制。②

② (宋)曾巩；陈杏珍等点校：《曾巩集》卷四十九，中华书局1984年版，第658—659页。

【御试黜落】

《宋史·仁宗纪》："嘉祐二年三月，赐礼部奏名进士、诸科及第出身八百七十七人，亲试举人免黜落始此。"(此仁宗末年姑息之政。)《谂谋录》曰："旧制，殿试皆有黜落，临时取旨，或三人取一，或二人取一，或三人取二，故有累经省试取中，而摈弃于殿试者。自张元以积忿降元昊，为中国患，朝廷始囚其家属，未几复纵之。于是群臣建议，归咎于殿试。嘉祐二年，诏进士与殿试者皆不黜落。是一叛逆之士子，为天下后世士子无穷之利也。"阮汉闻言，以张元而罢殿试之黜落，则惩黄巢之乱，将天下士子无一不登第而后可。③

③ (清)顾炎武：《日知录》卷十七，1872年，第7—8叶。

【殿举】

宋初，约周显德之制，定贡举条法及殿罚之式。进士文理纰缪，殿五举。(今谓之罚科。)诸科初场十否，(不通者谓之否。)殿五举；第二、第三场十否，殿三举；第一场至第三场九否，并殿一举。殿举之数，朱书于试卷，送中书门下。今之科场有去取而无劝惩,故不才之人得以旅进。而言此者,世必以为刻薄矣。

《英宗实录》:"宣德十年九月,令天下岁贡生员,从行在翰林院考试中式者,送南北国子监读书。不中者,发原籍住廪,肄业以待复试。再不中者,发充吏,提调教官如例责状。"今岁贡廷试亦无黜落,设科取士,大抵为恩泽之途矣。①

① (清)顾炎武:《日知录》卷十七,1872年,第10叶。

【进士得人】

明初,荐辟之法既废,而科举之中尤重进士。神宗以来,遂有定例。州县印官以上中为进士缺,中下为举人缺,最下乃为贡生缺。举贡历官虽至方面,非广西、云、贵不以处之。以此为铨曹一定之格。间有一二举贡受知于上,拔为卿贰,大僚则必尽力攻之,使至于得罪谴逐,且杀之而后已。于是不由进士出身之人,遂不得不投门户以自庇。资格与朋党,二者牢不可破,而国事大坏矣。至于翰林之官,又以清华自处而鄙夷外曹。崇祯中,天子忽用推知考授编检,而众口交哗,有"适从何来,遽集于此"之诮。(唐武儒衡语。)呜呼!科第不与资格期,而资格之局成。资格不与朋党期,而朋党之形立。防微虑始,有国者其为变通之计乎。②

② (清)顾炎武:《日知录》卷十七,1872年,第10叶。

【大臣子弟】

人主设取士之科,以待寒畯,诚不宜使大臣子弟得与其间,以示宠遇之私。而大臣亦不当使其弟子与寒士竞进。魏孝文时,于烈为光禄勋卿,其子登引例求进,烈上表请黜落,孝文以为有识之言。虽武夫犹知此义也。唐之中叶,朝政渐非,然一有此事,尚招物议。长庆元年,礼部侍郎钱徽知贡举,中书舍人李宗闵子婿苏巢、右补阙杨汝士弟殷士,皆及第,为段文昌所奏,指摘榜内郑朗等十四人,谓之子弟。穆宗乃内出题目重试,落朗等十人,贬徽江州刺史,宗闵剑州刺史,汝士开江令。(《旧唐书》)会昌四年,权知贡举左仆射王起,奏所放进士有江陵节度使崔元式甥郑朴、东都留守牛僧儒女婿源重、故相窦易直子缄、监察御史杨收弟严,试文合格,物议以子弟非之,敕遣户部侍郎翰林学士白敏中覆试,落下三人,唯放杨严一人。(《册府元龟》《唐书》杨严传又有杨知至,共五人。)大中元年,礼部侍郎魏扶奏:"臣今年所放进士三十三人,其封彦卿、崔琢、郑延休等三人实有词艺,为时所称,皆以父兄见居重任,不敢选取。"诏令翰林学士承旨户部侍郎韦琮考覆,敕放及第。(《旧唐书》)大中末,令狐绹罢相,其子滈应进士举,在父未罢相前拔文解及第,谏议大夫崔瑄论滈干挠主司,侮弄文法,请下御史台推勘,疏留中不出。③

③ (清)顾炎武:《日知录》卷十七,1872年,第10—11叶。

253

【北卷】

今制,科场分南卷、北卷、中卷,此调停之术,而非造就之方。夫北人,自宋时即云京东西、河北、河东、陕西五路举人,拙于文辞声律。况又更金、元之乱,文学一事不及南人久矣。今南人教小学,先令属对,犹是唐宋以来相传旧法,北人全不为此,故求其习比偶、调平仄者,千室之邑,几无一二人。而八股之外,一无所通者,比比也。愚幼时《四书》本经俱读全注。后见庸师窳生,欲速其成,多为删抹,而北方则有全不读者。欲令如前代之人,参伍诸家之注疏而通其得失,固数百年不得一人,且不知《十三经注疏》为何物也。间有一二《五经》刻本,亦多脱文误字,而人亦不能辨,此古书善本绝不至于北方,而蔡虚斋、林次崖诸经学训诂之儒皆出于南方也。故今日北方有二患:一曰地荒,二曰人荒。非大有为之君作而新之,不免于"无田甫田,维莠骄骄"之叹也。

汉成帝元延元年七月,诏内郡国,举方正能直言极谏者各一人。北边二十二郡,举勇猛知兵法者各一人。此古人因地取才,而不限以一科之法也。宋敏求尝建言,"河北、陕西、河东士子,性朴茂而辞藻不工,故登第者少,请令转运使择荐有行艺材武者特官之。使人材参用,而士有可进之路",其亦汉人之意也与。[①]

① (清)顾炎武:《日知录》卷十七,1872年,第14—15叶。

【糊名】

国家设科之意,本以求才。今之立法则专以防奸为主,如弥封、誊录一切之制是也。考之唐初,吏部试选,人皆糊名,令学士考判。武后以为非委任之方,罢之。(此则糊名已用之选人,而未尝用之贡举。)贞元中,陆贽知贡举,访士之有才行者于翰林学士梁肃,肃曰:"崔群虽少年,他日必至公辅。"果如其言。太和初,礼部侍郎崔郾试进士东都,吴武陵出杜牧所赋《阿房宫辞》,请以第一人处之。(《武陵传》)此知其贤而进之也。张昌龄举进士,与王公治齐名,皆为考功员外郎王师旦所绌。太宗问其故,对曰:"昌龄等华而少实,其文浮靡,非令器也。取之则后生劝慕,乱陛下风雅。"帝然之。温庭筠苦心砚席,尤长于诗赋。初举进士,至京师,人士翕然推重。然士行尘杂,不修边幅,能逐弦吹之音,为侧艳之词,公卿家无赖子弟裴诚、令狐滈之徒,相与蒱饮,酣醉终日。由是累年不第。罗隐有诗名,尤长于咏史,然多讥讽,以故不中第。(《册府元龟》)此知其不可而退之也。《宋史·陈彭年传》言:"景德中,彭年与晁迥同知贡举,请令有司详定考试条式。真宗命彭年与戚纶参定,多革旧制,专务防闲。其所取者不复选择文行,止较一日之艺,虽杜绝请托,然置甲等者或非人望。"《宋白传》言:"初,陈彭年举进士,轻俊,喜谤主司。白知贡举,恶其为人,黜落之,彭年憾焉。后居近侍,为贡举条制,多所关防,盖为白设也。"(《山堂考索》

254

延伸阅读

同。）盖昔之取士，虽程其一日之文，亦参之以平生之行，而乡评士论一皆达于朝廷。故《王旦传》言："翰林学士陈彭年，呈政府科场条目，旦投之地，曰：'内翰得官几日，乃欲隔截天下进士。'彭年皇恐而退。"而范仲淹、苏颂之议，并欲罢弥封、誊录之法，使有司考其素行，以渐复两汉选举之旧。夫以彭年一人之私，而遵之为数百年之成法，无怪乎繁文日密，而人材日衰。后之人主非有重门洞开之心胸，不能起而更张之矣。

《册府元龟》："唐宪宗元和二年十二月，敕自今以后，州府所送进士，如迹涉疏狂，兼亏礼教，或曾为官司科罚，或曾任州府小吏一事，不合入清流者，虽薄有词艺，并不得申送。如举送以后事发，长吏停见任及已停替者殿二年，本试官及司功官并贬降。"是进一不肖之人，考试之官皆有责焉。今则藉口于糊名，而曰"吾衡其文，无由知其人也"，是教之崇败行之人而代为之追其罪也。

《容斋四笔》曰："唐世科举之柄，颛付之主司，仍不糊名。又有交朋之厚者为之荐达，谓之通榜。故其取人也，畏于讥议，多公而审，亦或胁于权势，或挠于亲故，或累于子弟，皆常情所不能免者。若贤者临之，则不然。未引试之前，其去取高下固已定于胸中矣。韩文公《与祠部陆员外书》曰：'执事之与司贡士者相知诚深矣，彼之所望于执事、执事之所以待乎彼者，可谓至而无间矣。彼之职在乎得人，执事之志在乎进贤。如得其人而授之，所谓两得。愈之知者有侯喜、侯云长、刘述古、韦群玉，此四者皆可以当首荐而极论者，期于有成而后止可也。沈杞、张弘（《登科记》作弘。）、尉迟汾、李绅、张后馀、李翊，皆出群之才，与之足以收人望而得才实。主司广求焉，则以告之可也。往者陆相公司贡士，愈时幸在得中，所与及第者皆赫然有声。原其所以，亦由梁补阙肃、王郎中础佐之，梁举八人无有失者，其余则王皆与谋焉。陆相待王与梁如此不疑也，至今以为美谈。'此书在集中不注岁月。按《摭言》云：'贞元十八年，权德舆主文，陆修员外通榜，韩文公荐十人于侥，权公凡三榜，共放六人，余不出五年内皆捷。'以《登科记》考之，贞元十八年，德舆以中书舍人知举，放进士二十三人，尉迟汾、侯云长、韦纾、沈杞、李翊登第。十九年，以礼部侍郎放二十人，侯喜登第。永贞元年，放二十九人，刘述古登第。通三榜，共七十二人，而韩所荐者预其七。元和元年，崔邠下放李绅。三年，又放张后馀、张弘。皆与《摭言》合。"①

---

① （清）顾炎武：《日知录》卷十七，1872年，第16—18叶。

【搜索】

《旧唐书·李揆传》："乾元初，兼礼部侍郎，言主司取士，多不考实，徒峻其堤防，索其书策。殊不知艺不至者，居文史之囿，亦不能摛辞，深昧求贤之意也。及试

255

进士，请于庭中设《五经》诸史及《切韵》本于床，引贡生谓之曰：大国选士，但务得才，经籍在此，请恣寻检。"

《舒元舆传》："举进士，见有司钩校苛切，因上书言：自古贡士，未有轻于此者。且宰相公卿由此出，而有司以隶人待之。罗棘遮截，疑其为奸，非所以求忠直也。又言国朝校试，穷微探隐，无所不至，士至露顶跣足以科场，此先辈所以有投檠而出者。然狡伪之风所在而有，试者愈严，而犯者愈众，桁杨之辱不足以尽辜。如主司真具别鉴，怀藏满箧，亦复何益。故搜索之法，只足以济主司之所短，不足以显才士之所长也。"

今日考试之弊，在乎求才之道不足，而防奸之法有余。宋元祐初，御史中丞刘挚上言："治天下者，遇人以君子长者之道，则下必有君子长者之行应于上。若以小人遇之，彼将以小人自为矣。况以此行于学校之间乎。诚能反今日之弊，而以教化为先，贤才得而治具张，不难致也。"

《金史》："泰和元年，省臣奏：搜简之法虽严，至于解发袒衣，索及耳鼻，殊失待士之礼。故大定二十九年已尝依前故事，使就沐浴，官置衣为之更之，既可防滥，且不亏礼。从之。"

朱子论学校科举之弊，谓"上以盗贼待士，士亦以盗贼自处。鼓噪迫胁，非盗贼而何。嗟夫，三代之制不可见矣，汉唐之事岂难仿而行之者乎"？①

【出身授官】

史言开元以后，四海晏清，士无贤不肖，耻不以文章达。其应诏而举者多则二千人，少犹不减千人，所收百才有一。《文献通考》："唐时所放进士，每岁不过二三十人。士之及第者，未便解褐入仕，尚有试吏部一关。韩文公三试于吏部无成，则十年犹布衣，且有出身二十年不获禄者。自宋太宗太平兴国二年，上初即位，思振淹滞，赐进士诸科出身者五百余人，皆先赐绿袍靴笏，赐宴开宝寺，第一、第二等进士及九经授将作监丞、大理评事、通判诸州，其余皆优等注拟，宠章殊异，历代未有也。薛居正等言取人太多，用人太骤，不听。此太宗初一天下，欲以得士之盛跨越前代，荣观史册，而不知侥幸之心，欲速之习，中于士人者，且数百年，而不可返矣。"又考《通典·举人条例》："四经出身，授紧县尉。判入第三等，授望县尉，五经出身，授望县尉。判入第三等，授畿县尉。进士与四经同资。"是唐时明经、进士，初除不过县尉。至今代则一入词林，更不外补，二甲之除犹为部属，崇浮长惰，职此之由。所以一第之后，尽弃其学，而以营升纳贿为事者，以其得之浅而贵之骤也。其于唐人举士之初制，失之远矣。

① （清）顾炎武：《日知录》卷十七，1872年，第18—19叶。

《儒林公议》言:"太宗临轩放榜,三五名以前皆出贰郡符,迁擢荣速。陈尧叟、王曾初中第,即登朝领太史之职,赐以朱韨,尔后状元登第者,不十余年皆望柄用,人亦以是为当得之也。每殿廷胪传第一,则公卿以下无不耸观,虽至尊亦注视焉。自崇政殿出东华门,传呼甚宠,观者拥塞通衢。"今代状元及第之荣,一甲翰林之授,权舆于是矣。

宋初用人之弊有二:进士释褐,不试吏部,一也。献文得旨,召试除官,二也。今炫文之途已革,而入官之选尚轻,二者之弊其一尚存,似宜仍用唐制。

用八股之人才,而使之理烦治众,此夫子所谓贼夫人之子也。

【恩科】

宋时有所谓特奏名者。开宝三年三月庚戌,诏礼部阅进士,及十五举尝终场者,得司马浦等一百六人,赐本科出身,特奏名。恩例自此始,谓之恩科。咸平三年,遂至九百余人。士人恃此,因循不学。故天圣之诏曰:"狃于宽恩,遂隳素业,苟简成风,甚可耻也。"而元祐初,知贡举苏轼、孔文仲言:"今特奏者已及四百五十人,又许例外递减,一举则当复增数百人。此曹垂老,别无所望,布在州县,惟务黩货以为归计。前后恩科,命官几千人矣,何有一人能自奋厉有闻于时?而残民败官者不可胜数,以此知其无益有损。议者不过谓宜广恩泽,不知吏部以有限之官待无穷之吏,户部以有限之财禄无用之人,而所至州县,举罹其害,乃即位之初有此过举,谓之恩泽,非臣所识也。"当日之论如此。《语》不云乎:"及其老也,戒之在得"。故有杖乡之制以尊高年,致仕之节以养廉耻。若以宾王谒帝之荣,为闵老酬劳之具,恐所益于儒林者小,而所伤于风俗者多。养陋识于泥途,快膻情于升斗。岂有赵孟之礼绛人,穆公之思黄发,足以裨君德而持国是者乎?况五十不从力政,六十不与服戎,岂可使断断于阙里之旁,攘攘于桥门之下。宜著为令,凡中式举人,年至六十者,赐第罢归,居家授徒。不中式者,不许再上。不但减百千黩货之人,亦可以劝二三有耻之士。"

汉献帝初平四年,诏曰:"今者儒年逾六十,去离本土,营求粮资,不得专业。结童入学,皓首空归,长委农野,永绝荣望,朕甚愍焉。其依科罢者,听为太子舍人。"唐昭宗天复元年赦文,令中书门下选择新及第进士中有久在名场,才沾科级,年齿已高者,不拘常例,各授一官。于是礼部侍郎杜德祥奏拣到新及第进士陈光问年六十九,曹松年五十四,王希羽年七十三,刘象年七十,柯崇年六十四,郑希颜年五十九,诏光问、松、希羽可秘书省正字,象、崇、希颜可太子校书。此皆前代季朝之政,当丧乱之后,以此慰寒畯而收物情,非平世之典也。

《实录》:"宣德二年六月己卯,行在礼部尚书胡濙奏:'北京国子监生及见拨各衙门历事者,请令六部尚书、都察院都御史、通政使司、大理寺、翰林院各堂上官、六科给事中,公同监官拣选。凡年五十五以上及残疾貌陋不堪者,皆罢为民。'上从之。"凡斥去一千九十五人,其南京国子监生亦准此例。三年四月丙辰,行在吏部尚书蹇义奏:"拣择吏员年五十以上,及人物鄙猥,不谙文移者,皆罢为民。"四年九月甲寅,放南北两京国子监生年五十五以上,及残疾者二百五十三人,还乡为民。九年九月戊寅,行在礼部奏:"取天下生员年四十五以上者考试,其中者入国子监读书,不中者罢归为民。"宣庙精勤吏治,一时澄清之效如此。后人不知,即知之亦不肯言矣。①

【三舍】

《续宋编年资治通鉴》:二月,以学校三舍升贡次第著为令。诸生自县教养升之州学,州学教养分为三舍,自外舍升为内舍,自内舍升为上舍。贡之辟雍,自辟雍登太学,俟殿试命以官。案:《玉海》卷一百十二:大观元年二月,置国子博士四员,正录各二员,与太学官分掌教导。九月,国子、太学、辟雍博士共置二十员。《编年备要》云:宣和三年,诏太学以三舍考选,开封府及诸路以科学取士,罢宗学、辟雍官并诸路提举学事官,又罢见任官带管勾学事。《文献通考》卷四十六:崇宁元年,蔡京建请天下皆置郡学,或应书人少,即合二三州共置一学,学悉置教授二员,县亦置学,州县皆置小学,推三舍法,遍行天下。选考升诸州为州学生,每三年贡入太学为太学生。至则附上舍试,别立号。考取分三等:试入上等补上舍生,入中等补下等上舍生,入下等补内舍,余为外舍。请诸州军解额,各以三分之一充贡士。开封府量留五十五额,解士人之不入学者,余尽均给诸州以贡额。任外官者子弟亲戚许入学。若于法应避所亲者听,随便学于他州,即不得升补与贡。在学及一年给牒至太学,用国子生额解试。若所贡士至太学试中上等,或预生舍人多,其本贯监司太守推赏有差。②

(三)科举之名衔称谓
【状元】

《摭言》:放榜后,状元以下到主司宅门下马,又状元以下与主司对拜,拜讫,状元出行致词。[按]状元之称,自唐有之矣,而放榜后,未经廷试,即称状元,则是今抽谓会元耳,又其时不独第一人曰状元,郑谷登第后宿平康里诗,好是五更残酒醒,耳边闻唤状元声,考谷登赵昌翰榜,系第八名,宋周必大文稿,有回姚状元颖启,回第二人叶状元适启,回第三人李状元寅仲启,似凡新进士、俱得称状元也。

① (清)顾炎武:《日知录》卷十七,1872年,第36—38叶。

② (清)黄以周等辑注;顾吉辰点校:《续资治通鉴长编拾补》卷二十七,中华书局2004年版。

【榜眼】

《云麓漫钞》：世目状元第二人为榜眼。《王禹偁送朱严诗》有榜眼科名释褐初句，盖榜眼之名，起于宋初也。《二老堂杂志》：高宗中兴以来，十放进士，其榜眼官职，往往过于状元。

【探花】

《天中记》：唐进士杏园初会、谓之探花宴，以少俊二人为探花使，遍游名园，若他人先折得名花，则二人被罚。《蔡宽夫诗话》故事，进士朝集，择中最年少者为探花郎，熙宁中始罢之。〔按〕此则唐之探花，非今所谓探花，而其名未始不相因也。云麓漫钞云：世目第三人为探花郎，漫钞作在绍兴时，盖自罢择年少之后，遂以其名归诸第三人矣。《明史·选举志》：殿试第一甲，状元、榜眼、探花之名，制所定也，而士大夫又通以乡试第一为解元，会试第一为会元，二三甲第一为传胪。

【三元】

《文海披沙》：宋三元，人知有王曾、冯京、宋庠，而不知有杨寘，孙何，明三元，人知有商辂，而不知有黄观、杨用修云，蜀士在宋时，三元三人，陈尧叟、杨寘、何涣也，观此，则宋又不止五人矣，然陈与何三元事，并未见称于世。〔按〕宋未当有三元之号，谓王曾等三元者，明人追称之耳。唐崔元翰京兆解头、礼部状元、宏辞及制科三等敕头，咸首捷。武翊黄亦府选为解头，及第为状头，宏辞为敕头，时谓武氏三头，章孝标赠翊黄诗，花锦文章开四面，天人科第占三头。又张又新时亦号三头，三头者，犹明人云三元也。

【庶吉士】

见《书·立政篇》《明史·选举志》：洪武八年，廷试擢一甲进士丁顾等为翰林院修撰，二甲马京等为编修，吴文等为检讨，进士之入翰林，自此始。又使进士观政于诸司，其在翰林、承敕监等衙门者，曰庶吉士，进士之为庶吉士，亦自此始也。

【侍卫】

《史记·第子传》王肃注：子路为孔子侍卫，故人不敢有恶言。侍卫二字，始此。

【进士、举人、贡生】

进士见《礼记·王制》。举人、贡生，连见于《后汉书·章帝纪》。每寻前代举人、贡士,或起甽亩,不系阀阅,是也。进士出身入诗,则始于唐徐凝《答施先辈》,曰:"料得仙宫列仙籍,如君进士同身稀。"举人入诗,则白居易有:"乞钱羁客面,落第举人心";岁贡入诗,则孟浩然有:"孝廉因岁贡,怀橘向秦川。"

【武举】
《唐书·选举志》:武举,起武后时长安二年。

【监生、生员】
《唐书·选举志》:元和二年,置东都监生一百员,自天宝后,生徒流散,永泰中,虽置西监生,而馆无定员,于是始定生员,〔按〕生谓监生,员其数也,以监生、生员为两等人,盖别自宋以来州县皆设学也。

【白身】
《元典章》:选格有白身人员,中书省奏,近来各路行保白身之人申部,中闻不无冒滥云云。〔按〕《魏书·食货志》,庄帝颁入粟之制,白民输五百石,听依第出身,白民犹云白身也。《唐书·选举志》,白身视有出身,一经三传皆通者奖擢之,仕籍之有白身一途甚久,而魏由入粟,唐由校试,元由保任,制各不同耳。[①]

① (清)翟灏;颜春峰点校:《通俗编附直语补证》,中华书局2013年版。

【座主门生】
贡举之士,以有司为座主,而自称门生。自中唐以后,遂有朋党之祸。会昌三年十二月二十二日,中书覆奏:"奉宣旨,不欲令及第进士呼有司为座主,兼题名局席等条,疏进来者。伏以国家设文学之科,求真正之士,所宜行崇风俗,义本君亲,然后升于朝廷,必为国器。岂可怀赏拔之私惠,忘教化之根源,自谓门生,遂为朋比。所以时风浸坏,臣节何施。树党背公,靡不由此。臣等议,今日以后,进士及第,任一度参见有司,向后不得聚集参谒,于有司宅置宴。其曲江大会朝官及题名局席,并望勒停。"奉敕宜依。后唐长兴元年六月,中书门下奏:"时论以贡举官为恩门,及以登第为门生。门生者,门弟子,以颜、闵、游、夏等并受仲尼之训,即是师门。大朝所命春官,不曾教诲,举子是国家贡士,非宗伯门徒。今后及第人不得呼春官为恩门、师门,及自称门生。"宋太祖建隆三年九月丙辰,诏及第举人不得拜知举官子弟及目为恩门、师门,并自称门生。刘克庄《跋陆放翁帖》云:"余大父著作为京教,考浙漕试。明年考省试。吕成公卷子皆出本房,家藏大父与成公往还真迹,大父则云上覆伯恭兄,成公则云拜覆著作文,时犹未呼座主作先生也。"寻其言,盖宋末已有先生之称。而至于有明，则遂公然谓之座师，谓之门生，其朋党之祸亦不减于唐时矣。唐时风俗之敝，杨复恭至谓昭宗为门生天子。唐崔佑甫议，以为自汉徐孺子于故举主之丧，徒步千里而行一祭，厚则厚矣，其于传继非可也，历代莫之非也。《汉书·樊儵传》言"郡国举孝廉，率取年少能报恩者"，当时即有此说。近日张荆州九龄又刻石而美之。于是后来之受举为参伍者，报恩之分往往过当，或挠我王宪，舍其亲戚之罪负，举其不令子孙以窃名位，背公死党，兹或近之。时论从而与之，通人又不救，遂往而不返。夫参伍之于举主，犹蒙顾盼之恩，被话言之奖，陶熔成就，或资其力，昔人且有党比之讥。若科场取士，只凭所试之文，未识其名，何有师生之分。至于市权挠法，取贿酬恩，枝蔓纠连，根柢磐互，官方为之浊乱，士习为之颓靡，其与汉人笃交念故之谊抑何远哉。

《风俗通》记弘农太守吴匡，为司空黄琼所举。班诏劝耕，道于渑池，闻琼薨，即发丧制服，上病，载辇车还府。论之曰："剖符守境，劝民耕桑，肆省冤疑，和解仇怨，国之大事，所当勤恤。而猥顾私恩，傲狠自遂。若宫车晏驾，何以过兹。"论者不察，而归之厚。司空袁周阳，举荀慈明有道。太尉邓伯条，举訾孟直方正。二公薨，皆制齐衰。若此类者非一，然荀訾通儒，于义足责。或举者名位斥落，子孙无继，多不亲至。然则隆情由乎显阀，薄报在乎衰门。此又私恩之一变，古今同慨者矣。

《后汉书》："周景为河内太守，好贤爱士。每至岁时，延请举吏入止后堂，与共宴会，如此数四乃遣之，赠送什物，无不克备，既而选其父兄子弟，事相优异。"先是，司徒韩演在河南，志在无私，举吏当行，一辞而已，恩亦不及其家。曰"我举若可矣，岂可令偏积一门"。是二公者，在人情虽有厚薄之殊，而意趣则有公私之别矣。

《记》言："赵文子所举于晋国管库之士七十有余家，生不交利，死不属其子焉。"呜呼！吾见今之举士者，交利而已，属子而已。

举子制服。《杂记》曰："孔子曰：管仲遇盗，取二人焉，上以为公臣，曰：其所与游辟也，可人也。管仲死，桓公使为之服。宦于大夫者之为之服也，自管仲始也，有君命焉尔也。"此虽前仕管氏，亦以举主而服之，然孔子以为有君命则可，盖亦有所不尽然之辞。

【同年】

今人以同举为同年。唐宪宗问李绛曰："人于同年固有情乎"？对曰："同年乃九州四海之人，偶同科第，或登科然后相识，情于何有然。"穆宗欲诛皇甫镈，而宰相令狐楚、萧俛以同年进士保护之矣。按汉人已有之。《后汉书·李固传》云"有同岁生，得罪于冀"。《风俗通》云"南阳五世公为广汉太守，与司徒长史段辽叔同岁"；又云"与东莱太守蔡伯起同岁";又云"萧令吴斌,与司徒韩演同岁"。《三国志·魏武帝纪》云"公与韩遂父同岁孝廉",汉《敦煌长吏武班碑》云"金乡长河间,高阳史恢等追惟昔日同岁",《郎署考廉柳敏碑》云"县长同岁犍为属国赵台公",《晋书·陶侃传》"侃与陈敏同郡,又同岁举吏"。其云同岁,盖即今之同年也。私恩结而公义衰,非一世之故矣。

【先辈】
先辈乃同试而先得第者之称。程氏《演繁露》曰:"《通典》:魏文帝黄初五年,立太学于洛阳。时慕学者始诣太学,为门人。满一岁,试通一经者称弟子。不通一经罢遣。弟子满二岁,试通二经者补文学掌故。不通者听随后辈试,试通二经亦得补掌故。满三岁,试通三经者擢高第,为太子舍人。不第者随后辈复试,试通亦为太子舍人。舍人满二岁,试通四经者擢高第,为郎中。不通者随后辈复试,试通亦为郎中。郎中满二岁,能通五经者擢高第,随才叙用。不通者随后辈复试,试通亦叙用。"故唐世举人呼已第者为先辈,由此也。今考《吴志·阚泽传》言"州里先辈丹阳唐固,修身积学",《薛综传》言"零陵赖恭先辈,仁谨不晓时事",《晋书·罗宪传》言"侍宴华林园,诏问蜀大臣子弟,复问先辈宜时叙用者,宪荐蜀人常忌、杜轸等"是先辈之称,果起于三国之时。而唐李肇《国史补》谓互相推敬谓之先辈,此又后人之滥矣。
郑氏《诗·采薇》笺曰:"今薇生矣,先辈可以行也",是亦汉末人语。

【年齿】
《记》曰:"四十曰强而仕,七十曰老而传",是人生服官之日不过三十年。汉顺帝阳嘉元年,用左雄之言,令孝廉年不满四十不得察举。皆先诣公府,诸生试家法,文吏课笺奏。宋文帝元嘉中,限年三十而仕,梁武帝天监四年,令九流常选,年未三年,不通一经不得解褐。今则突而弁兮,已厕银黄之列。死期将至,尚留金紫之班。何补官常,徒隳士习。宜定为中制,二十方许应试,三十方许服官。年至六十,见任者听其自请致仕,无官之人一切勒停。是虽早于古《记》之十年,要亦不过三十年而已。三十年之中,复有三年大忧及期丧不得选补之日,则其人在仕路之日少,而居林下之日多,可以消名利之心,而息营竞之俗。①

【鼎甲】
从前朝殿考试,虽不无暗通关节,究不能坦然为之。故三鼎甲次序,必以读卷大臣官阶为准,虽系锢习,亦足以示制防。昆师屡与阅卷之役,遇不如意事,辄与余痛

① (清)顾炎武:《日知录集释》第十七卷,民国上海中华书局据原刻本校刊《四部备要》丛书本,重庆图书馆藏。

言之。某科殿试，读卷官有吏户两尚书。户部尚书得一卷，取第一，要作状元。虽碍于习惯，须让宪纲在前者所取为首选，然究非官话。因商之大众，非以其所取第一为状元不可。吏部尚书乃怒曰："论此卷之字，不必为状元。即论此人，亦不必为状元。"昆师告余曰："弥封阅卷，何以知其人之该做状元与否。此老说话，亦太不检点矣。"后来赌气累日，大家调停，卒以户部尚书所取者居首。然名次黄笺已贴，更改为难。又有一最好事之某尚书，起而言曰："若要改名次，我却带有刮刀。"乃袖出刮刀改之。汝想应试者带刮刀，岂有阅卷者亦带刮刀。此真无奇不有矣。又一次殿试阅卷，榜眼已取定矣，其卷中"间阎"二字，误作"间面"。昆师与福中堂同在读卷之列，福中堂挑出"间面"二字，以为不典。有素著文名之某尚书乃曰："间面对檐牙。古人诗句，记曾有之。"大家遂随声附和，不复更动。榜发后，士论哗然。昆师举以告余，而深恨福中堂之无用也。又一次大考翰詹，昆师派阅卷，到南书房时特早。太监持一诗片出，曰："有旨，要取此卷为第一。"昆师对曰："今日是尚书孙毓汶领衔，俟其来时再承旨。"孙到，师告之曰："我阅卷多次，未奉过如此旨意。今日是君领衔，且又是军机，消息灵通，请君斟酌可也。"后揭晓，人言啧啧，师乃以此事缘起与余言之。盖当时馆选渐宽，品流渐杂，不无越轨举动，相摩相荡，水火混争。而诋諆科举者，遂得有所藉口矣。①

山东自有清以来，状元有六人：聊城傅以渐、邓钟岳，济宁孙如瑾、孙毓溎，潍县曹鸿勋。鸿勋六七岁，即能作擘窠书。传胪时，天尚未明，伫立丹陛下，听候消息。耳中迭闻有呼其名者，回头四顾，初无其人。无何，鸿胪高唱，果为第一人。予时家居读《礼》，未得目睹。阅二十余年，曹殿撰已开府陕西。癸卯科，潍县王寿彭继得状元。两状元皆住南关新巷，且比邻也。予谓曹殿撰曰："予应殿试，恭书大卷七开半，一字不苟，仅得二甲分部，悔不效季雅一千买宅一万买邻之故事。"曹笑曰："恐买邻亦无益阁下。书法不敢谓不佳，惟独行己意，自成一体，不黄不苏，以吾阅卷，亦不取也。"予赧而退，从此不为人作字。王寿彭传胪时，予正仕京曹。俗例，同乡有应殿试者，京官必携荷包忠孝带，以备前十名引见佩用。是日辰初，读卷大臣鱼贯进内。至辰刻，大臣手捧黄纸，自内出，立于乾清门丹陛上，高呼曰"王寿彭"。王惊喜变色，同乡官代应曰："在此"，乃为之整衣，佩荷包忠孝带，扶上丹陛，肃立大臣之后。俟前十名依次传齐，乃带领引见。引见毕，同乡官偕至山左会馆，已见报喜人以"状元及第"横匾，及"禹门三级浪，平地一声雷"黄纸对联，张贴已毕。会馆值年官即筹备款项，先以五十金交新状元，往拜前科状元，索取历科帐簿。簿上一切事宜帖式，均详载之。乃为之照写请帖，邀请各位老师、历科鼎甲之在京者。翌日，至会馆饮燕。例召梨园演剧，我山东则否，以会馆正厅供至圣先师位故也。翌日辰初，皇上

① （清）何刚德：《春明梦录·客座偶谈》，上海古籍书店1983年版，第35页。

御太和殿,先闻静鞭三响如爆竹,黄伞随驾至殿。鸿胪官唱唤一甲三人升殿,行三跪九叩礼。新进士在午门外行礼。圣驾退,銮仪卫以黄亭昇黄榜,由太和门、午门、端门正中出,鼓乐前导,黄仪仗俱备,出东长安正中门,悬黄榜于北黄墙上。顺天府尹于黄榜之左搭彩棚,设红案,陈酒果,手敬三鼎甲各一杯,皆立饮,为之披红簪花。旁有骅骝绣鞍,请三鼎甲上马。一马数役护之,前有红仪仗鼓乐,导至国子监,行释菜释褐礼。旋至明伦堂,两大司成正坐,受三叩礼。大司成身不敢动,头动则状元不吉。左右手动则榜、探不吉。此说相传久矣。自国子监出,三鼎甲联马而行,沿途观者如堵,妇女则门垂湘帘,或登楼倚槛而观。此俗所谓状元游街也。斯时风和日暖,天街无尘,御柳成阴,樱桃在树,杏花出墙,童稚跳舞欢呼曰:"状元郎来矣!"负郭乡村妇女,新衣鲜履,仆仆徒行,信口评骘曰:"状元美,榜眼伟,探花秀。"又有艳称唐宋时选驸马者。听其言,殊可哂。侯门处女,守贞待字,父为宰执,配以金马玉堂之士,亦事所或有。然《柳林池》《琵琶记》诸故事,有清一代,未有所闻。盖清代科名难得,儒者自童试、科试至春闱,层累曲折,乃博一第,计年必当逾二三十岁矣。糟糠之妻不下堂,士风之淳,不至如唐宋时之浇习。状元骑马归第,榜、探送之。探花复送榜眼归第,而后自归。于时馆中悬灯结彩,酒筵毕陈。门外冠盖盈衢,车马填巷。大官翰林,一时偕至。同乡官为之款接送迎。子奔波一日,筋力俱疲。潍谚有云"乃弟娶新妇,乃兄跑断筋",情形似之。[①]

每科会试,由内阁举人中书中式者,殿试日,领题后,得携卷回直房填写。书籍文具先存直房,不必临时携带,一便也。几案视席地为适,二便也。馔茗有厨役候伺,三便也。刮补托能手代劳,四便也。傍晚得随意列烛,五便也。唯地属中秘,外人未便阑入,刮补等事,必同僚相切者为之。即试策中条对排比,亦可相助为理。俾得专力精写,不至限于晷刻,有此种种便宜。故每科鼎甲由中书中式者,往往得与其选。相传光绪中叶,某修撰书法能工而不能速,殿试日,甚瞑暗矣,犹有一行半未毕,目力不复克办。正惶急间,适监场某贝勒至,悦其字体婉美,竟旁立,燃吸烟之纸煤照之,屡尽屡易其纸煤,且屡慰安之:"姑徐徐,勿亟也。"迨竣事而纸煤亦罄矣。殿撰感恩知己,胪唱后,以座师礼谒某贝勒。盖旗人务观美,稍高异者,固犹知爱字,尤能爱状元字也。此殿撰设由中书中式者,则何庸乞灵于纸煤耶。

有清一代,视翰林至重。一若人而翰林,则无论德行节操,学问事功,无一不登峰造极者。持此见解,深入肺肝,根深蒂固,牢不可拔,虽通儒巨子不免。光绪甲午恩科会试,有钦赐进士湘人某翁,年一百十四岁,殿试后,钦赐国子监司业,盖宠异之也。某翁意殊不慊,谓某某年仅百龄,某某且未逮百龄,皆蒙钦赐翰林,何独于吾靳弗予也。时余客京师,偶与半唐老人夜谈及此,余曰:"璞哉是翁,唯其不知司业翰

[①] (清)陈恒庆:《谏书稀庵笔记》,小说丛报社1922年版,第1—4页。

林秩位之崇卑，乃能寿命延长至是。"半塘亟拊掌然余说。迨后己亥、庚子间，余客荆湖，闻是翁犹健在矣。

常熟相国翁叔平，相国文端公子，济宁大司寇孙文恪，大司徒文定公子，翁孙固通家，谊夙厚。同治壬戌，两公子同捷礼榜。文端以状头期相国，顾文恪，劲敌也。方意计间，俄文恪造谒，文端亟出见，礼貌弥殷恳。因语文恪："世兄寓京日浅，于廷试规则或未尽谙悉。小儿幸同谱，曷暂移寓敝斋，俾晨夕互切琢。老夫公余获暇，亦贡愚一二也。"于是文恪移居翁邸，与相国共砚席，每日练习殿试卷，或作试帖诗。文端辄奖藉指陈，不遗余力。未几，殿试期届。先一日，辍课休息。既夕，相国入内寝，文恪宿外舍。甫就枕，则文端出，与深谈试事逾时许，始郑重别去，文恪又就枕。顷之，则又出，问笔墨整饬未，笔堪用否耶。则就所书殿试卷余幅，亲为试笔，蝉联如干行。每毕一行，辄自审谛，谓老眼幸无花也。久之，试笔竟，又从容久之，乃曰："明日试期，当及时安息矣。"匆匆竟去，则夜已逾丙矣。文恪仍就枕，稍展转反侧，俄闻传呼，促庖人进馔矣，促圉人驾车矣，傔从祗伺者皆起，语声纷然。文恪竟不得寐，匆匆遽起，食毕，登车而去。是日以精神较逊，弗克毕殚能事。洎胪唱，得第二人，而相国以第一人及第矣。清之季年，朝野竞尚科第，尤醉心鼎甲，乃至耆臣硕望为继体策显荣，不恤诡道达胜算，晚近世风不古，不亦甚可慨哉。①

明朝定例，凡一科会试榜发，除鼎甲词林外，其余进士，三年内务要用完。因宦官专权，人多畏祸。殿试后，假托事故，家居不出者，十人之中，不下四五。缘此诠选之时，人材短少，吏部奏道：朝廷开科取士，原以黼黻皇猷，非使叨膺名器。兹逢选期，人材短少，皆因历科进士，多甘家居，致有此弊。伏乞圣裁，饬各省巡抚，查明报部，提京面检。如或年力精壮，可以备员，即发往各省补缺。庶人材出，而百职修矣。谨疏奏闻。

疏上，皇上批道：准依奏。吏部文行各省，各省行各府，各府行各县。②

唐天授元年，武后亲策贡士于洛城殿，此殿试之始也。长安二年正月，初设武举，其制有长垛、马射、步射、平射、不同射、马枪、翘关、负重、身材之选，此武举之始也。③

大春元、大殿选、大会状，举人之称不一。大秋元、大经元、大三元，士人之誉多殊。大掾史，推美吏员。大柱石，尊称乡宦。贺入学曰云程发轫，贺新冠曰元服加荣。④

①（清）况周颐著；郭长保点校：《民国笔记小说大观》第1辑《眉庐丛话》，山西古籍出版社1995年版，第115—116页、181—182页、241—242页。
②（清）烟霞主人编述：《幻中游》第一回，书目文献出版社1988年版。
③（明）王錡、于慎行撰；张德信、吕景琳点校：《谷山笔麈》，中华书局1984年版，第90页。
④（明）程登吉著；（清）邹圣脉增补：《幼学琼林》卷三，岳麓书社1986年版，第105—106页。

（四）科举时代轶事汇记

科举人物逸闻

【胡濙】

正统中，宗伯胡濙一日早朝承旨，跪起，带解落地，从容拾系之，遂叩头还班，御史亦不能纠。十三年，彭鸣中状元，当上表谢恩之夕，坐以待旦。至四鼓，乃隐几而寤，竟失朝。纠仪御史奏，令锦衣卫拿。已奉旨，胡公出班奏："状元彭鸣不到，合着锦衣卫寻。"上是之。不然，一新状元遂被拘执如囚人，斯文不雅观。老成举措，自得大体。①

【陈选】

陈选字士贤，台之临海人。天顺庚辰试礼部，丘文庄得其文，曰："古君子也。"置第一。及相见而貌不扬，文庄曰："吾闻荀卿云，圣贤无相，将无是乎？"授监察御史。罗一峰论夺情被谪，先生抗疏直之。出按江西，藩臬以素服入见，先生曰："非也。人臣觐君，服视其品秩，于御史何居？"不事风裁，而贪墨望风解绶。已督学南畿，一以德行为主。试卷列诸生姓名，不为弥封，曰："吾且不自信，何以信于人邪？"每按部就止学宫，诸生分房诵读，入夜灯火萤然，先生以两烛前导，周行学舍，课其勤惰，士风为之一变。成化初，改中州提学。倖奄汪直巡视郡国，都御史以下，咸匍匐趋拜，先生独长揖。直怒曰："尔何官，敢尔？"先生曰："提学。"愈怒曰："提学宁大于都御史耶？"先生曰："提学宗主斯文，为士子表率，不可与都御史比。"直既慑其气岸，又诸生集门外，知不可犯，改容谢曰："先生无公务相关，自后不必来。"先生徐步而出。转按察使。归奔母丧。丧毕，除广东布政使。②

【唐寅】

唐寅（1470—1523），字伯虎，一字子畏，自号六如居士、桃花庵主、鲁国唐生、逃禅仙吏、江南第一风流才子等。吴县（今江苏苏州市）人。出身于商人家庭。从小才华出众，聪慧过人，早年随周臣学画，后与祝允明、文徵明、徐祯卿结交，号称"吴中四才子"。弘治十一年（1498）二十九岁时考中应天府（今南京）乡试第一（解元），声名鹊起。次年在北京会试中，受江阴富家子弟徐经科场舞弊案牵连而下狱，被革黜功名，发往浙江为吏，寅耻不就，绝意于功名。归家后，于苏州金阊门外筑室桃花坞，以卖画为生。宁王朱宸濠曾重金相聘，寅察其有异志，佯狂以免。后归佛门，因病而卒。唐寅一生遍游名山大川，性情放荡不羁，精通诗文书画。其诗多纪游题画

① （明）冯梦龙著：《智囊》，巴蜀书社1986年版，第29页。

② （清）黄宗羲著；沈芝盈点校：《明儒学案》卷四十五《诸儒学案上三》，中华书局2008年版。

之作，挥洒自如，有天然之趣。一些感慨世态炎凉之作，颇能道出士人情怀。其词以闺情为主，兼写景物。其文多应酬之作，佳篇不多。《明史》本传谓："寅诗文初尚才情，晚年颓然自放，谓后人知我不在此。论者伤之。"著有《六如居士集》。清代嘉庆六年（1801）长沙唐仲冕辑刊的《六如居士全集》，是目前最为完备的本子。①

① 赵逵夫主编：《历代赋评注》（明清卷），巴蜀书社2010年版。

【南乐】

初南乐欲专政，遂于告病之际，求逆贤密奏，先帝特谕分票商量，又引世庙时必不敢如此等语，又托逆贤请先帝照神庙时故事，用一笔勾法，将门户之人按所点便览勾去，此事皆李鲁生造谋也。至于吕维祺、张宗衡皆不与南乐同心也。又吏部文选司谢升起用到京，见光景不好，遂勉完一选，洁身勇退。且以书劝南乐停止中旨，大拂南乐、逆贤之意，李鲁生是以有"旨不从中出，而何出哉？"之疏也。又史记事、黄汝良亦各有书，以大义责南乐，咸拒而不纳也。此三事，永贞于逆贤处见过原书，爱其辞气，袖到直房曾著累臣抄誊，皆实事也。乙丑春闱，昆山、南乐入场主试。于二月十五日前后，南部台臣杨栋朝有本纠参王之臣。先是，南乐所写，欲起用五六十人之内，惟之臣姓名有四圈，余者一、二、三圈而已，逆贤力奏，先帝遂口传特留，此实从来异政，缘之臣边才不易得也。又万历丙辰进士刘铎，江右名士，博学善书，廷试日，偶饮酒过当，将试卷多写逾格，排列不下，读卷诸臣衔名，遂失鼎甲。人多惜之。历任刑部郎中，天启乙丑秋升扬州知府。其在京时，曾与栴檀寺矮僧本福往来。僧求铎写扇数把，适未印图书，后差家人持图书到本福处，于扇上补用。而广东欧阳晖者，亦久与本福来往，偶到寺用拜帖纸写诗三首，内多怨望失平语，铎仆不解字，容本福将铎图书钤晖诗纸尾，粘之屋壁，被锦衣卫人侦知，揭诗参铎。会倪御史文焕等惮铎在扬严明，遂托崔呈秀嗾逆贤矫旨逮铎。到狱后，详诗句内有弹射逐臣等字样，铎系迁升官，大不类，始知图书虽铎姓名，而诗则欧阳晖作也。遂复逮晖面质，与铎无干，得复任。初铎系狱时，见戚臣李承恩拟辟，丙寅热审又被王体乾狠打五十，心窃怜之，密与方御史震孺极力营救，益触逆贤之怒。时巡捕营把谷应选者，王体乾之侄婿也，与提督张体乾复巧砌罗织成狱，刑部尚书薛贞将铎责二十五板，援诅咒祖父母律，立决于市。今上崇祯元年夏，张体乾，谷应选俱正法。二年秋后，倪文焕决于西市。四年九月薛贞瘐亡于狱，中外始快其报云。②

②（明）刘若愚：《酌中志》卷十一，北京古籍出版社1994年版，第59—60页。

【武状元】

《明季北略》云：无锡秦灯，力举千斤，闻滁州武状元陈锡多力，往与之角。将柏木八仙台列十六簋，果盒悉具，设酒二爵，秦灯只手握案足，能举而不能行。陈锡则

267

能行，力较大矣，然仅数步而止耳。唯刘綎绕庭三匝，而爵篸如故，其力更有独绝者。①

【"皇父"摄政王】

清孝庄皇后，世祖之皇太后也。世祖既陟尊位，皇叔父睿亲王摄政，太后下嫁睿亲王。以国母之尊，竟以嫂嫁叔，不以为嫌，盖中国有史以来所未有也。顺治间，礼部旧案有"国母下嫁礼仪请旨"奏章。顺治三年后，群臣上奏，皆称皇父摄政王与皇上字样并列。宣统间，内阁清理旧牍，赣县陈任中仲骞，得顺治间进士殿试策一本，颂圣处，先颂皇父摄政王，在皇上之前，并双抬写，余曾见之。摄政王归政后，以罪被废，太后出居睿亲王府，至康熙二十三年殂。雍正五年葬昭西陵，不合葬太宗，微示绝于太宗之意。仍称陵者，以世祖所生也。碑文有云："念太宗之山陵已久，卑不动尊。惟世祖之兆域非遥，母宜从子。"可谓善于著笔矣。②

【武殿试】

顺治二年题准会试之后，于十月内举行殿试，又题准会试武举揭晓后，由部将殿试策文及考试马步射弓刀石并传胪各日期拟定具奏，殿试之后，恭请驾临紫光阁考试，第一日，先将黄册陈设紫光阁，驾临亲阅黄册，考试马射。第二日，考试步射，并开弓舞刀掇石［寻改第一日考试马步射。第二日考试弓刀石］。第三日，将记名之武举缮写名签，进呈御览，钦定甲第，交读卷官填榜传胪，如命王公大臣考试，将拟在前列者引见，恭候钦定。又题准，武殿试提调官，以本部满汉堂官职名开列读卷官四人。以内阁吏户礼刑工五部、都察院、通政使司、大理寺、翰林院詹事府，送到各堂官职名开列监试官，以都察院詹事府，送到御史职名，掌卷受卷弥封官，以内阁翰林院詹事府六科送到各官，并本部司官笔帖式职名，巡绰官以銮仪卫送到各官职名。填榜官，以内阁送到中书并本部司官笔帖式职名，印卷官，以本部司官笔帖式职名，供给官，以光禄寺送到各官并本部司官笔帖式职名，各拟开列，均密题请旨简用。又题准，武进士胪唱行礼毕，赞礼官赞举榜，本部尚书举榜出，至丹陛下，授司官，由中路奉至午门前，跪设龙亭内，行三叩礼，銮仪校卫昇亭乐部作乐前导，至长安右门外张挂，赐给武状元盔甲。诸武进士随出观榜，巡捕营备伞盖仪从送武状元归第。次日，读卷、执事各官及诸武进士在部赐会武燕，其状元盔甲及腰刀伞袋鞯带靴袜等项，并赏给诸进士银，由部具奏。行文户工二部支取，传胪燕鸣赞作乐，行文乐部光禄寺鸿泸寺豫备其余礼节，均与文传胪同。十二年谕：国家选举人才共襄治理，文武允宜并重，今科中式武举一百二十名，应照文进士一体殿试，朕亲行阅视，先视马步

① （清）计六奇：《明季北略》卷一，中华书局1984年版，第12页。

② （清）罗惇曧：《宾退随笔》，《清外史》本，文海出版社1987年版，第270页。

箭后视策文，永著为例，又谕国家用人，文武并重，今科武进士俱照文进士，殿试大典一体举行，朕思文进士有考选庶吉士作养教习之例，武进士亦应简选教习，随侍卫学习骑射。

雍正元年奉旨：殿试武进士之处，著谕兵部酌定考期，令其具奏考试之日，早晨寒冷，著于辰时豫备，于巳时出去考试，如遇大雨大风之日，着兵部具奏，停其豫备。①

【王氏兄弟大魁天下】

乾隆六十年，窦公以左都御史为会试正总裁。副考官二人皆资望较浅，一切悉推窦公主政。榜既发，则第一名王以铻，第二名王以衔也。和珅在上前指出，上查知为同胞兄弟，则大疑之。因派大臣复试。王以衔列二等第四，王以铻列三等七十一名。磨勘大臣奏称："王以梧中式之卷，次艺参也鲁，后比用一日万几，一夜四事等字，朕泛失当，疵累甚多"。遂罚停王以铻殿试。谕旨斥窦公年老昏愦，先行开缺，听候部议；副考官交部议处。越八日，进呈殿试卷十本，名次既定，拆视弥封，则第一名乃王以衔也。和珅与诸大臣瞠目相视，因奏曰："此次阅卷诸臣，皆秉公认真，毫无私弊，如有失当，何妨易置？"上曰："若此，则彼之兄弟联名，或出偶然。科第高下，殆有命焉，非人意计所能测也，何必易置？且既拆弥封，而再易置，则转不公矣。"胪唱之日，舆论翕然，盖以二王素著才名也。自是窦公之取士，与王氏兄弟之得会状，遂传为佳话。余幼闻故老娓娓谈此事，听之熟矣。然考《东华续录》，窦公奏称印票、收帖皆由平阳生监缴出，岂因王氏兄弟大魁天下，而世俗率相附会欤？抑窦公陈奏，不能不归其事于平阳生监欤。因遍阅诸家纪载，尚无详志此事者，姑录之，以广异闻。确否则未敢悬揣也。②

【陈继昌力疾应殿试】

桂林陈莲史方伯继昌殿试时，力疾对策，仅得完卷。阅卷大臣初拟第二，歙曹文正公振镛谓本朝百余年来，三元只一人，无以彰文明之化，改置首列，遂以三元及第。其座师刊"桂林一枝石"章赠之。③

【秦小岘】

秦瀛，字凌沧，号小岘，清嘉庆刑部右侍郎，无锡人，博学，工古文，而书法素非所长，著有《小岘山人集》。始以孝廉家居，闻纯皇帝东巡泰山，特赴召试之典。过清江浦，偶于市中见钞白破书一本，皆记零星典故，以五钱得之。归而略翻视之，有

① 清《大清会典事例·兵部》，清光绪十二年刻本，北京师范大学图书馆藏。

② （清）薛福成：《庸庵笔记》卷三，清光绪二十三年刻本，北京大学图书馆藏。

③ 徐珂：《清稗类钞·考试类》，商务印书馆1917年版，第126页。

一条曰："东方三大者，谓泰山也，东海也，孔林也。"及试，题为《东方三大赋》。侍郎首段浑冒三项，以下分点三段。大臣拟取十余卷，纯皇帝阅之，无当意者。因问大臣："通场试卷，竟无知题义者乎？"大臣对曰："有一卷分点三大，以书法太劣摈之。"上曰："顾学问如何耳，何以书法为哉？"命亟以进。览之称善，御笔加圈点，拔置第一，遂授中书舍人，入值军机处。不数年，授杭嘉湖分巡道，数迁而为仓场总督。噫！人之名位，自有生以来，冥冥中皆前定矣。又何容存得失于心哉！①

① （清）薛福成：《庸庵笔记》卷三，清光绪二十三年刻本，北京大学图书馆藏。

【刘华东】

义律欲以兵入粤省，徐广缙时为制军，大惧。乃问伍策所出，伍曰："宜使民间多为团练，而游行街市间。"乃往谓义律曰："汝欲入城，督抚无不可，然民间皆不欲，团练满街市矣。"义律不信，必欲入。伍曰："可与君先以夜往观之。"入城时，见鼓逢逢然，火灼灼然，以为民兵果盛，遂退。徐入奏，其词甚夸，宣宗因封徐子爵，巡抚叶名琛男爵，而团练兵多得功牌。时人嘲之曰："逢逢顶或有书不孝子、不孝男于纸，投徐制军轿中者，徐大怒，遍物色，并吊取生童试卷，核其笔迹不得。或曰：'举人刘华东喜嘲谑人。'取其平日书字核之，果是。乃奏革刘举人云"。①

② （清）佚名：《清代之竹头木屑·粤东团练》，《清代野史》丛书本（第4卷），巴蜀书社1998年版，第1920页。

【木解元】

莱州木秀才有文誉，与蓝秀才齐名。两人皆望抡元，不作第二人想。每逢大比年，彼往应试，此则不往，果然前后相继抡元。文章有定价，信哉！木秀才，寒士也，徒行西上应试。一日早起趁凉，半途遇雨，暂在村农茆檐避雨。此家农夫尚酣睡，梦一跛脚凤凰立于门外，急起视之。且询之，则一秀才也。木原跛一足，农夫大异之。延入内，具鸡黍，问其已婚否，曰："断弦未续也。"农夫为丁姓，有及笄女，欲以配之。乃与相商，木允之，即拜岳丈岳母，并见此女。虽荆钗布裙，端庄秀美，乐甚。因场期尚远，爰卜吉赘于其家。临行，言试后在省候榜，无论中与不中，归途经此，携妇同归。榜发，果中解元。乡农闻之，喜可知也。木则悔焉，自以为巍科高掇，侯门佳丽垂手可得。乃绕道而归，置诸度外。乡农闻其归也，乃以鹿车送女至解元家。拒弗纳，并声言无媒妁，又无婚束，是妄言也。女闻之，触墙脑裂而死。乡农委尸痛哭而去。邑人哀之，为棺殓以葬之。于其死处立一石碑，曰"烈妇丁氏尽节处"。其时邑中尚无节烈祠，邑人乃鸠工创建，中供此女神位。此节烈祠中第一位也，馨香不绝，名誉流传。予谓不亚于解元，解元从此不齿于人，遍国中无与立谈者。又屡上春官不第，于是赴省就馆。其父贫饿无依，晋省寻之。乃使其父为馆中仆，为之执役。虽不明以告人，人皆知之。失馆后，困顿以死。盖棺之日，论者曰："不义不孝之中，亦第一人也"。①

【富家子应殿试】

凡殿试策，起必曰"臣对臣闻"，止必曰"臣谨对"。某科，有富家子应乡、会试，请人捉刀，遂魁两榜。殿试日，策题既下，侍卫露刃立阶下，毛发森竖，不敢复萌故态。搜寻腹笥，一无所有，日晡犹未成一字，不得已，乃援笔书其上曰："臣对臣闻，知之为知之，不知为不知，是知也。臣不知，臣不敢妄对，臣谨对。"②

【崇文山殿试第一】

崇绮得殿撰，当殿试未唱名时，上亲揭试卷，见其名。以旧例，旗人不列鼎甲，然又难复改，因将鼎甲三名复入筒中，三人，皆崇也，因不改。崇，字文山，三等承恩公，蒙古人。③

【翁曾源殿试第一】

同治癸亥，状元翁曾源为常熟相国文端公心存长孙，皖抚文勤公同书子，以监生赐举人贡士，应廷试，胪唱遂第一。盖其时文勤方以剿寇失机论大辟，系请室，文端再起入阁，以子罪不测，居恒辄戚戚，故孝贞、孝钦两后特沛殊恩，以慰其心也。曾源擢第后，即称心疾归里，不复出，二十余年而卒。

或曰，曾源仪貌秀美，入翰林。未久，即有旨召见。入对，则孝钦后独坐便殿，谢恩毕，跽案侧，温旨问其学业及文端近状甚悉。忽曰："李义山诗，有'身无彩凤双飞翼，心有灵犀一点通'句，予嫌其未惬，欲改为灵犀一点有心通，似胜原句。而上句苦难妥协，汝为予改之。"曾源战栗不知所对。久之，孝钦大笑，令内监引之出。归告文端，皇然失色，曾源亦大惧，即日佯狂移疾归。④

【张文襄殿试对策】

南皮张文襄公之洞既捷春秋闱，应同治癸亥殿试。其对策，敷陈时事，不依常格。初，吴县吴清卿中丞大澂方以贡生应诏上书，言殿试对策或有谠论，阅卷者虑触忌讳，每匿不以闻，请申壅蔽之罚。至是，阅卷大臣见文襄卷甚疑怪，然奇其才，不敢弃置，乃公拟第十进呈，孝钦后特拔置第三。⑤

【王可庄】

闽县王可庄，文勤之孙，丁丑状元。造科名之极峰，兼勋旧之嫡裔。传闻玉音褒

---

① (清)陈庆溎著:《谏书稀庵笔记》，小说丛报社1922年版，第111页。

② 徐珂:《清稗类钞·考试类》，商务印书馆1917年版，第125页。

③ 徐珂:《清稗类钞·考试类》，商务印书馆1917年版，第127页。

④ 徐珂:《清稗类钞·考试类》，商务印书馆1917年版，第127页。

⑤ 徐珂:《清稗类钞·考试类》，商务印书馆1917年版，第128页。

美,指顾"大用可期"。会馆课,赋题《辅人无苟》,中有一联云:"危不持,颠不扶,焉用彼相。进以礼,退以义,我思古人。"触阅卷者之忌,以竟体工丽,得置一等末。王固知名士,下月课,题《名士如画饼赋》,则为王而发也。未几,外放苏州遗缺知府,终镇江府知府,论者以未竟其用惜之。[1]

【文道希殿试有笔误】
萍乡文道希学士廷式夙负盛名,光绪壬辰廷对,误书"闾阎"为"闾面",经读卷大臣签出,而常熟翁叔平协揆言:"闾面二字,确有来历。"或犹与之争曰:"殆笔误耳!"翁曰:"曩吾尝以闾面对檐牙,讵误耶?"文竟以第二人及第。[2]

【赛金花】
某状元未通籍时,就幕于东海关道署,昵一妓曰秦爱玉。晨兴盥洗,爱玉见其掌心红如朱砂,知其必贵,愿委身焉。会将北上公车,苦无资斧。爱玉馈以三百金,乃能成行。许以中式后,纳为箧室。是科果胪唱第一。既而食言,足迹不复东来。爱玉自某贵后,闭门谢客,群呼为状元夫人,欲谋一面者不能得。追状元失约,爱玉愧无以见人,乃投缳而死。相传死之日,即赛金花降生之日。又与某状元同乡。生时,颈有红圈如线。及长,面若芙蓉,目如秋水。家贫,学为雏妓。时状元家居,同人邀饮,招妓侑酒,为状元招金花。入门,两人相见,似曾相识,偎傍其侧,局终依依不能去。乃携之归家,畀其母以重金,置诸侧室。逾年,状元以卿贰出使德国,偕之前往。住德数年,德国语言文字,粗能通晓。归国后,随状元寓京都。状元将殁,嘱其夫人畀以三千金,令其母携去择配。夫人吝甚,予以首饰衣服数事,逐之使去。乃入沪上青楼,辗转至京,寓西安门外砖塔胡同。地为乐部群妓之渊薮,于是声名藉甚,车马盈门矣。至吾家相府请安者数四,予因得识面焉。视见时,目不敢逼视,以其光艳照人,恐乱吾怀也。庚子岁,拳匪起,洋兵入都。德国元戎瓦达西者,为八国统领,原与金花相识,一旦相逢,重续旧好。凡都人大户被洋兵骚扰者,求金花一言,可立解,以此得贿巨万。洋兵既退,其名益震,人皆称为赛二爷。门前榜曰"候选曾寓",曾盖金花之本姓也。家蓄雏妓四五人,以代其劳。终日安居楼上,非有多金贵客,不下楼一见也。夜与同梦者,多紫缰黄绊而至,群呼楼上为椒房焉。其性残忍,一雏妓被其笞死,瘗之楼后,为人控告。时予正巡中城,委指挥赵孝愚持票往传。至其家,有娘姨数人,婉言进贿二千金,放其逃走。赵指挥本为安邱富绅,不允其请。又诡云:"夜间被窃,失去中衣,不能行也。"指挥将饬城役往购中衣。彼知不能逃,乃登车至城署。五城御史多与相识,不敢堂讯,咸曰:"此乃命案,例送刑部。"乃牒

[1] (清)况周颐:《眉庐丛话》,《民国笔记小说大观》丛书本(第一辑),山西古籍出版社1995年版,第24页。

[2] (清)况周颐:《眉庐丛话》,《民国笔记小说大观》丛书本(第一辑),山西古籍出版社1995年版,第292页。

送之。堂官派一满一汉两司员鞫之。上堂时，满员先拍案恫喝，金花仰面上视，曰："三爷，你还恫喝我，独不念一宵之情乎？"满员乃由后堂鼠窜。汉司员，正人也，谛视其貌久之，心怦怦动。旁有录供者，笔落于地。司刑隶手软，不能持锁。司员乃叹曰："此祸水也。吾其置之死地，以杜后患。"此语传出，诸要路通函说项者，纷至沓来，坚请贷其一死，乃定为误伤人命，充发三千里，编管黑龙江。而说项者又至矣，乃改发上海。予闻之，笑曰："蛤蟆送入湿地矣。"例由五城押解，复委赵指挥押登火车，送至良乡县。县官躬迎于车站，告赵指挥曰："下官敬备燕席，为二君洗尘。"乃同入县署，赏名花，饮佳醴。翌日，赵指挥回城复命。予曰："东坡有句云，'使君莫忘霄溪女，阳关一曲断肠声'，当为君咏之。"近闻金花已物故，年不过四十也。[①]

①(清)陈庆渻著：《谏书稀庵笔记》，小说丛报社1922年版，第3—4页。

科场轶事

【清科场场规】

清政府科场，关防甚为严密。道光时，某权相以此树党，其旧门生年家子，及有以文字著名者，场前预送条子为文内关节，时遂沿为风气。惟某部郎颇束身自爱，某科出礼闱，呈文稿于乡荐座主，某甚重其文，怪其不预送条子。某曰："门生初试，不知条子为何物，又愧由诡道贻师门羞。"座主艴然不悦，曰："君不受栽培，嗣后不必过我也。"是科虽中，不与馆选，说者谓不受栽培所致。清咸丰七年，某翰林为河南学使，场规酷刻，巡号如阅狱囚，枷锁载道，以致人犯法为幸。出题尤谬妄，单句如必有妖，是为我，从反之类。截搭如羊父母干龟动乎，鳖生焉之类。又鄙夷一切，某两县同日复试，一县兽蹄鸟迹之道，一县鸡鸣狗吠相闻，盖谑其字不成字，文不成文也。是省大员，嗾言官弹其割裂经传，玷辱斯文，诏革职。

清嘉庆十四五年，楚北学使江右人，阅文有眼力，贪酷异常，将试一郡，牌饬提调官备木枷百号，铁索百条，临郡时带有上郡荷枷生童数人游市。试日，号口设瞭望台，号头立窥伺差。严寒不准携火器，酷暑无得脱衣冠。见有交接言语，借火吸烟，辄枷锁以徇。怀挟越号，必严刑以处。坐堂如秋审，点名若考囚。科举未发，先索书价，否则降等。袒护教官，猫鼠同眠，勒索印银，张罗院费。时诅以联云："厥土为涂，何故糟踏湖北。挟辀以走，可怜玷辱江西。"隐切姓名，皆纪实也。后数年，出陈臭事，有同寅藩司某素相契，因事获咎。汪督志伊委其查讯，虽未授意，谅必原情。时值除夕，藩司稍请宽假，彼设三木以待，橄提数次，藩司不堪，亲具供状，挟怀中刃自尽。子控部，事闻于朝，汪罢职，被拿问。解员叱上刑具，彼不从，亦设三木以待。笑曰："请君入瓮。"途中亦自经死。见《聆风簃杂缀》。[②]

②(清)佚名：《清稗琐缀》，《清代野史》丛书本（第4卷），巴蜀书社1998年版，第1944页。

273

【三甲唱第】

其间记故事，如记一甲三人同时至八坐者，康熙癸丑状元韩菼为礼书，榜眼王鸿绪为户书，探花徐秉义为吏侍。乾隆乙丑状元钱维城为刑侍，榜眼庄存与为礼侍，探花王际华为户书，又皆直南书房。其鼎甲俱不利者，康熙丁丑状元李蟠以科场事流徙奉天，榜眼严虞淳以子弟中式降调，探花姜宸英以科场事牵涉，卒于请室。康熙癸未状元王式丹以江南科场事牵涉卒于非所，榜眼赵晋以辛卯江南主试贿赂狼藉伏法，探花钱名世以年羹尧党，世宗特书名教罪人四字赐之。乾隆乙未状元吴龄、探花沈清藻皆及第后未一年即卒，榜眼汪锈以胪传不到未受职，先罚奉，官编修几三十年，垂老始改御史。殿试卷例以前十本进呈，惟乾隆庚辰年秦尚书蕙田以十本外尚有佳卷，特旨许以十二本进呈。至乙卯年恩科，大学士伯和坤以无佳策，止取八本呈览。今殿试传胪日鸿胪寺官立殿下唱第，引声甚长，唱一甲三人，二甲第一人，三甲第一人，必移时始毕，盖古法也。宋苏子容诗："把麻人众引声长。"苏子由诗亦云："明日白麻传好语，曼声微绕殿中央。"盖唐宋时宣麻制皆曼延其声如歌咏之状。又一甲三人唱名至三次，亦寓慎重之意。皆足以资掌故。[①]

【钦定次第】

故事，新进士朝考，阅卷大臣取足名数、拟定名次进呈。乙丑四月二十七日朝考，上特命选择十卷呈览，钦定前五名，大臣所阅自第六名拟定。顷复传旨："试卷中有诗意末句切东巡者，自当选入阅卷。"诸公即以此卷置第一呈入，钦定为第一，即臣元之卷也。其余四人，上于九卷中选取，亲加次第焉。是日午刻雨，圣心大喜，令军机、南斋大臣暂缓退直。俟试卷去取毕，发出此五卷令诸大臣阅看，因具奏颂睿鉴焉。小臣何幸，仰蒙旷典，作《纪恩诗》，末有云："新莺出谷翎犹弱，惭愧人称第一声。"盖不胜幸且愧矣。第二为徐星伯松，后以编修督学湖南，落职遣戍，复起为中书，迁礼部郎、御史，出为榆林守。第三为孙平叔尔准，后以编修出守汀州，擢安徽巡抚、浙闽总督，谥文靖。第四为童望轩潢，以庶吉士改礼部主事，数年病卒。第五为陈萸坪俊千，以庶吉士改户部，出守肇庆。[②]

【乡试会试殿试原卷】

乡会试及朝殿各试卷，归礼部没库保存，阅十科焚毁一次。余在京时，适届焚卷之期。时郭春榆在礼部掌印，托其将原卷取回。同乡熟人之卷，亦取出互阅，获隽文字，浓圈密点，各有可观。唯试帖多有笑话。盖馆阁重试帖，人皆于得翰林后始练习，平时专习八股，于试帖则无暇求工也。陈伯双侍御（懋侯）以名翰林叠掌文衡，

[①] (清)李慈铭：《越缦堂读书记·集部·诗文评类》，上海书店出版社2000年版，第1223页。

[②] (清)姚元之：《竹叶亭杂记》卷二，光绪十九年刻本，北京师范大学图书馆藏。

字不甚工,而试帖却佳。乃观其癸酉乡试试卷,诗题系"月过楼台桂子清",诗中有"玉露涓涓冷,金风阵阵轻"一联。渠以能诗自喜,每当其高谈阔论时,余必诵此联谑之。伯双归道山已三十年矣,回首当时文酒过从之乐,不禁慨然。

闽谚曰:"进学是文章,中举是命。"俗语流传,习焉不察,而不知煞有道理也。学政取秀才,试卷较简,幕友又多,场中固不免有遗珠。然其入选之卷,总有一篇稍妥文字。且笔迹优劣,亦较有标准。若乡会试则不然,试卷黑格朱书,本已目迷五色。时间既逼,卷帙又多,一人精神,一日看数十艺,已属神昏目眩,况三场十四艺。以十余日工夫,每人须看数百卷,统计之,即是数千艺,岂有不颠倒错乱哉!俗言朱衣点头,考官只有听命朱衣而已。余在赣时,曾考过府试五次。当时精神何等健旺,乃初看二三十艺,自易斟酌。及看过五十艺,字便不认得,题目亦遂不记得。屡试不爽。况乡会场繁冗,十倍于此乎。凡事非亲历其境,殆未易知艰苦欤。①

【殿试不宜专重字体】

咸丰辛亥,御史王茂荫奏称:"殿试朝考务重文义。嗣后请读卷阅卷大臣,不论字体工拙,专取学识过人之卷,进呈钦定,批明刊发,使天下晓然于朝廷所重在文不在字"云云。礼部驳之。②

【殿试各卷名次】

阅卷大臣,以奉旨派充时名次先后为序,位在甲者所取第一卷为第一,位在乙者所取第一卷为第二。如大臣八人,则位庚、辛者,所取第一为七为八也,甲所取第二,宜为第九,不可紊也。间有破例者,如翁同龢、徐树铭同充阅卷,翁甲而徐乙,徐为翁之师,翁以元卷让徐。潘祖荫以门地才学,凌驾同列,亦间有占前者。

光绪己丑,阅卷大臣为李鸿藻、翁同龢。翁得费念慈卷,欲以状元畀之,商诸李,李已得张孝谦卷,坚持不可易。翁争不已,乃两置之,改为张建勋、李盛铎是也。进呈后多照原拟,亦间有更动者,如乙未之萧荣爵拟状元,骆成骧拟传胪,进呈后,德宗见骆卷起语"臣闻殷忧所以启圣,多难所以兴邦",时方新败于日本,德宗大感动,乃以骆魁天下,改萧为第四。③

【殿试卷有重字】

光绪庚寅科吴肃堂修撰鲁之殿试卷,其中重写一"而"字,惟适当翻页之处,一在前页末,一在后页首,阅卷者匆匆翻过,未及觉察,遂得大魁。迨下科琉璃厂懿文斋书肆将原卷张于壁间,以示人,全幅了然,其误乃见。

---

① (清)何刚德:《春明梦录》卷上,《平斋家言》丛书本,上海古籍书店1983年影印本,第39—41页。

② 徐珂:《清稗类钞·考试类》,商务印书馆1917年版,第126—127页。

③ 徐珂:《清稗类钞·考试类》,商务印书馆1917年版,第130—131页。

盖向例，逢会试年，琉璃厂纸笔文具店，必设法将上数科三鼎甲殿试卷，横张于壁以示人，俾考试者知所效法。观者愈多，则生意愈盛，亦招徕之妙法。懿文斋、松竹斋，其尤著者也。①

【殿试卷作颜字】

光绪癸未之殿试也，读卷者有张佩纶、周家相。先是，周见阎文介公敬铭，询其子学何书。阎曰："临颜帖，悬腕作小楷也。"及读卷日，有一卷字体诘曲，每溢格外，周诧曰："此必阎乃竹也。"乃竹为文介之子，张遂力与李文正公鸿藻言之，得置第四。及拆卷，则为朱古微侍郎祖谋，而阎固未尝作颜字也。②

【试录文字之体】

试录文字之体，首行曰"第一场"，顶格写。次行曰"《四书》"，下一格。次行题目，又下一格。《五经》及二、三场皆然，至试文则不能再下，仍提起顶格。此题目所以下二格也。若岁考之卷，则首行曰"《四书》"，顶格写，次行题目，止下一格，经论亦然，后来学政苟且成风，士子试卷省却"《四书》""《五经》"字，竟从题目写起，依大场之式概下二格。圣经反下，自作反高，于理为不通。然日用而不知，亦已久矣。又其异者，沿此之例，不论古今，诗文概以下二格为题。万历以后，坊刻盛行，每题之文必注其人之名于下，而刻古书者亦化而同之。如题曰《周郑交质》，下二格，其行末书"左丘明"。题曰《伯夷列传》，下二格，其行末书"司马迁"。变历代相传之古书，以肖时文之面貌，使古人见之，当为绝倒。③

【京师之二好二丑】

光绪庚子以前，京师有二好二丑。二好者：字之好也，相公之好也。进士之朝考卷殿试策，专重楷法，点画匀净，墨色晶莹，分行布白，横竖错综，期无毫发之遗憾。策论诗次之，惟以字之工拙分甲乙。他试亦然。且纸墨笔砚，俱极精良，人争习之。此字之好也。都人所称相公者有二：一大学士，极贵也。一伶，极贱也，而称谓相埒。俗尚交游，如有庆吊事，以有大学士临门者为至荣。如有筵燕事，以有伶侑酒者为至荣。此相公之好也。

二丑者：大小遗之丑也，制艺之丑也。通衢大道，矢溺满地，当众而遗，裸体相示。首善之地，乃至现形若是，此大小遗之丑也。晚近制艺，名曰墨卷，专以色泽声调为事，绝无真理，此制艺之丑也。④

① 徐珂：《清稗类钞·考试类》，商务印书馆1917年版，第129—130页。

② 徐珂：《清稗类钞·考试类》，商务印书馆1917年版，第128页。

③（清）顾炎武：《日知录集释》卷十六，清同治十一年，湖北崇文书局刻本，中国人民大学图书馆藏。

④ 徐珂：《清稗类钞·风俗类》，商务印书馆1917年版，第14—15页。

八股趣谈

【敲门砖】

科场时代,俗谓八股文为"敲门砖",门开则砖抛而不用。然予厕身朝列后,日日与砖为缘:释褐入工部,专司国家修工事。主稿行文,则行取临清州之澄泥砖,盖宫殿所用,皆见方一尺二寸之澄泥砖,坚致光泽,铺之殿上,如大理石然。故每逢召对入殿,必徐徐而行,步武若速,则滑倒失仪。故工部有谚云"金銮殿上倒栽葱,一生只怕三折肱",即谓此也。此外,修庭院皇墙城垣,则用宽五寸、长一尺二寸之大砖,每墙一文,计砖若干,司员一一核之。修河工,则堵口抛砖,共价若干,事后呈工部奏销。予计与砖为缘,十有五年。汉时刘公幹危坐磨砖,其得过由于曹公使甄妃出见诸臣,以夸其美貌,诸臣皆俯首而立,刘公幹则平视,以饱眼福,因此罚为匠作。予谓同僚曰:"虽与砖有缘,乃渴想汉时甄妃,而不得一见,始知才不足耳。"公幹为建安七子之一,诗句至今流传。再如曹子建才有八斗,故李义山有"宓妃留枕魏王才"之句。予知玉溪生吟此,亦想像甄妃而不置。予在工部十五年后,乃抛砖落地,转升西台。部中俗例,升转后必再入旧部,一拜旧友,谓之回门,亦曰回娘家。旧友见予到部,咸曰:"新人来矣。身披金貂,美不亚于甄妃。"予曰:"来此觅甄妃耳。"[①]

[①](清)陈庆淮:《谏书稀庵笔记》,小说丛报社1922年版,第73—74页。

【晚清选文】

夫才智之民多则国强,才知之士少则国弱。土耳其天下陆师第一而见削,节度崇道无为而见亡,此其明效也。故今日之教,宜先开其智。武科弓刀步石无用甚矣。王制谓:赢股肱,决射御。出乡不与士齿,此武后之谬,岂可仍用哉。同治元年,前督臣沈葆桢请废武科,近年词臣潘衍桐请开艺学。今宜改武科为艺学,令各省州县遍开艺学书院。凡天文、地、矿、医、律、光、重、化、电、机器、武备、驾驶,分立学堂,而测量、图绘、语言、文字皆学之选。学童十五岁以上入堂学习,仍专一经,以为根本。延师教习,各有专门。学政有司,会同院师,试之以经题一论,及专门之业,通半选不限名额,得荐于省学,谓之秀才,比之诸生。五年不成者出学。省学书器益多,见闻益广。学政督抚会同其师,每岁试专门之业,增以经一,史论一,考掌故一策,通半中选者,不限名额,贡于京师,谓之举人。五年不成学者,出学。京师广延各国教习,图器尤盛。每岁总裁礼部会同大教习试之,其法与省学同,不限名次,及半中选,谓之进士。三年不成者,出学。其进士得还为艺学县总教习,其举人得还分教习,并听人聘用。其诸生得还教其乡学塾,及充作各厂。其文科童试,即以经古场为正场,自占经解一,专门之学一。二场试四书文一,中外策一,诗一,亦及格即取，不限名额。每场考试，人数不过得三百。增设学政，每道一人，可从容尽力矣。其乡会试，头场四书义一，五经解一，诗一，纵其才力不限格法，听其引用，但在讲明义理，宗尚孔子。二场掌故策五道。三场问外国考五道，及格者中，不限名额。殿试策问，不论楷法，但取直言极谏，条对剀切者，入翰林。其文科艺科愿互应者听。其创著一书，发明新义，确实有用者，皆入翰林。进士授以检讨，举人授以庶吉士，诸生授以待诏，如是则天下之士，才智大开，奔走鼓舞，以待皇上之用。其余州县乡镇，皆设书藏，以广见闻。若能厚筹经费，广加劝募，令乡落咸设学塾，小民童子，人人皆得入学，通训诂名物，习绘图算法，识中外地理，今古史事，则人才不可胜用矣。①

【潘金枚戏仿八股】

军机章京从前未定额数。嘉庆四年正月，定为满汉章京各十六缺。嘉庆十一年始奏请考试，由军机大臣将考取人员带领引见，奉旨补用。试时限以三刻，文须满三百字，见姚伯昂《竹叶亭杂记》。余见吴福茨中丞考章京时所习拟作，系短论一篇。"成庙时驾临圆明园听政，潘金枚时直枢廷"，戏仿八股文体，作两提比云："寅初入如意之门，流水桥边，唤取衣包于厨子，熬茶一盏，烧烛三条，两班公鹄立枢廷，捧朱批而共商起草。午正发归心之箭，斜阳窗外，频催并摺于先生，随手数行，封皮两纸，八章京蚁旋直屋，缴金牌而相约看花。"是虽游戏之作，亦足备掌故。②

【八股文破题】

某县县试，题为"糜烂其民而战之"，有一卷破题云：悯不畏死，为民流血者也。可称奇绝。③

【戏仿八股文】

《两般秋雨盦》载有"天地乃宇宙之乾坤"八股文，戏仿其体，得文两比，以博曾攻八股业者一笑。

不叫局而弗唤堂差，彼妓女之倌人，夜里晚间不得陪筵而侍酒，则三块银圆之脱利大落，未能入其袋而归其囊，能无惆怅咨嗟，作太息歇欷之想？弗看戏而不去观剧，彼茶园之戏馆，星期礼拜，断难座满而挤排，则一园名角之包银乌有，何能吊其膀而奢其欲？能毋垂头丧气，作拆稍打架之情？

自改试经义策论以来，平日深于八股者，大都不知程式。近闻某县以"割不正不食义"为题，场中有一文，其结处云：

① 郑振铎:《晚清文选》卷下，上海书店1987年影印本，第430—431页。

② (清)何圣生:《檐醉杂记》卷二，《云在山房丛书》本，山西古籍出版社1996年版，第34页。

③ (清)李伯元:《南亭四话》卷九，上海书店1985年版，第527页。

嗟乎予生也晚，与圣人有恨不同时之憾，倘及其门而为之执爨，则所割之零头碎角，亦足供予之大嚼，虽屠户因捐加价，何所忧乎！

校者见而喷饭，然其意或以之讽世也。又某县以"太公、孙子将才孰优论"为题，场中有一文云：太公者，老子之老子，久历戎行，可以登坛拜将。

孙子者，儿子之儿子，人犹乳臭，安能陷阵冲锋？

试官见之大笑，斥其荒谬，然合观各卷，半皆曳白，余亦不成文理，惟此尚能自圆其说，遂拔冠童军。①

【悼八股文】

诏废八股文后，大失寒畯之心，有集《四子书》为破题云："夫子之文章，不可废也。甚矣。天之将丧斯文也，以待来年。王曰已之，如之何则可？"

明清科举案

【明代科场舞弊】

明代科场，解大绅便作弊。永乐命拟人所不讲事为问，解泄之于其乡人，吉安一府，遂至鼎甲居其二，前十名居其七。状元曾棨记资好，将书册上语，成片写入，至卷纸不足，书于殿砖上。永乐阅卷未完，传问，具以对，乃命就砖上录而阅之。吾乡李九我、苏紫溪，自少同学，后苏复从李受业，而丁丑先达。至癸未，李会试至都，主其家。苏以部曹为同考，临入闱，问如何看文字，李曰："子才高，遇有平淡文字，恐系有学有养之士，宜留心不可轻弃。"李卷适在苏房，已置之矣，忽思李言，覆阅，乃大称赏，荐之，遂得元。彼时尚有古道，言不及私，亦以信二公之生平不苟。②

【江陵潜通大珰】

甲戌春，奉命入阅进士廷试卷。时江陵柄国，以有子在列，避不阅卷。亚相张蒲州拟定序次：首江西宋宗尧，次浙江陆可教，次宁国沈懋学，为一甲。次湖广张嗣修，为二甲首。嗣修，江陵仲子也。暨上御中极殿，九卿以次读卷，时方以陆卷上彻宸聪，而江陵潜通大珰，遽传命免读。乃取沈、张未读卷寘宋、陆上，送御几前。于是首沈次张，而宋、陆抑置二甲。时缙绅咸为不平，而江陵犹向余曰："蒲州吾所引用，何吝于一甲，不以畀吾子耶。"③

【万历己丑科场覆试案】

万历己丑，科场覆试，予获与事。先是，戊子，京兆都试黄官庶洪宪主考，黄游

①（清）李伯元：《庄谐丛话》，江苏古籍出版社2000年版，第454—455页。

②（清）李光地：《榕村语录》卷二十七，中华书局1995年版，第483页。

③（明）张瀚：《松窗梦语》卷一，中华书局1985年版，第22页。

279

申、王二相君间甚欢，而太仓公子雅有家学，即非黄典试举首，亦其分内，徒以出于黄，所为众指目，而榜中复多黄所厚士，关节居间，都人悬书于衢。及京兆试卷呈送礼部，宗伯朱公命郎吏检阅，于仪郎孔兼因摘其两卷以呈，其一李鸿者，吴门之婿也，朱公语予其状，予谓："郎吏既闻，公即当奏，不奏，即当密止，亦不可向予道也"。朱公犹豫久之，密以白吴门，因寝其事。于复封送礼科，令其参奏，礼科苗给事朝阳，吴门之客也，亦寝不奏。于见形迹已露，不可中止，因风郎中高桂，桂，抗直人也，遂上疏劾黄及太仓公子、吴门东床，凡八人。诏下礼部查核，且会都察院及科道覆试。御史大夫吴公、中丞詹公皆为二相、宗伯称病，亟不出，右堂田公转自祭酒，以八人皆国学所选，避不阅卷，惟予及台长司其事。试毕阅卷，予先阅毕，稍定次序，以送吴公，吴公即送台省诸君，令其校定，而所指屠大壮者次为第八，与予所定相合。予因谓吴公曰："甲子举场覆试，丙戌午门覆试，皆分二等定去取以闻，今奉旨覆阅，虽不定去取，亦宜分作二等，请自上裁。"及召郎吏具草，以七人为"平通"，一人为"亦通"，其人即屠也。旧例，"亦通"者黜。吴公见屠在黜例，惧无以复二相，即起取卷再阅，曰："此卷之文义甚优，老夫亦不能作，奈何弃置。就不作官也罢，要全天理。"揖台谏诸君共阅。都谏黄县王君指卷对曰："卷内数语老先生所称者，以某观之，正是极不通处。"都谏苗君取视，指曰："如此数语，却亦甚好。"都谏张君曰："数语若是秀才，可居五等。"于是吴公大愤，嗫不能语，而仪司吕正郎兴周与高直前力争，请落其二三卷，予因谓吴公曰："郎官所请黜落太多，惟此卷差下分别不妨，既奉旨品阅，岂得尽无可否。"吴公犹欲持之，予即厉声命吏书奏，即可印封，俟阙门开即上，时已三鼓矣。予甫抵舍盥漱，即入候讲，黎明在文华直庐，三相已至，延予问状，相顾失色，新都曰："奏可追否。"曰："已上矣。纵未上，众印封，亦不可改。"二相公曰："然。"退而大怒，谓予曰："如屠生文义，可作程式，奈何黜之。"予笑谓曰："郎中云不通亦过，老先生云可作程式亦太矫枉。总之，非甚不通，但要京兆中式，亦属滥进。"二相默然。自是，高、吕、王、张诸子皆二相所切齿，而吴、詹、黄、苗诸君皆为公论所扼腕。其持二相或末次于黄，而衔予者次于高、于矣。覆试奏既上，次日，即以查核疏奏，大略云：连日查访，关节未有明据，事属暧昧，遽难指名。但科场去取原凭文艺，今诸生试卷既经多官会阅，无甚相悬，可知当日科场未必有弊云云。二相以其辞微，亦不悦也。而吴、詹二公以不能全胜，复有纵臾，滋不见与云。①

【咸丰戊午顺天科场案】
肃顺秉政时，待各署司官，恣睢暴戾，如奴隶若。然惟待旗员如是，待汉员颇极

---

① (明)于慎行：《谷山笔麈》卷八，中华书局1984年版，第93—95页。

谦恭。尝谓人曰："咱们旗人浑蛋多，懂得什么。汉人是得罪不得的，他那枝笔利害得很。"故其受贿，亦只受旗人，不受汉人也。汉人中有才学者，必罗而致之，或为羽翼，或为心腹。如匡源、陈孚恩、高心夔，皆素所心折者。曾国藩、胡林翼之得握兵柄，亦皆肃顺主之。

惟最不利于人口者，则咸丰戊午顺天科场案发，柏葰以宰辅主试，竟遭刑戮，实肃顺一人有以致之也。刑部定案后，行刑之日，各犯官皆赴菜市口，候驾帖一到，即行刑。是日，柏葰照例冠摘缨冠，衣元色外褂，同赴市口，先向阙谢恩，静候驾帖。时谓其子曰："皇上必有恩典，我一下来，即赴夕照寺。候部文起解，尔回家，速将长途应用之物，赶紧送来。"盖向来一二品大员临刑时，或有格外恩典。柏意谓非新疆，即军台，故云至夕照寺。候起解也。乃言甫毕，见刑部尚书赵光，一路痛哭而至。尚书盖在内廷候驾帖者。柏一见云"完了！完了！皇上断不肯如此。此心肃六从中作祟。我死不足惜，肃六他日亦必同我一样"云云。刽子即屈左右半跪，送中堂升天矣。闻是日赵光候驾帖时，文宗持朱笔颇迟疑，并云："罪无可逭，情有可原。"肃顺在旁对曰："虽属情有可原，究竟罪无可逭。"上意犹未决，肃顺即夺朱笔代书之。赵光一见，即痛哭出宣武门矣。柏死后，有人挽以联云："其生也荣，其死也哀，雨露雷霆皆主德。臣门如市，臣心如水，皇天后土鉴孤忠。"盖此等挽联，最难著笔，此联颇能得体也。越六年，肃顺亦斩于市中，监刑者仍赵光也。定制：宗室行刑，即在宗人府自尽，不赴市曹斩决。肃顺乃照叛逆例，绑赴市曹，与大盗等，更难堪矣。而柏葰临终之言果验。肃顺既斩，柏葰冤亦昭雪。①

咸丰戊午科场案，诸家记述详略不一，兹贯穿其说如下：

戊午顺天乡试，监临梁矩亭、提调蒋霞舫，甫入闱，即以供应事，议论不合，互相诋諆。八月初十日，头场开门，蒋贸然出。各官奏参，蒋褫职，梁降调，识者已知其不祥。榜发，谣诼纷起，天津焦桂樵时以五品卿充军机领班章京，为其太夫人称寿湖广会馆，大僚太半在座。程楞香，本科副主考也，谈及正主考析公有改换中卷事，载垣、端华、肃顺，皆不满于柏，思中伤之，以蜚语闻。适御史孟传金奏，第七名举人平龄，素系优伶，不谙文理，请推治。上愈疑，饬侍卫至礼部，立提本科中式朱墨卷，派大臣复勘，签出诗文悖谬之卷甚多。载垣等乘间耸动，下柏相家人靳祥于狱，旋褫柏职。特派载垣、端华、全庆、陈孚恩会讯，又于案外访出同考官浦安与新中式主事罗鸿绎交通关节。鸿绎对簿，吐供不讳，而居间者，乃鸿驿乡人兵部主事李鹤龄也，于是并逮鹤龄。时罗织颇严，都城内外，无敢以科场为言者。未几，察出程楞香子炳采有收受熊元培、李旦华、王景麟、潘敦俨并潘某代谢森墀关节事，程父子亦入狱。讯程时，程面语孚恩曰："公子即曾交关节在我手。"孚恩嗒然。翌日具折检举，

① 老吏：《奴才小史》，满清野史续编（第十三种），民国年间成都昌福公司铅印本，北京大学图书馆藏。

281

并请回避。得旨逮孚恩子景彦，孚恩勿庸回避全案。孚恩以儿子事甚不乐。潘某者，侍郎某之子，孚恩知潘与程往来密，遂以危词挟侍郎自首。侍郎恐，如其教，而某亦赴狱中矣。李古廉侍郎告病在籍，程供牵连其子旦华，解京审办，古廉忧惧病剧死。己未二月，会讯王大臣等，请先结柏与鸿绎等一案。上御勤政殿，召诸王大臣入，皆惴惴，麟公魁竟至失仪。旨下，柏与浦安、鸿绎、鹤龄同日弃西市。刑部尚书赵光偕肃顺监视行刑。是日，柏相坐蓝呢后档车，服花鼠皮褂，戴空梁帽，在半截胡同口官厅坐候谕旨。浦安等皆坐席棚中，项带大如意头锁，数番役夹视之。肃顺自圆明园内阁直庐登舆，大声曰："今日杀人了！"钱揆初中翰在直庐亲聆之。抵菜市下舆至官厅，与柏携手寒暄数语，出会同赵公宣旨，意气飞扬，赵唯俯首而已。先是，是年彗星见，长亘天，肃顺等建言必杀大臣以塞天变。及狱成，文宗流涕曰："宰执重臣，岂能遽杀耶。"肃顺言："此杀考官，非杀宰相也。"阳湖吕定子编修乃道光丙午科，柏相与赵蓉舫尚书同典江南乡试所取士也。赵告吕曰："皇上昨日问我，曩与柏葰同为考官，柏之操守如何？"光对："柏葰身充军机大臣，何事不可纳贿，必于科场舞弊，身犯大辟乎！"文宗颔之，方冀柏之可邀末减也，讵谈次忽接孚恩密柬，言某人骈首，朱革职，缺明日放，赵持柬恸哭，即嘱定子往为料理云云。秋七月，庭桂父子案结，载垣等以刑部定拟未平允，奏称送关节，无论已未中，均罪应斩决。孚恩先乞怜于两王，乃先开脱送关节之陈、潘、李诸人，而以程父子拟斩决。旨下，决庭桂子炳采，发庭桂军台效力。庭桂出狱，暂寓彰仪门外华严寺。孚恩飞舆来候，一见即伏地哭不起。庭桂曰："勿庸勿庸，你还算好，肯饶这条老命。"孚恩赧颜而去。此案主考柏正法，程发遣，唯朱仅褫职，旋即以侍讲学士衔，仍直书房，兽清名素著也。同考监试及收掌、弥封、誊录、对读等官处分殆遍。自是，孚恩一意谄事肃顺。及文宗升遐，端、肃等伪诏顾命，逆谋叵测。俄两宫内断，雷霆骤惊，肃顺大辟，孚恩遣戍。肃之就戮也，赵尚书仍为监斩官，遣人邀柏相之子，侍郎钟濂，载诸车中，同往菜市。俾目睹元恶授首，少纾不共戴天之恨，事之相去仅二年耳。其陈孚恩新疆遣戍之日，即程庭桂军台赐环之日，天道好还如此。[①]

①（清）况周颐：《眉庐丛话》，《近代中国史料丛刊续编》（635），台北文海出版社1966年版，第98—100页。

【状元"不应为而为"私罪案】

状元三年一人，本无足奇，而俗每羡慕之。状元拜客、散殿试卷，博人欢迎，习俗移人，贤者不免。某科某状元到沪，拜客游宴，不免轶出范围，经御史奏参，奉旨查办，交部议处。时考功掌印为盛蓉洲前辈〔植型〕，帮印为李小砚前辈〔端遇〕。掌印意在保全。谓例无专条，难以重处。李曰："挟妓饮酒，照例革职，有何难办？"盛曰："查办覆奏，无挟妓字样。游宴二字，何能遽断为挟妓？"李曰："无论如何，不议以革职，我不画稿。"争论数日不决。有一日，余到宝师宅画稿，谈次，师告余曰："汝考功司掌印帮印，因状元事闹意见。汝以为何人有理？"对曰："帮印亦不能谓之错。"师曰："司官之有掌印帮印，原以互相牵制。帮印如果执简而争，堂官亦无如之何，况掌印乎。且帮印说此人有玷清班，不足顾惜。"言之亦自成理。但开国以来，二百余年，未曾办过状元，大家为欲顾全朝廷体面，却非有意徇私。惟我是管部，诸事应让正堂主持，初无成见也。余当时未得帮印，不便自惹是非，到司后不复提起。不知后来如何调停，乃援私罪"不应为而为"，事理轻者，罚俸九个月，加等，议以降一级留任，而状元保全矣。事后，余与戴艺甫（锡钧）在司戏言曰："不应为而为私罪，律有两条：不应重者，降三级调用。不应轻者，罚俸九个月。今议由不应轻加等，是不欲重而又不敢轻，谓之不应中可也。"李闻之大叫曰："汝不要奚落我，我未当掌印，算我倒运便是。然议到降留，尚是顾全帮印面子，有何理可说。"李系山东人，素性戆直，此次之争，清议多龇之，后升太常卿，叠掌文衡，未必于此事无关系。当时朝中大官，实为状元二字所迷，成此谬举。及今思之，有清爱惜状元，可谓仁至义尽，蔑以加矣。①

【江西全榜中式墨卷案】

徐景春既因磨勘褫革，内帘各官，降革有差，是科各直省试卷，磨勘綦严。于是江南则革去举人杨楫，以其《春秋》题，集经为文，语欠联贯，谓为文理荒谬。而江西全榜中式墨卷，其第二开，首行之首，末行之末，皆各涂改一字。若人之名号拆开者然，谓是笔误，何以每卷皆同。以文理论，则又必无误书此二字之理，情弊显然，无可徇隐，因请旨暂行斥革。一面行文确查，实则士子与誊录生为识别，嘱其加意精写，唯恐目迷五色，故也。然此事颇难斡旋，兼值功令森严，几无复保全之策。嗣监临抚臣覆称："该省试卷纸质最薄，其红格两面一式，而印卷官关防在卷后幅，士子入闱，匆遽之中，往往反写，故领卷后，即各于第二开写此二字，以别正反。历届相沿，亦不自本科始，实属无关弊窦。"云云。奏入，事乃得解。是由抚署司章奏者善于措词，否则一榜皆占泽火之象矣。②

杂录

【南人北人】

俞宪《登科考》：洪武三十年丁丑，廷对之士五十一人。擢陈䢿第一。既而北方举人下第言取士不公。上阅所取多南士，疑之，诏考官刘三吾及䢿等皆下狱。命翰林儒臣重阅落卷，得六十一人，皆山东、山西、北平、河南、陕西、四川士也。䢿闽人，

① （清）何刚德：《春明梦录》卷下，山西古籍出版社1997年版，第96—98页。

② （清）况周颐：《续眉庐丛话》，《东方杂志》第十二卷第九号，1915年，第14页。

283

精数学，就试之日，谓所亲曰："今岁状头当刑。奈何？"已而果然。事得之闽父老云。①

地限南北，风气各判，人物亦殊，盖山川钟毓有不同也。尝见公车北上时，南人则轻舟扬帆，导江达汶。舟中明窗净几，笔砚灿陈。其人安静如处女，淡雅如尼姑。北人见之，唯恐浼之。北人则坐大车，下铺山东棉布十余捆，席棚高卷，驴骡齐驾，风尘仆仆，辗转驰驱。其人则身高八尺，南人见之，惕栗生畏。长安道上，运粮河边，心焉数之，熙来攘往者如绘也。至论文字，北人不逊于南人。王梦楼以江南名元，志在会元，则三元可操左券。会试榜发，其时关防严密，必待榜发而后知之。梦楼奔至榜下，急欲先看榜首。前有一人，身体巍然，高与榜齐。梦楼身仅中人，为此人所蔽。急呼曰："吾兄定是山东人，请往后看，或有尊名。"其人曰："兄弟是第一名。"梦楼嗒然若失。盖会元为诸城王克畇也，梦楼仅得中式而已。又光绪丙子殿试，浙江冯文蔚素有善书名，大卷白摺，字如美人簪花，自命不作第二人想。洎鸿胪高唱，第一人为潍县曹仲铭，南人心颇不服。及殿试策悬出，见其笔力健拔，一气贯注，南人舌挢不下，叹曰："是真山东吃馒头者，吾辈瞠乎后矣。"是科冯以第三人及第，能作楷书，不能作大字，视仲铭有大巫小巫之别。予谓仲铭作擘窠大字，笔力之健，精神之充，为有清状元第一人。南服人所书，如少妇出门，尽力妆饰而已。清代南北不和以文字。今为民国，南北不和则用武力。共和云乎哉。②

【苏人殿试多鼎甲】

嘉庆以前，鼎甲之盛，莫盛于苏州府，而状元较榜眼、探花为尤多。以状元言之，顺治戊戌为常熟孙承恩，己亥为昆山徐元文；康熙丁未为吴县缪彤，癸丑为长洲韩菼，丙辰为长洲彭定求，己未为常熟归允肃，乙丑为长洲陆肯堂，甲辰为常熟汪绎，壬辰为长洲王世琛，乙未为昆山徐陶璋，戊戌为常熟汪应铨；雍正丁未为长洲彭启丰；乾隆丙戌为吴县张书勋，己丑为元和陈初哲，辛丑为长洲钱棨，庚戌为吴县石韫玉，癸丑为吴县潘世恩；嘉庆壬戌为元和吴廷琛，戊辰为吴县吴信中；道光壬辰为吴县吴钟骏。以榜眼言之，康熙丁丑为常熟严虞惇，乙未为吴县缪曰藻；嘉庆乙丑为长洲徐颋，辛未为吴县王毓吴。以探花言之，顺治乙未为长洲秦鉽，己亥为昆山叶方蔼；康熙庚戌为昆山徐乾学，癸丑为昆山徐秉义，丙辰为常熟翁叔元，壬戌为长洲彭宁求，壬辰为吴江徐葆光；乾隆乙卯为吴县潘世璜；嘉庆辛未为吴县吴廷珍。③

【湖南贡院】

"状元多吉水，朝内半江西。"此明时语也。国朝中兴，楚材辈出，《六峰说部》

①（清）陈田辑：《明诗纪事》甲签，卷二十九，清光绪二十五年贵阳陈氏听诗斋刻本，北京大学图书馆藏。

②（清）陈恒庆：《谏书稀庵笔记》，小说丛报社1922年版，第104—105页。

③徐珂：《清稗类钞》（第二册），中华书局1986年版，第688—689页。

中，载湖南贡院一联，语极阔大，且句句纪实，不与铺张者比，其联云："二百年帝眷南来，督抚半天下，阃帅甲中原，武纬文经，是舜寝灵昭，炎陵脉转。四千里皇恩北至，胪唱夺先声，榜花开巨眼，蛟腾凤起，看洞庭波阔，衡岳峰高。"案：阮文达浙江贡院一联，脍炙人口，此联与阮联异曲同工。①

【潇泷石】
吉水西南文昌乡，有水曰潇泷。泷口有石，上下数百丈。每乡人有掇高科者，则石色烂然如霞。宋天圣间独不验。已而欧阳修流寓随州，连魁三试，公其乡产也。明正统壬戌，刘文介俨，天顺甲申，彭侍讲教，皆以状元及第，尤奇验，因改为瑞贤亭。明吉水状元及第者五人，胡文穆广、罗文恭洪先、刘修撰同升②，及刘、彭二公也。刘亦文昌乡人。故吉有五里三状元之谚，一甲及第者又十人。③

【杭州丰乐楼】
杭州有金明斋先生者二，皆非杭人，皆与吾家往还。其一故秀水人，治金石，精于书画。其一萧山人，善刻印。然性懒，受嘱，常阅时不奏刀也。杨春浦先生尝有所托，久不报。一日，春浦先生促之，明公曰："刻刻在念。"春老曰："吾则念念在刻。"闻者皆发噱。春老以善谈名，语无不谐。丰乐桥上一茶馆，似名丰乐楼者，杭之文艺诸公每晨必聚于此，即无日不可闻得此老之诙谐也。夏穗卿丈曾佑乡试发解之年，在此楼自诵其应试之文毕，曰："非元即第二也。"及榜发，果得第二。丈故以八股文名也。④

【诗歌四章"诚实勤朴"】
《书》有之"诗言志，歌永言"。孔子云"诗可以兴"。自唐虞以来，未尝废也。今日学校林立，不讲此道，并《诗经》废而不读。所歌者，一个苍蝇哼哼，两个苍蝇嘤嘤。旧学忧之，思以诗为唱歌，以导其性情。潍县教员属予作诗歌四章，题曰"诚实勤朴"，每字一歌。但诚实殊无分别，似近八股文之合掌，以其欲令学生歌诗，心窃喜之，何待深辨，是在乎作者之手法耳。爰赋四章，诚字诗云："尼山讲道贵存诚，千载传薪有二程。漫笑愚夫心似铁，须知佳士意如城。〔朱子《敬斋箴》"守口如瓶，防意如城"〕一生悃幅阁暗语，几辈朋侪款款情。〔徐淑诗"何用叙我心，惟思款款诚"〕下学莫谈机械事，至诚原可感神明。"实字诗云："不见春风华不实，羲经硕果终逢吉。生前事迹董狐论，身后名誉班马笔。有俶曾歌鲁阕宫〔阕宫有俶，实实枚枚〕，无欺乃入尼山室。鸡豚维信叶中孚，尚戒诓言予口出。"〔出，叶音炽〕。勤字诗云："维

①（清）林庆铨：《楹联述录》卷五《廨宇》，清光绪七年广州刻本，北京大学图书馆藏。

②同升，即探花应秋子。
③（清）王士禛：《皇华纪闻》卷二，清康熙年间刻本，北京大学图书馆藏。

④马叙伦：《石屋馀渖》，上海建文书店1948年版，第32页。

鹊劬劳借一枝,衔泥来去不知饥。遥怀栗里校书〔陶潜诗"校书亦已勤"〕日,喜说陶公运甓时。农子当春趋畎亩,家人彻夜理蚕丝。囊萤映雪成佳话,孟母三迁为训儿。"朴字诗云:"昔贤常著敝缊袍,由也升堂立品高。马后练裙留姆教,公孙布被是人豪。丈夫衣褐诗书富,主妇钗荆井臼操。后学莫忘盲史语,庆封车泽工则劳。"〔《左传》:"车甚泽,人必瘁"〕。此歌传出,每逢国庆,学童结队游行,高声齐唱,洋洋乎盈耳矣。①

【状元策】

中外交通之初,西国某文学士游寓北京,于厂肆购新科状元策,译而读之,佩仰甚至。谓中国状元诚旷世鸿才也。及次科又购之,亦大同小异焉。于是诧绝,谓三科状元策,何如出一手也。同治癸亥殿试,南皮张之洞策,尽意敷奏,不依常格。先是江苏贡生吴大澂,应诏上书,言殿试对策,或有傥论,试官匿不以闻,请申壅蔽之罚。及见张策,读卷官颇疑怪。久之,乃拟第十进呈。及胪唱,则拔置第三人,盖特达之知也。②

① (清)陈恒庆:《谏书稀庵笔记》,小说丛报社1922年版,第60—61页。

② (清)况周颐:《眉庐丛话》,《东方杂志》第十二卷第一号,1915年,第18页。

◎后记

重庆图书馆收藏有傅增湘捐赠的 80 余份清代殿试卷。为了使这些殿试卷能让更多的普通读者所了解，重庆图书馆特藏文献中心主任袁佳红以《清代珍稀殿试卷选粹》（巴蜀卷）为题（出版时，定书名为《清代巴蜀籍考生殿试卷选粹》），成功申报了 2010 年度重庆出版专项资金资助项目。此后，由于重庆图书馆集中了所有的人力编纂我市"十三五"规划重点文化工程《巴渝文库》首部作品《巴渝文献总目》，所以，《清代巴蜀籍考生殿试卷选粹》时至今日，才得以最终完稿。

本书的编纂，具体分工如下：王志昆负责"科举制度与殿试""巴蜀历代进士概观""延伸阅读"等部分的编写；重庆师范大学阮爱东教授、西南大学曹建教授分别负责"巴蜀籍考生殿试卷赏析"部分两篇文章的撰写；曾妍、谭小华、袁志鹏共同完成了"巴蜀籍考生殿试卷点校"；谭小华、朱昊负责"巴蜀珍稀殿试卷欣赏"部分的编写及其他相关图片的拍摄；周兴伟负责资料提取；李忠兴负责参考工具书提供；王志昆、袁佳红、曾妍负责统稿。

此书在编纂的过程中，还得到重庆市文化委员会的大力支持；在具体审稿过程中，也得到重庆出版社重点图书编辑室的关照和帮助，在此一并表示感谢。

编　者
2017 年 8 月 22 日